Spanish
Level 2

El español para nosotros

Curso para hispanohablantes

About the Author

Conrad J. Schmitt received his B.A. degree magna cum laude from Montclair State University, Upper Montclair, New Jersey. He received his M.A. from Middlebury College, Middlebury, Vermont and did additional graduate work at New York University. He also studied at the Far Eastern Institute at Seton Hall University, Newark, New Jersey.

Mr. Schmitt has taught Spanish and French at all academic levels—from elementary school to graduate courses. He served as Coordinator of Foreign Languages for the Hackensack, New Jersey, public schools. He also taught courses in Foreign Language Education as a visiting professor at the Graduate School of Education at Rutgers University, New Brunswick, New Jersey.

Mr. Schmitt has authored or co-authored more than one hundred textbooks, all published by the McGraw-Hill Companies. He was also editor-in-chief of foreign languages, ESL, and bilingual education for the McGraw-Hill Companies.

Mr. Schmitt has traveled extensively throughout Spain and all of Latin America. He has addressed teacher groups in all fifty states and has given seminars in many countries including Japan, the People's Republic of China, Taiwan, Philippines, Thailand, Iran, Egypt, Germany, Spain, Portugal, Mexico, Panama, Colombia, Brazil, Jamaica and Haiti.

COVER: (tl)Rory T B Moore/Getty Images, (tr)Glow Images, (bl)©iStockphoto.com/Alija, (br)©Mark Wiener/Alamy

MHEonline.com

Send inquiries to:
McGraw-Hill Education
8787 Orion Place
Columbus, OH 43240

ISBN: 978-0-02-136246-2
MHID: 0-02-136246-7

Printed in the United States of America.

7 8 9 10 11 QVS 21 20 19 18 17

Muy distinguidos padres,

El programa escolar **El español para nosotros,** Niveles 1 y 2 se dirige a los alumnos que por ascendencia o ambiente familiar ya tienen la ventaja de conocer el español. Al desarrollar el programa se ha tomado en cuenta que el nivel de dominio que ha alcanzado cada alumno(a) variará según su experiencia personal. **El español para nosotros** eliminará para su hijo(a) la necesidad de perder el tiempo aprendiendo lo que no le hace falta tal como, «¡Hola, María! ¿Cómo estás?»

Cada capítulo del libro se divide en seis secciones, cada una de las cuales tiene una meta específica para el beneficio personal de su hijo(a) en su adquisición de destrezas mayores en su uso del español.

Historia y cultura En esta sección su hijo(a) estudiará la historia y la cultura del vasto mundo hispanohablante o hispanoparlante. Se familiarizará con la gran diversidad cultural hispana o latina en todas las regiones donde se habla español incluyendo Estados Unidos. Se espera que su hijo(a) se dará cuenta de la gran ventaja que tiene de poder identificarse con más de una cultura.

Conocimientos para superar En esta sección su hijo(a) va a aprender el vocabulario que necesitará para hablar y escribir sobre temas específicos que tratan de artes y letras, ciencias, comercio, finanzas, derecho, gobierno, etc. La meta primordial de esta sección es la de aumentar el poder verbal de su hijo(a) en la lengua española. Frecuentemente los alumnos que hacen sus estudios en EE.UU. son expuestos a los términos de esta índole únicamente en inglés. Esta sección les permitirá superar la desventaja de no poder discutirlos eficazmente en español por falta de las palabras apropiadas.

Lenguaje y gramática Esta sección de cada capítulo introducirá a su hijo(a) a los aspectos gramaticales (estructurales), mecánicos (de puntuación, etc.) y ortográficos de la lengua española. Llegará a comprender y apreciar los regionalismos que existen en una lengua que se habla oficialmente en muchos países del mundo. Además aprenderá a evitar algunos errores frecuentes que cometen muchos hablantes de la lengua.

Literatura Esta sección presentará a su hijo(a) las grandes obras de las letras hispanas. Llegará a apreciar las varias formas literarias—poesía, prosa, novela, ensayo, cuento, teatro. Leerá obras de autores de muchos países hispanohablantes.

Composición Esta sección le dará a su hijo(a) la oportunidad de expresarse bien en forma escrita. Le enseñará a escribir cartas personales y comerciales, escritos narrativos, expositivos, persuasivos, biográficos, etc. Le ayudará a organizar sus ideas y presentarlas de una manera coherente e interesante.

Conexión con el inglés Esta sección le indicará a su hijo(a) las diferencias lingüísticas entre las dos lenguas que oye a diario—el español y el inglés. Al hacer estas comparaciones aprenderá cómo funcionan los idiomas. Los lingüistas dicen que el que no puede comparar un idioma con otro nunca llegará a comprender como funcionan los idiomas.

Esperamos que su hijo(a) llegará a apreciar la lengua española y todas las culturas, letras y riquezas que surgen de ella.

Respetuosamente,

Conrad J. Schmitt

Contenido

Capítulo 1

Disfraces para El Inti Raymi (fiesta de Sol), Plaza Mayor, Cusco, Perú

Objetivos

En este capítulo vas a:

- **estudiar algunos grupos precolombinos importantes**
- **estudiar lo que es el gobierno y sus diferentes formas**
- **aprender el pretérito de algunos verbos irregulares; estudiar regionalismos en la pronunciación y ortografía de la y y la ll**
- **leer *¿Quién sabe?* de José Santos Chocano y *Enriquillo* de Manuel de Jesús Galván**
- **comparar el tiempo pasado en inglés y en español**

Lo indígena

Cataratas de Agua Azul, Chiapas, México

El hombre lleva ropa tradicional en la Isla de Taquile, Perú

Capítulo 2

Objetivos

En este capítulo vas a:

- estudiar la influencia de la geografía en la vida latinoamericana
- aprender los elementos necesarios para mantener la salud
- estudiar el presente y el pretérito de verbos de cambio radical; estudiar regionalismos en la lengua; familiarizarte con unas influencias del inglés en el español; estudiar la pronunciación y la ortografía de la letra x
- aprender lo que es una fábula y leer *El cuervo y el zorro* de Félix de Samaniego
- familiarizarte con algunas influencias del español en inglés y el uso de algunos regionalismos

Una mesa llena de comida

Comida y vida

Un abuelo con su nieto en el muelle

Contenido

Capítulo 3

Objetivos

En este capítulo vas a:

- **leer una carta famosa escrita por Hernán Cortés al rey de España durante la conquista de México; familiarizarte con algunos elementos del lenguaje antiguo**
- **aprender el lenguaje informático relacionado con la computadora**
- **estudiar la formación de algunos usos del imperfecto; analizar oraciones sencillas y oraciones compuestas; repasar la pronunciación y ortografía con b y v**
- **aprender lo que son romances y corridos; leer el romance *Abenámar* y el corrido *En Durango comenzó*; leer el romance *Canción de jinete* de Federico García Lorca; leer *El mensajero de San Martín* de Ada María Elflein**
- **contrastar el imperfecto en español y en inglés igual que las oraciones sencillas y compuestas**

¿Carta o computadora?

La familia celebra un cumpleaños.

Un cielo asombroso sobre las montañas

Capítulo 4

Objetivos

En este capítulo vas a:

- aprender como se efectúan las compras en España y en Latinoamérica—en zonas urbanas y rurales
- familiarizarte con el vocabulario necesario para expresarte bien en forma oral y escrita sobre el comercio y la contabilidad
- estudiar la diferencia entre el pretérito y el imperfecto y como narrar una serie de eventos en el pasado; analizar oraciones complejas; repasar la ortografía de palabras con c, s, z
- leer *Martín Rivas* de Alberto Blest Gana
- comparar los usos del pretérito e imperfecto en español con el pasado sencillo en inglés

De tiendas

Contenido

Capítulo 5

Templo del Sol, Palenque, Chiapas, México

(t)Glow Images, (b)Jill Braaten/McGraw-Hill Education

Objetivos

En este capítulo vas a:

- **estudiar la gran variedad de estilos y géneros musicales latinos**
- **estudiar la historia del teatro en España y Latinoamérica**
- **estudiar el futuro de los verbos regulares; estudiar las diferentes maneras en que se puede expresar el futuro; estudiar el futuro de probabilidad; aprender la diferencia entre el comparativo y el superlativo; aprender las partes del discurso y repasar la ortografía de palabras con j y g**
- **leer *El marido de su viuda* de Jacinto Benavente; leer *La flor de la caña* de Gabriel de la Concepción Valdez (Plácido) y *A Santos Vega, payador argentino*, de Bartolomé Mitre**
- **contrastar el futuro en inglés y en español y el uso del comparativo y superlativo**

Pasatiempos culturales

Rachel Lampa canta en la Convención Nacional Republicana en 2008.

Contenido

Capítulo 6

Objetivos

En este capítulo vas a:

- **estudiar la historia pasada y actual de España**
- **aprender el vocabulario necesario para discutir la industria hotelera y la importancia del turismo**
- **estudiar el tiempo futuro de los verbos irregulares y los complementos de pronombres directos e indirectos en la misma oración; analizar casos particulares de la concordancia verbal; repasar los problemas ortográficos de las palabras con h**
- **leer unos trozos de *El ingenioso hidalgo don Quijote de la Mancha* de Miguel de Cervantes Saavedra**
- **contrastar el futuro en español y en inglés; estudiar casos particulares de concordancia verbal en inglés**

España

Una catedral en Cádiz, España

Contenido

Un pastor dirige a sus ovejas.

(t)Pixtal/age fotostock, (b)Tetra Images/Alamy

Capítulo 7

Objetivos

En este capítulo vas a:

- **estudiar las diferentes olas de migración y los motivos de ellas; apreciar los obstáculos con que se han enfrentado muchos inmigrantes**
- **aprender lo que es la ciencia política y familiarizarte con los términos necesarios para discutir el gobierno y asuntos exteriores**
- **estudiar el modo condicional o potencial, el complemento se; repasar el silabeo, acento y uso de la tilde; aprender lo que es un soneto**
- **leer *Al partir* de Gertrudis Gómez de Avellaneda, *Autógrafo* de Lola Rodríguez de Tió, *Versos sencillos* de José Martí**
- **contrastar el modo potencial o condicional en español y en inglés**

Movimiento poblacional

Torre Sears, Chicago, Illinois, Estados Unidos

Un niño diabético con su perro

Capítulo 8

Objetivos

En este capítulo vas a:

- **aprender lo que es una lengua romance y cuales son las lenguas romances**
- **leer un capítulo de un libro escolar sobre la salud para familiarizarte con los conceptos y la terminología para discutir la salud mental y emocional**
- **estudiar el presente perfecto y el comparativo de igualdad; repasar los diptongos y la pronunciación y la ortografía de la *y* y la**
- **leer *El almohadón de plumas* de Horacio Quiroga, *En paz* de Amado Nervo y *El viaje definitivo* de Juan Ramón Jiménez**
- **contrastar el presente perfecto en español e inglés; estudiar los participios pasados en inglés; contrastar el comparativo de igualdad en español e inglés**

El bienestar

Una fogata con amigos

Contenido

Capítulo 9

Catedral Metropolitana, Plaza de la Constitución, Ciudad de México, México

(t)Dave Moyer, (b)Ingram Publishing

Objetivos

En este capítulo vas a:

- estudiar las diferencias sociales y económicas entre la vida urbana y rural en Latinoamérica
- familiarizarte con el vocabulario necesario para discutir la nueva e importante rama de ciencia—la ecología
- estudiar el imperfecto progresivo, la colocación de los pronombres de complemento, los adjetivos y pronombres demostrativos
- leer *El lugareño en Madrid* de Juan Eugenio Hartzenbusch y *Égloga del camino* de Jorge González Bastías
- contrastar los demostrativos en español e inglés

Campo y ciudad

Dos trabajadores reparten las uvas.

Papantla, Veracruz, México

Capítulo 10

Objetivos

En este capítulo vas a:

- **estudiar la historia de algunos productos indígenas de las Américas**
- **familiarizarte con la terminología necesaria para expresar fórmulas en varias ramas de matemáticas como la aritmética, álgebra y geometría**
- **estudiar el imperativo formal, la colocación de los pronombres de complemento con el imperativo, y el imperativo familiar**
- **leer *El castellano viejo* de Mariano José de Larra, *Martín Fierro* de José Hernández**
- **contrastar el imperativo en español e inglés**

El arte de comer

La pareja y su choza en Plan de Hidalgo, Papantla, Veracruz, México

Contenido

Capítulo 11

Objetivos

En este capítulo vas a:

- estudiar el rasgo de individualismo y como influye en el comportamiento y la toma de decisiones
- leer trozos de un manual de conductores y familiarizarte con el vocabulario vehicular y el de la carretera
- aprender las formas de los verbos en el subjuntivo y familiarizarte con algunos regionalismos relacionados con el carro y la carretera
- leer *La horda* de Vicente Blasco Ibáñez
- contrastar algunos regionalismos españoles e ingleses

Conducta

El chico conduce seguramente.

Capítulo 12

Dave Moyer

Objetivos

En este capítulo vas a:

- estudiar la historia de las misiones españolas en Estados Unidos
- familiarizarte con el vocabulario necesario para discutir asuntos policíacos y judiciales
- aprender varios usos del subjuntivo y la formación del presente del subjuntivo y repasar algunos problemas ortográficos
- leer *Perico Paciencia* de Manuel Alonso y *El crimen fue en Granada* de Antonio Machado
- contrastar el subjuntivo en inglés y en español

Servicios y gobierno

Misión San Solano, Topawa, Arizona

Contenido

La familia celebra su cumpleaños.

Capítulo 13

Objetivos

En este capítulo vas a:

- **estudiar características de la familia hispana o latina**
- **familiarizarte con el vocabulario necesario para leer y hablar de temas biológicos incluyendo la genética y la herencia**
- **El presente perfecto del subjuntivo; repasar unos problemas ortográficos**
- **leer *El hermano ausente en la cena de Pascua* de Abraham Valdelomar, *Temprano y con sol* de Emilia Pardo Bazán y *Dicen que me case yo* de Gil Vicente**

Familia y fiestas

Un abrazo de su abuela

Jugadores gemelos

Capítulo 14

Objetivos

En este capítulo vas a:

- **estudiar los sistemas educativos en Latinoamérica y explorar algunas profesiones y oficios importantes**
- **familiarizarte con el vocabulario necesario para leer y explicar textos sobre la química**
- **El imperfecto del subjuntivo**
- **leer *Mis primeros versos* de Rubén Darío y *Abel Sánchez* de Miguel de Unamuno y *La muñeca negra* de José Martí**

Profesiones y ciencias

Preparando el jugo

Un examen médico

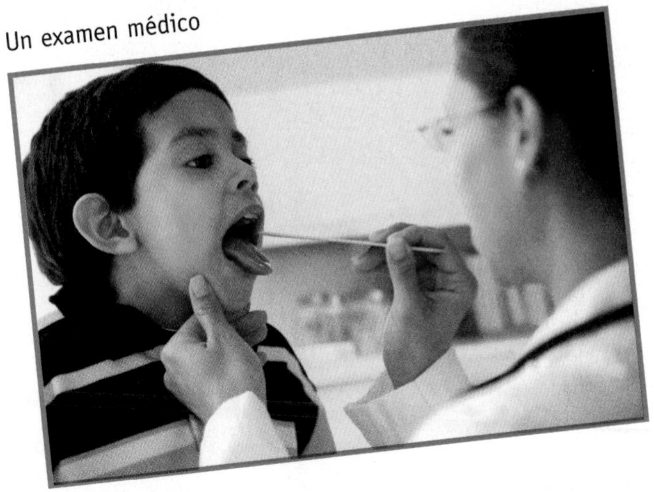

Contenido

Handbook

Guía de símbolos

En **El español para nosotros** verás los siguientes símbolos, o iconos.

Audio Este icono indica el contenido del texto que está grabado.

Actividad en parejas Este icono indica que puedes hacer esta actividad con un(a) compañero(a) de clase.

Actividad en grupo Este icono indica que puedes hacer esta actividad en grupos.

El mundo hispanohablante

(t)Glow Images, (c)Dave Moyer, (bc)Cartesia/PhotoDisc Imaging/Getty Images, (bl, br)Andrew Payti

El español es el idioma de más de 350 millones de personas en todo el mundo. La lengua española tuvo su origen en España. A veces se le llama cariñosamente «la lengua de Cervantes», el autor de la novela más famosa del mundo y del renombrado personaje, *Don Quijote*. Los exploradores y conquistadores españoles trajeron su idioma a las Américas en los siglos XV y XVI. El español es la lengua oficial de casi todos los países de Centro y Sudamérica. Es la lengua oficial de México y varias naciones del Caribe. El español es también la lengua de herencia de unos 40 millones de personas en Estados Unidos.

La estatua ecuestre de Felipe III, Plaza Mayor, Madrid, España

Catedral Metropolitana, Plaza de la Constitución, Ciudad de México, México

Perú

Chile

El mundo

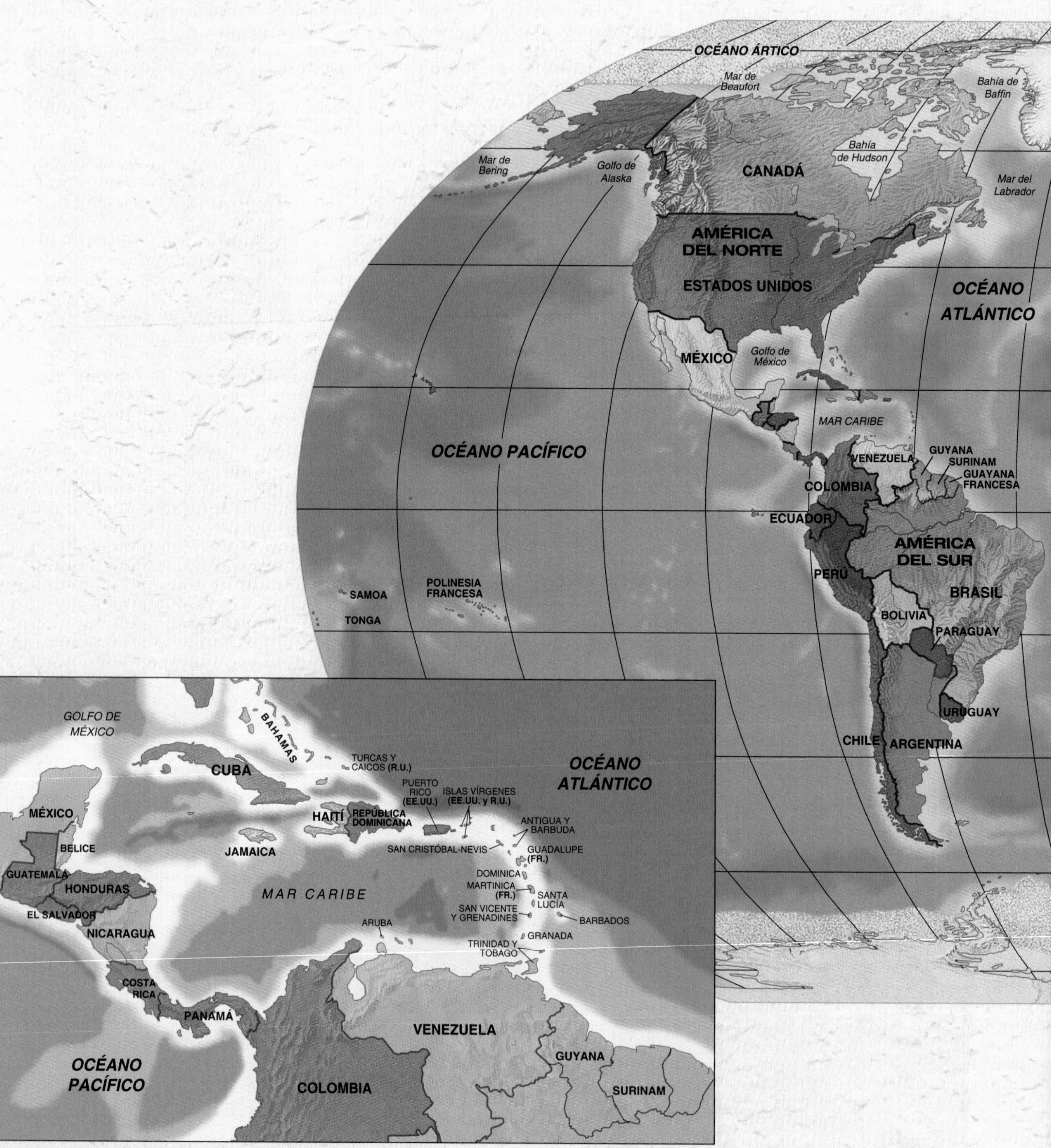
OCÉANO ÁRTICO
Mar de Beaufort
Bahía de Baffin
Mar de Bering
Golfo de Alaska
Bahía de Hudson
CANADÁ
Mar del Labrador
AMÉRICA DEL NORTE
ESTADOS UNIDOS
OCÉANO ATLÁNTICO
MÉXICO
Golfo de México
MAR CARIBE
OCÉANO PACÍFICO
GUYANA
SURINAM
GUAYANA FRANCESA
VENEZUELA
COLOMBIA
ECUADOR
AMÉRICA DEL SUR
PERÚ
BRASIL
BOLIVIA
PARAGUAY
POLINESIA FRANCESA
SAMOA
TONGA
URUGUAY
CHILE
ARGENTINA
GOLFO DE MÉXICO
BAHAMAS
TURCAS Y CAICOS (R.U.)
CUBA
OCÉANO ATLÁNTICO
PUERTO RICO (EE.UU.)
ISLAS VÍRGENES (EE.UU. y R.U.)
MÉXICO
HAITÍ
REPÚBLICA DOMINICANA
ANTIGUA Y BARBUDA
BELICE
JAMAICA
SAN CRISTÓBAL-NEVIS
GUADALUPE (FR.)
GUATEMALA
DOMINICA
HONDURAS
MARTINICA (FR.)
SANTA LUCÍA
MAR CARIBE
EL SALVADOR
SAN VICENTE Y GRENADINES
BARBADOS
ARUBA
NICARAGUA
GRANADA
TRINIDAD Y TOBAGO
COSTA RICA
PANAMÁ
VENEZUELA
OCÉANO PACÍFICO
GUYANA
COLOMBIA
SURINAM

OCÉANO ÁRTICO
Mar de Groenlandia
Mar de Noruega
Mar de Barents
Mar de Kara
Mar de Láptiev
ISLANDIA
RUSIA
ASIA
Mar de Ojotsk
Mar del Norte
EUROPA
KAZAJSTÁN
MONGOLIA
Mar Negro
GEORGIA
ARMENIA
UZBEKISTÁN
KIRGUIZITÁN
TURKMENISTÁN
TAYIKISTÁN
CHINA
COREA DEL NORTE
Mar del Japón
JAPÓN
COREA DEL SUR
MELILLA
TURQUÍA
MAR MEDITERRÁNEO
LÍBANO
SIRIA
AZERBAIJÁN
AFGANISTÁN
TÚNEZ
ISRAEL
IRAK
IRÁN
NEPAL
BHUTÁN
Mar de la China oriental
JORDANIA
PAKISTÁN
KUWAIT
BAHREIN
OCÉANO PACÍFICO
ARGELIA
LIBIA
EGIPTO
QATAR
EMIRATOS ÁRABES UNIDOS
INDIA
TAIWÁN
ARABIA SAUDITA
OMÁN
BANGLADESH
MYANMAR
LAOS
Golfo de Bengala
Mar de la China meridional
MALÍ
NÍGER
CHAD
SUDÁN
ERITREA
YEMEN
TAILANDIA
FILIPINAS
MARSHALL
BURKINA FASO
ÁFRICA
DJIBOUTI
NIGERIA
VIETNAM
ETIOPÍA
SRI LANKA
MICRONESIA
GHANA
BENIN
REPÚBLICA CENTROAFRICANA
CAMBOYA
PALAU
TOGO
CAMERÚN
BRUNEI
LIBERIA
UGANDA
SOMALIA
MALAYSIA
KIRIBATI
SANTO TOMÉ E PRÍNCIPE
KENYA
MALDIVAS
GABÓN
RUANDA
GUINEA ECUATORIAL
REP. DEL CONGO
REP. DEM. DEL CONGO
BURUNDI
SINGAPUR
NAURÚ
PAPÚA-NUEVA GUINEA
SEYCHELLES
OCÉANO ÍNDICO
INDONESIA
SALOMÓN
TANZANIA
TUVALU
ISLAS COMORES
ANGOLA
MALAWI
WALLIS Y FUTUNA
ZAMBIA
MOZAMBIQUE
Mar del Coral
VANUATU
MADAGASCAR
MAURICIO
ISLAS FIJI
ZIMBABWE
NAMIBIA
OCÉANO ATLÁNTICO
BOTSWANA
REUNIÓN
AUSTRALIA
NUEVA CALEDONIA
SWAZILANDIA
SUDÁFRICA
LESOTHO
Mar de Tasmania
NUEVA ZELANDIA
ANTÁRTIDA
NORUEGA
FINLANDIA
SUECIA
ESTONIA
IRLANDA
REINO UNIDO
RUSIA
DINAMARCA
LETONIA
LITUANIA
RUSIA
PAÍSES BAJOS
BELARÚS
BÉLGICA
ALEMANIA
POLONIA
OCÉANO ATLÁNTICO
LUXEMBURGO
REPÚBLICA CHECA
UCRANIA
ESLOVAQUIA
FRANCIA
SUIZA
AUSTRIA
MOLDOVA
HUNGRÍA
ESLOVENIA
CROACIA
RUMANIA
ANDORRA
BOSNIA-HERZEGOVINA
PORTUGAL
ESPAÑA
MÓNACO
ITALIA
YUGOSLAVIA (Fed. Rep.)
BULGARIA
Mar Negro
GEORGIA
ALBANIA
MACEDONIA
MELILLA
Mar Mediterráneo
TURQUÍA
CEUTA
GRECIA
ÁFRICA
MALTA
CHIPRE
SIRIA
LÍBANO

El mundo hispanohablante

Guatemala

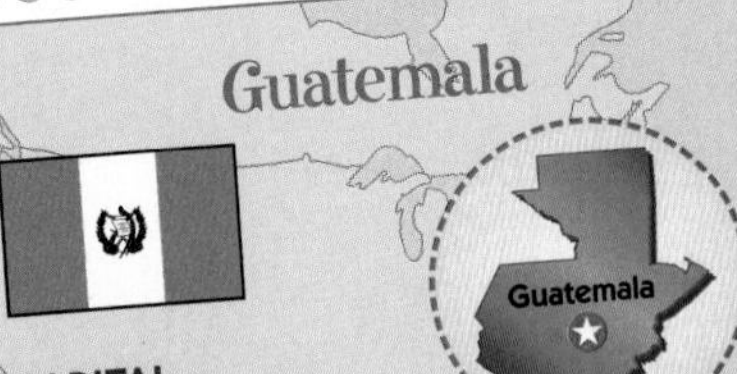

CAPITAL
Guatemala

POBLACIÓN
13.909.000

NOTAS NOTABLES

Guatemala, país de verdor con una gran población indígena—descendientes de los mayas. Las ruinas de magníficas ciudades cubiertas de hierbas nos hablan de una civilización que duró unos dos mil años y cuya decadencia todavía no se explica. Guatemala es hermosa con sus volcanes, montañas, selvas y pintorescos pueblos y aldeas como Antigua, Panajachel y Chichicastenango.

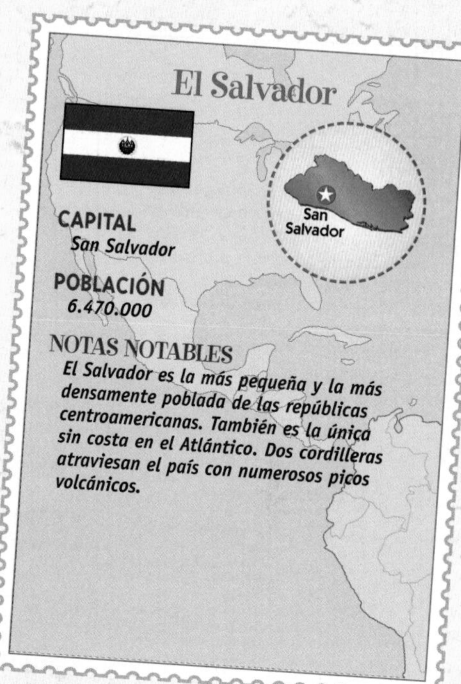

El Salvador

CAPITAL
San Salvador

POBLACIÓN
6.470.000

NOTAS NOTABLES

El Salvador es la más pequeña y la más densamente poblada de las repúblicas centroamericanas. También es la única sin costa en el Atlántico. Dos cordilleras atraviesan el país con numerosos picos volcánicos.

Honduras

CAPITAL
Tegucigalpa

POBLACIÓN
6.670.000

NOTAS NOTABLES

Un país, tradicionalmente agrícola, un tercio de Honduras es fértil tierra de labrantío. Su población es tranquila y simpática con una amable sonrisa para el extranjero. Las ciudades más importantes son Tegucigalpa y San Pedro Sula. Como la vecina Guatemala, Honduras posee impresionantes ruinas precolombinas como las de Copán.

Nicaragua

CAPITAL
Managua

POBLACIÓN
5.129.000

NOTAS NOTABLES

En Nicaragua hay más de cuarenta volcanes, muchos de ellos con erupciones en años recientes. La capital, Managua, está a orillas del Lago Managua, el único lago de agua dulce con tiburones. Al noroeste de Managua está la bonita ciudad universitaria de León con sus iglesias coloniales y su catedral del siglo XVIII.

El mundo hispanohablante

Costa Rica

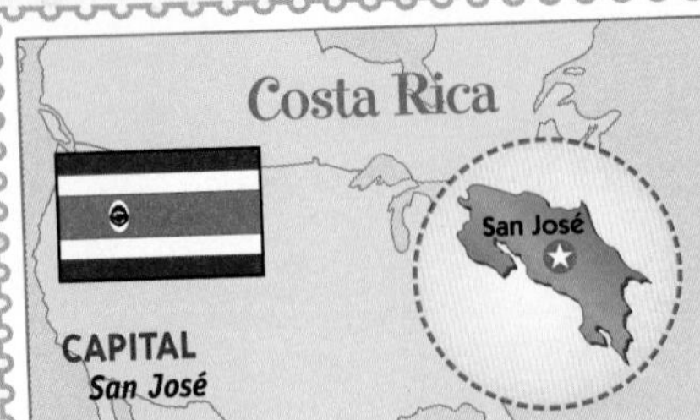

CAPITAL
San José

POBLACIÓN
3.896.000

NOTAS NOTABLES
Para muchos, Costa Rica es un lugar muy especial. Los «ticos» son serenos, atentos y amistosos. Costa Rica no tiene ejército y se enorgullece de tener más profesores que policías. Tiene soleadas playas en el Pacífico, selvas tropicales en la costa del Caribe, ciudades cosmopolitas como San José, montañas altas y bellos valles. Costa Rica es un paraíso para el turista y hogar para muchos expatriados norteamericanos.

Panamá

CAPITAL
Panamá

POBLACIÓN
2.961.000

NOTAS NOTABLES
Panamá es un país de variedades—variedad de razas, costumbres y bellezas naturales. Es un país de bosques tropicales, montañas, preciosas playas, excelente pesca, lagos pintorescos, ríos y dos océanos, y una maravilla de ingeniería—el Canal de Panamá. Panamá es también el mayor centro financiero de Latinoamérica. ¡Todo esto en sólo 77.432 kilómetros cuadrados!

Cuba

CAPITAL
La Habana

POBLACIÓN
11.263.000

NOTAS NOTABLES
La Habana, la capital de Cuba, es famosa por su bellísima arquitectura colonial. Esta exuberante isla, cerca de la Florida, es uno de los mayores productores de caña de azúcar en el mundo. El gobierno de Fidel Castro ha estado en poder desde el derrocamiento del dictador Fulgencio Batista en 1959.

La República Dominicana

CAPITAL
Santo Domingo

POBLACIÓN
8.716.000

NOTAS NOTABLES
La República Dominicana comparte la isla de La Española con Haití. La universidad más antigua de nuestro hemisferio es la Universidad de Santo Domingo, fundada en la ciudad de Santo Domingo. Los dominicanos son apasionados fanáticos del béisbol. Este relativamente pequeño país ha contribuido gran número de estrellas de las Grandes Ligas.

Puerto Rico

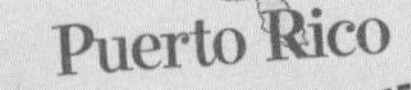

CAPITAL
San Juan

POBLACIÓN
3.886.000

NOTAS NOTABLES
Los puertorriqueños con gran afecto llaman su isla «La isla del encanto». Estado Libre Asociado de Estados Unidos, Puerto Rico es una isla de profusa vegetación tropical con playas en las costas del Atlántico y el Caribe, preciosas montañas en el interior, y bosques tropicales. Sólo en Puerto Rico vive el querido coquí—una ranita muy tímida que no deja que nadie la vea.

Venezuela

CAPITAL
Caracas

POBLACIÓN
24.655.000

NOTAS NOTABLES

Venezuela es el nombre que los exploradores españoles le dieron al país en 1499 cuando encontraron pueblos construidos sobre las aguas y donde los indígenas comerciaban en canoas. Estos canales y vías fluviales les recordaban a Venecia, Italia. Caracas es una gran ciudad cosmopolita de rascacielos rodeada de montañas y metida en un angosto valle de nueve millas de largo. El Salto del Ángel en el sur del país es el salto más alto del mundo a una altura de 3.212 pies con una caída ininterrumpida de 2.638 pies.

Colombia

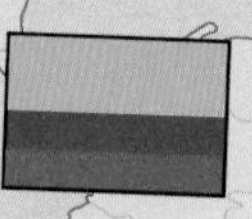

CAPITAL
Bogotá

POBLACIÓN
41.662.000

NOTAS NOTABLES

Colombia cubre un territorio de montañas, selvas y llanuras de más de 440.000 millas cuadradas. En el centro del país, en un valle andino, está Bogotá a 8.640 pies sobre el nivel del mar. En la costa caribeña en el norte hay preciosas playas; en el sur se encuentran selvas y el puerto de Leticia que queda en el río Amazonas.

Ecuador

CAPITAL
Quito

POBLACIÓN
13.710.000

NOTAS NOTABLES

Ecuador deriva su nombre del ecuador, la línea ecuatorial que atraviesa el país. Pasando por el centro hay dos cordilleras andinas con magníficos volcanes. Entre las cordilleras está el valle central donde reside la mitad de la población. Y allí está la capital, Quito, bella ciudad colonial. Las islas Galápagos con su increíble fauna, pertenecen a Ecuador.

Perú

CAPITAL
Lima

POBLACIÓN
28.410.000

NOTAS NOTABLES

Perú, igual que Ecuador, se divide en tres áreas geográficas—una estrecha franja costal desértica en el Pacífico, el altiplano andino donde vive la mitad de la población y la selva amazónica al este. Lima está en la costa, y durante unos nueve meses del año está cubierta de una neblina llamada la garúa. Perú es famoso por su herencia incaica. Hay poco que se puede comparar con la vista de Machu Picchu que se le presenta al visitante. Es una ciudad inca, un impresionante complejo arquitectónico en las alturas de los Andes.

Bolivia

CAPITAL
La Paz

POBLACIÓN
8.568.000

NOTAS NOTABLES

Bolivia es uno de los dos países sudamericanos sin costa. Las montañas dominan su paisaje. La Paz es la ciudad de mayor altura en el mundo a unos 12.500 pies sobre el nivel del mar. En Bolivia también está el lago Titicaca rodeado de pintorescos pueblos de los indios aymara. No hay lago navegable en el mundo a mayor altura.

El mundo hispanohablante

Chile

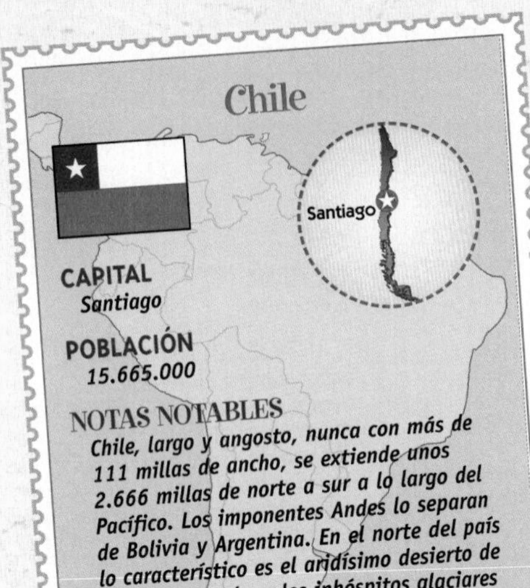

CAPITAL
Santiago

POBLACIÓN
15.665.000

NOTAS NOTABLES
Chile, largo y angosto, nunca con más de 111 millas de ancho, se extiende unos 2.666 millas de norte a sur a lo largo del Pacífico. Los imponentes Andes lo separan de Bolivia y Argentina. En el norte del país lo característico es el aridísimo desierto de Atacama; en el sur los inhóspitos glaciares y los fiordos de la Patagonia. Más de la tercera parte de la población reside en el área de Santiago.

Argentina

CAPITAL
Buenos Aires

POBLACIÓN
38.741.000

NOTAS NOTABLES
Muchos consideran a Argentina la más europea de las naciones sudamericanas. Buenos Aires es una bella ciudad de parques, boutiques, restaurantes y anchas avenidas. Argentina es famosa por su carne, el bife que viene del ganado que pace en las enormes estancias de la Pampa. Más al sur en la frontera con Chile está la preciosa área de los lagos con sus pintorescos pueblos cerca de Bariloche. Al extremo sur está la Patagonia con su rocoso terreno donde pacen las ovejas de los galeses.

Paraguay

CAPITAL
Asunción

POBLACIÓN
6.037.000

NOTAS NOTABLES
Paraguay, como Bolivia, no tiene costa. Asunción, ubicado sobre siete colinas de la orilla este del río Paraguay, es donde vive la quinta parte de la población. Casi en pleno centro de Sudamérica, esta pintoresca ciudad queda casi equidistante entre el Atlántico y los Andes. Al oeste del río Paraguay se encuentra el Chaco—un área de matorrales, seca, calurosa y azotada por los vientos.

Uruguay

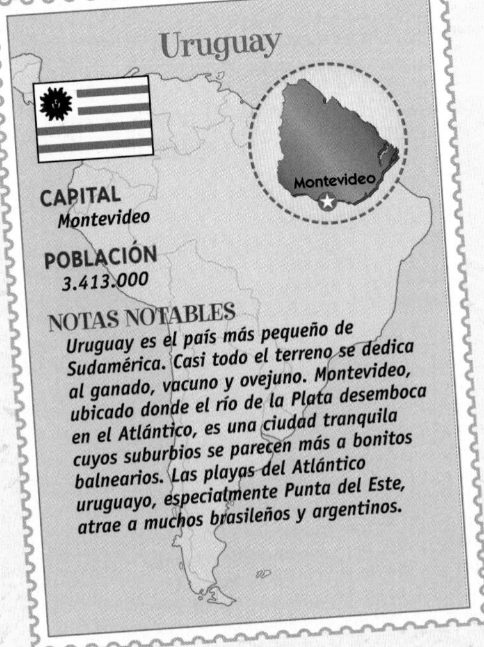

CAPITAL
Montevideo

POBLACIÓN
3.413.000

NOTAS NOTABLES
Uruguay es el país más pequeño de Sudamérica. Casi todo el terreno se dedica al ganado, vacuno y ovejuno. Montevideo, ubicado donde el río de la Plata desemboca en el Atlántico, es una ciudad tranquila cuyos suburbios se parecen más a bonitos balnearios. Las playas del Atlántico uruguayo, especialmente Punta del Este, atrae a muchos brasileños y argentinos.

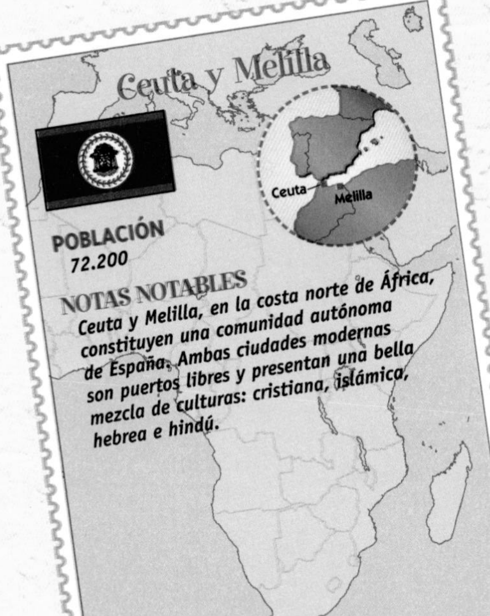
Ceuta y Melilla
Ceuta
Melilla
POBLACIÓN
72.200
NOTAS NOTABLES
Ceuta y Melilla, en la costa norte de África, constituyen una comunidad autónoma de España. Ambas ciudades modernas son puertos libres y presentan una bella mezcla de culturas: cristiana, islámica, hebrea e hindú.

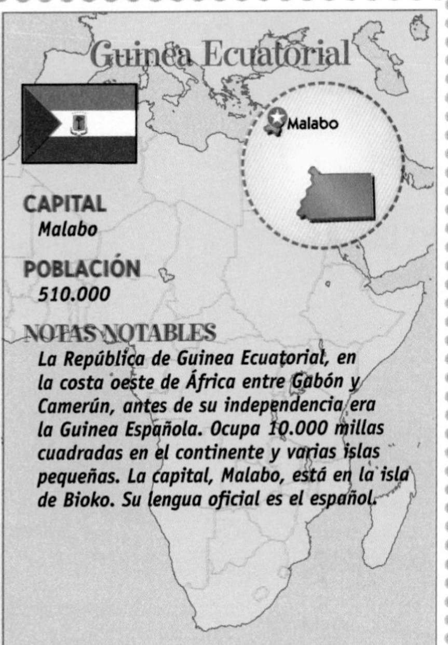
Guinea Ecuatorial
Malabo
CAPITAL
Malabo
POBLACIÓN
510.000
NOTAS NOTABLES
La República de Guinea Ecuatorial, en la costa oeste de África entre Gabón y Camerún, antes de su independencia era la Guinea Española. Ocupa 10.000 millas cuadradas en el continente y varias islas pequeñas. La capital, Malabo, está en la isla de Bioko. Su lengua oficial es el español.

Las Islas Filipinas
Manila
CAPITAL
Manila
POBLACIÓN
84.620.000
NOTAS NOTABLES
La República de las Filipinas es un archipiélago del Pacífico sur. La lengua oficial del país es el pilipino, que antes se llamaba tagalo, un idioma con muchos préstamos del español. La influencia española fue enorme en los siglos XVII, XVIII y XIX cuando las Filipinas eran una colonia española. Muchos filipinos tienen nombres españoles y muchos todavía hablan español.

España
OCÉANO ATLÁNTICO
FRANCIA
MAR CANTÁBRICO
Golfo de Vizcaya
La Coruña
Oviedo
Santander
San Sebastián
Santiago de Compostela
Asturias
Cantabria
Bilbao
Roncesvalles
ANDORRA
CORDILLERA CANTÁBRICA
País Vasco
LOS PIRINEOS
Galicia
León
Pamplona
Burgos
Navarra
Rioja
Castilla y León
Río Ebro
Cataluña
Valladolid
Río Duero
Zaragoza
Barcelona
Aragón
Salamanca
Segovia
Río Tajo
Ávila
SIERRA DE GUADARRAMA
Madrid
Madrid
Menorca
Islas baleares
PORTUGAL
ESPAÑA
Comunidad Valenciana
Palma
Mallorca
Valencia
Castilla-la Mancha
Lisboa
Río Guadiana
Ibiza
Extremadura
Formentera
Alicante
MAR MEDITERRÁNEO
Murcia
Murcia
Río Guadalquivir
Córdoba
Cartagena
Sevilla
Granada
SIERRA NEVADA
Andalucía
Jerez de la Frontera
Málaga
COSTA DEL SOL
Cádiz
Marbella
Estepona
Gibraltar (R.U.)
Estrecho de Gibraltar
Ceuta (Esp.)
Tánger
Melilla (Esp.)
OCÉANO ATLÁNTICO
ARGELIA
Islas Canarias
La Palma
Santa Cruz de Tenerife
Lanzarote
Fuerteventura
Gomera
Las Palmas
Tenerife
Hierro
Gran Canaria
MARRUECOS
ÁFRICA
SAHARA OCCIDENTAL
OCÉANO ATLÁNTICO
MARRUECOS

La América del Sur

México, la América Central y el Caribe

Estados Unidos

El alfabeto

Cada lengua consta de una serie de letras. El nombre que se le da a la serie de letras de una lengua es «alfabeto» o «abecedario». La palabra «alfabeto» viene de las primeras letras del alfabeto griego—**alfa** y **beta.** «Abecedario» viene de las primeras letras latinas— **a, be, ce, de.**

El alfabeto español sigue el orden del alfabeto latino. Hasta 1994, el alfabeto español constaba de treinta letras. Actualmente comprende veinte y siete porque en 1994 la Real Academia de la Lengua Española decidió suprimir la **ch,** la **ll** y la **rr** de la lista. Antes estas se consideraban letras del alfabeto.

El alfabeto español

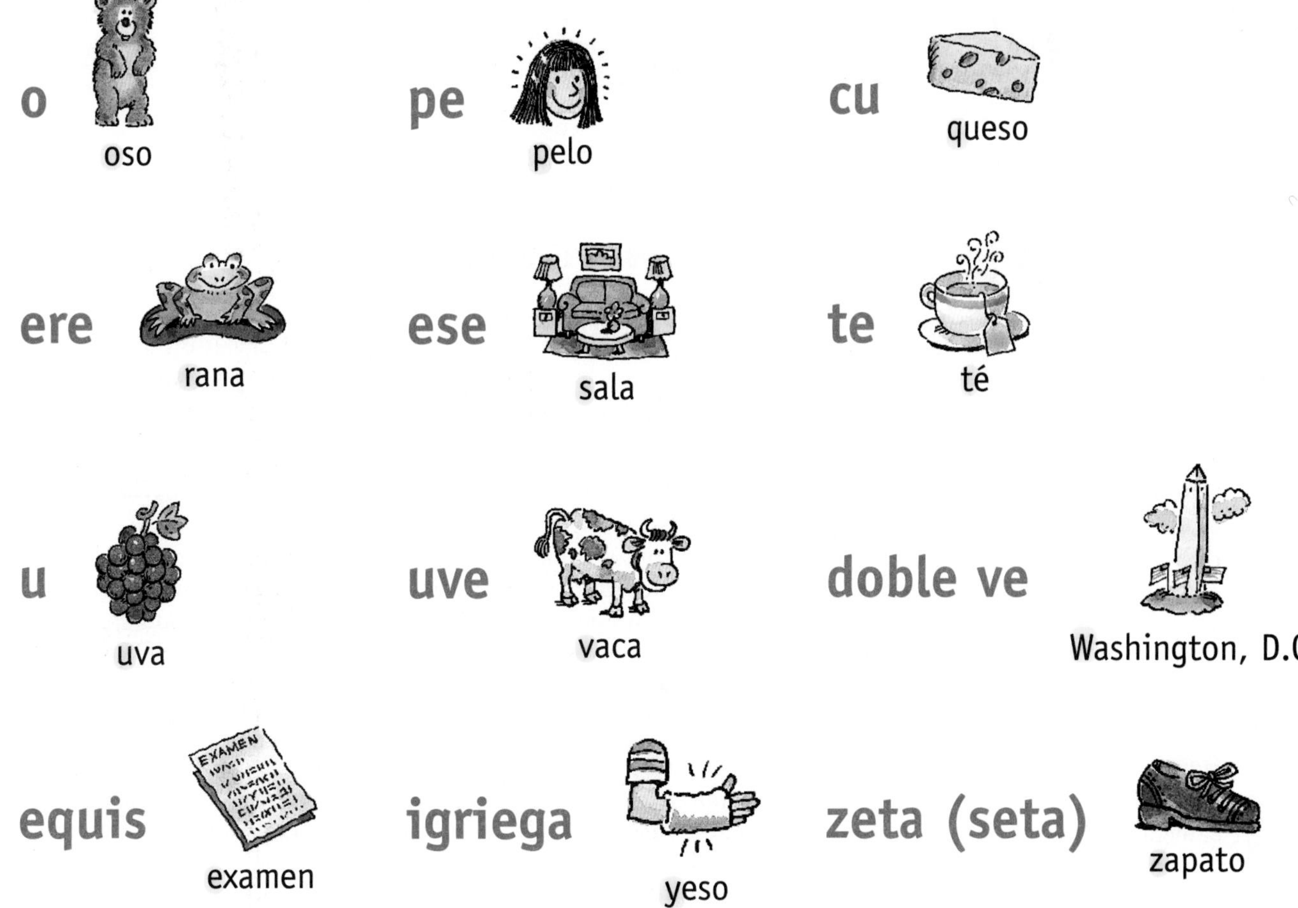

El alfabeto en inglés se usa con más frecuencia que en español por varias razones. La ortografía inglesa es mucho más difícil que la ortografía española y por consiguiente es frecuentemente necesario deletrear una palabra usando las letras del alfabeto. Como el español es una lengua fonética al saber pronunciar una palabra se sabe escribirla porque casi siempre la palabra se escribe como se pronuncia (suena).

da-ma
ti-po
po-pu-lar

Además el sonido de una serie de letras del alfabeto en español no rinde la pronunciación de la palabra. Por ejemplo, el decir **hache-o-igriega-o** no rinde la pronunciación de **hoyo.** Por esta razón la gente suele deletrear usando la letra inicial de una palabra. Usarán:

- ciudades: MATANZAS—**M**adrid, **Á**vila, **T**oledo, **Á**vila, **N**iza, **Z**aragoza, **Á**vila, **S**egovia
- nombres de personas: STERN—**S**usana, **T**omás, **E**lena, **R**oberto, **N**ando
- nombres de cosas: CHICLE—**ch**ocolate, **i**dea, **c**lase, **e**nero

Destrezas y estrategias

"The What, Why, and How of Reading"

¿Qué es lo que es?	¿Por qué es importante?	¿Cómo hacerlo?
Avance El avance es la ojeada que se da a una selección antes de leerla.	El avance te deja empezar a ver lo que ya sabes y lo que tendrás que saber. Te ayuda a fijar un propósito para la lectura.	Mira el título, las ilustraciones, encabezamientos, leyendas y gráficas. Fíjate en como se organizan las ideas. Hazte preguntas sobre el texto.
Hojear El hojear es dar una ojeada rápida a la selección entera para tener una idea general de lo que se trata.	El hojear te informará de lo que trata la selección. Si la selección que hojeas no contiene la información que buscas, no tendrás que leerla en su totalidad.	Lee el título y rápidamente hojea toda la selección. Lee los encabezamientos y subtítulos y quizás parte del primer párrafo para darte una idea general del contenido de la selección.
Otear El otear es leer rápidamente una selección para encontrar información específica.	El otear te ayuda a localizar información enseguida. Te ahorra tiempo cuando tienes que mirar varias selecciones.	Mientras tus ojos pasan rápidamente sobre el texto, busca palabras clave o frases que te ayudarán a localizar la información que buscas.
Predecir El predecir es conjeturar o adivinar de manera pensada lo que va a pasar en la selección.	El predecir te da una razón para leer. Quieres saber si tu predicción y los eventos de la selección concuerdan, ¿no? Mientras leas, ajusta o cambia tu predicción si no conforma con lo que aprendes.	Parea lo que ya sabes de un autor o tema con lo que aprendiste en avance para adivinar lo que estará incluido en el texto.
Resumir El resumir es declarar las ideas principales de una selección en tus propias palabras en una secuencia lógica.	El resumir indica si has comprendido algo. Te enseña a pensar de nuevo sobre lo que has leído y a separar las ideas principales de la información de apoyo.	Hazte la pregunta,—¿De qué trata esta selección? Contesta las preguntas **quién, qué, dónde, cuándo, por qué y cómo.** Pon esa información en un orden lógico.

¿Qué es lo que es?	¿Por qué es importante?	¿Cómo hacerlo?
Aclarar El aclarar es mirar las partes difíciles de un texto para aclarar lo que sea confuso.	Los autores con frecuencia elaboran las ideas una encima de otra. Si no aclaras un pasaje confuso quizás no entenderás las ideas principales ni la información que le sigue.	Vuelve a leer cualquier parte confusa más detenidamente. Busca en el diccionario las palabras que no conoces. Haz preguntas sobre lo que no entiendes. A veces querrás seguir leyendo para ver si alguna información más adelante te ayuda.
Preguntar El preguntar es preguntarte a ti mismo(a) si la información en una selección es importante. El preguntar es también preguntarte continuamente si comprendes lo que has leído.	Cuando haces preguntas mientras lees, estás leyendo estratégicamente. Al contestar tus propias preguntas, te aseguras de que has captado lo esencial del texto.	Ten una conversación contínua contigo mismo(a) mientras leas. Hazte preguntas tales como: ¿Es importante esta idea?, ¿Por qué?, ¿Entiendo de lo que trata esto?, ¿Estará esta información en un examen más adelante?
Visualizar El visualizar es crear una imagen en tu mente de las ideas o descripciones del autor.	El visualizar es una de las mejores maneras de comprender y recordar información en textos de ficción, de no-ficción e informativos.	Lee con cuidado como un escritor describe a una persona, un lugar o una cosa. Entonces pregúntate, ¿a qué se parecería esto?, ¿Puedo ver cómo funcionarán los pasos en este proceso?
Monitorear la comprensión El monitorear tu comprensión quiere decir pensar en que si estás comprendiendo lo que lees.	El propósito de leer es comprender un texto. Cuando no comprendes la selección, en realidad no la estás leyendo.	Sigue haciéndote preguntas sobre las ideas principales, los personajes y eventos. Si no puedes contestar una pregunta, repasa el texto, lee más detenidamente o pídele ayuda a alguien.
Identificar la secuencia El identificar la secuencia es encontrar el orden lógico de ideas o eventos.	En una obra de ficción, los eventos normalmente ocurren en orden cronológico. Con las obras de no-ficción, el comprender el orden lógico de ideas en un escrito te ayuda a seguir el hilo del pensamiento del autor. Recordarás mejor las ideas si reconoces el orden lógico que emplea el autor.	Piensa en lo que el autor está tratando de hacer. ¿Contar una historia? ¿Explicar como funciona algo? ¿Presentar información? Busca pistas o palabras clave que te indicarán un orden cronológico, los pasos en un proceso u orden de importancia.

Destrezas y estrategias

¿Qué es lo que es?	¿Por qué es importante?	¿Cómo hacerlo?
Determinar la idea principal El determinar la idea principal del autor es encontrar la idea o concepto más importante de un párrafo o selección.	El encontrar las ideas principales te prepara para resumir. Cuando encuentras las ideas principales en una selección, también descubres el propósito que tiene el autor para escribirla.	Piensa en lo que sabes del autor y del tema. Busca como el autor ordena las ideas.
Responder El responder es decir lo que te gusta o lo que no te gusta; lo que encuentras sorprendente o interesante en una selección.	Si reaccionas a lo que lees de forma personal, disfrutarás más de una selección y la recordarás mejor.	Al leer, piensa en como te afectan los elementos o las ideas en una selección. ¿Cómo reaccionas ante los personajes de un cuento? ¿Qué es lo que te capta la atención?
Conectar El conectar quiere decir asociar lo que lees con eventos en tu propia vida o a otras selecciones que has leído.	Al concectar eventos, emociones y personajes con los de tu propia vida te sentirás una parte de la lectura y recordarás mejor lo que has leído.	Pregúntate: ¿Conozco alguien que tenga características semejantes? ¿Me he sentido así una vez? ¿Qué más he leído que se parece a esta selección?
Repasar El repasar es volver a leer lo que has leído para recordar lo que es importante y para ordenar las ideas para recordarlas más tarde.	El repasar es especialmente importante cuando tienes que acordarte de mucha información y muchas ideas nuevas.	El llenar un organizador gráfico, como una tabla o un diagrama, mientras lees te ayuda a ordenar la información. Estas ayudas de estudios te servirán más tarde para repasar y prepararte para un examen.
Interpretar El interpretar es usar tus conocimientos del mundo para decidir lo que significan los eventos y las ideas de una selección.	Cada lector construye el significado de una lectura según lo que él o ella comprende del mundo. El interactuar con el texto te ayuda a encontrar y comprender el significado de la lectura.	Piensa en lo que ya sabes de ti y del mundo. Pregúntate: ¿Qué es lo que el autor está tratando de decir aquí? ¿De qué ideas mayores podrían tratar estos eventos?
Inferir El inferir es usar tu razonamiento y experiencia para adivinar lo que el autor no hace patente; lo que no expresa de manera obvia.	Hacer inferencias es clave para encontrar sentido en una selección. El inferir te ayuda a profundizar en los personajes y te lleva al tema o mensaje de una selección.	Busca las claves que el autor te da. Toma nota de las descripciones, del diálogo, de los eventos y relaciones que podrán indicarte algo que el autor quiere que sepas.

¿Qué es lo que es?	¿Por qué es importante?	¿Cómo hacerlo?
Llegar a conclusiones El llegar a conclusiones es usar varios fragmentos de información para hacer una declaración general sobre personas, lugares, eventos e ideas.	El llegar a conclusiones te ayuda a encontrar las conexiones entre ideas y eventos. Es otra herramienta para ayudarte a tener una visión más amplia.	Toma nota de detalles sobre personajes, ideas y eventos. Entonces haz una declaración general sobre estos detalles. Por ejemplo, las acciones de un personaje quizás te hagan pensar que es bondadoso.
Analizar El analizar es mirar cada una de las partes de una selección para comprender la selección en total.	El analizar te ayuda a mirar un escrito con sentido crítico. Al analizar una selección encontrarás su tema o mensaje y descubrirás el propósito que tenía el autor para escribir.	Para analizar un cuento, piensa en lo que está diciendo el autor por medio de los personajes, del escenario y de la trama o del argumento. Para analizar obras de no-ficción, mira la organización e ideas principales. ¿Qué es lo que sugieren?
Sintetizar El sintetizar es combinar las ideas para crear algo nuevo. Puedes sintetizar para llegar a una nueva interpretación o para dar una nueva conclusión al cuento.	El sintetizar te ayuda a alcanzar un nivel más alto de pensamiento. Te ayuda a crear algo nuevo en vez de solo recordar lo que aprendiste de otro.	Piensa en las ideas o información que aprendiste en una selección. Pregúntate: ¿Comprendo algo más que las ideas principales aquí? ¿Puedo crear otra cosa de lo que ya sé?
Evaluar El evaluar es emitir un juicio o formar una opinión sobre algo que has leído. Puedes evaluar un personaje, la habilidad de un autor o el valor de la información en un texto.	El evaluar te ayuda a ser un lector juicioso. Puedes determinar si un autor está cualificado para hablar sobre un tema o si las observaciones del autor tienen sentido. El evaluar te ayuda a determinar la veracidad de la información.	Al leer, hazte preguntas como: ¿Es este personaje realista y verosímil? ¿Está el autor cualificado para escribir sobre este tema? ¿Es imparcial el autor? ¿Presenta el autor sus opiniones como hechos?

Capítulo 1

Lo indígena

Objetivos

En este capítulo vas a:

- estudiar algunos grupos precolombinos importantes
- estudiar lo que es el gobierno y sus diferentes formas
- aprender el imperfecto de los verbos regulares e irregulares; estudiar la pronunciación y ortografía de la *y* y *ll*
- leer *¿Quién sabe?* de José Santos Chocano y *Enriquillo* de Manuel de Jesús Galván
- comparar el tiempo pasado en inglés y en español

Imágenes del Perú/Getty Images

Una manada de llamas en el altiplano peruano

Historia y cultura

Lectura

Vocabulario para la lectura

Estudia las definiciones de las siguientes palabras.

la alfarería el arte de crear vasijas de barro

la choza un tipo de cabaña cubierta de ramas o paja, un bohío

el culto el homenaje, el honor dado a los dioses

el mito la leyenda, una narración fabulosa de algo que ocurrió en un tiempo pasado remoto

el relevo la sustitución, el reemplazo, uno que toma el lugar o responsabilidad de otro

sanguinario feroz, inhumano

agrupar reunir, formar en grupos

asimilarse incorporarse

desempeñar llevar a cabo, cumplir, llenar o representar

vagar andar sin tener un destino fijo

Choza de piedra, Santa Rosa, Perú

Poder verbal

ACTIVIDAD 1 **¿Qué palabra necesito?** Completa.

1. Algunos grupos indígenas no lucharon y se ____ con los españoles.
2. En esa cultura, los sacerdotes ____ un papel muy importante.
3. Ellos dirigen el ____ a los diferentes dioses.
4. Todos los vecinos se ____ en un solo lugar para rendir culto a sus dioses.
5. Después, ellos regresan a sus ____ cubiertas de ramas.
6. Algunos son artesanos que practican la ____, creando preciosas vasijas de barro.
7. No sabemos si es verdad lo que dicen sobre el origen de los aborígenes o si es sólo un ____.
8. Pero sí sabemos que ellos tuvieron que ____ por todo el territorio antes de encontrar el lugar en donde establecerse.
9. Los guardias del templo esperan el ____ que vendrá a reemplazarlos.
10. Uno de los dioses es muy ____; insiste en sacrificios humanos.

ACTIVIDAD 2 **Palabras emparentadas** ¿Cuál es una palabra relacionada?

1. la mitología
2. la sangre
3. el grupo
4. el vagabundo
5. similar

Lectura

Poblaciones indígenas de Latinoamérica

Estrategia de lectura
Hojeando Antes de leer detenidamente una selección es muy útil darle primero una ojeada. ¿Qué nos dice el título? ¿Y los subtítulos? Si hay fotos o dibujos, ¿de qué tratan? Todas estas claves nos ayudan a comprender mejor el texto que vamos a leer.

Los incas

Según la leyenda, los primeros incas fueron creados por Inti, el dios Sol. Se llamaban Manco Cápac y Mama Ocllo. El dios Inti los colocó en el lago Titicaca. Les dio una vara de oro y les dijo que se establecieran en el lugar donde la vara, al enterrarla, desapareciera. En un valle fértil y bello, hundieron la vara y desapareció. En aquel lugar fundaron la ciudad de Cuzco, la capital del imperio incaico.

Una máscara peruana

El imperio incaico se extendió por casi toda la costa occidental de la América del Sur—Ecuador, Perú, Bolivia, el norte de Chile y Argentina. El emperador de los incas se llamaba el Inca. El Inca siempre estaba al tanto de lo que sucedía en todo el imperio. Los incas tenían un sistema excelente de carreteras que unían a Cuzco con todo el imperio. Los chasquis eran mensajeros que corrían grandes distancias llevando órdenes y noticias. Como en una carrera de relevos o de postas, el chasqui pasaba la información a otro que luego seguía corriendo. Los chasquis llevaban quipus. Como los incas no tenían un sistema de escritura perfeccionado, inventaron un sistema de cordones y nudos de varios colores. Estos cordones y nudos, llamados quipus, transmitían datos e ideas. El idioma de los incas era el quechua, y hoy día los indígenas descendientes de los incas en Perú, Ecuador y Bolivia siguen hablando quechua.

La base de la estructura social de los incas era el ayllu. Las familias vivían en grupos de diez. Las dirigía un líder. Él supervisaba su trabajo y mantenía la disciplina. Estas unidades de diez familias luego se agrupaban en un ayllu. Las familias de un ayllu compartían la tierra, los animales y la comida.

El Inca era también la máxima autoridad religiosa. Era el representante en la tierra del Sol. La base de la religión incaica era el culto al Sol, o al Inti.

El hombre lleva ropa tradicional en la Isla de Taquile, Perú

Historia y cultura

Los aztecas

La mujer lleva un tocado azteca.

Hay muchas leyendas y mitos que explican el origen de los aztecas en el valle de Anáhuac, actualmente el Valle de México. Una dice que los aztecas vinieron del norte de México y en el año 1168 su dios principal, Huitzilopóchtli, les dijo que abandonaran el territorio donde vivían y que construyeran una nueva ciudad donde encontraran un águila sobre un cacto con una serpiente en la boca. Por años los aztecas estuvieron vagando por México y finalmente en el año 1200 llegaron al valle de Anáhuac donde vivían los toltecas, un grupo culto y poderoso. Los aztecas iban asimilando la cultura, religión y arte de sus vecinos. Y según la leyenda los aztecas fundaron su capital, Tenochtitlán, actualmente la Ciudad de México, en 1325 en una isla pequeña del lago de Texcoco en el Valle de Anáhuac porque allí encontraron un águila sobre un cacto devorando una serpiente. En ese lugar construyeron una ciudad maravillosa de muchas lagunas.

Los aztecas vivían en pequeñas chozas techadas de pajas y hojas. Comían maíz, frijoles y chiles. Su bebida favorita era el chocolatl, de donde viene la palabra *chocolate.* En el tiempo libre se dedicaban a la alfarería y confeccionaban preciosos tejidos. Hacían diseños en algodón, maguey, piedra, etc.

La religión desempeñaba un papel importante en la vida de los aztecas. Adoraban a muchos dioses: el Sol, la Luna, la Tierra, la Lluvia. Pero la religión azteca era sanguinaria y las ceremonias siempre terminaban con sacrificios humanos. Los aztecas eran guerreros feroces y consultaban con su dios de Guerra antes de entrar en batalla.

Ilustración del Codex Florentino

Los aztecas dejaron contribuciones importantes en el campo del arte. El famoso calendario azteca es una obra de arte magnífica. Es uno de los objetos arqueológicos más famosos del mundo. Además de ser una obra artística, el calendario da testimonio del gran conocimiento que tenían los aztecas de la astronomía y las matemáticas.

Un calendario azteca de piedra

Comprensión

A Comprendiendo nueva información Al leer un texto histórico vas a encontrar palabras y conceptos nuevos cuyo significado se entiende por el contexto en que aparecen o porque el texto mismo los define. Identifica las siguientes personas o cosas que aparecen en el texto que acabas de leer.

1. el Inti
2. Cuzco
3. el Inca
4. los chasquis
5. los quipus
6. el ayllu
7. Anáhuac
8. Huitzilopóchtli
9. los toltecas
10. Tenochtitlán

Pirámide de los Nichos, El Tajín, Veracruz, México

B Reconociendo lo importante en un texto Recuerda que una de las estrategias que ayudan a comprender un texto es enfocar en los títulos interiores o subtítulos. ¿Cuáles son los subtítulos en este texto? Se refieren a dos de los grupos indígenas más importantes, los incas y los aztecas. En ambos casos las descripciones comienzan con leyendas. En tus propias palabras describe la leyenda del origen de los incas y la de la fundación de Tenochtitlán por los aztecas.

La joven peruana lleva ropa tradicional en el valle sagrado de Urubamba, Perú

C Palabras calientes En la selección sobre los indígenas de Latinoamérica hay varias palabras calientes relacionadas con el tema. Son: **el imperio, la religión, la leyenda.** ¿Qué importancia tienen estas palabras con respecto a los incas y aztecas?

D Conectando con la gramática Haz una lista de todos los verbos en el tiempo pretérito que puedas encontrar en la lectura. El primer ejemplo ocurre en la primera oración: **fueron.**

Conocimientos para superar

Conexión con los estudios sociales

Para el estudio de la política y los gobiernos es importante comprender cierta terminología. Algunas palabras básicas son: la anarquía, la democracia, el partido político, el voto, la constitución, los derechos, los poderes, el parlamento, la dictadura. Busca las definiciones de estas palabras antes de comenzar la lectura.

Hill Street Studios/Getty Images

El gobierno y la política

Según el gran historiador británico Arnold J. Toynbee ha habido veintiuna grandes civilizaciones a través de la historia. A estas habría que añadir un número mayor de sociedades primitivas. Las instituciones políticas con autoridad para hacer y hacer respetar las leyes, es decir, los gobiernos, han existido tanto en las sociedades primitivas como en las avanzadas. Las formas y procedimientos han variado, pero la evidencia de los sociólogos e historiadores nos indica que alguna forma de gobierno es indispensable para el funcionamiento de la vida común. Sin gobierno hay anarquía o caos.

Los gobiernos, como toda institución social, varían mucho. La geografía, el clima, la historia, las costumbres, los recursos y el nivel de desarrollo son factores que influyen en las diferencias. Por eso se ve que las formas de gobierno que tienen gran éxito en una sociedad, cuando se trasladan a otra, pueden resultar en un rotundo fracaso.

Un centro de votación en Redondo Beach, Los Ángeles, Estados Unidos

Gobiernos democráticos

En los países democráticos, como Estados Unidos, muchos países europeos, latinoamericanos y asiáticos, el pueblo tiene el derecho al voto. Todo ciudadano mayor de edad tiene el derecho al voto. Es decir que pueden votar en las elecciones nacionales y locales. Cada partido político apoya a su candidato. En muchos países hay dos o más partidos políticos. Es posible que haya también candidatos independientes. El candidato que recibe la mayoría de los votos es elegido presidente, senador, congresista, gobernador, alcalde o lo que sea.

Photodisc/Getty Images

La Constitución

El presidente de Estados Unidos, por ejemplo, es el jefe ejecutivo del gobierno. La responsabilidad primordial del gobierno es la de proteger los derechos del pueblo. La Constitución es la ley fundamental escrita de la organización del Estado o de la nación. La más antigua de estas constituciones es la estadounidense, que data de 1787. Sirvió de modelo a muchas constituciones, incluyendo a las de muchas de las repúblicas latinoamericanas. La Constitución está organizada sistemáticamente en secciones, títulos y artículos. La Constitución de Estados Unidos dice:

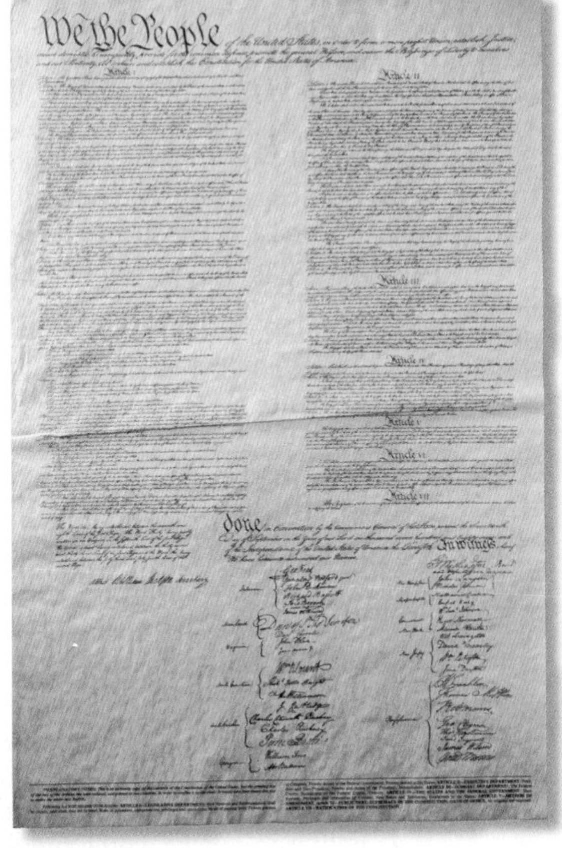

Artículo 1: Sección 1: *Todos los poderes legislativos otorgados por esta Constitución residirán en un Congreso de los Estados Unidos que se compondrá de un Senado y de una Cámara de Representantes.*

Así, en Estados Unidos rige el sistema bicameral—un Congreso formado por un Senado y una Cámara de Representantes.

La Constitución de cada estado indica quienes desempeñarán las funciones políticas más importantes, la forma para determinar la selección de las personas que tendrán esos cargos y los procedimientos para enmendar la misma constitución. El sistema parlamentario prevalece en muchos estados democráticos pero no todos los sistemas parlamentarios son los mismos. El parlamento puede ser bicameral, en el caso de Gran Bretaña y Francia, o unicameral—de una sola Cámara de Representantes (Diputados), en el caso de Costa Rica.

En Costa Rica tanto el presidente como los diputados son elegidos cada cuatro años como en Estados Unidos. En Francia, los ciudadanos eligen por sufragio universal al presidente cada cinco años y el presidente nombra a un primer ministro. Gran Bretaña no tiene presidente y los ciudadanos eligen por sufragio universal a los miembros del parlamento y el partido político mayoritario del parlamento escoge al primer ministro. En países que tienen el mismo sistema que Gran Bretaña existe la posibilidad de no tener un partido mayoritario y varios partidos tienen que unirse para formar una coalición. Luego los partidos de la coalición seleccionan al primer ministro. De vez en cuando la oposición se pone muy en contra de la política del primer ministro. En algunas circunstancias el primer ministro pide el voto de confianza de todos los miembros del parlamento. Y a veces recurre al pueblo con un plebiscito o referéndum. Los ciudadanos votan indicando si están a favor o en contra de la política del primer ministro. Si la mayoría está a favor del primer ministro, este sigue en su cargo; y si la mayoría está en contra, el primer ministro renuncia a su cargo y el parlamento tiene que escoger a otro para reemplazarlo.

Conocimientos para superar

Gobiernos autocráticos

No todos los países tienen gobiernos democráticos. En muchos hay gobiernos autocráticos o despóticos. Son dictaduras. El jefe de una dictadura es el dictador o a veces una junta militar. Bajo un régimen autocrático es común que los ciudadanos no tengan el derecho al voto ni la libertad de palabra. En algunos casos el dictador derroca a un gobierno democrático y revoca la constitución para instalarse en el poder. Si el pueblo no quiere tolerar al gobierno, habrá manifestaciones y sublevaciones. En este caso no es raro que el gobierno declare la ley marcial. A veces imponen un toque de queda, es decir que los ciudadanos no pueden salir a la calle después de una hora determinada.

Fidel Castro llega a Washington D.C.

Comprensión

A **Poder verbal** **Pareo** Parea cada palabra con su definición.

1. tipo de asamblea legislativa
2. dominio que uno tiene para mandar
3. sistema de gobierno en el cual el pueblo tiene el derecho de participar
4. gobierno que se ejerce fuera de las leyes constitutivas de un país
5. falta de todo gobierno, confusión, desorden
6. derecho que tiene el pueblo de elegir a sus líderes
7. agrupación política de los que siguen la misma opinión o interés
8. ley escrita fundamental de un Estado

a. el poder
b. el parlamento
c. el voto
d. la anarquía
e. la democracia
f. la dictadura
g. el partido político
h. la constitución
i. los derechos

B **Buscando información** Contesta.

1. ¿Por qué es necesario tener alguna forma de gobierno?
2. ¿Cuáles son algunos factores que influyen en la organización del gobierno?
3. En una forma democrática de gobierno, ¿qué derecho tiene el pueblo?
4. ¿Quién selecciona a los candidatos?
5. ¿Qué es el presidente de Estados Unidos?
6. ¿Cuál es la responsabilidad primordial del gobierno?
7. ¿Qué es la Constitución?

(t)Design Pics/Ron Nickel, (b)Hisham F. Ibrahim/Getty Images

8. ¿Puede un parlamento ser bicameral o unicameral?
9. ¿Son todos los sistemas parlamentarios los mismos?
10. En Gran Bretaña, ¿a quiénes eligen los ciudadanos?
11. ¿Quién escoge al primer ministro?
12. ¿Cuándo pide el primer ministro un voto de confianza o un plebiscito?
13. ¿Quién es el jefe de un gobierno autocrático?
14. ¿Qué tiene lugar si el pueblo no puede tolerar la política de un gobierno autocrático?
15. A veces, ¿qué declarará el gobierno? ¿Qué impondrá?

C Comparando Explica la diferencia.

1. un gobierno democrático y un gobierno autocrático
2. un sistema unicameral y un sistema bicameral
3. los sistemas parlamentarios de Costa Rica, Francia y Gran Bretaña

D Explicando y parafraseando En tus propias palabras explica lo que dice el *Artículo 1, Sección 1 de la Constitución de los Estados Unidos.*

E Usando lo ya aprendido A ver lo que sabes del gobierno. Contesta las siguientes preguntas.

1. ¿Cuáles son los dos partidos políticos principales de Estados Unidos?
2. ¿Quién es el presidente de Estados Unidos actualmente? ¿A qué partido político pertenece?
3. ¿Quién es el gobernador de tu estado?
4. ¿Cuántos senadores tiene cada estado?
5. ¿Quiénes son los senadores de tu estado?
6. ¿Cuántos congresistas hay en la Cámara de Representantes?
7. ¿Quién es tu congresista o representante?
8. ¿Quién es el alcalde o la alcaldesa de tu pueblo o ciudad?

Capitolio, Wáshington, D.C.

Gramática y lenguaje

El imperfecto

1. El imperfecto, igual que el pretérito, es un tiempo pasado. Se usa para expresar una acción habitual o repetida en el pasado. No se sabe precisamente cuándo empezó ni cuándo terminó.

   Él siempre me hablaba por teléfono.
   Me llamaba casi todos los días.

2. Se usa también para expresar una emoción o un estado de ánimo en el pasado.

   El niño tenía miedo. **No estábamos contentos.**

3. El imperfecto se usa para describir en el pasado.

   El señor estaba en la calle Sol. (colocación)
   Tenía unos 25 años. (edad)
   Era alto y delgado. (apariencia)
   Estaba muy cansado. (condición física)
   Tenía ganas de dormir. (actitudes y deseos)
   Eran las diez de la noche. (hora)
   Hacía frío y nevaba. (tiempo)

El muchacho estaba muy solito, ¿no?

4. Estudia las formas de los verbos regulares en el imperfecto.

	PRIMERA CONJUGACIÓN	SEGUNDA Y TERCERA CONJUGACIONES	
yo	hablaba	comía	vivía
tú	hablabas	comías	vivías
él, ella, Ud.	hablaba	comía	vivía
nosotros(as)	hablábamos	comíamos	vivíamos
vosotros(as)	hablabais	comíais	vivíais
ellos, ellas, Uds.	hablaban	comían	vivían

Nota que las terminaciones de los verbos de las segunda y tercera conjugaciones son las mismas.

5. Los únicos verbos irregulares en el imperfecto son **ser, ir** y **ver.**

	SER	IR	VER
yo	era	iba	veía
tú	eras	ibas	veías
él, ella, Ud.	era	iba	veía
nosotros(as)	éramos	íbamos	veíamos
vosotros(as)	erais	ibais	veíais
ellos, ellas, Uds.	eran	iban	veían

Vacaciones de verano Contesta.

1. ¿Siempre pasabas algunos días de verano en una playa o piscina (alberca)?
2. ¿Nadabas mucho?
3. ¿Ibas con tus amigos?
4. A veces, ¿esquiaban ustedes en el agua?
5. ¿Buceaban?
6. ¿Tomaban ustedes un refresco cuando tenían sed?
7. ¿Qué pedían en el café?

Nerja, España

¿A qué escuela? Completa.

José: Julia, ¿a qué escuela __1__ (tú) (asistir) cuando __2__ (tener) seis años?
Julia: Yo __3__ (asistir) a la escuela Asenjo.
José: No lo creo. Tú y yo __4__ (asistir) a la misma escuela y no nos __5__ (conocer).

José y Julia Contesta según la conversación.

1. ¿A qué escuela asistía Julia?
2. ¿Cuántos años tenía cuando asistía a esa escuela?
3. ¿Lo creía José?
4. ¿A qué escuela asistía él?
5. ¿Asistían a la misma escuela?
6. ¿Se conocían en la escuela?
7. ¿No sabía José que ellos asistían a la misma escuela cuando tenían la misma edad?

Patio de recreo en una escuela primaria, Barcelona, España

Don Quijote y Sancho Panza Contesta según se indica.

1. ¿De dónde era Sancho Panza? (de la Mancha)
2. ¿Cómo era don Quijote? (alto y flaco)
3. ¿Cómo estaba el pobre don Quijote? (loco)
4. ¿Qué quería conquistar? (los males del mundo)
5. ¿Cómo se llamaba su caballo? (Rocinante)
6. Y su escudero, ¿cómo se llamaba? (Sancho Panza)

Sección 3

Gramática y lenguaje

Más sobre el imperfecto

Andrew Payti

1. ¡Ojo! Hay que tener cuidado con la pronunciación y por consiguiente con la ortografía con la forma de **nosotros** en el imperfecto. Hay muchos que cambiamos la **m** en **n**.

CORRECTO	INCORRECTO
cantábamos	**cantábanos**
íbamos	**íbanos**
salíamos	**salíanos**

2. ¡Ojo! El cambio radical que existe en el presente y/o el pretérito no existe en el imperfecto. Ningún verbo tiene cambio radical en el imperfecto.

CORRECTO	INCORRECTO
teníamos	**tieníamos**
dormíamos	**durmíamos, durmíanos**
pedían	**pidían**
podías	**pudías**

3. Ten mucho cuidado con los verbos **caer** y **traer** en el imperfecto.

CAER	**caía**	**caías**	**caía**	**caíamos**	**caíais**	**caían**
TRAER	**traía**	**traías**	**traía**	**traíamos**	**traíais**	**traían**

Hay muchos que cometen errores con estos verbos.

CORRECTO	INCORRECTO
caía	**cayía, caiba**
traías	**trayías, trajías, traibas**

Ellos siempre pedían una raspadilla cuando iban a la playa.

4. ¡Ojo! El imperfecto de la expresión impersonal **hay** es **había. Había** no cambia nunca. Va seguido de una forma singular o plural. Hay muchos entre nosotros que queremos decir **habían** cuando va seguido de una forma plural. ¡Mucho ojo! No es correcto.

CORRECTO	INCORRECTO
Había dos.	**Habían dos.**
Había muchos alumnos.	**Habían muchos alumnos.**

ACTIVIDAD 5 **Formas** Escribe las siguientes formas del imperfecto.

1. nosotros / hablar
2. nosotros / venir
3. nosotros / ser
4. yo / poder
5. tú / pedir
6. ellos / preferir
7. yo / decir
8. ellos / dormir
9. tú / poder
10. nosotros / poder
11. ellos / traer
12. tú / traer
13. yo / caer
14. ella / caer

Todo incorrecto Vas a ser redactor(a). Corrige los errores.

1. Él me lo dicía.
2. Quiería yo pero no pudía.
3. Ella trayía mucha carga y se caiba.
4. Cantábanos y bailábanos muy bien.
5. Nos acostábanos tarde y nos levantábanos temprano.

En el pasado Escribe las siguientes oraciones en el pasado.

1. No hay mucho tráfico en la autopista.
2. Hay muchos recados en su despacho.
3. Hay a lo menos cinco.
4. Hay seis hijos en la familia.
5. Hay una computadora en cada aula.

Entre Coquimbo y La Serena, Chile

Pronunciación y ortografía

La **y** y la **ll**

1. La **y** y la **ll** se pronuncian de varias maneras. Su pronunciación depende de la región en que vivimos o de donde venimos. Pero en todos casos el mismo regionalismo que existe en la pronunciación de la **y** existe en la pronunciación de la **ll**. Es decir que la **y** y la **ll** siempre se pronuncian igual. Así tenemos que tener mucho cuidado en diferenciar entre la **ll** y la **y** cuando escribimos.

y	ll
ya	llama
yo	llega
desayuno	botella
ayuda	pastilla
playa	cepillo
yace	rollo
yeso	toalla
	lluvia
	llanto
	lloro

El desayuno

Una tortilla española

2. **¡Ojo!** Hay hablantes que tienden a comerse la **ll** y como consecuencia no escribirla.

CORRECTO	INCORRECTO
silla	sía
anillo	anío
rodilla	rodía
tortilla	tortía
cepillo	cepío

(t)Andrew Payti, (b)Pixtal/age fotostock

3. ¡Ojo! A veces unos quieren agregar una **y** donde no existe.

CORRECTO	INCORRECTO
creo	creyo
creer	creyer
caer	cayer
traer	trayer
oír	oyír

Él cree todo lo que oye.

Dictado Prepárate para un dictado.

1. Él llama al maletero que llega enseguida.
2. Tengo una botella de pastillas.
3. Yo no como tortillas con el desayuno.
4. Ya hay bastante lluvia.
5. Dejó caer el anillo debajo de la silla en la playa.

El señor hace mucho trabajo.

Redacción Corrige todos los errores. Sé buen(a) redactor(a).

1. Ea yegó aser mucho trabajo importante.
2. Ea yegó acer presidente de la compañía.
3. Nos ace falta un royo de papel igénico.
4. Te voy a decir una cosa. No creyo que ea tenga un anío como ese.

Ella ayuda al joven a llenar el formulario.

Literatura

¿Quién sabe? de José Santos Chocano

Vocabulario para la lectura

Estudia las siguientes definiciones.

la codicia avaricia, egoísmo

la fatiga cansancio, agotamiento

audaz intrépido, atrevido, descarado

fulgor brillo, brillantez, resplandor

enigmático misterioso, incomprensible, inexplicable

taciturno silencioso, callado, triste

ignorar no saber, desconocer

implorar rogar, suplicar, pedir

labrar cultivar, trabajar

¿Quién tiene más fatiga?

Y, ¿quién tendrá más codicia?

Poder verbal

Actividad 1 **¿Cuál es otra palabra?** Expresa de otra manera.

1. El campesino *cultiva* la tierra.
2. Es difícil saber lo que está pensando porque siempre tiene una expresión *misteriosa*.
3. Nunca habla; es *muy callado*.
4. Yo le *suplico* que hable, que diga algo.
5. Pero parece que él *no sabe* lo que le digo, que no entiende.

Actividad 2 **Sinónimos** Da otra palabra.

1. cansancio
2. avaricia
3. atrevido
4. brillo

Nota biográfica

José Santos Chocano (1875–1934) nació en Perú. Durante su vida tumultuosa viajó por muchos países de Latinoamérica y vivió varios años en Madrid. En sus poesías Chocano canta las hazañas de su gente y describe la naturaleza americana: los volcanes, la cordillera andina y las selvas misteriosas.

Chocano se sintió inca. Él quería ser indio y español a la vez. Esa fusión de lo indígena y lo español la sentía en sus venas. Una de sus abuelas descendía de un capitán español y la otra era de una familia inca. La voz del poeta era la de un mestizo que conocía a su gente y su tierra.

En una de sus poesías él dijo: «Soy el cantor de América, autóctono y salvaje.» Dijo también, «Walt Whitman tiene el Norte, pero yo tengo el Sur».

Sillustani, Lago Umayo, Perú

¿Quién sabe?

de José Santos Chocano

◆·◆·◆

—Indio que labras con fatiga
tierras que de otros dueños son:
¿Ignoras tú que deben tuyas
ser, por tu sangre y tu sudor?
¿Ignoras tú que audaz codicia,
siglos atrás te las quitó?
¿Ignoras tú que eres el Amo?
—¡Quién sabe, señor!

—Indio de frente taciturna
y de pupilas sin fulgor.
¿Qué pensamiento es el que escondes
en tu enigmática expresión?
¿Qué es lo que buscas en tu vida?
¿Qué es lo que imploras a tu Dios?
¿Qué es lo que sueña tu silencio?
—¡Quién sabe, señor!

En las afueras de Arequipa, Perú

Festival del Inti Raymi, Cuzco, Perú

Comprensión

A **Conectando con la gramática** En español cada pregunta va precedida de un signo de interrogación. En el poema que acabas de leer, cuenta e indica las preguntas que allí aparecen.

B **Haciendo conexiones** Tú ya conoces bastante sobre las civilizaciones indígenas y los conquistadores españoles. Teniendo todo eso en cuenta, explica por qué el poeta le dice al indio:

1. que las tierras deben ser suyas por su sudor y su sangre
2. que ya hace siglos que una audaz codicia le quitó sus tierras

C **Parafraseando** Di como el poeta expresa las siguientes ideas en el poema.

1. El indio parece melancólico.
2. Parece que no tiene alegría ni esperanza.
3. Tiene una mirada vaga y misteriosa.
4. Parece que está pensando en algo pero no se lo revela a nadie.

Enriquillo de Manuel de Jesús Galván

Pixtal/age fotostock

Vocabulario

Estudia las siguientes definiciones.

la pesquisa la investigación
el paradero lugar donde está alguien
los contornos los alrededores
la víspera la noche anterior
la matanza acto de matar, quitarle la vida a uno
silvestre de la selva, del bosque
penoso difícil
escarpado de las alturas que tiene subida peligrosa
escasear faltar

Poder verbal

¿Qué palabra necesito? Completa.

1. No hay nada que comer. ___ muchos víveres.
2. Tenemos que buscar por los ___ para ver si podemos hallar su ____.
3. Sin hacer ___ activas nunca van a solucionar el crímen.
4. El 24 de diciembre es la ___ de la Navidad.
5. Es una situación muy ___. Es difícil y triste.
6. Se pueden comer muchas frutas ____.

Sinónimos ¡Otra palabra! Da una palabra relacionada.

1. parar
2. matar
3. escaso
4. selva
5. pena

Introducción

Manuel de Jesús Galván nació en Santo Domingo en enero de 1834. Fue político, periodista, novelista, y diplomático.

Galván está considerado como el mejor novelista histórico dominicano. Su obra maestra es **Enriquillo** que narra la sublevación del indio Enriquillo contra los españoles. La novela se publicó por primera vez en 1879 pero Galván no estaba contento con esta edición y redactó la novela. Su publicación definitiva salió en 1882.

Manuel de Jesús Galván murió en San Juan de Puerto Rico en diciembre de 1910.

Lectura

Enriquillo

Muchos días de activas pesquisas fueron necesarios para llegar a descubrir el nuevo paradero de los indios: otros tres asaltos con igual éxito resistió Guaroa, y logró evadirse con todos los suyos como la primera vez.

Pero no consiguieron escapar de igual modo a la persecución cada vez más apremiante y activa del hambre. Entre aquellas breñas había pocas siembras: las frutas silvestres, el mamey, la guanábana, la jagua y el cacheo escaseaban de más en más; las hutías e iguanas no bastaban a las necesidades de la tribu, y era preciso buscar otra comarca más provista de víveres, o morir.

El jefe indio no vaciló: los merodeadores que pocos días antes habían logrado huir de las manos de los españoles en el campo de maíz, en las inmediaciones del río Pedernales, recibieron órdenes de ir a explorar aquel mismo contorno, para determinar el punto preciso que ocupaban los conquistadores en esa parte de la costa, y el número de sus soldados.

Las prudentes instrucciones de Guaroa, fielmente ejecutadas, dieron por resultado el regreso feliz de los exploradores al cabo de tres días: hacia la boca del río, según lo que refirieron, los españoles tenían una guardia como de veinte hombres: de éstos una ronda de ocho individuos salía todas las mañanas a recorrer los contornos; pero al anochecer regresaban a su cuartel para pasar la noche todos reunidos.

El campo indio se puso en marcha aquella misma tarde con dirección a los maizales, adonde llegaron hacia la medianoche. El maíz fue brevemente cosechado hasta no quedar una mazorca; y los indios, cargados de provisiones para algunos días, volvieron a internarse en las montañas, hacia el Este de Pedernales, aunque acamparon mucho más cerca de las siembras que cuando levantaron su campo de la víspera.

La ronda española echó de ver el despojo al día siguiente. Los pacíficos indios del contorno, interrogados por los españoles sobre la desaparición del maíz, no

Estrategia de lectura

Identificando al hablante Cuando leas el cuento ten en mente al narrador, la persona que habla. ¿En qué persona es la narración, primera o tercera? ¿Es la persona que habla el protagonista o sólo un observador? ¿Tiene un punto de vista o sencillamente narra los hechos?

breñas tierras pobladas de maleza

merodeadores los que vagan por un sitio en busca de algo sabían qué responder, y, en su afán de justificarse contra toda sospecha, ayudaron a los soldados a practicar investigaciones activas que muy pronto hicieron descubrir las huellas de los nómadas nocturnos.

El oficial que tenía a su cargo el puesto de Pedernales despachó inmediatamente un correo a Diego Velázquez para advertirle lo que ocurría; pero este emisario, que era un natural del país, tardó muchos días en atravesar las montañas para llegar al campamento de los españoles, de nuevo instalados en las orillas del Lago.

Diego Velázquez había regresado a este último sitio por más fértil y cultivado, con su tropa diezmada, hambrienta y extenuada por sus penosas marchas por aquellas casi inaccesibles alturas. Dio cuenta de su situación a Ovando, que permanecía en Jaragua, habiendo hecho al fin elección de sitio y trazado el plan para la fundación de la villa de Vera Paz a corta distancia del Río Grande, y en las faldas de la Silla. El buen comendador creyó sin duda desagraviar a la Majestad Divina y descargar su conciencia del crimen de Jaragua, echando los cimientos de la iglesia y un convento de frailes franciscanos, al mismo tiempo que colocaba la primera piedra de la casa municipal de la futura villa, y ordenaba la construcción de una fortaleza, que debía dominar la población desde un punto más escarpado, al Nordeste.

diezmada destruido

faldas sectores bajos de una montaña

En estas ocupaciones le halló la misiva de su teniente Diego Velázquez, causándole extraordinaria indignación la audacia de los rebeldes indios. Mandó al punto reforzar con cincuenta hombres al capitán español, y que fueran por mar a Pedernales otros veinticinco, para que reunidos a la fuerza que allá estaba, cooperaran enérgicamente en la nueva campaña que Velázquez emprendería entrando en la sierra por el lado del Norte. Estas fuerzas iban perfectamente equipadas, y provistas de víveres, que se embarcaron en la carabela destinada a la costa del Sur una parte, mientras que la otra acompañaba al destacamento de tierra, llevada en hombros de los indios de carga.

Cuando todo estaba listo, y la carabela acababa de recibir su cargamento, un hombre, joven aún, de porte modesto al par que digno y majestuoso, un español del séquito de Ovando, se presentó en el alojamiento de éste. Al verle, el gobernador manifestó grata sorpresa y exclamó en tono familiar y afectuoso:

—Gracias a Dios, Licenciado, que os dejáis ver después de tantos días. ¿Ha pasado ya vuestro mal humor y tristeza? Mucho lo celebraré.

El individuo tan benévolamente increpado contestó:

—Dejemos a un lado, señor, mis melancolías: de este mal sólo puede curarme la convicción de hacer todo el bien que está a mi alcance a mis semejantes. Y pues que, loado sea Dios, Vuestra Señoría está de acuerdo conmigo en que espiritual y materialmente conviene atraer con amor y dulzura estos pobres indios de Jaragua, que todavía andan llenos de terror por los montes, más bien que continuar cazándoles como bestias feroces, contra toda ley divina y todo derecho humano...

—¿Volvéis a vuestro tema, señor Bartolomé? ¿Qué más queréis? Los indios meditaban nuestro exterminio; su inicua reina trataba de adormecernos pérfidamente para que sus vasallos nos degollaran en el seno de su mentida hospitalidad; ¿y quisierais que hubiéramos tendido el cuello a los asesinos como mansos corderos?

—Hablemos seriamente, señor me parece que sólo en chanza podéis decir eso que decís; y esa chanza cuando aún humean las hogueras de Jaragua, es más cruel todavía que vuestro juego del herrón y el signo sacrílego de tocar vuestra venera para comenzar la matanza en aquella tarde funesta.

—Basta, señor Las Casas —dijo el Gobernador frunciendo el ceño-; os estáis excediendo demasiado. Ya os he dicho que me pesa tanto como a vos la sangre vertida, la severidad que he debido desplegar; pero si os hallaseis en mi puesto, a fe mía, Licenciado, que haríais lo mismo.

Bartolomé de Las Casas se sonrió, al oír esta suposición, de un modo original; el Gobernador pareció advertirlo, y repuso con impaciencia:

—Al cabo, ¿qué deseáis? ¿Qué objeto trae vuestra visita?

—Deseo, señor, acompañar la expedición a Pedernales; allí debe haber crímenes que prevenir, lágrimas que enjugar, y mis advertencias tal vez eviten muchos remordimientos tardíos.

—Estáis bueno para fraile, señor Bartolomé.

—Ya otra vez os he dicho, señor, que pienso llegar a serlo, con la ayuda de Dios, y hago en la actualidad mi aprendizaje.

Ovando miró a su interlocutor, y algo de extraordinario halló en aquella fisonomía iluminada por una ardiente caridad; pues le dijo casi con respeto:

—Id con Dios, señor Bartolomé de Las Casas, y no creáis que tengo mal corazón.

El hombre ilustre que más tarde había de asombrar hasta a los reyes con su heroica energía en defensa de la oprimida raza india, se inclinó ligeramente al oír esta especie de justificación vergonzante, y contestó gravemente:

—¡El Señor os alumbre el entendimiento, y os dé su gracia!

Formulado este voto salió con paso rápido, y dos horas después navegaba con viento favorable en dirección a la costa del Sur.

inicua perversa

adormecernos calmarnos

degollaran cortaran la garganta

Comprensión

1. ¿Fue fácil o difícil descubrir el nuevo paradero de los indios?
2. ¿Da que no pudieron escapar?
3. ¿Qué era preciso buscar?
4. ¿Qué tenían que precisar los indios?
5. ¿Tuvieron éxito?
6. ¿Qué hacían los soldados españoles al anochecer?
7. ¿Qué hizo el campo indio aquella tarde? ¿Adónde llegaron? ¿Cuándo?
8. ¿Qué vio la ronda española?

Explicando.

1. Explica lo que pasó entre los españoles y los indios pacíficos.
2. Explica lo que ordenó el oficial que tenía a su cargo el puerto de Pedernales.
3. Explica dónde permaneció Ovando y el plan que tenía.
4. Explica lo que quería hacer y por qué.
5. Explica lo que le causó a Diego Velázquez mucha indignación.
6. Explica lo que mandó hacer Velázquez y cómo iban a llegar a Pedernales.

Describiendo Describe lo más detalladamente posible la presentación del joven español en el alojamiento de Velázquez. Describe la conversación que entablaron los dos. ¿Cómo terminó la conversación?

Explicando.

1. Explica como contestó el joven Bartolomé a la pregunta que le hizo Velázquez "¿Qué objeto trae vuestra visita?"
2. Explica lo que quiere hacer el joven.

Analizando Analiza lo que le dijo Velázquez —"Estáis bueno para fraile, señor Bartolomé".; cómo contestó el joven Bartolomé y las últimas palabras de Velázquez – "No creáis que tengo mal corazón".

Personalizando Indica lo que piensas de los siguientes personajes.

1. Ovando
2. Diego Velázquez
3. Bartolomé de las Casas

Investigando El joven Bartolomé tomó las órdenes de los frailes dominicanos. Prepara una biografía corta del famoso Fray Bartolomé de las Casas, defensor de los derechos de los indígenas.

Escribir para persuadir

Uno de los propósitos por los que se escribe es hacer que el lector acepte nuestras ideas o punto de vista. Para que lo escrito sea eficaz, hay que presentar la información de manera lógica y consecuente. Hay que enfocar en aquello que apoya tu argumento y pasar por alto o contradecir todo lo que se opone.

El proceso de escribir

- **Identifica tu propósito** Antes de comenzar a preparar tu argumento, decide que es lo que quieres lograr. En este caso, será que los ciudadanos ejerzan el voto.
- **Declara tu demanda principal** Es esto una declaración que aclara tu propósito en escribir.
- **Identifica los datos de apoyo** Hazte preguntas para determinar si tienes la información de apoyo que necesitas. Por ejemplo, ¿por qué es importante que los ciudadanos voten? ¿Qué puede ocurrir si no votan? ¿Qué ejemplo hay de resultados negativos porque la gente no votaba?

Ahora, ¡te toca a ti!

ACTIVIDAD 1 Escribe una composición sobre el tema: ***La importancia del voto y del gobierno***

ACTIVIDAD 2 **Redacción y corrección** Lee de nuevo tu escrito para editarlo. Haz las correcciones necesarias.

Conexión con el inglés

El imperfecto

El imperfecto no se usa en inglés como en español. Muchos libros escolares para el aprendizaje del español en segundo idioma indican que el imperfecto en inglés se traduce por *was, were,* o *used to.* Esta explicación no es ni completa ni precisa. En la gran mayoría de los libros de gramática inglesa no aparece el término «imperfecto». Verás con más frecuencia el término «pasado progresivo».

Estudiaremos el uso de este tiempo en el Nivel 2 donde contrastamos el uso del imperfecto y el pretérito en español con el pasado sencillo y el pasado progresivo en inglés.

Oraciones sencillas

En inglés, igual que en español, una oración completa es un grupo de palabras que tiene sujeto y predicado y que expresa una idea o un sentido completo.

Una oración sencilla, llamada *a simple sentence* en inglés, tiene un sujeto completo y un predicado completo. El sujeto completo indica de quien o de que la oración se trata. El predicado completo dice lo que hace o lo que tiene el sujeto.

A veces indica como es el sujeto.

ORACIÓN SENCILLA
SIMPLE SENTENCE

SUJETO COMPLETO COMPLETE SUBJECT	PREDICADO COMPLETO COMPLETE PREDICATE
The Lions	*played their first game last year.*
This hometown team	*had lots of enthusiasm.*
The players	*were fabulous.*
Everyone	*enjoyed their games.*

The coach spoke and the players listened.

Oraciones compuestas

Una oración compuesta, llamada *compound sentence* en inglés, tiene dos o más oraciones sencillas *(simple sentences).* Cada oración sencilla se llama una cláusula principal *(main clause).* Una cláusula principal tiene un sujeto y un predicado y es independiente.

CLÁUSULA PRINCIPAL MAIN CLAUSE	ORACIÓN COMPUESTA COMPOUND SENTENCE	CLÁUSULA PRINCIPAL MAIN CLAUSE
He went to work,	*but*	*his brother stayed home.*
I prepared dinner,	*and*	*my friends cleaned up.*
They had to try very hard,	*or*	*they would have lost.*

I prepared dinner, and my friends cleaned up.

Igual que en español la palabra que enlaza las dos cláusulas principales es una conjunción—llamada *conjunction* en inglés.

Capítulo 2

Comida y vida

Objetivos

En este capítulo vas a:

- estudiar la influencia de la geografía en la vida latinoamericana
- aprender los elementos necesarios para mantener la salud
- estudiar el pretérito y el imperfecto de verbos y cómo se usan para narrar una serie de eventos; estudiar regionalismos en la lengua; familiarizarte con unas influencias del inglés en el español; estudiar la pronunciación y la ortografía de la letra **x**
- aprender lo que es una fábula y leer *El cuervo y el zorro* de Félix de Samaniego
- estudiar oraciones con dos acciones

Puerta del Reloj, Cartagena, Colombia

Enzo Figueres/Getty Images

Historia y cultura

Lectura

La vida en Latinoamérica

A causa de la topografía y el clima de Latinoamérica, la naturaleza juega un papel muy importante en la vida diaria de sus habitantes. La mayoría de las grandes ciudades se encuentran en la costa porque las comunicaciones son más fáciles en las zonas litorales. Las grandes ciudades latinoamericanas ofrecen una vida comercial y cultural fascinante. Y en la costa no muy lejos de las ciudades hay magníficas playas a las cuales acuden los *jetsetters* en busca de diversiones y la buena vida. Mientras los porteños (los de Buenos Aires), caraqueños y limeños se aprovechan de todas las oportunidades de su ciudad y mientras los *jetsetters* en Acapulco, Viña del Mar y Punta del Este disfrutan de hoteles lujosos y días placenteros en un yate o playa, hay otros que sólo para subsistir tienen que trabajar duro contra grandes obstáculos naturales—como en la altiplanicie, por ejemplo.

Pulingue San Pablo, Chimborazo, Ecuador

Arquitectura morderna y tradicional en la Plaza de Armas, Santiago, Chile

La altiplanicie

La altiplanicie se extiende por una gran parte de la región occidental del continente sudamericano. Es una región árida y rocosa. Los pueblos pequeños de los aymara y quechua que habitan la altiplanicie se encuentran en valles rodeados de los indomables picos andinos. La inaccesibilidad del territorio y la tierra inapropiada para los cultivos y la cría de ganado hacen muy difícil la vida de los habitantes. Tienen la simpática llama como compañero fiel, bestia de carga y medio de transporte. Construyen sus casas con rocas, piedras

Caraballeda, Vargas, Venezuela

y tierra que encuentran en los alrededores. Y cuando llega la hora de comer, suelen preparar un plato a base de papas, uno de los pocos productos que crece fácilmente a esas alturas. El trabajo diario de la gente andina es más que trabajo. Es una lucha continua para subsistir en un ambiente solitario y riguroso.

Socabaya, Perú

Laguna Colorada, Altiplano, Bolivia

La zona selvática

Los que viven en las zonas selváticas de los ríos Amazonas, Orinoco y Paraná también luchan a diario para dominar una naturaleza salvaje. Aquí en las selvas tropicales donde pocas veces llega el sol hasta el suelo por el techo de espesa vegetación que brota de la tierra, los habitantes viven en contacto constante con víboras y parásitos tropicales. Durante la estación lluviosa ellos se enfrentan al fango de la jungla mientras sus compatriotas del altiplano luchan contra el frío y la aridez. Los habitantes de la jungla no construyen sus casas con piedra sino con la madera de los árboles de la selva. Las cubren con techos de paja. En muchos casos la casa no tiene paredes para así permitir que se ventile. Se construyen las casas sobre pilotes porque en ciertas estaciones la marea es tan alta que las aguas del río inundarían la casa si no estuviera elevada. Para subir y bajar de la casa hay una escalera. Y no muy lejos de la escalera está la canoa (o canoas) de la familia. La canoa es el medio de transporte más importante de la selva. Y si es difícil conseguir comida en las montañas, no lo es en la selva donde abundan las frutas, el arroz y los peces del río.

Iquitos, Perú

Las llanuras

La tierra de las llanuras de Venezuela y Colombia y las pampas de Argentina y de Uruguay son propicias para la agricultura y la ganadería. Pero estas extensiones interminables de tierra son monótonas y le dan a uno una sensación de soledad y tristeza. La falta de árboles deja al hombre a la intemperie sin protección contra el sol y la lluvia.

Los gauchos en La Pampa, Argentina

Fenómenos naturales

Hay también fenómenos naturales que preocupan al latinoamericano—no sólo al habitante de las zonas rurales sino al habitante de las ciudades también. Ya hemos aprendido algo de los terremotos. Hay también muchos volcanes. Algunos que son muy impresionantes son el volcán Irazú, cerca de San José, Costa Rica; el Monte Momotombo, cerca de Managua; el Popocatépetl, el Iztaccíhuatl y el Huizilopóchtili cerca de la Ciudad de México, el Osorno, cerca de Puerto Montt, Chile y el Chimborazo cerca de Ambato, Ecuador. Cada año miles de turistas visitan estos majestuosos volcanes. El volcán Osorno entró en erupción en 1995. Siempre existe para los residentes de estas ciudades la posibilidad de una erupción inesperada. Desde el centro mismo de la bonita ciudad de Antigua, Guatemala, se pueden ver tres volcanes que rodean la ciudad y miran hacia ella como dioses supremos. Es fácil comprender por qué muchos de los descendientes de las comunidades precolombinas que viven en estos ambientes rezan a las fuerzas de la Madre Naturaleza.

Cuando tomamos en cuenta la importancia de las fuerzas de la naturaleza en el destino del habitante latinoamericano, podemos comprender por qué las grandes figuras literarias como el ensayista Domingo Faustino Sarmiento, los novelistas Rómulo Gallegos y Jorge Icaza y los poetas Andrés Bello y José Santos Chocano, entre otros, tienden a incluir detalladas descripciones de la naturaleza, la flora y la fauna en sus grandes obras literarias.

El volcán Osorno, Chile

Comprensión

A **Poder verbal** En un diccionario, busca la definición de las siguientes palabras.

1. la fauna
2. la flora
3. la intemperie

Una llama en Machu Picchu, Perú

B **Buscando información** Contesta.

1. ¿Qué ofrecen las grandes ciudades latinoamericanas?
2. ¿Qué hay en la costa?
3. ¿Por dónde se extiende la altiplanicie?
4. ¿Cómo es esta región?
5. ¿Cuáles son algunos factores que hacen difícil la vida en la altiplanicie?
6. ¿Qué es la llama?
7. ¿Cuál es un producto importante de la altiplanicie?
8. ¿Cómo es la vegetación de las selvas tropicales?
9. ¿Cómo van de un lugar a otro los habitantes de la selva?
10. ¿Es difícil conseguir comida en la selva?
11. ¿Para qué son propicias las tierras llanas de partes de Venezuela, Colombia, Argentina y Uruguay?
12. ¿Cuáles son dos fenómenos naturales bastante frecuentes que le preocupan al latinoamericano?

C **Comparando** Compara una casa típica de la selva tropical con la de la altiplanicie.

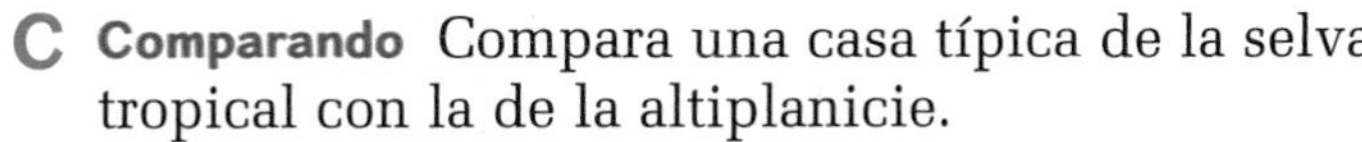

D **Discutiendo** Vamos a dividir la clase en dos grupos. Un grupo va a imaginar que vive en el altiplano y otro grupo va a imaginar que vive en la selva. Cada grupo presentará las ventajas y las desventajas de la región en que vive. Cada grupo va a discutir y comparar:

- el tiempo
- el clima
- la topografía
- su casa
- su indumentaria (ropa)
- su comida
- sus medios de transporte

Conocimientos para superar

Conexión con la salud

Nuestra salud es muy importante. Y es necesario saber preservarla porque si no gozamos de buena salud, no podemos gozar de la vida.

Desde hace siglos la gente se ha preocupado por la salud. En la antigüedad los egipcios tomaban baños frecuentes. Los hebreos tenían su día de descanso cada semana, lo cual era una medida que cuidaba de la salud igual que de la religión. Los antiguos griegos enfatizaban el ejercicio y los deportes así como el aseo y la dieta.

Higiene personal

Hoy en día se está hablando mucho del aseo personal. El aseo personal o la limpieza del cuerpo es esencial para mantener la salud. Debemos bañarnos o ducharnos con frecuencia y lavarnos las manos antes de cada comida. Y después de cada comida debemos lavarnos los dientes, cepillándolos con cuidado y completamente. Los dentistas nos aconsejan usar el hilo dental para evitar las caries.

Alimentos

Para mantener la salud tenemos que comer bien. En el pasado eran frecuentes las enfermedades causadas por deficiencias alimentarias. Hoy en día son menos comunes pero todavía hay gente que carece de uno o más alimentos esenciales.

El número de calorías que requiere una persona depende de su metabolismo y del nivel de su actividad física. La edad, el sexo, la estatura y las condiciones climatológicas también son factores. Los adolescentes, por ejemplo, necesitan más calorías que los ancianos

Aprendiendo a jugar tenis

porque suelen ser más activos. Los jóvenes necesitan muchas proteínas porque las proteínas son muy importantes durante el período de crecimiento. Las carnes y los huevos son buenas fuentes de proteína. Otros elementos importantes son los siguientes:

Los carbohidratos (azúcares) Los carbohidratos son la fuente de energía más eficaz para el cuerpo humano.

Los lípidos (grasas) Los lípidos son otra fuente importante de energía. Pero hay que controlar el consumo de lípidos porque en muchos individuos pueden elevar el nivel de colesterol.

Los minerales Los minerales son esenciales para el cuerpo humano. Los huesos y los dientes necesitan calcio. El hierro es esencial para la sangre.

Las vitaminas Las vitaminas son indispensables para el buen funcionamiento del organismo. Funcionan como catalizadores que permiten numerosas reacciones biológicas. Por ejemplo, los huesos necesitan vitamina D para usar el calcio. Las vitaminas que necesita el cuerpo son:

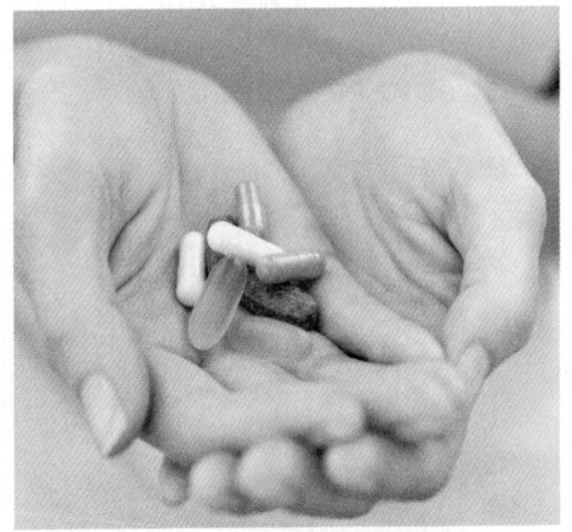
Algunas vitaminas pueden ayudar a prevenir problemas médicos.

VITAMINA	FUNCIONAMIENTO	FUENTE
A	el crecimiento, la vista, la piel	legumbres verdes y amarillas, hígado, leche, frutas amarillas
B	el crecimiento, el sistema nervioso, el consumo de carbohidratos, la producción de glóbulos rojos	carne, huevos, leche, cereales, verduras
C	el crecimiento, los huesos y los dientes, la cicatrización	frutas cítricas, tomates, lechuga
D	el consumo de calcio y fósforo para los huesos y dientes	leche, huevos, pescado
E	la formación de membranas celulares	aceites vegetales, huevos, cereales

Conocimientos para superar

Régimen

Lo más recomendable para mantenerse en buena salud es seguir un régimen alimenticio equilibrado y variado durante todo el año. Para mantenerse en buena forma física se debe hacer ejercicio casi todos los días. El ejercicio físico ayuda a mantenerse en forma y conservar la salud. La bicicleta, el *jogging*, los ejercicios aeróbicos y la natación pueden contribuir a mejorar mucho la salud mental tanto como la salud en general.

Dos "alpinistas" en Taos, Nuevo México.

Comprensión

A **Poder verbal** En la lectura, busca una palabra relacionada con cada una de las siguientes.

1. la célula
2. crecer
3. la cicatriz
4. ver
5. funcionar
6. consumir
7. producir

B **Explicando** Explica lo que hacía la gente en las civilizaciones antiguas para gozar de buena salud.

C **Dando direcciones** Explica como nos aconseja el dentista cepillarnos o lavarnos los dientes.

D Buscando hechos Contesta.

1. ¿De qué depende el número de calorías que requiere una persona?
2. ¿Por qué necesitan más calorías los adolescentes que los ancianos?
3. ¿Cuándo son importantes las proteínas?
4. ¿Qué alimentos son fuentes de proteína?

Abuelito y su nieto van de pesca.

E Explicando En una sola oración di o escribe por qué son importantes los siguientes.

1. los carbohidratos
2. los lípidos
3. los minerales
4. las vitaminas

F Haciendo una lista Trabajando en grupos de cuatro, preparen una lista de los alimentos que van a comer en los próximos días. Indiquen las vitaminas que contiene cada uno.

G Comparando Prepara una lista de todos los comestibles que a ti te gustan mucho. Luego, sepáralos en dos grupos—los que son buenos para la salud y los que no tienen mucho valor nutritivo.

Gramática y lenguaje

El pretérito y el imperfecto

1. El uso del pretérito o del imperfecto depende en muchos casos sobre lo que el narrador quiere decir. Depende si está refiriéndose a una acción terminada en un momento definido en el pasado o si está describiendo una acción continua o repetida en el pasado.

2. Vas a usar el pretérito para expresar una acción o un evento (acontecimiento) que empezó y terminó en un tiempo pasado específico.

   Ella fue al mercado ayer.
   Conversó (charló, platicó) con los vendedores.
   Ella compró medio kilo de tomates y seis tajadas (rebanadas) de jamón.
   Yo fui anteayer y no compré nada.

3. Vas a usar el imperfecto para hablar de una acción pasada habitual, continua o repetida. El momento en que empezó o terminó la acción no tiene importancia.

   Doña Felisa iba al mercado con frecuencia.
   Cada vez que iba compraba lo que necesitaba.
   Y siempre saludaba a la gente que conocía.

4. Compara las siguientes oraciones.

   ACCIÓN REPETIDA, HABITUAL
   Ellos siempre vendían al por mayor.
   La empresa era muy rentable. Obtenían ganancias muy a menudo.
   Los accionistas estaban satisfechos de sus resultados.

   ACCIÓN TERMINADA EN TIEMPO DEFINIDO
   Él vendió su carro anteayer.
   Y ayer fue a comprarse uno nuevo.

5. Vas a usar casi siempre el imperfecto para expresar procesos mentales en el pasado. Verbos que expresan tales procesos son:

creer	**pensar**
desear	**preferir**
querer	**poder**
tener ganas	**saber**

   Él sabía lo que nosotros queríamos hacer.
   ¿Tú lo creías?
   Yo quería salir porque pensaba que él prefería estar solo.

¿Cuándo? Escribe de nuevo cada oración cambiando **el otro día** en **a menudo.**

1. Él vino aquí el otro día.
2. Yo lo vi el otro día.
3. Carlos me lo repitió el otro día.
4. Recibimos una carta de él el otro día.
5. Él me llamó el otro día.

Una reunión importante

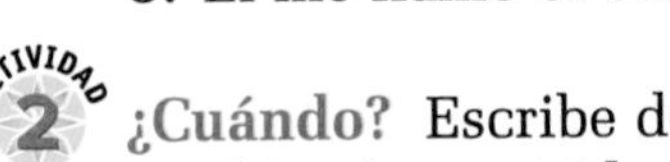

¿Cuándo? Escribe de nuevo cada oración cambiando **repetidamente** en **hace dos días.**

1. Él nos visitaba repetidamente.
2. Ella me ayudaba repetidamente.
3. Yo iba allá repetidamente.
4. Ellos me lo decían repetidamente.
5. Tú comías allí repetidamente.

ACTIVIDAD 3

¿Imperfecto o pretérito? Escribe de nuevo cada oración usando el imperfecto o el pretérito.

1. Ellos miraron la televisión anoche. (cada noche)
2. Juan estuvo aquí ayer. (el otro día también)
3. Fuimos allá el año pasado. (muy a menudo)
4. Comían en aquel restaurante todos los sábados. (el sábado pasado)
5. Yo lo veía de vez en cuando. (con frecuencia)
6. Anoche discutimos el mismo problema. (siempre)
7. El profesor lo repetía muchas veces. (una vez)
8. El director desapareció en 1940. (de vez en cuando)
9. Su padre siempre estaba enfermo. (por tres años)
10. Durante el último viaje, él pagó con tarjeta de crédito. (durante todos sus viajes)

Oraciones nuevas Escribe una oración original en el pasado usando cada una de las siguientes expresiones de tiempo.

1. ayer
2. el otro día
3. todos los días
4. el año pasado
5. cada semana
6. hace dos años
7. muy a menudo
8. repetidamente
9. el sábado
10. los sábados
11. en el siglo XV
12. frecuentemente

Yo Explica.

1. todo lo que querías hacer ayer
2. todo lo que hiciste ayer
3. lo que sabías hacer cuando tenías sólo diez años

En verano el vendedor ambulante trabajaba todos los días, Quito, Ecuador.

Narrando una serie de eventos

1. No es raro que una sola oración tenga más de un verbo que expresa un evento pasado. Los verbos pueden estar en el mismo tiempo o en tiempos diferentes. En la oración que sigue los dos verbos están en el pretérito porque ambos expresan un evento terminado en un tiempo pasado definido.

Luisa llegó ayer y yo la vi enseguida.

2. En la oración que sigue, los tres verbos están en el imperfecto porque cada uno describe una acción pasada habitual o repetida. El momento en que empezó o terminó no tiene importancia.

Durante todos los fines de semana él iba a la playa a divertirse pero yo me quedaba en casa y trabajaba.

3. En la oración que sigue un verbo está en el imperfecto y el otro está en el pretérito. El verbo en el imperfecto describe lo que pasaba, lo que transcurría. El que está en el pretérito indica la acción, o sea, lo que intervino e interrumpió lo que transcurría.

Yo estudiaba cuando sonó el teléfono.

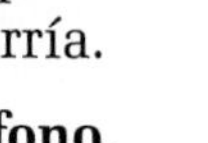

¿Qué pasaba? Completa con la forma apropiada del pasado del verbo.

1. Unos amigos ____ mientras los otros ____ el sol. (nadar, tomar)
2. María ____ con su madre cuando yo ____. (hablar, entrar)
3. Ellos lo ____ cuando nosotros ____. (discutir, interrumpir)
4. Mi madre ____ la comida mientras mi padre ____ la mesa. (preparar, poner)
5. Yo ____ cuando ____ el teléfono. (dormir, sonar)
6. Ellos ____ cuando yo ____ por teléfono. (comer, llamar)
7. Mis padres ____ la televisión mientras yo ____. (mirar, estudiar)
8. Ellos ____ de las elecciones cuando yo ____ los resultados. (hablar, anunciar)
9. Cuando ellos ____ al aeropuerto, ____ buen tiempo. (llegar, hacer)
10. Unos ____ mientras otros ____. (bailar, cantar)

Una interrupción Escribe a lo menos seis oraciones en las cuales indicas lo que transcurría cuando algo intervino y lo interrumpió.

Se hacía al mismo tiempo. Escribe seis oraciones en las cuales describes lo que tú hacías mientras otro miembro de tu familia hacía otra cosa.

Regionalismos

Ya sabemos que nuestro idioma, el español, es la lengua de España, de los países latinoamericanos y de varias áreas de Estados Unidos. Es el idioma de muchas áreas geográficas y de muchos grupos étnicos. Por consiguiente es fácil comprender por qué hay en nuestro idioma lo que llamamos regionalismos. Un regionalismo puede consistir en una variación regional en la pronunciación o en el uso de una palabra. Un regionalismo en muchos casos es completamente normal y aceptable; de ninguna manera es un error.

Pronunciación

La pronunciación varía mucho de una región a otra. Estas variaciones de pronunciación existen en todos los idiomas. Mientras más gente habla el idioma, más variaciones habrá. En España, por ejemplo, la **c** y la **z** se pronuncian como la *th* en inglés. En algunas partes de España la **d** final de una palabra como **universidad** se pronuncia como *th;* en otras partes se pronuncia como una **t** y en otras se suprime; es decir que no se pronuncia. La **j** y la **g** en España suelen ser más fuertes que en Latinoamérica. Es un sonido muy gutural en España.

Universidad Complutense de Madrid, Madrid, España

Ya sabemos que en Latinoamérica el sonido **th** que se oye en muchas partes de España no existe. En todo Latinoamérica se usa el seseo. En el Caribe y en otras regiones, la **s** se aspira. Es decir que no se pronuncia. En Argentina y Uruguay, la **y** y la **ll** se pronuncian casi igual que la *j* en el nombre inglés *Joe.* Todas estas variaciones son ejemplos de regionalismos, y los que los tienen no los deben tratar de cambiar.

Coche en una carretera en España

Uso de vocablos

El uso de vocablos (palabras) tiene variaciones también. Vamos a empezar una vez más con España. En España se dice **el coche,** no **el carro.** En gran parte de Latinoamérica **el coche** es considerado arcaico. En España uno **saca un billete,** no **compra un boleto.** Un alumno **sigue un curso,** no **toma un curso.** Uno baja en **el ascensor,** no baja en **el elevador. El camarero** te atiende en el «restorán», no **el mesero.** La lista es bastante larga.

Sección 3

Gramática y lenguaje

Como la América Latina es una región tan extensa, existen regionalismos en los distintos países latinoamericanos. Vamos a empezar con las palabras para automóvil. En Chile, Argentina, Uruguay y España se dice mayormente **coche.** En otros países latinoamericanos es un **carro,** pero en Cuba es una **máquina.** Si el nombre que se le da al automóvil cambia de país en país, igual ocurre con los nombres de las piezas del auto, los nombres de otros vehículos y de muchas otras cosas. ¡Vamos a ver! ¿Cuál es la palabra que tú usas?

la cajuela, el maletero, la maletera
la goma, el neumático, la llanta, el caucho
el carril, la banda, la vía, la pista, el canal, la mano
el autobús, el bus, el ómnibus, el camión, la guagua, el micro, el colectivo, la góndola

¿Y en tu casa?

la manta, la frisa, la frazada, la cobija
el dormitorio, el cuarto (de dormir), la recámara
el grifo, el caño, la llave, la pluma, el robinete

Todas estas palabras varían según la región. En la región donde se usan, son correctas, son aceptables y no es necesario cambiarlas o dejar de usarlas por ser más instruido y culto. En la próxima lección estudiaremos algunas cosas que debemos evitar.

ACTIVIDAD 9 **Buscando información** Contesta.

1. ¿Qué es un regionalismo?
2. ¿Por qué hay muchos regionalismos en español?
3. ¿Se debe evitar los regionalismos? ¿Por qué sí o no?
4. ¿Cómo se pronuncia «civilización» en España? Y, ¿en Latinoamérica?
5. ¿Cómo es la pronunciación de una **g** o **j** en España?
6. ¿Dónde se aspira la **s**? En estas áreas, ¿cómo se pronuncia «¿Cómo está usted?»?
7. En Argentina y Uruguay, ¿cómo se pronunciaría «Yo me llamo...»?

ACTIVIDAD 10 **Trabajando en grupos** Todas estas palabras son aceptadas en una u otra región del mundo hispanohablante. Si conocen la palabra, expliquen como la usan y lo que significa.

1. la guagua
2. el zumo
3. el jugo de china
4. la naranja
5. la estufa
6. la bata
7. andar
8. platicar
9. la carpa
10. el cuate
11. cate
12. el chico
13. el chamaco
14. el cojín
15. la cola
16. la fila
17. la colonia
18. la alberca
19. la piscina
20. mecate

Pronunciación y ortografía

Andrew Payti

La consonante x

Cuando la **x** va seguida de una consonante, se pronuncia **s**.

extremo explicar exclamar

Montecristi, Ecuador

La consonante **x** cuando se encuentra entre dos vocales se pronuncia **g-s**.

exacto	(eg-sacto)
éxito	(eg-sito)
examen	(eg-samen)
conexión	(co-neg-si-ón)

Pero a veces, aún entre vocales la **x** se pronuncia como **s**. Por eso, hay que tener cuidado de escribir bien cada palabra con **x** para y no cometer un error de ortografía.

exacto (es-acto)

Dictado Prepárate para un dictado.

1. El extranjero exclama que baja en la próxima parada.
2. Él explica que va a tener mucho éxito en el próximo examen.
3. Él exige que expliques la conexión.

Literatura

El cuervo y el zorro de Félix de Samaniego

Vocabulario para la lectura

Estudia las siguientes definiciones.

las alabanzas elogios, complementos laudatorios
el adulador el que le admira a alguien al extremo
el fénix lo que es único en su especie
las lisonjas lo que se dice a otro para satisfacer su amor propio
donoso gracioso, gallardo
halagüeño que da muestras de admiración
hinchado vanidoso
repleto muy lleno, sobre todo una persona llena de comida

Poder verbal

Vanidad Prepara una lista de palabras que tienen que ver con la vanidad o el amor propio.

¿Qué palabra necesito? Completa.

1. Tiene apariencia de un galán. Es muy ____.
2. Le ha dicho tantas cosas ____ para mostrarle su admiración.
3. Ha llegado al ____. No hay nada ni nadie que lo supere.
4. Es más que admirador. Es ____.
5. A todos nos gusta recibir ____ o sea comentarios laudatorios.

Palabras emparentadas Da una palabra relacionada.

1. donaire
2. hinchar
3. alabar
4. adular
5. lisonjear

Introducción

Fábula: *Relato, cuento o apólogo generalmente en verso que oculta una enseñanza moral bajo el velo de la ficción.*

Esta es la definición de fábula que se encuentra en el diccionario. Y en la literatura española hay dos fabulistas muy conocidos: Félix de Samaniego (1745–1801) y Tomás de Iriarte (1750–1791).

Vamos a leer una fábula de Samaniego. Samaniego estudió la obra de los maestros universales del género, los fabulistas Fedro, Esopo y La Fontaine. En sus *Fábulas morales,* escritas para los alumnos del seminario de Vergara, Samaniego ridiculiza los defectos humanos.

Al leer la fábula *El cuervo y el zorro,* se verá lo que hará uno para tener algo para comer. Al leer la fábula, decide el defecto que está ridiculizando el autor.

Prepárandote para la lectura

Ceres es la diosa romana de la agricultura y de la civilización. De ella viene la palabra *cereal.*

Estrategia de leer

Usando imágenes Antes de empezar a leer, mira el dibujo que acompaña la fábula. Mientras leas, piensa en todo lo que está haciendo el zorro para tentar al cuervo.

El cuervo y el zorro

En la rama de un árbol
bien ufano[1] y contento
con un queso en el pico
estaba el señor cuervo.

Del olor atraído
un zorro muy maestro,
le dijo estas palabras,
a poco más o menos:

[1]**ufano** muy ensimismado

«Tenga Usted buenos días,
Señor cuervo, mi dueño;
vaya que estáis donoso,
mono, lindo en extremo;
y digo lo que siento;
que si a tu bella traza[2]
corresponde el gorjeo[3],
juro a la diosa Ceres,
siendo testigo el cielo,
que tú serás el fénix
de sus vastos imperios».
Al oír un discurso
tan dulce y halagüeño
de vanidad llevado,
quiso cantar el cuervo.
Abrió su negro pico,
dejó caer el queso;
el muy astuto zorro,
después de haberlo preso,
le dijo: «Señor, bobo,
pues sin otro alimento,
quedáis con alabanzas
tan hinchado y repleto,
digerid las lisonjas
mientras yo como el queso».

Quien oye a aduladores,
nunca espere otro premio.

[2]**traza** apariencia

[3]**gorjeo** son que se hace al cantar

Comprensión

A Buscando información Contesta.

1. ¿Qué le dice el zorro al cuervo para lisonjearlo y tentarlo a abrir la boca?
2. ¿Por qué quiere que el cuervo abra la boca?

B Analizando Contesta.

1. ¿Cuál es la moraleja (lección moral) de esta fábula?
2. ¿Cuál es el defecto humano que Samaniego está ridiculizando?

C Conexión con la gramática En esta fábula, hay verbos en la forma de **vosotros** que se usa en España. Escríbelos.

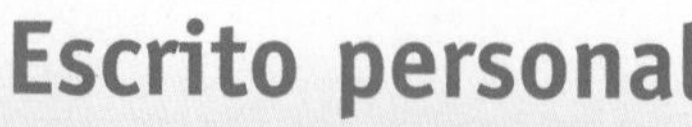

Composición

Escrito personal

A veces quieres escribir una carta personal o mandar un correo electrónico a un(a) amigo(a). Por lo general quieres decirle algo. Puede ser algo importante o algo de poca importancia pero interesante.

Antes de escribir

Toma unos momentos para pensar en lo que quieres decirle a tu amigo(a). Anota algunas ideas. Luego empieza a escribir de manera bastante libre y rápida. Luego lee lo que has escrito. Es posible que lo puedas mandar tal como es. O es posible que quieras hacer algunas alteraciones antes de mandarla. Si así es el caso puedes preparar un segundo borrador.

Ahora, ¡te toca a ti!

En el restaurante Fuiste a un restaurante y fue un horror. El mesero les dio a ti y a tus amigos un servicio malo. No sirvió lo que tú y tus amigos pidieron. A nadie le gustó la comida. Escríbele una carta a un(a) amigo(a) describiéndole la experiencia. La puedes escribir de manera cómica o seria.

¡Qué horror!

Un régimen Estás siguiendo un régimen de ejercicio. Te gusta mucho. Escríbele a un(a) amigo(a) diciéndole todo lo que estás haciendo, por qué te gusta y los resultados.

Sección 6

Conexión con el inglés

El pasado sencillo

1. En términos generales el pretérito es el pasado simple (sencillo) llamado el *simple past* en inglés. Igual que en español, se usa el pasado sencillo para indicar una acción que empezó y terminó en un tiempo pasado definido.

   We went to market yesterday.
   I shopped for food.
   We bought meat and vegetables.
   I had something to eat at the market.
   When we left the market my father drove home.

   Contrariamente al español se usa el pasado simple en inglés para expresar acciones repetidas o continuas también.

   We went to market every Friday.
   We always shopped for food.
   We bought meat and vegetables almost every week.

2. Un verbo auxiliar que se usa con el imperfecto es *would.*

   When we were kids we would get up early every Saturday morning and we would (we'd) pack the car and we'd go fishing. We would return home at about six o'clock.

   El uso de *would* indica una acción pasada repetida o habitual. Cuando empezó o terminó no tiene importancia.

3. Una traducción del imperfecto en inglés se sirve de los auxiliares *was, were* pero el nombre que se le da al verbo con *was* o *were* es el pasado progresivo, *past progressive* en inglés. Se usa para describir lo que pasaba, lo que transcurría. No tiene nada que ver con frecuencia ni repetición; es descriptiva.

   She was working as an accountant.
   Her husband was studying to be a lawyer.
   They were both working many hours a week.

The father and daughter fished on the pier.

4. Contrariamente al español, los verbos que expresan procesos mentales en el pasado están en el pasado simple (sencillo).

   I thought so.
   I wanted to.
   They preferred not to.
   We all knew the answer.
   I believed him.

Capítulo 3

¿Carta o computadora?

Objetivos

En este capítulo vas a:

- leer una carta famosa escrita por Hernán Cortés al rey de España durante la conquista de México; familiarizarte con algunos elementos del lenguaje antiguo
- aprender el lenguaje informático relacionado con la computadora
- aprender más usos del imperfecto; analizar oraciones sencillas y oraciones compuestas; repasar los problemas ortográficos con **b** y **v**
- aprender lo que son romances y corridos; leer el romance *Abenámar* y el corrido *En Durango comenzó;* leer el romance *Canción de jinete* de Federico García Lorca; leer *El mensajero de San Martín* de Ada María Elflein
- contrastar el imperfecto en español y en inglés igual que las oraciones sencillas y compuestas

Los estudiantes utilizan un portátil para estudiar.

Historia y cultura

Carta de Cortés
Vocabulario para la lectura

el caracol

Lee las definiciones de las siguientes palabras para aprender su significado y enriquecer tu vocabulario.

la calzada camino empedrado (de piedras) y ancho

el caracol molusco; concha de este molusco

la comarca territorio con una unidad geográfica y unos límites precisos; comprende un buen número de pueblos o aldeas

la lanza espada

cercado terreno o lugar rodeado de una cerca

descalzo sin zapatos; contrario de «calzado»

menguar disminuir, bajar

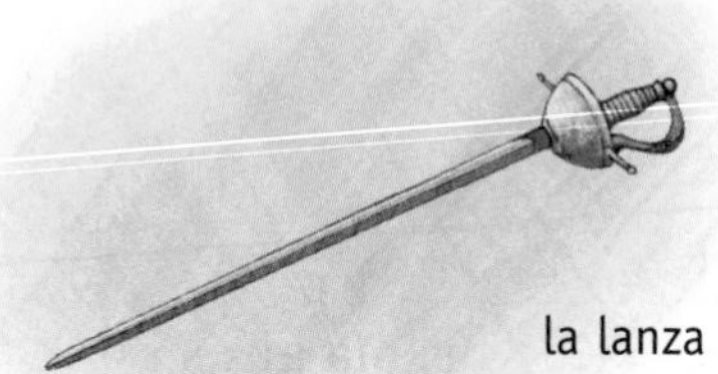
la lanza

Poder verbal

ACTIVIDAD 1 **¿Qué palabra necesito?** Completa.

1. Esta ____ consiste de varios pueblos y aldeas.
2. Llegamos por esta misma ____ que cruza la ciudad.
3. A ella le gustan las joyas de ____ que hacen allí.
4. El nivel del agua va a bajar. La marea ____.
5. Él nunca lleva zapatos. Siempre anda ____.
6. La ____ era un arma importante en la antigüedad.
7. Aún hoy muchas casas están ____ para que no pueda entrar gente fácilmente.

El volcán Iztaccíhuatl, cerca de Pueblo, México

Introducción

Ya hace muchos siglos que la gente quiere mantenerse en contacto. La comunicación no es nada nuevo.

Hasta recientemente no se enviaba un correo electrónico. La gente escribía. Escribía cartas. Y la carta que vas a leer fue escrita en 1520 por el conquistador de México, Hernán Cortés. Él escribió toda una serie de cartas que mandó al rey Carlos I para informarle de lo que transcurría en las Américas durante la conquista.

Cortés escribe en una prosa sencilla y tersa, libre de afectaciones y nos deja con observaciones vívidas de lo que vio al llegar a México. Fue el primer soldado que descubrió la grandeza de una civilización indígena.

Cortés era soldado y su fin era la conquista; pero mientras iba dominando por la persuasión, la intriga, la mentira y la brutalidad sabía apreciar el valor de la civilización azteca. Describe lo que ve pasando por ciudades, aldeas y mercados. No es por pereza literaria que Cortés se confiesa incapaz de comunicar al rey las maravillas que ve. Según él, no hay palabras adecuadas para describir lo que ve.

Hernán Cortés de Monroy y Pizarro, realizado por W. Holl

Cortés y su compañía de rodillas enfrente del emperador Moctezuma

Después de haber conquistado o ganado la amistad de los indígenas que encontraron en su expedición de Veracruz, Cortés y sus soldados avanzaron hasta la capital de los aztecas, Tenochtitlán, hoy la Ciudad de México. Una delegación de nobles enviada por Moctezuma mismo fue a dar la bienvenida a Cortés y sus hombres antes de conducirlos a la capital. Los aztecas creían que según una leyenda suya Cortés era el dios Quetzalcóatl que había prometido regresar.

Lectura

Estrategia de lectura

Leyendo lenguaje antiguo Algunas estrategias que puedes utilizar al leer algo escrito en lenguaje antiguo son: usa las notas laterales; rompe las oraciones largas en segmentos más cortos; cambia el orden de las palabras para que las oraciones te suenen más familiares.

Carta de Cortés

Otro día después que llegué a esta ciudad, me partí° y, a media legua° andada, entré por una calzada que va por medio de esta dicha laguna dos leguas, hasta llegar a la gran ciudad de Tenochtitlán, que está fundada en medio de la dicha laguna. Esta calzada es tan ancha como dos lanzas y muy bien obrada; pueden ir por toda ella ocho de caballo a la par. En estas dos leguas de la una parte y de la otra de la dicha calzada están tres ciudades. Una de ellas, que se llama Mexicaltzingo, está fundada, la mayor parte de ella, dentro de la dicha laguna; las otras dos, que se llaman, la una Mixiuacán y la otra Huitzilopocho, están en la costa de ella, y muchas casas de ellas están dentro del agua.

me partí salí
legua medida antigua

Pirámide del Sol, Teotihuacán, México

La primera ciudad de éstas tendrá tres mil vecinos, la segunda más de seis mil, y la tercera otro cuatro o cinco mil vecinos; y en todas hay muy buenos edificios de casas y torres, en especial las casas de los señores y personas principales, y las casas de sus mezquitas u oratorios donde ellos tienen sus ídolos. En estas ciudades hay mucho trato de sal, que hacen del agua de la dicha laguna y de la superficie que está en la tierra que baña la laguna; la cuecen en cierta manera y hacen panes de la dicha sal, que venden para los naturales° y para fuera de la comarca.

naturales los que son de allí

Catedral Metropolitana de la Asunción de María, Ciudad de México, México

Así seguí la dicha calzada y, a media legua antes de llegar al cuerpo° de la ciudad de Tenochtitlán, a la entrada de otra calzada que viene a dar de la tierra firme a esta otra, está un muy fuerte baluarte con dos torres, cercado de muro de dos estados°, con su pretil almenado° por toda la cerca que toma con ambas calzadas, y no tiene más de dos puertas, una por donde entran y otra por donde salen.

al cuerpo a la zona central

estados medida antigua

pretil almenado barrera a los lados de un puente

La llegada de Cortés a México

Aquí me salieron a ver y a hablar hasta mil hombres principales, ciudadanos de la dicha ciudad, todos vestidos de la misma manera y hábito y, según su costumbre, bien rico. Cuando habían llegado para hablarme, cada uno por sí, en llegando a mí, hacía una ceremonia que entre ellos se usa mucho; ponía cada uno la mano en la tierra y la besaba. Así estuve esperando casi una hora hasta que cada uno hiciese su ceremonia.

Pirámide de los Nichos, El Tajín, Veracruz, México

Ya junto a la ciudad está una puente de madera de diez pasos de anchura, y por allí está abierta la calzada para que tenga lugar el agua de entrar y salir, porque crece y mengua, y también para fortaleza de la ciudad porque quitan y ponen unas vigas° muy luengas° y anchas, de que la dicha puente está hecha, todas las veces que quieren. De éstas hay muchas por toda la ciudad como adelante, en la relación que haré de las cosas de ella, vuestra alteza° verá.

vigas piezas de construcción,

luengas largas

vuestra alteza el rey

Pasada esta puente, nos salió a recibir aquel señor Moctezuma con hasta doscientos señores, todos descalzos y vestidos de otra librea o manera de ropa, asimismo bien rica a su uso y más que la ropa de los otros. Venían en dos procesiones, muy arrimados a las paredes de la calle, que es tan ancha, hermosa y derecha que de un cabo se parece el otro; tiene dos tercios de legua y de la una parte y de la otra muy buenas y grandes casas, así de aposentamientos como de mezquitas. Moctezuma venía por medio de la calle con dos señores, el uno a la mano derecha, y el otro a la izquierda, de los cuales uno era aquel señor grande que dije que me había salido a hablar en las andas°; el otro era el hermano de Moctezuma, señor de aquella ciudad de Iztapalapa, de donde yo había partido aquel día. Todos los tres estaban vestidos de la misma manera, excepto Moctezuma que iba calzado, y los otros dos señores descalzos. Cada uno le llevaba del brazo y, como nos juntamos, yo me apeé y le fui a abrazar solo. Aquellos dos señores que con él iban me detuvieron con las manos para que no le tocase; y ellos y él hicieron asimismo ceremonia de besar la tierra. Hecha esta ceremonia, mandó a su hermano, que venía con él, que se quedase conmigo y que me llevase por el brazo, y él con el otro se iba delante de mí un poquito trecho°. Después de haberme hablado él, vinieron

andas tablero con barras para llevar personas o cosas, especialmente en procesiones

trecho distancia

Moctezuma y Cortés

Calzada de los Muertos desde la pirámide de la Luna, Teotihuacán, México

asimismo a hablarme todos los otros señores que iban en las dos procesiones en orden, uno en pos de otro, y luego se tornaban a su procesión. Al tiempo que yo llegué a hablar al dicho Moctezuma, me quité un collar que llevaba de margaritas y diamantes de vidrio y se lo eché al cuello; y, después de haber andado la calle adelante, vino un servidor suyo con dos collares de camarones, envueltos en un paño, que eran hechos de huesos de caracoles colorados que ellos tienen en mucho°; y de cada collar colgaban ocho camarones de oro, de mucha perfección, tan largos casi como un jeme°. Como se los trajeron, se volvió a mí y me los echó al cuello; luego tornó a seguir por la calle en la forma ya dicha, hasta llegar a una casa muy grande y hermosa que él tenía para aposentarnos, bien aderezada. Allí me tomó por la mano y me llevó a una gran sala que estaba frontera de un patio por donde entramos. Allí me hizo sentar en un estrado° muy rico, que para él lo tenía mandado hacer, y me dijo que le esperase allí, y él se fue.

Después de poco, ya que toda la gente de mi compañía estaba aposentada, volvió con muchas y diversas joyas de oro y plata y plumajes, y con hasta cinco o seis mil piezas de ropa de algodón muy ricas, y tejida y labrada de diversas maneras. Después de habérmela dado, se sentó en otro estrado, que luego le hicieron allí junto con el otro donde yo estaba.

tienen en mucho estiman
jeme medida antigua

estrado sitio elevado de honor

Glow Images

Comprensión

A Buscando información Contesta.

1. ¿Sobre qué está fundada Tenochtitlán?
2. ¿Por cuántas ciudades pasan Cortés y sus hombres?
3. ¿Cuántos habitantes tienen?
4. ¿Qué hay en todas estas ciudades?
5. ¿Para qué usan los habitantes el agua de la laguna?
6. ¿Qué hay a la entrada de Tenochtitlán?
7. ¿Quiénes salieron a ver y a hablar con Cortés?
8. ¿Qué hay junto a la ciudad?
9. Al pasar este puente, ¿quién salió a recibir a Cortés y sus hombres?
10. ¿Quiénes acompañaban a Moctezuma?
11. ¿Cómo lo llevaban?
12. ¿Qué hicieron cuando Cortés trató de tocar a Moctezuma?
13. ¿Qué cambiaron Moctezuma y Cortés?
14. ¿Qué más le dio Moctezuma a Cortés?

B Describiendo Describe.

1. la indumentaria (la ropa) de los que salieron a ver y a hablar con Cortés
2. la ceremonia que hacía cada uno
3. la ropa de los que vinieron con Moctezuma a recibir a Cortés
4. la casa en que Moctezuma aposentó a Cortés

Trajineras coloridas en Xochimilco, México

C Lenguaje antiguo Lee esta oración larga de Cortés.

«Moctezuma venía por medio de la calle con dos señores, el uno a la mano derecha, y el otro a la izquierda, de los cuales uno era aquel señor grande que dije que me había salido a hablar en las andas; el otro era el hermano de Moctezuma, señor de aquella ciudad de Iztapalapa, de donde yo había partido aquel día.»

Esta larguísima oración tiene mucha información. Trabaja con un(a) compañero(a) de clase y juntos divídanla en partes para que sea más fácil leerla.

Templo de Quetzalcoatl, Teotihuacan, México

D Formando opiniones y llegando a conclusiones

Leíste que Cortés en sus cartas describió con asombro las maravillas que encontró al llegar a territorio azteca. Le impresionó tanto la civilización azteca que le dijo al rey que no podía poner en palabras lo que veía.

Encuentro de dos culturas

Aprendiste también que los aztecas recibieron a Cortés y a sus hombres a brazos abiertos. A Cortés le dieron joyas y lo aposentaron en un castillo lujoso. Creían que Cortés era su dios Quetzalcóatl que había prometido regresar algún día.

Cortés sabía que quería conquistar y someter a los aztecas. Sin embargo, aceptó y se aprovechó de la cordialidad de los aztecas y luego apresó y mató de la manera más brutal a miles y miles de indígenas.

¿Qué opinas del comportamiento y de las acciones de Cortés? ¿Cómo se las puede explicar o es imposible explicarlas? ¿Qué piensas de él como figura histórica?

Conocimientos para superar

Conexión con la tecnología

Jerga informática

Una de las funciones primordiales de la computadora es la de procesar datos. La computadora procesa los datos de acuerdo con las instrucciones almacenadas en ella. Se les llama *software* a las instrucciones que le indican a la computadora lo que tiene que hacer. Y a la computadora y todo el equipo conectado con ella se les llama *hardware*. El conjunto de instrucciones para llevar a cabo una tarea específica es el «programa» de *software*.

La terminal es un dispositivo entrada y salida. Para la entrada hay normalmente un teclado y para la salida de datos hay una pantalla de video y una impresora.

La computadora puede almacenar datos en forma permanente o temporal. Envía los datos a un disco o a un CD.

Tecnología en el café

El usuario de la computadora tiene que introducir su contraseña, palabra de paso, o código *(pin)* que le identifica como usuario autorizado. El menú, que sale en la pantalla de la computadora, es una lista de opciones disponibles para el usuario.

La salida es cualquier información generada en la computadora y presentada en la pantalla, transferida a un disco o a una línea de comunicación. El módem o modulador adapta una terminal a una línea telefónica. Y la salida puede ser también en forma impresa.

El procesamiento de textos reemplaza las operaciones de una máquina de escribir. Los documentos almacenados en la computadora pueden ser llamados e imprimidos en cualquier momento.

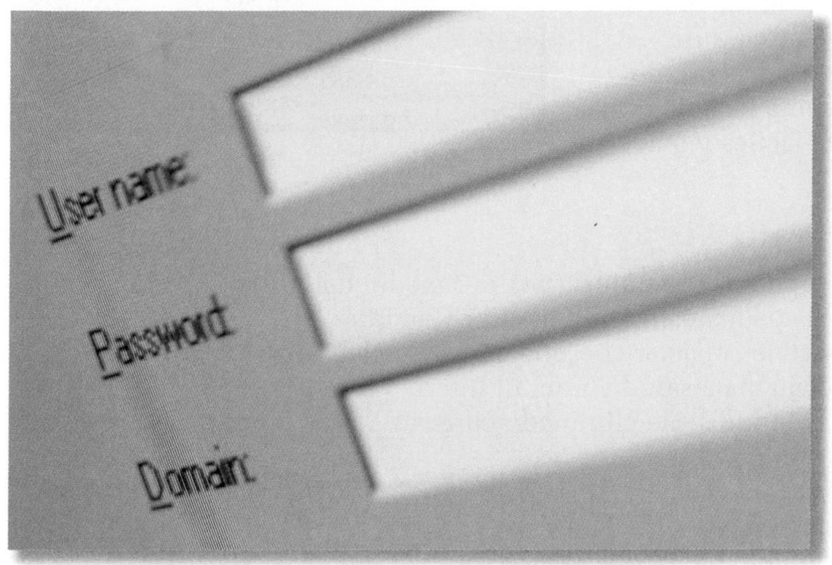

¿Cómo crear una contraseña segura?

He aquí otros términos importantes de uso frecuente.

iniciar o **boot** encender la computadora
entrar datos ingresar datos
borrar remover un ítem de datos
guardar conservar los datos
recuperar extraer datos almacenados anteriormente
visualizar examinar datos en la pantalla
salir abandonar un programa, apagar la computadora
el icono una representación pictórica de un objeto
el archivo una colección de datos tratados en una sola entidad
la carpeta lo que sirve para guardar archivos

Conocimientos para superar

¿Qué es el Internet?

El Internet es una red pública[1] de computadoras interconectadas. Sirve para intercambiar una gran variedad de información—educativa, estatal, empresarial, etc. Hoy día, hasta en los lugares más remotos, se encuentra el Internet. Desde su origen como proyecto del Departamento de Defensa Estadounidense en los años 70, la influencia del Internet ha crecido bastante. Ahora tiene millones de usuarios y este número sigue en aumento.

Si estás conectado(a) al Internet por cable o por satélite[2], tus comunicaciones son casi instantáneas. Los satélites llevan información hasta veinte veces más rápido que el módem. Y las conexiones DSL[3] llevan los mensajes de cincuenta a ciento cincuenta veces más rápido que el módem. Cada día los avances tecnológicos resultan en comunicaciones más fáciles y más rápidas.

¿Dónde te gusta estudiar?

¿Qué más?

Ya sabemos que el Internet nos permite comunicarnos por medio del correo electrónico[4] pero ¿qué más podemos hacer con ello? Cuando navegamos por el Internet, es posible conectar con una gran variedad de información: de historia y economía a salud y arte. El Internet es sumamente beneficioso para los alumnos. Ha eliminado barreras a la información que anteriormente era inaccesible por razones de distancia geográfica. Ahora si tú quieres informarte sobre las culturas de África o el descubrimiento de nuevas tecnologías en Europa, sólo tienes que buscar en el Internet.

Además, se ofrecen las noticias en lo que se llama «tiempo real». Te permite conseguir las noticias mientras están ocurriendo en cualquier parte del mundo. Imagínate el impacto educativo de poder informarte—en cualquier momento—sobre las actualidades más recientes.

Artesanía Blog en Español

Inicio | Acerca de[a] | Contacto

Delicadas imágenes...
Una entrevista con Lidia Tinieblas
Publicado en: Ilustraciones; Talentos y artistas
Autora: Paulina

Paulina: ¿Cómo te llamas?
Lidia: Me llamo Lidia Tinieblas , y en el mundo del Internet me conocen[b] como Litín.

P: ¿De dónde eres?
L: Soy de Cancún, México, pero ahora vivo en Madrid.

P: ¿Qué puedes contarnos[c] sobre tí?
L: Estudié[d] la carrera de antropología en la Universidad Nacional Autónoma de México, pero me gustó[e] el mundo de la ilustración y decidí[f] estudiar bellas artes. Ahora no imagino mi vida sin dibujar y crear.[g] Espero algún día poder vivir exclusivamente de la ilustración.

P: ¿De dónde vienen[h] tus ideas?
L: Cualquier cosa[i] resulta inspiradora. Todas las situaciones pueden crear una historia, sólo hay que estar atenta.[j]

P: ¿Cómo entrastes al mundo artístico-creativo?
L: Supongo que siempre he estado[k] dentro del mundo artístico-creativo. Conservo dibujos de cuando era[l] pequeña. Un día tu hobby se convierte en tu profesión casi sin darte cuenta[m] ¡Y qué feliz día!

P: ¿Solo te dedicas a la actividad creativa?
L: Trabajo por las mañanas en un estudio de escenografía. Es otro trabajo que requiere la creatividad. Además[n] de la ilustración.

Usuarios en línea
5 Usuarios en línea

Categorias
Accesorios (3)
Arte y pintura (8)
Editorial (14)
Guía de regalos (4)
Ilustraciones (4)
Joyería (16)
Mis creaciones (3)
Negocios (17)
Publica tu testimonio (10)
Talentos y artistas (75)
Tejido (11)
Textil (5)
Universo de blogs (4)

[a] acerca... *about* [b] me... *I'm known as* [c] tell us [d] *I studied* [e] me... *I liked* [f] *I decided* [g] dibujar... *draw and create* [h] *come* [i] cualquier... *Anything* [j] sólo... *you just have to pay attention* [k] siempre... *I have always been* [l] *I was* [m] sin... *without noticing* [n] Además... *Besides*

[1] **red pública** serie de computadoras interconectadas con fines de intercambiar información

[2] **satélite** tipo de conexión con el Internet que es más rápido que un módem pero menos rápido que el DSL

[3] **DSL** Digital Subscriber Line, permite la conexión más rápida con el Internet

[4] **correo electrónico** modo electrónico e instantáneo de comunicación

Andrew Payti

¡Ojo! Como tantas otras nuevas tecnologías, el Internet también tiene sus riesgos. Cualquier persona puede contribuir información al Internet. Cuando haces tus investigaciones no puedes acertar (saber) si los datos son ciertos o falsos. Siempre es recomendable verificar—con tu profesor(a) o con tus padres—la información que quieres incluir en tus tareas. El Internet te puede ser muy útil si lo utilizas correctamente.

Ponerte en la Web

Tú puedes hacer más que navegar por el Internet. Si quieres, puedes ser también parte de ello y allí dejar tu propia huella. Tú también puedes compartir tus conocimientos y gustos con todo el mundo.

La información del Internet está organizada en páginas Web. El Internet es como un estante en una biblioteca y una página Web es como un libro en el estante. A diferencia del pasado, ahora es mucho más fácil y divertido crear páginas. Hay una diversidad de programas técnicos que han simplificado el proceso de crear una página. Estos últimos programas también son mucho más avanzados y permiten animación, texto interactivo y otros elementos interesantes.

Comprensión

A Poder verbal Definiciones Da la palabra cuya definición sigue.

1. el conjunto de teclas
2. máquina que imprime
3. conjunto de instrucciones para la computadora
4. la computadora y todo el equipo conectado con ella
5. lista de opciones disponibles para el usuario de la computadora
6. dispositivo que adapta una terminal a una línea telefónica

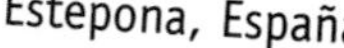
Estepona, España

B Poder verbal **¿Qué hago?** Indica lo que vas a hacer.

1. Quieres empezar a trabajar en tu computadora.
2. Tienes que usar de nuevo algunos datos que entraste en la computadora anteriormente.
3. No necesitas lo que has entrado.
4. Quieres conservar lo que has entrado.
5. Vas a abandonar el programa y apagar la computadora.

C Poder verbal **Más definiciones** Da una definición.

1. Internet
2. navegar (por) el Internet
3. una página Web
4. el correo electrónico

D Buscando información Contesta.

1. ¿Cuál es la diferencia entre el *hardware* y el *software?*
2. Por lo general, ¿de qué consta una terminal?
3. ¿Por cuánto tiempo puede la computadora almacenar datos?
4. ¿Qué tiene que hacer el usuario de la computadora antes de poder usarla? ¿Por qué?
5. ¿Qué es el menú?
6. ¿Cómo salen datos de la computadora?
7. ¿Cuál es la diferencia entre el archivo y la carpeta?
8. ¿Dónde tuvo su origen el Internet?
9. ¿Qué tipo de conexión con el Internet es el más rápido?
10. ¿Es fiable toda la información que sale en el Internet? ¿Por qué?
11. ¿Quiénes pueden ponerse en la Web?
12. ¿Cuáles son algunos ejemplos de la información que ofrece el Internet?

E Expresando opiniones Da tu opinión.

El uso del correo electrónico se ha extendido tanto que unos lamentan la desaparición de la comunicación escrita (cartas, etc.). ¿Estás de acuerdo con esta controversia? ¿Cómo prefieres comunicarte con otros? ¿Por qué?

F Un debate Discute.

En varios países del mundo, los gobiernos están considerando implementar reglas sobre el uso del Internet. Tú y tus compañeros de clase van a preparar un debate sobre la reglamentación del Internet. ¿Debe estar controlado por el Estado o no?

El grupo debe dividirse en dos: los que están a favor y los que están en contra. Cada grupo tiene que defender sus opiniones.

G Expresión electrónica Imagínate que tú y tus compañeros quieren hacer su propia página Web educativa. ¿De qué tratará su página? Escriban un párrafo corto sobre todos los detalles esenciales (nombre de su página, imágenes que quieren, tema, la importancia que tiene para los usuarios, etc.)

Un cibercafé, Pisco, Perú

Andrew Payti.

Sección 3

Gramática y lenguaje

El imperfecto y el pretérito

Verbos que cambian de significado

1. Ya has aprendido que se usa casi siempre el imperfecto para expresar procesos mentales y habilidades en el pasado.

   Yo quería hacerlo.
   Ellos podían viajar por México.
   Todos nosotros lo sabíamos.

2. Muchos verbos que expresan procesos mentales o habilidades cambian de significado en el pretérito.

   Estudia los siguientes ejemplos.

   Ellos no quisieron hacerlo...y rehusaron hacerlo.
   Yo no pude aunque hice mucho esfuerzo.
   Pensamos hacer el viaje pero no pudimos porque tuvimos que cambiar nuestros planes.

En el pasado Escribe en el pasado.

1. Él no quiere salir.
2. Nosotros podemos hacer el trabajo.
3. Carlos no sabe los detalles.
4. Quermos trabajar.
5. ¿En qué piensa usted?
6. Ellos creen que usted lo sabe.

Actividad 2

¿Imperfecto o pretérito? Completa con la forma apropiada del verbo según el significado.

1. A él le gustaba mucho su trabajo y siempre _____ hacer más. (querer)
2. Él se puso cansado y no _____ hacer más. (poder)
3. ¿Qué _____ tú de la compañía? (pensar)
4. ¿Qué _____ tú hacer con tanto tiempo libre? (pensar)
5. Yo _____bien a Elena. Éramos muy buenas amigas. (conocer)
6. Yo _____ a María ayer por la primera vez. (conocer)
7. Yo _____ que él estaba enfermo cuando _____ aprendí de su muerte. (saber, saber)
8. No fue nada fácil pero por fin él _____ huir. (poder)

Andrew Payti,

Los pronombres posesivos

1. Un pronombre posesivo se usa para reemplazar un sustantivo (nombre) modificado por un adjetivo posesivo.

2. El pronombre posesivo concuerda con el sustantivo que reemplaza o sustituye y va acompañado del artículo definido apropiado.

Tengo mi libro. No tengo el tuyo.
Tengo mi cartera. No tengo la tuya.
Tengo mis boletos. No tengo los tuyos.
Tengo mis cartas. No tengo las tuyas.

Nerja, España

Gramática y lenguaje

3. Estudia la siguiente tabla de adjetivos y pronombres posesivos.

ADJETIVOS	PRONOMBRES
mi, mis	**el mío, la mía, los míos, las mías**
tu, tus	**el tuyo, la tuya, los tuyos, las tuyas**
su, sus	**el suyo, la suya, los suyos, las suyas**
nuestro(a), nuestros(as)	**el nuestro, la nuestra, los nuestros, las nuestras**
vuestro(a), vuestros(as)	**el vuestro, la vuestra, los vuestros, las vuestras**

4. Como las formas de **el suyo** pueden referirse a muchas personas, se clasifican con una frase preposicional.

el suyo	la suya
el de él/ellos	la de él/ellos
el de ella/ellas	la de ella/ellas
el de usted/ustedes	la de usted/ustedes

los suyos	las suyas
los de él/ellos	la de él/ellos
los de ella/ellas	las de ella/ellas
los de usted/ustedes	las de usted/ustedes

5. Por lo general se omite el artículo definido del pronombre posesivo después del verbo **ser**. Sin embargo, se puede usar el artículo para darle énfasis.

Yo sé que esta chaqueta no es mía.
Perdone, pero esta chaqueta es la mía.

¿Sustantivo o pronombre? Indica si cada uno de los siguientes es un adjetivo o un pronombre posesivo.

1. el mío
2. su
3. los nuestros
4. nuestros
5. la de ustedes
6. mi
7. el tuyo
8. tu

Andrew Payti

¿De quién? Escribe cada oración de nuevo con unos pronombres posesivos.

1. Yo creo que <u>tu cámara</u> toma mejores fotos que <u>mi cámara</u>.
2. ¿Tiene usted <u>su pasaporte</u> o <u>mi pasaporte</u>?
3. Estas son <u>mis revistas</u>. ¿Dónde están tus revistas?
4. ¿Dónde está <u>tu carro</u>? <u>Mi carro</u> está en el parqueo.
5. <u>Nuestros hijos</u> no están con <u>tus hijos</u> ahora.
6. <u>Nuestra piscina</u> es más pequeña que <u>tu piscina</u>.
7. Carlos está buscando <u>mis maletas</u> y <u>sus maletas</u>.
8. <u>Mi computadora</u> es un modelo más reciente que <u>tu computadora</u>.

A todos les gustaban las de Rosita.

ACTIVIDAD 5 **En el aeropuerto** Con un(a) compañero(a) preparen una conversación según el modelo.

> **el pasaporte**
> **–¿El pasaporte? Tengo el mío.**
> **–¿Estás seguro(a) que no es el mío?**
> **–Sí, y no sé dónde está el tuyo.**

1. la tarjeta de embarque
2. los boletos
3. la mochila
4. los talones para el equipaje
5. las revistas
6. el periódico
7. los esquís
8. los guantes
9. las botas
10. las gafas para el sol

Oraciones

1. **Oración completa** Una oración completa tiene que tener un sujeto (tácito o expreso) y un predicado. Una oración completa expresa un sentido completo. Un grupo de palabras que no cumplen estos requisitos son frases u oraciones incompletas.

ORACIONES COMPLETAS

Cortés escribió la carta.
La mandó al rey.

ORACIONES INCOMPLETAS

La carta al rey.
En la computadora.

2. Una oración declarativa informa sobre algo.

La computadora almacena muchos datos.
Preparo todos mis escritos en la computadora.

La joven hace sus estudios en la computadora.

Una oración interrogativa hace una pregunta.

¿Almacena muchos datos la computadora?
¿Dónde preparas tus escritos?
¿Cómo los preparas?

Oraciones compuestas

A veces una oración consta de más de una idea o sentido completo. En este caso se le llama «una oración compuesta». A cada oración completa dentro de la oración compuesta se le llama «una cláusula principal».

Ella va a comprar una computadora nueva y la va a poner en su oficina.
¿Ellos van a la playa o se quedan en casa?

La palabra que enlaza las dos cláusulas principales es una conjunción. ¿Cuáles son las conjunciones en las oraciones de arriba?

Actividad 6 **Oraciones** Indica si es una oración completa, incompleta o compuesta.

1. Lo sé.
2. No funciona.
3. La computadora.
4. Está estropeada y no funciona.
5. ¿Cuándo va?
6. Mañana a las ocho.
7. ¿Dónde?
8. Ellos quieren reparar la computadora pero no tienen bastante dinero.

Actividad 7 **¿Tácito o expreso?**

1. Escribe tres oraciones. Cada una tendrá un sujeto expreso.
2. Escribe tres oraciones. Cada una tendrá un sujeto tácito.

Actividad 8 **Más oraciones**

1. Escribe dos oraciones declarativas.
2. Escribe dos oraciones interrogativas.
3. Escribe cuatro oraciones compuestas.
4. Subraya cada cláusula principal en tus oraciones compuestas.
5. Rodea la conjunción que enlaza las cláusulas principales.

Las jóvenes se divierten y lo están pasando bien.

Pronunciación y ortografía

La b y la v

B DE BURRO

V DE VACA

Hay que recordar siempre que la **b** y la **v** se pronuncian igual pero no se escriben igual. Por consiguiente hay que verificar siempre la ortografía de estos dos sonidos.

ba	be	bi	bo	bu
bajo	**bebía**	**había**	**borrar**	**busto**
iba	**haber**	**bienvenida**	**bola**	**bulto**
bajaba	**bebé**	**biblioteca**	**bote**	
basta	**bebe**	**biberón**		
balón				
baile				

va	ve	vi	vo	vu
va	**veía**	**vivía**	**volvía**	**vuelvo**
vale	**verificar**	**vívido**	**vivo**	
vasto	**nave**	**envía**	**activo**	
nieva	**vende**	**vino**	**voy**	
valle		**víbora**		
		vicio		

Dictado Completa cada oración y prepárate para un dictado.

1. El __e__é i__ a a__ajo.
2. Los __aqueros __ailan en el __alle __erde.
3. Nie__a en el __alle donde __i__en.
4. No __e__en __ino.
5. El __ota la pelota en el __ote.
6. Un __ote no es ni un __arco ni una na__e.
7. Ha__ía __acas, __urros, o__ejas, a__ejas y a__ispas.
8. A __er lo que __an a __e__er.

Palabras homófonas Recuerda que las palabras homófonas se pronuncian de la misma manera pero se escriben de forma diferente y tienen significados muy distintos. Escribe una oración usando cada una de las siguientes palabras.

1. basta
2. vasta
3. tuvo
4. tubo
5. votar
6. botar

Literatura

Abenámar de autor anónimo
En Durango comenzó de autor anónimo

Vocabulario para la lectura

el cautivo

Estudia las definiciones de las siguientes palabras.

la dote bienes (regalos) que aporta la mujer al matrimonio

cautivo capturado, aprisionado

agradecer dar las gracias, expresar gratitud

relucir resplandecer mucho, brillar

Poder verbal

Actividad 1 Palabras emparentadas Da una palabra relacionada.

1. el cautiverio
2. el relucimiento
3. el agradecimiento
4. dotar

Actividad 2 ¿Qué palabra necesito? Completa.

1. Él me ha hecho cosas buenas y le quiero ____.
2. ¿Puedes imaginar como van a ____ estos diamantes?
3. En la actualidad muy pocas esposas aportan ____ al matrimonio. La ____ es del pasado.
4. Nadie quiere estar ____. A todos nos gusta la libertad.

Introducción

Romances Durante la Edad Media en España, la gente se informaba de lo que pasaba por medio de los juglares que iban de castillo a castillo y transmitían las noticias en forma de verso. Recitaban cantares de gesta. Estos casi siempre trataban de hazañas guerreras. El romance, o lo que se llama *ballad* en inglés, se deriva de los antiguos cantares de gesta.

Algunos romances «juglarescos» fueron compuestos por los juglares a partir del siglo XIV. Muchos de ellos narraban acontecimientos que acababan de ocurrir y estimulaban la imaginación de quienes los escuchaban. Ciertos romances juglarescos llamados «moriscos» tratan de la vida árabe en España. Otros llamados «fronterizos» tratan de las relaciones guerreras entre caballeros cristianos y moros. El romance que sigue, *Abenámar,* es un romance fronterizo. En este romance el rey Juan II, el padre de Isabel la Católica, le habla al moro Abenámar. Abenámar le muestra al rey los edificios importantes de la ciudad de Granada. Esta ciudad ya había sido sitiada por los españoles. Luego, el rey le habla a la ciudad de Granada como si fuera una señora con quien él quisiera casarse. Es interesante notar la respuesta de Granada y el significado de su respuesta.

Corridos El corrido es una composición popular mexicana. Se deriva, y sigue la tradición, del antiguo romance español que los conquistadores trajeron a América. El corrido tiene un carácter muy descriptivo. Hay muchos tipos de corridos. Algunos hablan de hechos y eventos locales—otros de personajes legendarios y de momentos históricos. Los más famosos cuentan relatos de la Revolución mexicana. El corrido que sigue, *En Durango comenzó,* trata de Pancho Villa, una figura importante de la Revolución mexicana.

Fondo histórico

Los dos poemas que siguen tratan de acontecimientos históricos—uno en España y el otro en México; uno en el siglo XV y el otro en el siglo XX. Pero antes, un poco de historia.

España En 711, los moros invadieron España. Vinieron del norte de África y no salieron hasta 1492, cuando el último rey moro, Boabdil, fue expulsado de Granada. Durante la conquista de España, los árabes construyeron mezquitas y palacios bellísimos, sobre todo en Andalucía: en Sevilla, Córdoba y Granada. La influencia cultural árabe en la península ibérica es enorme. En la lengua española hay muchas palabras que comienzan en **al; el alcázar,** por ejemplo, es un palacio. Estas palabras son todas de origen árabe: **alcázar, almohada, alhambra.**

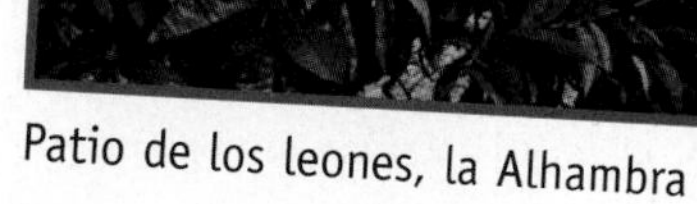

Patio de los leones, la Alhambra

Córdoba

México En México, a principios del siglo XX, precisamente en 1910, estalló una revolución. Esta revolución fue una reacción contra la dictadura de Porfirio Díaz que duró treinta y tres años. Desde 1906 los obreros organizaban huelgas. En 1910, diversos grupos se pusieron bajo el mando de Francisco I. Madero y se levantaron contra Porfirio Díaz. El 25 de mayo de 1911 el dictador renunció al poder y huyó del país. Madero fue elegido presidente fácilmente, pero no logró satisfacer los deseos de las distintas facciones. En el mismo año de 1911, Emiliano Zapata se levantó con un grupo de campesinos en Morelos, gritando «¡Tierra y libertad!». Madero murió asesinado y Victoriano Huerta tomó el poder.

Venustiano Carranza, el gobernador del estado de Coahuila, no reconoció al nuevo gobierno. Consiguió el apoyo de viejos líderes como Francisco (Pancho) Villa, Emiliano Zapata y Álvaro Obregón. En julio de 1914, Huerta dejó el poder. Pancho Villa y Emiliano Zapata entraron en la Ciudad de México con el deseo de establecer un gobierno favorable a los obreros y campesinos. Carranza consiguió el apoyo de Obregón, quien derrotó a Villa y obtuvo la presidencia del país. El amigo de ayer llegó a ser el enemigo de hoy.

Emiliano Zapata fue asesinado durante la revolución por el coronel Jesús Guajardo. Pancho Villa murió asesinado en 1923, después de la revolución.

General Pancho Villa, Gobernador Manual Chao y su personal, Chihuahua, México

Abenámar

¡Abenámar, Abenámar,
moro de la morería[1],
el día que tú naciste
grandes señales había!
Estaba la mar en calma,
la luna estaba crecida[2]:
moro que en tal signo nace,
no debe decir mentira.—
Allí respondiera el moro,
bien oiréis lo que decía:
—Yo te lo diré, señor,
aunque me cueste la vida,
porque soy hijo de un moro
y una cristiana cautiva;
siendo yo niño y muchacho
mi madre me lo decía:
que mentira no dijese,
que era grande villanía[3]:
por tanto pregunta, rey,
que la verdad te diría.
—Yo te agradezco, Abenámar,
aquesa[4] tu cortesía.
¿Qué castillos son aquéllos?
¡Altos son y relucían!
—El Alhambra[5] era, señor,
y la otra la Mezquita[5];
los otros los Alixares[5],
labrados a maravilla.
El moro que los labraba
cien doblas[6] ganaba al día,
y el día que no los labra
otras tantas se perdía;
desque[7] los tuvo labrados,
el rey le quitó la vida,
porque no labre otros tales
el rey del Andalucía.
El otro es Generalife,
huerta que par no tenía;
el otro Torres Bermejas,
castillo de gran valía.—
Allí habló el rey don Juan
bien oiréis lo que decía:
—Si tú quisieses, Granada,
contigo me casaría;
daréte en arras[8] y dote
a Córdoba y a Sevilla.
—Casada soy, rey don Juan,
casada soy, que no viuda;
el moro que a mí me tiene,
muy grande bien me quería.

[1] **morería** barrio donde vivían los moros
[2] **crecida** llena
[3] **villanía** cosa ni honrada ni honesta
[4] **aquesa** aquella
[5] **Alhambra, Mezquita, Alixares** magníficos edificios moros
[6] **doblas** monedas antiguas
[7] **desque** desde que
[8] **arras** monedas que le da el esposo a su esposa

El Generalife, Granada

Andrew Payti

Nuevo México, Estados Unidos

En Durango comenzó

En Durango comenzó
su carrera de bandido
En cada golpe que daba
Se hacía el desaparecido

Cuando llegó a La Laguna
Robó la estación de Horizonte
Del entonces lo seguían
Por los pueblos y los montes

Un día ya en el nordoeste
Entre Tirso y la Boquilla
Se encontraban acampadas
Las fuerzas de Pancho Villa

Gritaba Francisco Villa
El miedo no lo conozco
Que viva Pancho Madero
Y que muera Pascual Orozco

Gritaba Francisco Villa
En su caballo tordillo[1]
En la bolsa traigo plata
Y en la cintura casquillo[2].

[1] **tordillo** caballo de pelo blanco y negro

[2] **casquillo** cartucho vacío

Ingram Publishing

Comprensión

A Poder verbal **Definiciones** Identifica.

1. los juglares
2. el romance
3. romance fronterizo
4. el corrido

B Fondo histórico **Buscando información** Contesta.

1. ¿Cuándo invadieron los moros España?
2. ¿Cuándo salieron?
3. ¿Quién fue el último rey moro?
4. ¿Qué construyeron los moros en España?
5. ¿En qué año estalló la Revolución mexicana?
6. ¿Contra qué reaccionaron los revolucionarios?
7. ¿Qué pasó en 1911?
8. ¿Qué significa, «El amigo de ayer llegó a ser el enemigo de hoy.»?

C ***Abenámar*** **Describiendo** Identifica.

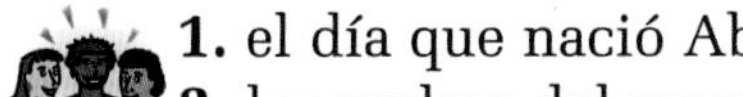

1. el día que nació Abenámar
2. los padres del moro
3. los consejos de su madre
4. lo que Abenámar le muestra al rey
5. lo que haría el rey para «casarse» con Granada
6. la respuesta de Granada

D ***Abenámar*** **Analizando** Analiza el significado de la respuesta negativa que le dio la ciudad de Granada al rey Juan II.

E ***En Durango comenzó*** **Parafraseando** Recuerda que parafrasear significa expresar de otra manera. ¿Cómo se expresa lo siguiente en el corrido?

1. Él sabía eludir a las autoridades del gobierno.
2. Las autoridades no lo pudieron encontrar.
3. Pancho no tiene miedo de nada ni tampoco teme a nadie.
4. No tiene nada con qué luchar.

F ***Resumiendo*** Puedes escoger. Escribe un resumen de *Abenámar* o *En Durango comenzó.*

General Roque González Garza entra en Ciudad Juárez durante la Revolución Mexicana, 1911

Canción de jinete de Federico García Lorca

Nota biográfica

Federico García Lorca (1898–1936) nació en Granada y allí lo mataron al comenzar la Guerra Civil. Los que lo conocían dicen que la primera impresión que daba era la de un niño. Era una persona dinámica y graciosa. Le gustaba reír y su alegría era contagiosa. Pero bajo esta exuberancia jovial había una gran ternura. Federico sentía el sufrimiento humano y la angustiosa soledad del ser humano en un mundo mecanizado.

A pesar de haber muerto en plena juventud, García Lorca dejó una producción caudalosa—poesía, teatro, ensayos, arte, música. En su poesía *Canción de jinete* aparecen elementos frecuentes en sus versos: la luna, el jinete, la muerte y el misterio. Nunca sabremos la causa de su muerte. Todo queda vago y misterioso. Pero se cree que fue la Guardia Civil quien lo mató. En la poesía que sigue parece que el autor presumía su trágico fin aunque la había escrito en 1927, nueve años antes de su muerte. De todos modos, nos comunica un evento trágico.

Tropas de la Legión Española en Navalcarnero, España. 1936

Canción de jinete

◆·◆·◆

Córdoba.
Lejana y sola.

Jaca negra, luna grande,
y aceitunas en mi alforja.
Aunque sepa los caminos
yo nunca llegaré a Córdoba.

Por el llano, por el viento,
jaca negra, luna roja.
La muerte me está mirando
desde las torres de Córdoba.

¡Ay qué camino tan largo!
¡Ay mi jaca valerosa!
¡Ay que la muerte me espera,
antes de llegar a Córdoba!

Córdoba.
Lejana y sola.

Estrategia de lectura

Leyendo en voz alta Una estrategia importantísima al leer poesía es leerla en voz alta o escucharla en tu mente mientras la lees silenciosamente. Es una estrategia imprescindible al leer una poesía tan intensamente musical y sensual como esta de García Lorca.

Córdoba

Comprensión

A Visualizando Describe.

Describe lo que ves al leer esta poesía.

B Tono Explica.

Explica como te sientes al leer esta poesía.

C Interpretando Contesta.

1. ¿Qué emoción evoca en ti el pensar en una jaca negra galopeando por un llano ventoso durante una noche oscura bajo una luna grande (llena)?
2. Para ti, ¿qué simboliza la luna llena?
3. ¿Quién habla en la poesía? ¿Adónde va? ¿Dónde está? ¿Cómo es? ¿Qué simboliza?
4. ¿Cuándo llegará a Córdoba? ¿Por qué?
5. Llama a su jaca «valerosa». ¿Quién es realmente el valiente? ¿Por qué?

Literatura

El mensajero de San Martín de Ada María Eflein

Vocabulario

el despacho la oficina

un puñado cantidad pequeña que cabe en la mano

el ejército un grupo de soldados o militares

la choza una casa muy humilde

apoderarse de hacerse dueño de una cosa por la fuerza

encargar poner una cosa al cuidado de otro; darle la responsabilidad a alguien de hacer algo

huir (huye) escapar

sujetar dominar a alguien

Poder verbal

Práctica

Expresa de otra manera.

1. No quiero mucho. Necesito *solo un poco.*
2. Era imposible *dominar* al caballo.
3. Él se *hizo dueño* de todo el territorio.
4. ¿Por qué no pudo *escapar*?
5. Salió de su *oficina* apresuradamente.
6. Entró *el grupo de soldados.*
7. Hay *casas humildes* en los barrios pobres.

Introducción

Hay muchos quehaceres que la gente tenía que hacer casi a diario que hoy no tenemos que hacer casi nunca. Muchos de nosotros no vamos ni al correo para comprar sellos porque nos comunicamos casi exclusivamente por correo electrónico, mensaje de texto y mensaje instantáneo. Pero una vez era un mensajero el que tenía que viajar a pie o a caballo para transportar una comunicación. Y así fue el caso del joven Miguel quien se encargó de servir de mensajero al general San Martín.

Fondo histórico

El general José de San Martín luchó por la independencia de Sudamérica. Era un hombre de mucha experiencia militar. San Martín ya había luchado en las guerras contra Napoleón en España y sabía que era imposible invadir Perú sin tomar la ruta que pasa por Chile. En 1817 cruzó la cordillera con su Ejército de los Andes y derrotó a (salió victorioso contra) los españoles en la batalla de Chacabuco. Esta derrota de las fuerzas españolas permitió al ejército de San Martin entrar triunfante en Santiago de Chile.

El cuento que sigue, *El mensajero de San Martin*, es de Ada María Elflein. Ella nació en Buenos Aires de padres alemanes el 22 de febrero de 1880. Sus padres la educaban bien y dominó perfectamente cuatro lenguas.

A los doce años escribió su primer cuento—un cuento de hadas—en alemán. Sabía que su vida estaba orientada a las letras y empezó a escribir cuentos en español sobre temas argentinos. Su afición a la historia se reflejó en sus obras.

Ada María escribió para *La Prensa*, un prestigoso periódico porteño. Además hizo muchos viajes por Argentina, Chile y Uruguay. Visitó Tucumán, Salta, Jujuy, Mendoza, Santa Rosa de los Andes, San Luis y Córdoba. Le encantaba la región de los lagos en San Carlos de Bariloche y prometió regresar a esta región tan bella pero no pudo ser. De salud frágil falleció a los treinta y nueve años el 24 de julio de 1919 y fue enterrada en el cementerio alemán de Buenos Aires.

Monumento al General José de San Martín, con sus nietos, Buenos Aires, Argentina

Lectura

Estrategia de lectura

Identificándose con los personajes Al leer un cuento hay que fijarte en la personalidad, el comportamiento y las acciones de los protagonistas. Poder precisar las razones por su conducta y acciones en muchas ocasiones te permitirá entender y seguir el desarrollo del argumento del cuento.

El mensajero de San Martín

◆·◆·◆

I

El general don José de San Martín leía cartas en su despacho. Terminada la lectura, se volvió para llamar a un muchacho que esperaba de pie junto a la puerta. Debía tener éste unos 16 años; era delgado, fuerte, de ojos brillantes y fisonomía franca y alegre. Cuadrado° como un pequeño veterano, soportó tranquilamente la mirada del general.

—Voy a encargarte una misión difícil y honrosa. Te conozco bien; tu padre y tres hermanos tuyos están en mi ejército y sé que deseas servir a la patria. Lo que voy a encargarte es peligroso; pero eres de una familia de valientes. ¿Estás resuelto a servirme?

—General, sí—contestó el muchacho sin vacilar.

— ¿Lo has pensado bien?

—General, sí.

—Correrás peligros.

—Como todos nosotros, general.

San Martín sonrió a esa respuesta, pues veía que el muchacho se contaba decididamente entre los patriotas.

—Debes tener presente que en caso de ser descubierto, te fusilarán—continuó, para conocer la entereza de aquel niño.

—General, ya lo sé.

—Entonces ¿estás resuelto?

—General, sí.

—Muy bien. Quiero enviarte a Chile con una carta que por nada ¿entiendes? ¡por nada! debe caer en manos ajenas. Si llegaras a perderla, costaría la vida a muchas personas. La entregarás al abogado don Manuel Rodríguez, en Santiago, y la contestación la traerás con las mismas precauciones. Si te vieras en peligro, la destruirás; y si por desgracia fueras descubierto, supongo que sabrás guardar el secreto. ¿Has entendido, Miguel?

—Perfectamente, general—respondió el muchacho; y esta contestación sencilla y firme, satisfizo al insigne conocedor de hombres.

II

Dos días después, Miguel pasaba la cordillera en compañía de unos arrieros. Llevaba la carta cosida en un cinturón debajo de la ropa; tenía el aire más inocente y despreocupado° del mundo y nadie hubiera sospechado que pensara en otras cosas que no fueran niñerías, pues durante el viaje no hizo sino cantar, silbar° y bromear°. Refirió a sus compañeros que iba a la finca de unos parientes al otro lado de la cordillera, y todos le cobraron afecto por su buen humor. Cuando se separaron en territorio chileno, le despidieron cariñosamente.

Miguel ignoraba que el señor Manuel Rodríguez, destinatario de la carta, era uno de los chilenos que más activamente contribuían a preparar la revolución patriota para cuando invadiera San Martín con su ejército. Ignoraba, asimismo, que él solo era uno de los innumerables agentes y espías que el general tenía para llevar y traer correspondencia secreta, sembrar noticias, verdaderas o falsas, según le conviniera, y tenerle al corriente de cuanto ocurría en Chile y pudiera serle útil. El general le había honrado con su confianza y debía justificarla. Eso le bastaba.

Llegó a Santiago de Chile sin contratiempos°; halló al doctor Rodríguez, le entregó la carta, y recibió la respuesta, guardándola en el cinturón secreto.

—Mucho cuidado con esta carta—le dijo también el patriota chileno. —Eres realmente muy niño para un encargo tan peligroso; pero debes ser inteligente y guapo, y sobre todo buen patriota, para que el general te juzgue digno de esta misión

Miguel volvió a ponerse en camino lleno de placer y de orgullo con este elogio y resuelto a merecerlo° cada vez con mayor razón.

despreocupado tranquilo

silbar patar

bromear burlar

contratiempos accidentes por lo común inesperados

merecerlo hacer méritos, ser digno de un premio

III

El gobernador de Chile, Marcó del Pont, sabía que emisarios y agentes secretos de los patriotas trabajaban para sublevar al pueblo, y que éste le odiaba y estaba deseoso de asociarse a los revolucionarios de Buenos Aires. Por esto lo sometía a un régimen de humillación y de dureza. A las siete de la noche las casas debían estar cerradas, bajo pena de multa°, y nadie podía viajar sin recabar° un permiso de las autoridades. Los sospechosos de ser partidarios de los patriotas, eran encerrados en las fortalezas y prisiones, donde San Bruno se encargaba de martirizarlos. Era natural, entonces, que los chilenos esperasen ansiosos el momento en que el ejército argentino tramontara° los Andes, y que los agentes de San Martín hallasen hombres dispuestos a auxiliarles. Reunían dinero, objetos de valor y armas; aprestaban caballos, ganados, y cada cual contribuía en su medida. Los agentes eran siempre bien recibidos y jamás se les hizo traición. Las autoridades sabían que ocurría algo de anormal; pero ignoraban a quién hacer responsable o aprehender. En la duda, consideraban sospechosos a todos los criollos y redoblaban con ellos su dureza, lo que naturalmente dió como consecuencia, una mayor ferocidad en el odio popular.

multa lo que se paga por haber hecho una infracción

recabar obtener

tramontara cruzara las montañas

IV

El viaje de Miguel se había efectuado sin tropiezos; pero tuvo que pasar por un pueblo cerca al cual se hallaba una fuerza realista bastante considerable, al mando del coronel Ordóñez. Se aproximó al caer la tarde, ignorando que hubiera allí un campamento, pues éste no era visible desde el camino. Alrededor se extendía la hermosa campiña chilena, fresca, verde y ligeramente ondulada.

Un arroyo° correntoso bajaba a la izquierda. En sus márgenes se levantaban las chozas del pueblecito, grises, tristes, silenciosas, envueltas ya en las primeras penumbras° del crepúsculo, y dominándolas, cerrando el horizonte, la cordillera gigantesca e imponente subía en gradas cada vez más grandiosas, semejante a una escalinata estupenda rematada en los maravillosos nevados que teñían de oro rosado los últimos rayos de luz. Las faldas de la montaña estaban ya en la sombra, y sus huecos y quebradas° envueltos en tintes fríos, azul, morado, violeta, mientras el esplendor fantástico de las cumbres se destacaba de un cielo claro y transparente.

Miguel, poco sensible a las bellezas de la naturaleza, se sintió de pronto impresionado por aquel cuadro mágico; mas un acontecimiento inesperado vino a distraer su atención.

arroyo corriente de agua más pequeña que un río

penumbras sombras débiles

huecos y quebradas hoyos y aberturas estrechas y ásperas entre montañas

Andrew Payti

Los Andes, Chile

Dos soldados a quienes pareció sospechoso este muchacho que viajaba solo y en dirección a las sierras (ya que cualquier cosa era sospechosa en aquellos tiempos), se dirigieron hacia él al galope. En el sobresalto del primer momento, cometió la imprudencia de quienes cortándole el camino, consiguieron prenderlo.

—¡Hola!—gritó uno de ellos sujetándole el caballo por la rienda°; —¿quién eres y a dónde vas?

Miguel, recobrada su sangre fría, contestó humildemente que era chileno, que se llamaba Juan Gómez y que iba a la hacienda de sus padres; mas por su manera de hablar, los soldados conocieron que era *cuyano,* es decir, nativo de Cuyo, o por extensión, de la región al oriente de los Andes, y le condujeron al campamento, a pesar de sus súplicas. Allí lo entregaron a un sargento y éste a su vez a un oficial superior.

Interrogado, respondió con serenidad, ocultando su temor de que lo registraran y encontraran la carta.

Después del interrogatorio, le llevaron a una carpa, donde se hallaba en compañía de varios oficiales, el coronel Ordóñez.

—Te acusan de ser agente del general San Martín— díjole el coronel sin preámbulos. —¿Qué tienes que contestar?

Miguel habría preferido declarar orgullosamente la verdad; pero la prudencia le hizo renunciar a esta idea y como antes, negó la acusación.

—Oye, muchacho, —agregó el coronel, —de nada te sirve negar. Más vale que confieses francamente, así quizá pueda aliviarte el castigo, porque eres muy joven.

rienda lo que sirve para conducir los caballos

el brasero

Andrew Payti

Miguel no se dejó seducir y repitió su declaración; pero a Ordóñez no se le engañaba° tan fácilmente.

—¿Llevas alguna carta? —le preguntó de improviso.

—No—contestó Miguel; pero mudó de color° y el coronel lo advirtió.

—Regístrenlo°.

En un abrir y cerrar de ojos dos soladados se apoderaron del muchacho, y mientras el uno le sujetaba, el otro le registró, no tardando en hallar el cinturón con la carta.

—Bien lo decía yo—observó Ordóñez, disponiéndose a abrirla; pero en ese instante Miguel, con un movimiento brusco e imprevisto, saltó como un pequeño tigre, le arrebató° la carta de las manos y arrojóla en un brasero° allí encendido.

Todos permanecieron estupefactos ante tal audacia. Luego, algunos quisieron castigarle; pero el coronel, deteniéndoles, dijo con una sonrisa extraña.

—Eres muy atrevido, muchacho. Quizá no sepas que puedo fusilarte sin más trámites.

Miguel no contestó; pero sus ojos chispeantes° y sus mejillas encendidas, indicaban claramente que no tenía miedo. Ahora podían hacer de él lo que quisieran, la carta ya no existía y jamás sabrían de su boca a quien iba dirigida ni quien la enviaba.

—Hay que convenir en que eres muy valiente—continuó Ordóñez. —Aquel que te ha mandado sabe elegir su gente. Ahora bien, puesto que eres resuelto, quisiera salvarte y lo haré si me dices lo que contenía la carta.

—No sé, señor.

—¿No sabes? Mira que tengo medios de refrescarte la memoria.

—No sé, señor. La persona que me dió la carta no me dijo lo que contenía.

El coronel reflexionó un momento. Le pareció creíble lo que decía Miguel, pues no era de suponer estuviera enterado del contenido de la carta que llevaba.

—Bien—dijo, —te creo. ¿Podrías decirme al menos de quién provenía y a quién iba dirigida?

Miguel calló. Sólo ahora comenzaba la verdadera prueba.

—Contesta—ordenó el coronel.

—No puedo, señor.

engañaba hacía creer algo que no era verdad
mudo de color se sonrojó

Regístrenlo examínenla

arrebató agarró

arrojóla en un brasero lo tiró en un recipiente en que se quema carbón

chispeantes centellantes, brillantes

Vista montañosa en Chile

—¿Y por qué no?

—Porque he jurado.

—¡Oh! Si no es más que eso, un sacerdote te desligará del juramento.

—Podría hacerlo; no por eso sería menos traidor.

El coronel Ordóñez admiró en secreto a ese niño tan hombre; pero no lo demostró. Abriendo un cajón de la mesa sacó una gaveta° y tomó de ella un puñado de monedas de oro.

gaveta cajón

—¿Has tenido alguna vez una moneda de oro? —preguntó a Miguel.

—No, señor—contestó el muchacho, cuyos ojos se fijaron involuntariamente en el metal reluciente.

—Bueno, pues, yo te daré diez onzas, ¿entiendes? diez onzas si me dices lo que quiero saber. Vamos, ¿te decides? Piensa: ¡diez onzas de oro! Una fortuna. ¡Cuántas cosas podrás comprar con tanto dinero, y cómo te envidiarán! Y eso, con sólo decirme dos nombres.

Sobre Miguel el oro obraba una fascinación funesta. ¡Cómo brillaban y con qué dulce retintín chocaban las monedas cuando el coronel las hacía escurrir entre sus dedos y las dejaba caer suavemente en la gaveta! ¡Diez onzas de oro! Para él una fortuna inaudita.

—Puedes decírmelo despacio—prosiguió el coronel, observando con atención el efecto que el metal brillante hacía en Miguel. —Nadie sino yo lo oirá.

—Entonces, por fin, Miguel logró vencer la terrible fascinación del oro, y apartando con un esfuerzo los ojos, repitió estas tres palabritas que exasperaron al coronel:

—¡No quiero, señor!

Ordóñez le miró de una manera particular.

—¿Has oído alguna vez hablar de San Bruno?— preguntóle.

Al oír ese nombre, que era pronunciado con espanto en Chile y en Cuyo, Miguel se estremeció.

—A él te entregaré si no confiesas—prosiguió el coronel. —En tus propias manos está tu suerte: si contestas a mi pregunta, te doy la libertad, y si no...—No terminó su frase; pero trunca° como estaba, era terriblemente explícita.

trunca corta

Miguel bajó los ojos y permaneció callado. Esta resistencia pasiva irritó más al realista.

—A ver—ordenó, unos cuantos azotes° bien dados a este muchacho.

azotes latigazos

Lleváronle afuera y en presencia de Ordóñez, de sus oficiales y muchos soldados, dos de éstos le golpearon sin

Andrew Payti

piedad. El muchacho apretó los dientes para no gritar. Sus sentidos comenzaron a turbarse a medida que los golpes llovían sobre su cuerpo; sus ideas se confundieron bajo la influencia del dolor; ante sus ojos flotaron como aún como una visión las cumbres nevadas que ahora resaltaban con blancura lívida de sudario en el cielo afano, y luego, perdió el conocimiento.

—Basta—dijo Ordóñez,—enciérrenle por esta noche. Mañana confesará,—y agregó hablando con los oficiales, —si no lo hace, tendré que mandarlo a Santiago. Y sería lástima que muchacho tan guapo fuese a parar a manos de San Bruno. No debemos perder este hilo de la trama que está tejiendo mi astuto ex amigo San Martín.

V

Entre los que presenciaron la flagelación se encontraba un soldado chileno, que, como todos sus compatriotas, simpatizaba en la causa de la libertad. Tenía dos hermanos, agentes de San Martín, y él mismo esperaba la ocasión propicia para abandonar las filas realistas. El valor y la constancia del muchacho, tema de las conversaciones en el campamento, le llenaron de admiración, haciéndole concebir el deseo de salvarle si fuera posible. Resolvió exponerse para dar libertad al prisionero y facilitarle los medios de huir.

Miguel estaba en una choza, donde lo habían dejado bajo cerrojo°, sin preocuparse más de él.

A media noche el silencio más profundo reinaba en el campamento. Los fuegos estaban apagados y sólo los centinelas velaban con el arma al brazo.

Cuando Miguel despertó de su largo desmayo, no pudo recordar bien lo que había sucedido; pero al sentir el escozor° de los cardenales que le cubrían todo el cuerpo, no tardó en darse cuenta. El pobre muchacho, débil y dolorido, solo y prisionero, se sintió desfallecer. ¡Al fin, sólo era un niño! No pensaba en la fuga porque le parecía imposible, y esperaba el día para salir de la terrible incertidumbre.

Entonces, en el silencio de la noche, percibió un ruido suave cual el de un cerrojo corrido con precaución. La puerta se abrió despacio y en el vano apareció la figura de un hombre. Miguel se levantó sorprendido.

cerrojo cerradura

escozor sensación de quemazón y de picazón

Estrecho de Magallanes

—¡Quieto!—susurró una voz. —¿ Tienes valor para escapar?

Miguel enmudeció° de asombro. De repente no sintió dolores, cansancio, ni debilidad; estaba fresco, ágil, y resuelto a todo con tal de recobrar la libertad. Siguió al soldado y los dos se deslizaron° como sombras por el campamento dormido, hacia un pequeño corral donde se hallaban los caballos del servicio. El de Miguel permanecía ensillado aún y atado a un poste. Lo llevaron a la orilla del arroyo que corría espumoso entre las barrancas°

—Este es el único punto por donde puedes escapar— dijo el soldado, —el único lugar donde no hay centinelas. Ten cuidado, porque el arroyo es traicionero, Pronto, ¡a caballo, y buena suerte!

Aturdido por el cambio repentino de los sucesos, el pequeño héroe obedeció, y despidiéndose de su generoso salvador con un apretón de manos y un «¡Dios se lo pague!» bajó la barranca y entró en el arroyo cruzándolo con felicidad. Luego, espoleó su caballo y huyó en dirección a las montañas, para mostrar a San Martín, con las llagas° de los azotes que desgarraron sus espaldas, cómo había sabido guardar un secreto y servir a la Patria.

enmudeció se calló

se deslizaron se escapron

barrancas hondonadas

llagas úlceras, heridas

La tumba de San Martín, Buenos Aires

Andrew Payti

Comprensión

A Recordando hechos Contesta.

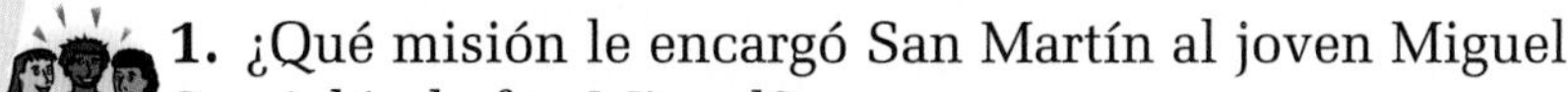

1. ¿Qué misión le encargó San Martín al joven Miguel?
2. ¿Adónde fue Miguel?
3. ¿Dónde guardó la respuesta a la carta que le dio el abogado?
4. Al llegar los dos soldados enemigos, Miguel hizo algo erróneo, algo que no habría debido hacer. ¿Qué hizo?
5. ¿Adónde llevaron a Miguel y de qué le acusaron?
6. ¿Qué hizo Miguel cuando uno de los soldados halló su cinturón secreto?
7. ¿Cómo trataron de hacerle confesar?
8. ¿Qué le ofreció Ordóñez a Miguel para convencerle a hablar?
9. ¿Quién ayudó a Miguel?
10. ¿Cómo huyó Miguel?

B Describiendo Describe como el autora presenta la severidad con la que golpearon al pobre Miguel.

C Resumiendo Da un resumen de todo lo que hizo el joven Miguel para demostrar su heroísmo.

D Personalizando Acabas de leer sobre el heroísmo de un joven chileno. A tu juicio, ¿qué es una persona heroica? Escribe tu percepción personal del heroísmo.

E Analizando El clímax de un cuento es el punto de mayor interés o suspenso en el cuento. Para ti, ¿cuál es el clímax de este cuento?

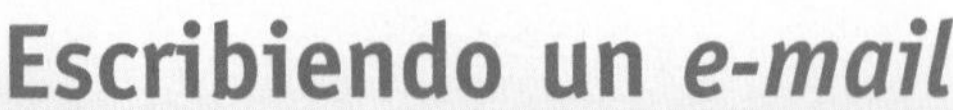

Composición

Escribiendo un *e-mail*

Uno de los aspectos más populares y útiles de Internet es la capacidad de mandar y recibir correos electrónicos. Con un clic simple, puedes mandar un mensaje a quienquiera que sea en cualquier parte del mundo.

Usando el *e-mail*

Hoy en día, para muchos el *e-mail* ha sustituido al teléfono y a la carta como el medio preferido de comunicación. Un *e-mail* llega casi instantáneamente y es un medio conveniente de transmitir información compleja. Puedes adjuntar un documento a tu mensaje o mandar fotos a tu familia, o incluir una canción favorita cuando escribes a un amigo.

Para mandar o recibir un *e-mail*, hay que tener una dirección de *e-mail* que suele tener cuatro partes: el nombre del usuario; el símbolo @ que significa *at* y que separa el nombre del usuario del resto de la dirección; el nombre de la compañía u organización que provee el servicio de Internet y un sufijo que indica el tipo de proveedor. Por ejemplo:

.com	una empresa con fines de lucro
.edu	una institución educativa
.gov	un cuerpo gubernamental
.mil	un sitio militar
.net	una red o proveedor de servicio de Internet
.org	una organización sin fines de lucro

«Netiqueta»

Cuando mandas un *e-mail* debes seguir ciertas reglas o codos de conducta llamados «netiqueta».

- Debes escribir el *subject line* o sea, el sujeto o tópico de tu *e-mail* de una manera precisa y concisa para que el/la recipiente tenga una idea clara del sujeto de tu mensaje.
- Al responder a un mensaje largo, no es necesario incluir un resumen completo del mensaje en tu respuesta. Cita sólo lo suficiente para informarle al recipiente que estás al tanto del sujeto al cual respondes.
- Tu mensaje debe ser corto y al punto—es decir, ir al caso.
- Debes usar mayúsculas apropiadas. Entrar tu mensaje con sólo letras mayúsculas se considera *SHOUTING*.
- No debes mandar un e-mail hóstil o contrario. El mandar tal e-mail se considera *FLAMING*.
- Es muy importante deletrear correctamente. No debes cometer errores ortográficos.
- No te olvides de poner tu dirección e-mail al pie de tu mensaje.
- Trata de evitar el uso de humor o sarcasmo.
- Ten en mente que el buen comportamiento es también importante en el Internet.

Ahora, ¡te toca a ti!

Escribe un *e-mail* a un(a) amigo(a). No olvides de seguir las normas de «netiqueta».

Si quieren, los miembros de tu clase pueden consultar *The International Registry of Schools Online* (http://web66unm.edu/schools.html) para escoger una escuela dentro o fuera de Estados Unidos con la cual quisieran comunicarse (ponerse en contacto).

Un poco más

Otro medio de comunicación en el Internet lleva el nombre de *instant messaging.* Ocurre al momento o sea en *real time* como si te estuvieras comunicando con alguien por teléfono; pero estás escribiendo en vez de hablar. Los siguientes símbolos de *instant messaging* darán expresión y vida a tus mensajes.

:-)	sonrisa
;-)	guiño
:-(	ceño fruncido o triste
:-D	risa
:-o	¡sorpresa!
:*)	payaso
:-/	confuso

Existen unos acrónimos que puedes usar en tu *e-mail* si quieres abreviar ciertas expresiones. Aquí tienes algunos ejemplos en inglés.

BTW	*By the way*
FAQ	*Frequently asked questions*
FYI	*For your information*
GMTA	*Great minds think alike*
IMHO	*In my humble opinion*
LOL	*Laugh out loud*
ROFL	*Rolling on the floor laughing*
TYVM	*Thank you very much*

¿Conoces algunos acrónimos en español?

Conexión con el inglés

Posesivos

Los adjetivos y pronombres posesivos en inglés son fáciles porque cada adjetivo o pronombre tiene solamente una forma.

Observa los siguientes.

Adjetivos	Pronombre
my	mine
your	yours
his	his
her	hers
our	ours
their	theirs

my house and yours
your house and mine
their car and ours
our car and theirs
his car and hers
her car and his

Oraciones sencillas

En inglés, igual que en español, una oración completa es un grupo de palabras que tiene sujeto y predicado y que expresa una idea o un sentido completo.

Una oración sencilla, llamada *a simple sentence* en inglés, tiene un sujeto completo y un predicado completo. El sujeto completo indica de quien o de que la oración se trata. El predicado completo dice lo que hace o lo que tiene el sujeto.

A veces indica como es el sujeto.

The baseball team prepares for the game.

ORACIÓN SENCILLA
SIMPLE SENTENCE

SUJETO COMPLETO COMPLETE SUBJECT	PREDICADO COMPLETO COMPLETE PREDICATE
The Lions	*played their first game last year.*
This hometown team	*had lots of enthusiasm.*
The players	*were fabulous.*
Everyone	*enjoyed their games.*

Oraciones compuestas

Una oración compuesta, llamada *compound sentence* en inglés, tiene dos o más oraciones sencillas *(simple sentences)*. Cada oración sencilla se llama una cláusula principal *(main clause)*. Una cláusula principal tiene un sujeto y un predicado y es independiente.

ORACIÓN COMPUESTA COMPOUND SENTENCE		
CLÁUSULA PRINCIPAL **MAIN CLAUSE**		**CLÁUSULA PRINCIPAL** **MAIN CLAUSE**
He went to work,	*but*	*his brother stayed home.*
I prepared dinner,	*and*	*my friends cleaned up.*
They had to try very hard,	*or*	*they would have lost.*

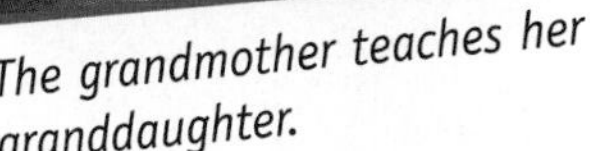
The grandmother teaches her granddaughter.

How do you help around the house?

Igual que en español la palabra que enlaza las dos cláusulas principales es una conjunción—llamada *conjunction* en inglés.

A Someone trying to do an activity without success.
B Someone looking at his/her wallets.
his/her tickets.
C Any pretty view of an interior of an office with computers.
D People in any city of Spain or Latin America.
E People or person who is obviously travelling. Has a backpack, suitcase, or tickets. Anything that looks like travel gear.

Capítulo 4

De tiendas

Objetivos

En este capítulo vas a:

- aprender como se efectúan las compras en España y en Latinoamérica—en zonas urbanas y rurales
- familiarizarte con el vocabulario necesario para expresarte bien en forma oral y escrita sobre el comercio y la contabilidad
- aprender los pronombres con una preposición; estudiar el uso de una preposición con un infinitivo; aprender las expresiones afirmativas y negativas; analizar oraciones complejas; repasar los problemas ortográficos con **c, s, z**
- leer *Martín Rivas* de Alberto Blest Gana
- estudiar en inglés los pronombres con una preposición, el infinitivo después de una preposición y las palabras negativas

Los vendedores venden muchas verduras en un mercado de Guatemala.

Historia y cultura

Lectura

De compras en España y Latinoamérica

Mercados municipales

Cuando las señoras españolas y latinoamericanas hacen sus compras tempranito por la mañana tienen muchas opciones. Muchas de ellas se dirigen con su capacho o carrito hacia un gran mercado municipal, tal como el mercado de La Boquería llamado también «Mercat de Sant Josep» en Barcelona o el mercado de la Merced en la Ciudad de México. La mayoría de estos mercados están ubicados en un área central de la ciudad. Dentro de ellos hay filas y filas de tenderetes o puestos. En cada sección de tenderetes se venden productos diferentes—frutas y legumbres, carnes, pollos, pescados y mariscos, especies y condimentos, etc.

A muchas señoras les gusta hacer sus compras en el mercado porque saben que todos los productos son fresquísimos y casi siempre conocen a los que trabajan detrás de sus tenderetes o puestos favoritos. Antes de comprar o hacer negocio, pueden entablar una conversación:

—¿Y cómo está doña Felisa, hoy?
—Muy bien, don Pablo. ¿Y usted? ¿Todo bien?
—¡Excelente! Y como ve la señora, hoy tengo unos tomates riquísimos, bien rojos y muy jugosos.
—¿A cuánto están los tomates hoy?
—A la señora le salen a 15 el kilo.

Y así continúa hasta que la señora haya ido de puesto en puesto comprando todo lo que necesita llenando su capacho o carrito un poquito más en cada puesto.

A veces dentro del mercado mismo y en sus alrededores hay puestos donde venden comida buena y barata. A algunos de estos «restaurantes» se les llama «loncherías» y todas tienen menús corridos. Pero, ¡cuidado! Se cierran temprano, mucho antes de la hora de la cena.

Una carnicería de Barcelona, España

Mercados al aire libre

Un mercado de verduras, Pisac, Perú

En las ciudades y pueblos de Latinoamérica en donde hay mucha influencia indígena hay mercado uno o dos días a la semana. La mayoría de estos mercados están al aire libre y la actividad de compra y venta empieza muy temprano por la mañana y para la una de la tarde todo está cerrado. Igual que en los mercados municipales hay puestos o tenderetes pero muchos vendedores se sientan en el suelo mismo y exhiben sus productos tendidos sobre una manta. Además de vender comestibles hay puestos de objetos de artesanía tales como platos y tejidos y otras mercancías y provisiones necesarias para el mantenimiento del hogar. Y en los alrededores del mercado hay una gran actividad callejera donde hacen sus negocios los vendedores ambulantes.

De tiendas

En cada ciudad y pueblo hay también tiendas pequeñas donde venden comestibles o productos alimentarios. Estas tiendas tienen nombres diferentes según la región. Se llaman «bodegas», «colmados», «pulperías», «tiendas de abarrotes» o sólo «abarrotes». En España se les llama a veces «tiendas de ultramarino» porque suelen vender productos importados. Estas tiendas siguen siendo populares pero actualmente están sufriendo un poco debido a la concurrencia (competencia) de los supermercados que pueden ofrecer precios más bajos porque son más grandes y tienen la capacidad de comprar en mayores cantidades.

Una bodega antigua en un museo de Punta Arenas, Chile

Historia y cultura

Supermercados

No hay duda que los supermercados están gozando de mayor popularidad. Los compradores o clientes empujan sus carritos de un pasillo a otro abasteciéndose de todo lo que necesitan en un solo establecimiento. Al terminar con sus compras se ponen en fila delante de la caja donde el cajero pasa cada producto sobre una pantalla cuyo lector óptico registra el precio en la caja que es más una computadora que una caja antigua. Y en el supermercado ofrecen bolsas (fundas) de plástico pero ¡cuidado!—a veces es necesario pagarlas.

Hipermercado

No se puede hablar de las compras sin mencionar un fenómeno bastante reciente—el hipermercado. Los hipermercados se encuentran por lo general en las afueras de las ciudades y se parecen a un gran almacén. En un solo edificio venden de todo—comestibles, libros, juguetes, televisores, computadoras, neumáticos (llantas)—todo. Y, ¿qué hay alrededor del hipermercado? Un gran parking (parqueo, aparcamiento, estacionamiento) porque casi todos los que acuden a un hipermercado a hacer sus compras vienen en carro.

En el supermercado, Estepona, España

Carritos en el parking de un hipermercado, Estepona, España

Comprensión

(t, b)Andrew Paytí

A Poder verbal **Definiciones** Busca la palabra cuya definición sigue.

1. puesto de venta callejero en un mercado
2. sal y pimienta, etc.
3. comerciar; vender y comprar
4. las regiones cercanas
5. contrario de «caro»
6. domicilio; donde vive la familia
7. el que vende
8. el que compra
9. de la calle
10. que va de un lugar a otro sin tener asiento fijo

B Poder verbal **Sinónimos**
Da un sinónimo.

1. alimento
2. alternativa
3. cola
4. exponer, mostrar
5. las afueras
6. concurrencia

De compras, Arequipa, Perú

Un mercado, Puerto Montt, Chile

C Poder verbal Definiciones Casi todas las palabras de los siguientes grupos significan la misma cosa. Dales una definición.

1. el colmado, la bodega, la pulpería, la (tienda de) abarrotes, ultramarinos
2. comestibles, alimentos, víveres, provisiones, abastecimientos
3. el parking, el parqueo, el aparcamiento, el estacionamiento, la playa (de estacionamiento)

Mazatlán, Sinaloa, México

(t)Dave Moyer, (b)Andrew Payti

D Poder verbal El costo o el precio Lee.

Cuando uno va de compras por víveres, por ejemplo, el precio del producto varía con frecuencia, casi a diario. Por consiguiente, para saber o enterarse del precio, uno puede preguntar, **¿A cuánto están los melones? ¿A cómo es la langosta?** Se podría preguntar también, **¿Cuánto son los tomates?** pero por lo general **¿Cuánto es (son)?** se usa más con una mercancía que tenga un precio más fijo que no varía de día en día. Se usa también, **¿Cuánto cuesta(n)?** o **¿Cuál es el precio de... ?** con mercancías.

Mercado municipal de San Miguel, Madrid

E Preguntas Usa las siguientes expresiones en una pregunta personal.

1. ¿Cuánto es?
2. ¿A cuánto está(n)?
3. ¿A cómo es (son)?
4. ¿Cuánto cuesta(n)?
5. ¿Cuál es el precio de... ?

F Identificando Describe.

1. un mercado municipal
2. un mercado indígena
3. una bodega
4. un supermercado
5. un hipermercado
6. un vendedor ambulante
7. un tenderete

(b)Andrew Payti

G Haciendo comparaciones

1. En tus propias palabras compara un mercado municipal con un mercado indígena al aire libre.
2. En tus propias palabras compara un supermercado con un hipermercado.

H Analizando Explica.

¿Por qué están gozando de mayor popularidad en España y en Latinoamérica los supermercados?

I Prediciendo consecuencias Prediciendo consecuencias es una capacidad o destreza de lectura importante. Según lo que acabas de leer, ¿cuál será el futuro de las tiendas pequeñas que venden comestibles? ¿Por qué? Defiende tus opiniones.

J Conectando con culturas diferentes

1. Explica como los miembros de tu familia hacen sus compras. Compáralo con costumbres en España o Latinoamérica. ¿Hay diferencias? ¿Hay semejanzas también?
2. En esta lectura habrás notado que hay más de una manera de decir la misma cosa en español. Frecuentemente las palabras cambian de una región a otra. En esta lectura busca palabras que no sueles usar y las que sueles usar.

Hipermercado Ekono, Arica, Chile

Sección 2

Conocimientos para superar

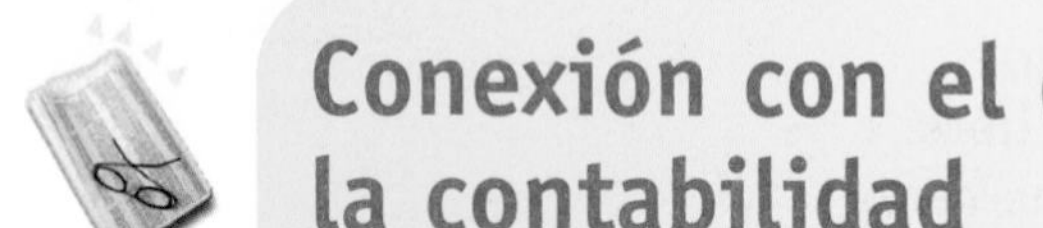

Federico Gil

Conexión con el comercio y la contabilidad

¿Qué es el comercio?

El propósito del comercio es el de producir y vender con beneficio (con fines de lucro) productos (bienes) o servicios. Los que venden los productos o servicios son «vendedores» o «representantes de venta». Los que los compran son compradores a quienes se les llama también «consumidores». El mercado es el terreno en el cual se efectúan la venta y la compra.

¿Es cara o barata?

Tipos de venta

Hay vendedores que venden en grandes cantidades o sea al por mayor. Los que venden al por mayor son «mayoristas». Y hay vendedores que venden en pequeñas cantidades—los dueños de una tienda, por ejemplo, cuyos clientes son los consumidores mismos. Ellos venden al por menor o al detal y se les llama «detallistas».

Tipos de empresas

Hay muchos tipos de empresas comerciales. Hay grandes corporaciones o sociedades anónimas tales como G.E. o Boeing. Una sociedad anónima se caracteriza por su habilidad de recaudar fondos con la venta de acciones o la emisión de bonos o títulos. Una acción es una unidad de propiedad en la empresa. Le permite a su poseedor o tenedor, llamado accionista, compartir en las ganancias o beneficios de la empresa. Un bono o título es un préstamo que se le hace a la empresa. La empresa se ve obligada a pagarle al tenedor del bono o título interés durante determinado período de tiempo y al vencer el tiempo del préstamo pagar el valor total del bono.

Una sociedad colectiva, llamada también una asociación, se forma con dos o más socios que participan juntos en los beneficios.

Una empresa de propiedad individual pertenece a un individuo, a una sola persona. Esa persona tiene derecho de recibir todos los beneficios de la empresa pero también tiene la responsabilidad de cubrir cualquier pérdida.

Competencia o concurrencia

Una característica del comercio es la competencia. Siempre existe la competencia a menos que la empresa sea la única que vende el producto—un monopolio. Cuando existe la competencia el consumidor siempre busca el mejor precio. Si hay muchas empresas que venden el mismo producto y que comercian en el mismo mercado, el mercado es muy competitivo.

Dirección de la empresa

Los dueños o propietarios de una corporación o sociedad anónima son los accionistas. Es evidente que estos dueños no pueden dirigir directamente las operaciones de las empresas. Por consiguiente los accionistas votan por miembros de una junta directiva (de directores). Los directores eligen a uno de su grupo como presidente de la junta. La junta y su presidente nombran a los oficiales de la empresa. Una corporación tiene que tener a lo menos un presidente, un secretario y un tesorero. Muchas corporaciones grandes tienen varios presidentes y docenas de vicepresidentes.

La toma de decisiones

Al tomar decisiones los ejecutivos siempre toman en cuenta la rentabilidad de la corporación porque tienen que satisfacer los deseos de sus accionistas. El valor de las acciones que se comercian en la Bolsa de Valores sube o baja según los resultados de la empresa.

Bolsa de Madrid, Madrid, España

La contabilidad

Se puede decir que la contabilidad es el lenguaje del comercio. La contabilidad es el arte de medir, describir e interpretar la actividad económica. El propósito primordial de la contabilidad es la provisión de información financiera para la toma de decisiones económicas, sea por individuos o empresas.

Sección 2

Conocimientos para superar

Los contables y estados contables

Los contables preparan informes financieros de diferentes tipos. Los informes se llaman estados financieros. Dos de los informes básicos son el estado de resultados y la hoja de balance.

El estado de resultados

El estado de resultados indica la rentabilidad de la empresa. Compara los ingresos, el dinero que entra, con los gastos, el dinero que sale. Cuando los ingresos son mayores que los gastos, la empresa tiene un ingreso neto y es rentable. Cuando los gastos (los egresos) son mayores que los ingresos la empresa tiene una pérdida neta. Si hay pérdidas tremendas es posible que la empresa tenga que declarar la quiebra.

La hoja de balance

La hoja de balance presenta la suma (el monto) de los recursos y las deudas de la empresa en un momento dado. En el lenguaje de la contabilidad, a los recursos se les llama activos y a las deudas se les llama pasivos. La diferencia entre los activos y los pasivos representa la inversión de los propietarios en la empresa, o sea el capital contable.

Activos

Hay varios tipos de activos.

Activos fijos Los activos fijos son activos que tienen una vida larga, tales como la planta física, el equipo, los bienes raíces.

Activos circulantes o corrientes Los activos circulantes o corrientes son activos que en poco tiempo se convertirán en efectivo. Ejemplos son cuentas por cobrar, pagar y anticipados.

Activos tangibles Los activos tangibles son los que se pueden «tocar»: la tierra, los edificios, la maquinaria, los vehículos.

Los activos tangibles se dividen entre los que se deprecian o sea aquellos cuya vida productiva tiene límite—los edificios y la maquinaria, por ejemplo—y lo que no se deprecia porque tiene una existencia sin límite—la tierra, por ejemplo.

La tierra y la planta son activos fijos tangibles.

Activos intangibles Los activos intangibles son inversiones en bonos o acciones, patentes de invención y marcas registradas.

Una fábrica de leche

Andrew Payti

Otros términos contables

La cuenta es un registro individual para cada ítem que aparece (sale) en los estados financieros. Hay una cuenta para cada activo, pasivo, gasto e ingreso.

El diario o el jornal registra cada transacción, sea gasto o ingreso, el día que se efectúa. Así, se crea un registro cronológico de los eventos financieros.

El libro mayor es un libro o un formato para la computadora donde aparecen juntas una serie de cuentas relacionadas.

La auditoría

Para comprender el estado de salud financiero de una empresa es necesario poder interpretar sus estados financieros. Para determinar la fiabilidad de sus estados financieros, las empresas se valen de una auditoría independiente. Una auditoría es una minuciosa investigación de cada detalle que aparece en los estados financieros. Cuando los contables (contadores) públicos certificados (titulados) (CPA) terminan la auditoría, preparan un informe en el cual dan sus opiniones sobre los estados financieros.

Comprensión

A **Poder verbal** **Un diccionario comercial** Da la palabra cuya definición sigue.

1. los que compran y se sirven de un producto
2. otra palabra que significa «productos»
3. una compañía
4. una corporación grande
5. los que venden en grandes cantidades
6. los que venden en pequeñas cantidades
7. donde se efectúan la venta y la compra
8. los que venden al por menor
9. una unidad de propiedad en una empresa emitida en la Bolsa de Valores
10. un tipo de préstamo corporativo
11. los dueños o propietarios de una sociedad colectiva o asociación
12. lo que existe cuando más de una empresa comercia en el mismo mercado

Los artistas venden sus cuadros, Recoleta, Buenos Aires

Sección 2

Conocimientos para superar

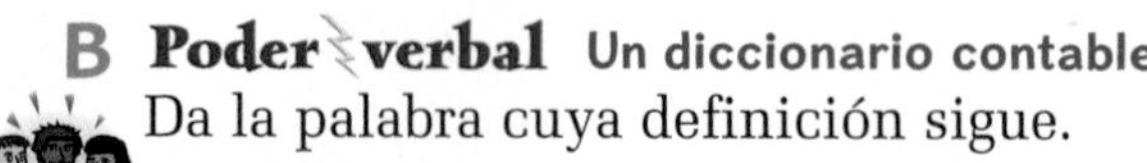

B Poder verbal **Un diccionario contable**
Da la palabra cuya definición sigue.

1. cualquier tipo de informe financiero
2. el dinero que recibe una empresa
3. el dinero que sale de la empresa
4. calidad de producir beneficio
5. fracaso, fallo financiero; bancarrota
6. recursos
7. deudas
8. tener a menos, valer menos
9. el registro individual para cada ítem de un estado financiero
10. investigación para determinar la fiabilidad de un estado financiero

Billetes internacionales

ImageState/Alamy

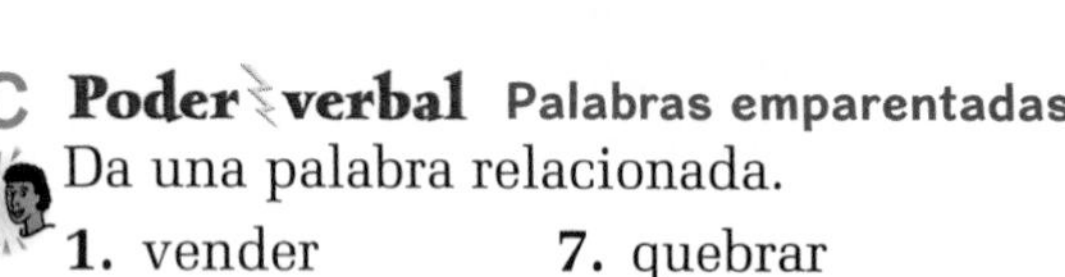

C Poder verbal **Palabras emparentadas**
Da una palabra relacionada.

1. vender
2. comprar
3. tener
4. ganar
5. prestar
6. perder
7. quebrar
8. competir
9. resultar
10. finanzas
11. gastar
12. fijar

D Poder verbal **¿Qué palabra necesito?** Completa.

1. Los compradores son los ____.
2. Los que venden en grandes cantidades son ____.
3. Los que venden en pequeñas cantidades son ____.
4. Los detallistas venden ____.
5. Las mercancías son ____, no servicios.
6. Hay ____ comerciales grandes y pequeñas.
7. Una sociedad colectiva tiene dos o más ____.
8. Los administradores o los ____ de la empresa toman muchas decisiones.
9. Una ____ es una unidad de propiedad en una empresa.
10. Los contables preparan muchos tipos de ____ financieros.
11. Los ____ son deudas.
12. Una empresa que realiza un beneficio es ____.

Chris Ryan/age fotostock

E Buscando hechos Contesta.

1. ¿Cuál es el propósito del comercio?
2. ¿Cómo se caracteriza una sociedad anónima?
3. ¿Qué tiene que pagar la empresa al tenedor de un título o bono cuando vence el bono?
4. ¿Qué es la competencia y cuándo existe?
5. ¿Quiénes dirigen una corporación grande?
6. ¿Dónde se comercian las acciones de una sociedad anónima o corporación grande?
7. ¿Qué indica que una empresa es rentable?
8. ¿Cuándo tiene que declarar la quiebra una empresa?

F Haciendo comparaciones Explica la diferencia.

1. la venta al por mayor y la venta al detal
2. la competencia y el monopolio
3. una sociedad anónima y una sociedad colectiva
4. una acción y un bono o título
5. ingresos y egresos
6. activos y pasivos
7. activos fijos y activos circulantes o corrientes
8. activos tangibles y activos intangibles

G Resumiendo Al resumir lo que has leído tienes que explicar las ideas principales de la lectura en tus propias palabras en un orden lógico. Poder resumir algo indica que has comprendido lo que has leído. Explica.

1. lo que es el comercio
2. lo que es el mercado
3. lo que es la contabilidad

¿Dónde te gustaría trabajar?

H Usando lo aprendido Según lo que has leído sobre el comercio y la contabilidad, ¿crees que una carrera en uno de estos campos te interesaría o no? Explica por qué. Si no puedes contestar de manera definitiva, describe lo que te gustaría y/o lo que no te gustaría.

I Manos a la obra

1. Si te interesa el comercio o si has tomado un curso en comercio, dibuja una pirámide que muestre la jerarquía en la gestión de una gran empresa tal como una sociedad anónima.
2. Si te interesa la contabilidad o si has tomado un curso de contabilidad, prepara:
   a. un estado de resultados
   b. una hoja de balance

Gramática y lenguaje

Dave Moyer

Pronombres con una preposición

1. Después de una preposición se usan las mismas formas del pronombre personal que se emplean como sujeto. Hay solamente dos excepciones: *mí* y *ti*.

   Hablo de él y de ella.
   No voy sin ellos.
   Ellos están delante de nosotros.
   Viene detrás de ustedes.

   Hablan de mí.
   Y tienes un regalo para ti.

2. La forma reflexiva de *él, ella, ellos, ellas,* es *sí.*

   Él lo dice para sí. (mismo).
   Ellas lo hacen por sí. (mismas).

3. Cuando se usa la preposición *con* con *mí, ti* o *sí,* se convierte en *conmigo, contigo* y *consigo.*

   Tú vas al teatro conmigo.
   ¿Quién va a Europa contigo?
   ¿Trae usted el mapa consigo?

Contesta con pronombres apropiados.

1. ¿Lo compró María para sus amigos?
2. ¿Hablaban ellos de nosotros?
3. ¿Fuiste sin Carolina?
4. ¿Tiene el asunto mucha importancia para Roberto?
5. ¿Es para ustedes el regalo?
6. ¿Viven ustedes cerca de los Gómez?
7. ¿Quiere Juan hacerlo sin su amiga?
8. ¿Te sientas detrás de Pablo?

¿Quiénes fueron al mercado con ustedes?

¿Conmigo o contigo? Sigue el modelo.

Yo vine con él.   Él vino conmigo.

1. Yo estudié con él.
2. Yo hablé con ella.
3. Yo hablé con él.
4. Yo lo discutí con ella.
5. ¿Tú fuiste con él?
6. ¿Tú llegaste con ella?
7. ¿Tú volviste con él?
8. ¿Tú saliste con ella?

¿Quién tomó la foto de ellos?

Preposición con el infinitivo

1. La forma del verbo que se usa después de una preposición es el infinitivo.

   Sin estudiar no vas a aprender nada.
   Debes lavarte las manos antes de comer.
   Debes cepillarte los dientes después de comer.

2. Se usa el infinitivo después de *al*. Consulta la diferencia en la sección Conexión con el inglés.

   Al volver, fui a verlos enseguida.

¡Te toca a ti! Completa con cualquier verbo apropiado.

1. Al ____ en la clase él saludó a los alumnos.
2. En clase, levanta la mano antes de _____.
3. Tienes que estudiar para ______.
4. Nadie quiere trabajar sin _____ algún tipo de recompensa.
5. Al ____ le dio un besito a su mamá.

En verano el vendedor ambulante trabajaba todos los días, Quito, Ecuador.

Palabras y expresiones negativas

1. Una oración afirmativa afirma algo. Una oración negativa niega algo. Repasa y contrasta las siguientes oraciones afirmativas y negativas.

Afirmativas	Negativas
Alguien está aquí.	**Nadie está aquí.**
Vemos a alguien.	**No vemos a nadie.**
Algo está en la mesa.	**Nada está en la mesa.**
Él tiene algo en la mano.	**Él no tiene nada en la mano.**
Siempre está.	**Nunca está. (o) No está.**
Él tiene un perro o un gato.	**Él no tiene ni (un) perro ni (un) gato.**

2. La palabra *alguna* puede expresar un significado afirmativo o negativo. Nota que *alguno* y *ninguno* son *algún* y *ningún* cuando preceden a un sustantivo masculino. Cuando *alguno* tiene sentido negativo siempre sigue el nombre.

Negativo

Él no tiene ninguna suerte.
Él no tiene ningún dinero.
Él no tiene suerte alguna.
Él no tiene dinero alguno.

Afirmativo

Él tiene alguna suerte.
Él tiene algún dinero.

¿Siempre usas la computadora?

Andrew Payti

Nunca se puede ir al mercado de Otavalo, Ecuador, sin comprar nada.

3. La colocación de la palabra negativa puede variar. Si se usa no y otras negaciones, el adverbio no precede al verbo y las otras palabras negativas lo siguen.

Nunca va. **No va nunca.**
Nadie viene. **No viene nadie.**

Nota que se puede usar muchas palabras negativas en la misma oración.

Él nunca dice nada a nadie.

Tampoco es la palabra negativa que reemplaza también.

Él lo sabe también.
Él no lo sabe. Ni yo tampoco.
A mí no me gusta. Ni a mí tampoco.
A mí no me interesa nada. Y, ¿a ti?
Ni a mí tampoco. No me interesa.

Definitivamente no Contesta negativamente.

1. ¿Vas siempre a aquella tienda?
2. ¿Quieres hablar con alguien?
3. ¿Quieres comprar algo?
4. ¿Ves a alguien detrás del mostrador?
5. ¿Puedes pagar con cheque o tarjeta de crédito?
6. ¿Vas a comprar algún regalo?

¡No! Escribe las siguientes oraciones en la forma negativa.

1. María tiene algo en la mano.
2. Algo está en el escaparate.
3. Hay algo en el mostrador.
4. Alguien llama a la puerta.
5. Sí, veo a alguien.
6. ¿Tienes algún problema?
7. Él siempre dice la misma cosa.
8. ¿Tienes papel o lápiz?
9. El niño siempre habla de algo a alguien.

Da la forma negativa.

1. Él es rico también.
2. Ellos también tienen mucho dinero.
3. María lo sabe y yo lo sé también.
4. También estará en la reunión María.
5. A mí me gusta también.
6. ¿A ti también te gusta?

Sino

Se usa _sino_ después de una idea negativa para contradecirla.

Ella no es pobre, sino rica.
Este plato no es español, sino cubano.

Contracciones Sigue el modelo.

feo/guapo
Él no es feo, sino guapo.

1. tonto/inteligente
2. bajo/alto
3. perezoso/ambicioso
4. médico/abogado
5. profesor/contable

Oraciones complejas

1. Una cláusula principal tiene un sujeto y un verbo (predicado) y expresa una idea completa. Es independiente.

    Ellos son socios en una empresa.

2. A veces una oración tiene una cláusula principal y una cláusula subordinada. Una cláusula subordinada es un grupo de palabras que tiene un sujeto y un verbo (predicado) pero no expresa una idea completa. Por consiguiente, no puede existir sola. Tiene que combinarse (enlazarse) con una cláusula principal.

    Si hay competencia

3. Una oración compleja, llamada *a complex sentence* en inglés, tiene (lleva) una cláusula principal y una o más cláusulas subordinadas.

    Cada oración que sigue es una oración compleja. La cláusula subordinada va introducida de una conjunción coordinada.

CLÁUSULA PRINCIPAL	CLÁUSULA SUBORDINADA
Ellos venden menos ahora	debido a que hay más competencia. porque hay más competencia. ya que hay más competencia.
Ellos podrán vender más	si hay menos competencia. con tal de que haya menos competencia. a menos que haya más competencia.

ACTIVIDAD 8 **Conjunciones** Escoge la conjunción que mejor completa la oración.

1. Ellos tomaron tal decisión ____ saben que tienen que satisfacer a los accionistas.
   a. por lo tanto **b.** antes que **c.** porque
2. No pueden anunciar quién será el presidente ____ voten.
   a. porque **b.** siempre que **c.** antes de que
3. Ellos realizan un beneficio ____ tienen mucha competencia.
   a. para que **b.** por consiguiente **c.** aunque
4. Él lo va a hacer ____ habrá mucha gente en contra de su decisión.
   a. a pesar de que **b.** para que **c.** debido a que
5. Déjale un recado, ____ no está.
   a. en caso **b.** para que **c.** debido a que

ACTIVIDAD 9 **Más oraciones** Escribe una oración compleja usando cada una de las siguientes conjunciones.

1. porque
2. aunque
3. a pesar de que
4. aun cuando
5. desde que
6. como
7. por consiguiente
8. ya que

Sección 3

Gramática y lenguaje

Pronunciación y ortografía

c, s, z

Recuerda que la **c** en combinación con **e** e **i** se pronuncia como una **s.**

ce	se	ci	si
cerro	sereno	cierra	sierra
almacén	sendero	ciento	siento
docena	seso	opción	sesión
cerebro	severo	decisión	decisión
balance	seta	haciendo	siendo
cemento		precio	prisión
		proporción	inversión
		asociación	
		dirección	

¿Dónde están ellas?

La **z** (zeta, ceta) se pronuncia como una **s** delante de las vocales **a, o,** y **u.** Recuerda que **za, ce, ci, zo, zu** se pronuncian *th* en muchas partes de España.

za	sa	zo	so
plaza	pasa	zona	socio
empieza	pesa	zorra	ingreso
zapato	artesano	zonzo	sordo
rizar	gaseosa		liso
goza	empresa		
cereza	minuciosa		
zaguán			

zu	su
zumo	consumo
zurce	resultado
zurdo	suma
	suceso

ACTIVIDAD 10 **¿Cómo se escribe?** Completa.

1. Tiene una ri_a contagiosa.
2. Tiene el pelo li_o; no ri_ado.
3. La pa_a pe_a menos que la _ere_a.
4. El arte_ano ha_e los _apatos y las _andalias.
5. _e_ilia _ur_e los cal_etines.
6. No hay _orras en esta _ona.
7. El _ordo no oye y el _urdo usa la mano i_quierda, no la derecha.
8. Los _o_ios toman una de_i_ión sobre las inver_iones y las inven_iones.
9. En España con_umen mucho _umo de naranja.
10. El _erro es menos alto que la _ierra.
11. _e _ierra la empre_a.
12. El _u_eso empe_ó en la pla_a.

La señora es zurda. Zurce los calcetines con la mano izquierda.

Literatura

Martín Rivas de Alberto Blest Gana

Palacio Azul, Cienfuegos, Cub

Vocabulario para la lectura

Estudia las definiciones de las siguientes palabras.

el luto vestido o acción después del fallecimiento de un familiar

la peregrinación un viaje por tierras extrañas, a veces por devoción

la acogida aceptación, recepción

el aplomo serenidad

arreglar poner en orden

desconcertar sorprender, turbar el ánimo de una persona

maquinalmente involuntariamente

acaudalado rico, muy adinerado

Poder verbal

¿Qué palabra necesito? Completa.

1. Yo podía ver en la casa que el episodio lo ____. No le gustó nada.
2. No sabía lo que estaba haciendo. Lo hacía ____.
3. La viuda está vestida de ___ porque hace poco que su marido falleció.
4. Le dieron muy buena ___. Estaban contentos de verlo.
5. Esta familia es una familia ___. Tienen millones de dólares.
6. ¡Qué lío! Lo tenemos que ___ todo.
7. No estaba nerviosa. Dio la conferencia con mucho ____.
8. Van a hacer una ___ a un santuario.

Un retrato familiar hecho p… un pintor desconocido en … siglo XI…

Dave Moyer, image courtesy National Gallery of Art

¡Otro palabra! Da una palabra que tiene casi el mismo significado.

1. trastornar, turbar
2. riquísimo
3. seguridad en sí mismo, serenidad
4. aceptación, hospitalidad, recibimiento
5. espontáneamente, involuntariamente
6. ordenar, organizar

Introducción

Alberto Blest Gana nació en Santiago de Chile de una familia empobrecida en mayo de 1830. Estudió en una academia militar y se inició en la carrera militar. Fue a Francia y cuando volvió a Chile se dedicó a la política, la diplomacia y las letras. Su obra más conocida es la novela **Martín Rivas**, publicada en 1869. Esta novela le dio fama de ser considerado el padre de la novela Chilena. El autor murió en noviembre de 1920 en Paris.

La novela tiene lugar en Santiago de chile. El joven Martín proveniente de una familia pobre del norte de Chile, Copiapó, una región de mina, va a Santiago a estudiar leyes. Vive con una familia de la clase alta de la capital. El padre de la familia es don Dámaso quien acoge a Martín por tener deudas de gratitud con el padre de Martín que había fallecido recientemente. Esta novela realista abunda en color local y refleja el incipiente ascenso social de la clase media chilena y la preocupación del autor de los vicios del materialismo.

Plaza de Armas y Gran Hotel de Francia, Santiago, Chile

Lectura

Estrategia de lectura

Anticipando el desenlace Al leer fíjate en las descripciones que el autor les da a sus personajes y al ambiente en que viven. ¿Cómo encuentras sus descripciones? Al seguir leyendo, trata de determinar cuál será el desenlace del cuento. ¿Tendrá un fin triste o alegre?

Martín Rivas

◆·◆·◆

Entregado a profunda meditación se hallaba Martín Rivas, después de arreglar su reducido equipaje en los altos que debía a la hospitalidad de don Dámaso. Al encontrarse en la capital, de la que tanto había oído hablar en Copiapó; al verse separado de su familia que divisaba en el luto y la pobreza; al pensar en la acaudalada familia en cuyo seno se veía tan repentinamente, disputábanse el paso sus ideas en su imaginación, y tan pronto se oprimía de dolor su pecho con el recuerdo de las lágrimas de los que había dejado, como palpitaba a la idea de presentarse ante gentes ricas y acostumbradas a las grandezas del lujo, con su modesto traje y sus maneras encogidas por el temor y la pobreza. En ese momento habían desaparecido para él hasta las esperanzas que acompañan a las almas jóvenes en sus continuas peregrinaciones al porvenir. Sabía, por el criado, que la casa era de las más lujosas de Santiago; que en la familia había una niña y un joven, tipos de gracia y de elegancia; y pensaba que él, pobre provinciano, tendría que sentarse al lado de esas personas acostumbradas al refinamiento de su riqueza. Esta perspectiva hería el nativo orgullo de su corazón, y le hiciera perder de vista el juramento que hiciera al llegar a Santiago y las promesas de la esperanza que su voluntad se proponía realizar.

A las cuatro y media de la tarde, un criado se presentó ante el joven y le anunció que su patrón le esperaba en la cuadra.

Martín se miró maquinalmente en un espejo que había sobre un lavatorio de caoba, y se encontró pálido y feo; pero antes que su pueril desaliento le abatiese el espíritu, su energía le despertó como avergonzado y la voluntad le habló el lenguaje de la razón.

Al entrar en la pieza en que se hallaba la familia, la palidez que le había entristecido un momento antes, desapareció bajo el más vivo encarnado.

seno parte interior de algo o alguien

oprimía provocaban alguien un sentimiento de angustia

la cuadra sala espaciosa

desaliento falta de vigor a hurtadillas sin que nadie lo note

encarnado colorado

Andrew Payti

Saltos del Petrohué

Don Dámaso le presentó a su mujer y a Leonor, que le hicieron un ligero saludo. En ese momento entró Agustín, a quien su padre presentó también al joven Rivas, que recibió del elegante una pequeña inclinación de cabeza. Esta fría acogida bastó para desconcertar al provinciano, que permanecía de pie, sin saber cómo colocar sus brazos, ni encontrar una actitud parecida a la de Agustín, que pasaba sus manos entre su perfumada cabellera. La voz de don Dámaso, que le ofrecía un asiento, le sacó de la tortura en que se hallaba, y mirando al suelo, tomó una silla distante del grupo que formaban doña Engracia, Leonor y Agustín, que se había puesto a hablar de su paseo a caballo y de las excelentes cualidades del animal en que cabalgaba.

Martín envidiaba de todo corazón aquella insípida locuacidad, mezclada con palabras francesas y vulgares observaciones, dichas con ridícula afectación. Admiraba además al mismo tiempo, la riqueza de los muebles, desconocida para él hasta entonces; la profusión de los dorados, la majestad de las cortinas que pendían delante de las ventanas, y la variedad de objetos que cubrían las mesas de arrimo. Su inexperiencia le hizo considerar cuanto veía como los atributos de la grandeza y de la superioridad verdaderas, y despertó en su naturaleza, entusiasta, esa aspiración hacia el lujo que parece sobre todo el patrimonio de la juventud.

Al principio, Martín hizo aquellas observaciones a hurtadillas, pues sin conciencia de la timidez que lo dominaba, cedía a su poder repentino, sin ocurrírsele combatirlo, como acababa de hacer al bajar de su habitación.

locuacidad hablar

arrimo las mesas al lado de un sofá

a hurtadillas sin que nadie le supiera

Don Dámaso, que era hablador, le dirigió la palabra para informarse de las minas de Copiapó. Martín vio, al contestar, dirigidos hacia él los ojos de la señora y sus hijos. Y esta circunstancia, lejos de aumentar su turbación, pareció infundirle una seguridad y aplomo repentinos, porque contestó con acierto y voz entera, fijando con tranquilidad su vista en las personas que le observaban como a un objeto curioso.

Mientras hablaba, volvía también la serenidad a su espíritu, gracias a los esfuerzos de su voluntad naturalmente inclinada a luchar con las dificultades. Y pudo, sólo entonces, observar a las personas que le escuchaban.

En el rincón más oscuro de la pieza divisó a doña Engracia, que se colocaba siempre en el punto menos alumbrado para evitar la sofocación. Esta señora tenía en sus faldas una perrita blanca de largo y rizado pelo, por el cual se veía que acababa de pasar un peine, tal era lo vaporoso de sus rizos. La perrita levantaba la cabeza de cuando en cuando, y fijaba sus luminosos ojos en Martín con un ligero gruñido, al que contestaba cada vez doña Engracia diciéndole por lo bajo:

-¡Diamela! ¡Diamela!

Y acompañaba esta amonestación con ligeros golpes de cariño, parecidos a los que se dan a un niño regalón después que ha lecho alguna *gracia*.

regalón que recibe muchos regalos

Pero Martín se fijó muy poco en la señora y en las señales de descontento de Diamela, y dejó también de admirar las pretenciosas maneras del elegante para detener con avidez la vista sobre Leonor. La belleza de esta niña produjo en su alma una admiración indecible. Lo que experimenta un viajero contemplando la catarata del Niágara, o un artista delante del grandioso cuadro de

Andrew Payti

Una casa de madera en las orillas del Pacífico en Valaparaíso, Chile

Rafael La Transfiguración dará, bien explicado, una idea de las sensaciones súbitas y extrañas que surgieron del alma de Martín en presencia de la belleza sublime de Leonor. Ella vestía una bata blanca con el cinturón suelto como el de las elegantes romanas, sobre un delantal bordado, en cuya parte baja, llena de calados primorosos, se veía la franja de valenciennes de una riquísima enagua. El corpiño, que hacía un pequeño ángulo de descote, dejaba ver una garganta de puros contornos y hacía sospechar la majestuosa perfección de su seno. Aquel traje, sencillo en apariencia, y de gran valor en realidad, parecía realizar una cosa imposible: la de aumentar la hermosura de Leonor, sobre la cual fijó Martín con tan distraída obstinación la vista, que la niña volvió hacia otro lado la suya, con una ligera señal de impaciencia.

calados huecos que dejan pasar la luz

franja algo que adorna un vestido

Comprensión

Contrastando

1. Contrasta lo que se aprende enseguida de la familia de Martín y la familia con la que va a vivir.

Describiendo

1. Describe los pensamientos, los sentimientos y las emociones de Martín al saber que pronto tendrá que presentarse a la familia.
2. Describe a los miembros de la familia—don Dámaso, Agustín, la mujer de don Dámaso y Leonor.
3. Describe los muebles que tenía la familia.
4. Describe la escena de doña Engracia y su perrita.

Analizando

1. Analiza como el autor consigue criticar o ridiculizar el comportamiento y las acciones de los varios miembros de la familia.
2. Analiza como el comportamiento y la reacción de Martín cambia o vacila ante de familia. En tu opinión, ¿qué indica de su personalidad, carácter, y capacidad de adaptarse emocionalmente?

Andrew Payti

ACTIVIDAD 4 **Interpretando** Interpreta al último párrafo del trozo de la novela. ¿Qué opinas? ¿Van a enamorarse Leonor y Martín o habrá un conflicto entre ellos? Defiende tu interpretación o conclusión.

La playa en Arica, Chile

Sección 5

El borrador

Al escribir un escrito importante es aconsejable preparar primero un borrador. Al leer tu borrador puedes revisar y redactarlo, haciendo cualquier cambio necesario o deseado antes de preparar tu versión final.

Los símbolos

Existe una lista de símbolos llamada «lista de símbolos para correcciones de pruebas»; *proofreading* en inglés. He aquí la lista. Puedes usarla al redactar tus borradores.

SÍMBOLO	EJEMPLO	SIGNIFICADO
⊙	la dra Chávez	insertar un punto
^, ^;	Lima Perú	insertar una coma o una coma y punto
« »	Él dijo, «Ya voy».	insertar comillas
=	mid April	insertar un guión (casi siempre en inglés)
^	muchos asistieron la verbena	insertar una letra o una palabra
‿ e	¿Qué venda él?	corregir un error de ortografía
⁀‿/	Hay un jardín al rededor de la casa.	encerrar el espacio
(sp)	Visitaron NY.	escribir la palabra entera
∿	No lo peude comprar ahora.	transponer letras o palabras
(cap)	Lo pasé bien en madrid.	cambiar una letra minúscula en mayúscula
/	La Clase empezó a tiempo.	cambiar una letra mayúscula en minúscula
¶	¶Los socios siguieron discutiendo el plan.	empezar un nuevo párrafo
’	¿Qué dijo en inglés? Johns friend.	insertar una apóstrofe (en inglés)
#	Lo hizo derepente.	insertar un espacio
ℊ	Ella lo hizo a a propósito.	suprimir letras o palabras

Pixtal/age fotostock

Ahora, ¡te toca a ti!

Actividad 1 Aquí tienes un borrador no redactado. Tiene errores. Búscalos.

> Cuente con Todo nuestro apoyo
>
> El Banco bilbao Vizcaya le ofrece toda un serie de soulciones para que Usted consiga los mejores resultados ensu negocio.
>
> Productos financieros equipos tecnológicos y serviciosespecialisados para comercio, con el eficaz complemente de nuestra experiencia en el servicio a la pequeña mediana empresa.
>
> toda una línea de apollo paraque su negocio funcione.

Lee el borrador de nuevo con los símbolos de redacción.

> Cuente con Todo nuestro apoyo
>
> El Banco bilbao Vizcaya le ofrece toda un serie de soulciones para que Usted consiga los mejores resultados ensu negocio.
>
> Productos financieros equipos tecnológicos y serviciosespecialisados para comercio, con el eficaz complemente de nuestra experiencia en el servicio a la pequeña mediana empresa.
>
> toda una línea de apollo paraque su negocio funcione.

Actividad 2 Trabaja con un(a) compañero(a). Cada uno escribirá un párrafo con errores. Luego, cambien papeles y tu compañero(a) tendrá que corregir lo que tú escribiste y viceversa.

¿Cómo te gusta estudiar?

Conexión con el inglés

Pronombres con una preposición

1. En español se usan las mismas formas del pronombre personal después de una preposición que se emplean como sujeto con las excepciones de *mí* y *ti*. Contrariamente al español, en inglés se usan los pronombres de complemento directo después de una preposición.

   I spoke about *him* and *her*.
   I spoke about *them*.
   He gave it to *me* and to *you*.
   He bought it for *us*.
   They will not go without *me*.

2. **¡Ojo!** El pronombre *me* es hoy día un poco problemático porque a mucha gente le da miedo usarlo porque creen que es incorrecto aun cuando no lo es. Por ejemplo uno dirá:

   That's between him and her.
   Between him and her es correcto.
   Pero hay muchas que dicen:
   Between you and I.

   Between you and I es incorrecto. Se debe decir *between you and me*. Sin embargo hay que decir que tanta gente comete este error que se está empezando a considerarlo correcto.

Preposición con el infinitivo

1. Contrariamente al español el infinitivo no se usa después de una preposición en inglés. En inglés se usa el gerundio (el participio presente).

   He called before *arriving*.
   They left without *saying* "good bye."
   You should wash your hands before *eating*,

2. La expresión *al* en español significa *on, upon*, etc. en inglés. En español se usa el infinitivo con *al*. En inglés se usa el gerundio con los equivalentes a *al*.

Al *llegar*	Upon (on) *arriving*
Al *aprender*	Upon (on) *learning*

Palabras y expresiones negativas

1. Aquí tienes una lista de las palabras afirmativas y negativas más corrientes en inglés:

Afirmativas	Negativas
something	nothing
someone	no one
somebody	nobody
always	never
or	nor
either...or	neither...nor
Something is on the table.	Nothing is on the table.
Someone is ringing the bell.	No one is ringing the bell.
He always goes.	He never goes.

2. Una gran diferencia entre el inglés y el español es que en español se puede usar varias palabras negativas en la misma oración. En inglés, no. Se puede usar solamente una palabra negativa. Observa las siguientes oraciones:

Do you hear anyone?	I hear *no one*. I do*n't* hear *anyone*.
Do you have anything to say?	I have *nothing* to say. I do*n't* have *anything* to say.
I don't like it.	*Neither* do I. I do*n't* like it *either*.

3. **¡Ojo!** Aquí tienes unos ejemplos de lo que se llaman "double negatives" en inglés. Son absolutamente incorrectos y se deben evitar.

He doesn't (don't) know nothing. *Incorrect*
He doesn't know anything. *Correct*
I can't see no one. *Incorrect*
I can't see anyone. *Correct*
He never does nothing. *Incorrect*
He never does anything. *Correct*

Nosotros y nuestro mundo

Los media

Televisión

Al hablar de los media latinos dentro de Estados Unidos empezaremos con la palabra *media. Media* es un sustantivo masculino plural que se refiere al conjunto de los medios de comunicación.

Hace sólo una generación casi no existían los media latinos. Sólo había algunos periódicos locales y unas emisoras de radio de no muy alto rango. Debido al gran aumento en la población latina, actualmente más del 13 por ciento de la población total, la situación está cambiando dramáticamente.

Sólo el medio televisivo Univisión tiene más de 50 emisoras y 43 socios o compañías afiliadas. Telemundo emite en 118 mercados con sus 15 emisoras y 32 socios y unos 450 socios o afiliados de cable. Hay emisiones para todos los gustos—noticieros locales e internacionales, pronósticos meteorológicos, debates y entrevistas, telenovelas, filmes, juegos de chanza, emisiones deportivas, juegos infantiles, etc. Las opciones son muchas y variadas.

Un presentador de noticias

Exactostock/Superstock

Una reportera en la calle

Hoy en día, a muchas compañías les interesa informar al mercado latino de sus productos y, para hacerlo, tienen que invertir en anuncios publicitarios. Y no hay mejor publicidad que la de la televisión para llegar al segmento del mercado deseado. Por consiguiente, hay muchos fondos disponibles para la televisión. Se estima que el 88 por ciento de los fondos publicitarios disponibles se invierten en la televisión y la radio.

Radio

A pesar de la popularidad de la televisión, la radio sigue siendo un medio de comunicación importante. No hay ningún estado que no tenga a lo menos una emisora latina y hay muchos que tienen un gran número. Se asume que la mayoría de los radioyentes son latinos y es obvio que este es el caso. Sin embargo, hay muchos que no son hispanohablantes porque no todas las emisiones de radio son habladas. Se emiten muchos programas de música—de música clásica y popular. ¿A quién no le gusta escuchar salsa, merengue o lo que sea? Por consiguiente, hay muchos anglohablantes que son aficionados a programas de radio latinos.

Una clase de telecomunicaciones

DIARIO

EDITORIAL

El Diario respalda a candidatos al Concejo Municipal

PÁG 20

NUEVA YORK, LUNES 7 DE SEPTIEMBRE AÑO 2009

WWW.ELDIARIONY.COM

50¢

VIOLADA POR COYOTES

Guatemalteca relata cómo fue ultrajada durante el cruce de la frontera —P3

Ojo en la Migra

Exprésate, denuncia, comparte

MEXICO

o golpe al narco

captura a capo del cártel de Juárez —P11

Prensa

Actualmente hay una gran proliferación de periódicos publicados en español. Hasta recientemente había algunos que se publicaban una o dos veces a la semana. Hoy en día, la mayoría de estos periódicos son diarios y, además, muchos periódicos que se publican en inglés tienen una sección o suplemento en español. En los periódicos salen noticias regionales, nacionales e internacionales, editoriales, avisos clasificados, esquelas u obituarios, eventos sociales y deportivos. No es solamente en regiones como Florida, Texas, el sudoeste, California y Nueva York, regiones con una gran población latina, donde se ven muchos periódicos en español. Washington D.C., por ejemplo, en contraste con Nueva York o Los Ángeles, no se considera una ciudad con una gran población hispana. Sin embargo, goza de unos 24 periódicos diarios o semanales en lengua española. Igual que la televisión y la radio, la prensa depende de los fondos que se reciben de los anuncios publicitarios. Debido al gran aumento en el mercado latino, muchas compañías consideran beneficioso poner anuncios sobre sus productos en los periódicos latinos.

¿Tienes una revista favorita?

Revistas

Al entrar en la mayoría de los quioscos o librerías se puede ver una variedad de revistas en español. Las revistas se dirigen a muchos campos e intereses diferentes. Algunos ejemplos son: la jardinería, el hogar, la dieta y la cocina, el bricolaje, los deportes, la salud, la belleza, la moda. Hay revistas para los mercados femenino y masculino, para menores y mayores.

Publicidad

La publicidad en sí es otro medio de comunicación y además de encontrar anuncios en español en la televisión, en la radio y en la prensa, hoy en día se ven también en panfletos y en carteles en supermercados y tiendas de departamentos. En las grandes ciudades se exhiben anuncios en español en los autobuses y metros.

Además de la televisión, la radio, la prensa y la publicidad, todos sabemos que hay un montón de sitios Internet y páginas Web en español. Esta proliferación de los media en español hace hincapié en la importancia de nuestro mercado latino y pone en evidencia (manifiesta) el carácter bilingüe de nuestro país. ◆

Entérate Estados Unidos

¿Cuántas personas tiene tu familia?

Datos interesantes sobre los latinos en Estados Unidos

- En 1970 el gobierno de Estados Unidos inventó el término "hispanos" para dar un solo nombre a esta diversa población. Muchos "hispanos" prefieren el término "latinos" porque indica el origen de Latinoamérica.
- Estados Unidos es el 5° país de habla hispana en el mundo, y los latinos son la minoría más numerosa de este país.
- De mayor a menor, estos son los grupos que viven en Estados Unidos: mexicanos, puertorriqueños, cubanos, dominicanos, salvadoreños, colombianos; el resto son hispanos de orígenes diversos.
- Muchos mexicanos del suroeste tienen un origen diferente al resto de los hispanos, porque ellos ya vivían ahí cuando Estados Unidos conquistó[1] estos territorios.
- Los valores[2] culturales más importantes para los hispanos son preservar la lengua española y la unión de la familia.

[1]conquistó: *conquered*

[2]valores: *values*

California, su pasado español

Los colonizadores[1] españoles dejaron su marca más obvia en los numerosos nombres españoles de los diferentes lugares. En la arquitectura también es notable su presencia. Las misiones californianas son un ejemplo del estilo español. Los indígenas construyeron estos bellos edificios de adobe. Hay 21 misiones en todo el estado y hoy día son una gran atracción turística.

[1]colonizadores: *settlers*

Las tiendas latinas

Hay "bodegas" en todos los barrios latinos; son tiendas de comestibles donde la atención personal es muy importante. Como para los latinos es extremadamente importante "verse bien"[1], es una buena idea tener un salón de belleza en sus barrios. Las tiendas donde venden hierbas[2], medicamentos naturales, incienso y velas[3] especiales se llaman botánicas.

[1]"verse bien": *"looking good"* [2]hierbas: *herbs* [3]velas: *candles*

SUCESOS

César Chávez es un líder muy respetado entre los chicanos y los trabajadores extranjeros. Latinos en su mayoría, los que recogen[1] las frutas en Estados Unidos hoy reciben un mejor salario gracias al trabajo de Chávez. Un momento importante en su carrera fue en 1970, cuando los rancheros aceptaron pagar más y mejorar las condiciones de trabajo para estas personas. César Chávez murió en 1993.

Sábados Gigantes es uno de los programas más famosos y populares de la televisión hispana. Desde hace 40 años, el chileno "Don Francisco" conduce el programa, un récord que pasó al Libro Guinness de los Récords.

[1]recogen: *pick*

El "Mango Gang"

Más y más estadounidenses conocen la diferencia entre una "tortilla" en un restaurante mexicano y en un restaurante español. Pero... ¿quién conoce al "Mango Gang"? Ellos hicieron popular la "Nuevo Latino Cuisine". En Miami, el chef cubanoamericano, Douglas Rodríguez, y sus colegas Norman Van Aken, Robin Haas, Allen Susser y Mark Militello re-inventaron la cocina tradicional latina. Ellos usan frijoles negros y arroz, mangos, aguacates[1], pescado caribeño y los preparan de una manera diferente.

Ilene MacDonald/Alamy

[1]aguacates: *avocados*

Mexicanos celebran el Cinco de Mayo en Port Huron, Michigan

Calendario de fiestas

5 de mayo En el suroeste, y poco a poco[1] en otras partes de Estados Unidos, se celebra el patrimonio cultural mexicano. En México, la fiesta conmemora la victoria de los mexicanos sobre los invasores franceses.

12 de octubre En 1492 llegaron los españoles a América y hoy se celebra el "Día de la Raza[2]" en esta fecha. Esta fiesta conmemora el patrimonio cultural de todos los latinos en Estados Unidos. Además, el mes de octubre es el "Mes de la Hispanidad".

1° de noviembre "El Día de los Muertos[3]" era una fiesta exclusivamente de los mexicanos al sur de la frontera. Hoy día, más y más mexicanamericanos celebran esta fiesta en Estados Unidos porque les gusta recordar[4] a sus familiares en forma festiva.

6 de junio El segundo domingo del mes de junio se celebra "El día nacional de los puertorriqueños" en la Ciudad de Nueva York. Las estrellas del cine, del deporte y también el alcalde[5] y otras autoridades van a la parada en la Quinta Avenida, donde hay carrozas[6] y mucha música y baile.

[1]poco a poco: *little by little*
[2]raza: *race*
[3]muertos: *dead*
[4]recordar: *to remember*
[5]alcalde: *mayor*
[6]carrozas: *floats*

micocina

Primero, las tortillas y ahora ¡las pupusas!

Esta comida típica salvadoreña se come con la mano y es muy popular entre los latinos de todas partes. Es como una tortilla gorda rellena[1] con carne, queso, frijoles o una combinación de todos estos ingredientes. *(Atención: No es bueno llamar "tortillas" a las pupusas frente a un salvadoreño.)*

Pupusas de frijol con queso

Ingredientes

(Para la masa[2])
2 tazas de harina de maíz
1 taza de agua tibia[3]
1 poco de sal

(Para el relleno)
1 lata de frijoles molidos[4]
250g de queso rallado[5]

Preparación

Mezclar la harina, el agua y la sal para hacer la masa. Formar 12 bolitas medianas. Ahuecar[6] el centro y rellenar con los frijoles y el queso. Luego, aplastar[7] y formar una tortilla gruesa ($^1/_2$ pulgada). Freír en aceite caliente y servir con salsa de tomates frescos.

[1]rellena: *filled*
[2]masa: *dough*
[3]tibia: *lukewarm*
[4]molidos: *ground*
[5]rallado: *grated*
[6]ahuecar: *hollow*
[7]aplastar: *flatten*

Nilo Cruz, el primer Premio Pulitzer latino de teatro

El escritor Nilo Cruz recibió el Premio Pulitzer en el año 2003 por su obra de teatro[1] "Anna in the Tropics". Nilo Cruz nació en Cuba, pero vivió en Miami desde los 10 años. Él estudió en la Universidad de Brown y hoy día es profesor en la Universidad de Yale. "¡Esto es increíble!", dijo al recibir el premio. Sí, es increíble porque Nilo Cruz fue el primer latino ganador[2] de este premio prestigioso.

[1]obra de teatro: *play* [2]ganador: *winner*

En el set

No solamente el público latino reconoce los nombres de Selma Hayek, Antonio Banderas, Rosie Pérez, Raúl Julia, Rubén Blades, Penélope Cruz y muchos más; también los conoce el público en general en Estados Unidos y en todo el mundo. En el pasado[1], actores como Anthony Quinn, Raquel Welch y José Ferrer también fueron famosos, pero su patrimonio cultural no era el foco de atención. Ahora el éxito de los actores latinos depende de su talento y también de su identidad porque hoy día existe un mercado – hispano y anglosajón – que demanda el sabor latino, una de las expresiones legítimas y modernas del multiculturalismo en Estados Unidos.

[1]en el pasado: *in the past*

Cómo viajar a Latinoamérica sin salir de Estados Unidos

Somos/age fotostock

¿Quieres conocer Latinoamérica pero no tienes dinero para viajar? Aquí hay otras alternativas:

- En Miami tienes **La Pequeña Habana,** el centro de la comunidad cubana en Estados Unidos. Es una zona de 25 calles con muchos restaurantes, botánicas, tiendas de autos y de música. Su calle más famosa es la Calle Ocho. Gracias a sus residentes, este barrio está lleno de vida.
- En Chicago tienes **Pilsen y La Villita.** Después del Este de Los Ángeles en California, ésta es la comunidad mexicana más grande de Estados Unidos. En la Calle 18 hay restaurantes, panaderías, tiendas de comestibles y agencias sociales. Desde 1987 el Museo de Arte Mexicano ofrece programas de arte y cultura.

Un dependiente ayuda a los clientes

- En Nueva York tienes **El Barrio** donde antes vivían principalmente puertorriqueños, pero desde 1990 también viven allí muchos mexicanos. Es interesante visitar la famosa Marqueta (un mercado) y el Museo del Barrio.
- En Washington Heights, en la ciudad de Nueva York, residen 3/4 de los dominicanos que viven en Estados Unidos. Por eso, a este barrio lo llaman afectuosamente "**Quisqueya**[1] **Heights**". Caminar por sus calles es como caminar por Santo Domingo. La gente, la música, los restaurantes y las tiendas le dan un tono tropical a este barrio de Manhattan.

[1]Quisqueya: *indigenous name for the island where Haiti and Dominican Republic are located today*

La explosión latina

Esta no es una moda transitoria; tampoco es simplemente el aumento de la población latina. Es la creciente[1] influencia de distintos elementos latinos en la cultura de Estados Unidos. Esto es evidente en la comida, en la moda, en todas las artes y especialmente en la música popular. Los latinos adoptaron rápidamente el estilo pop y hoy día artistas como Shakira, Marc Anthony, Juanes, Cristina Aguilera y Paulina Rubio son conocidos por el público en general. Otra consecuencia de esta explosión es la presencia de los ritmos latinos en la música anglosajona.

[1]creciente: *growing*

música

John Lund/Drew Kelly/Getty Images

¿Te gustan los conciertos?

una escritora dominicana-americana

"Yo soy una dominicana 'guión[1]' americana", dice esta conocida escritora. "Para mí las cosas más interesantes pasan dentro de ese 'guión'; ahí es donde está la colisión y la combinación de dos mundos." Julia Álvarez nació en Nueva York, pero vivió en la República Dominicana hasta los 10 años de edad. Ella estudió en Nueva York y actualmente es profesora de inglés en Middlebury College. Sus novelas más famosas son: *How the García Girls Lost Their Accent* y *In the Time of the Butterflies.*

[1]guión: *hyphen*

En la tele

George López, un gran comediante

Este nativo de Los Ángeles creció en el valle de San Fernando, en Mission Hills. Él es el co-autor, escritor, productor y actor del programa cómico "George López". A los latinos, a los críticos y también al público en general les gusta mucho este programa. George es un artista con muchas habilidades porque también trabaja en el teatro, en el cine y en la radio. Además, ayuda a muchas organizaciones y fundaciones de caridad[1]. Por ejemplo, participa en el programa "Alto a la violencia" del Departamento de Policía de Los Ángeles (LAPD).

Jennifer López: actriz, cantante y ahora ¡productora!

La latina más famosa y mejor pagada de Hollywood decidió trabajar como productora de programas televisivos. "En mi casa yo veía todas las novelas y los programas en español", dice la actriz y cantante. "Quiero narrar la historia de los latinos que viven aquí y tienen 'el sueño americano'[2]." Jennifer, como otros artistas, a veces basa su trabajo en sus experiencias personales.

[1]caridad: *charity*

[2]sueño americano: *American Dream*

Capítulo 5

Pasatiempos culturales

Objetivos

En este capítulo vas a:

- estudiar la gran variedad de estilos y géneros musicales latinos
- estudiar la historia del teatro en España y Latinoamérica
- estudiar el futuro de los verbos regulares; estudiar las diferentes maneras en que se puede expresar el futuro; estudiar el futuro de probabilidad; aprender la diferencia entre el comparativo y el superlativo; aprender las partes del discurso y repasar la ortografía de palabras con **j** y **g**
- leer *El marido de su viuda* de Jacinto Benavente; leer *La flor de la caña* de Gabriel de la Concepción Valdez (Plácido) y *A Santos Vega, payador argentino,* de Bartolomé Mitre
- contrastar el futuro en inglés y en español y el uso del comparativo y superlativo

Glow Images
Palacio de Linares, Plaza de Cibeles, Madrid, España

Historia y cultura

Vocabulario para la lectura

Estudia las definiciones de las siguientes palabras.

el compás ritmo o cadencia de una pieza musical

chismoso relativo a información o noticia no confirmada; que se murmura, puede ser verdadera o falsa

espontáneo voluntario, del momento, que procede de un impulso

frenético muy exaltado, furioso

marino del mar

renombrado muy conocido, famoso

sarcástico que implica un deseo o inclinación a insultar, humillar u ofender

dar testimonio de probar, averiguar, indicar veracidad

Un mariachi

Poder verbal

Actividad 1

¿Qué palabra necesito? Completa.

1. Él es un tipo ____. Repite lo que se murmura sin verificar su veracidad.
2. Fue una cosa muy ____. Nadie lo había planeado.
3. ¡Qué ____! ¡Tanto movimiento y exaltación!
4. Los animales ____ son del mar.
5. Ellos bailaron al ____ de la orquesta.
6. Ella goza de fama mundial. Es muy ____.

Actividad 2

Parafraseando Expresa de otra manera.

1. Es difícil cantar *al ritmo* de los tambores.
2. Es una danza *impulsiva,* no ensayada.
3. Cuidado de no ser demasiado *humillante o aún ofensivo.*
4. Esta información *averigua* sus orígenes.
5. Algunas conchas *del mar* servían de instrumentos musicales.
6. Es un cantante *muy conocido.*

Una bailarina de flamenco

Lectura

Música y danzas latinas

El mundo hispanohablante ofrece una gran variedad de estilos y géneros musicales. No es nada sorprendente dado que el mundo hispano es un mundo heterogéneo de muchas culturas, etnias y razas.

Bailarinas mexicanas de Oaxaca, México

El flamenco andaluz

Poco se sabe sobre las raíces históricas del flamenco pero es cierto que es de origen oriental, árabe y gitano. Goza de gran popularidad en Andalucía, región de mucha influencia mora y gitana en el sur de España. Las canciones apasionantes del flamenco salen del alma. Los cantes se dividen en dos grupos — el cante chico y el cante jondo. Los cantos del cante chico son más ligeros y alegres. Los del cante jondo tratan del amor, de la muerte y de todo el drama humano. El tono es optimista o pesimista, alegre o triste, como la vida misma.

El baile flamenco es tan apasionante como el canto. Se caracteriza por el zapateado—un rítmico golpear de los pies (o tacones de los zapatos) contra el tablado, o mejor dicho «tablao» en el habla andalú (andaluza). El baile va acompañado de la guitarra, palmadas, castañuelas y los espontáneos «olés» de los espectadores.

El Caribe

Maracas

Bongos

Claves

El musicólogo Fernando Ortiz describió la música de Cuba como «un amor entre el tambor africano y la guitarra española» y esta fusión africana y española es muy evidente en el famoso son cubano. En su forma más pura se toca por un sexteto: una guitarra; una tres (una guitarra de tres pares de cuerdas dobles); un contrabajo; un bongo; y dos cantantes tocando maracas y claves.

En los años 40 y 50 las bandas (charangas) añadieron la trompeta y la percusión y como extensión del son nacen los famosos mambos y chachachás.

De Puerto Rico tenemos la bomba y la plena. Es frecuente que la gente habla de la bomba y la plena como si fueran una sola forma musical pero hay que distinguir entre las dos. Según los etnomusicólogos la bomba es de origen africano, contribución de los yoruba que vivían en Loíza Aldea. Parece que la plena es de origen indígena y nace de una fusión de ritmos taínos y españoles. Viene de Ponce, en la costa sur de la isla.

Un grupo de músicos cubanos

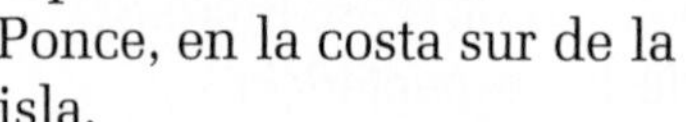

Callejón de Hamel, La Habana, Cuba

La bomba se compone de un tambor y un cantante que se envuelven en un diálogo rítmico apasionado. Poco a poco entra en el espectáculo un toque competitivo mientras los movimientos del bailador y el compás del tambor se ponen cada vez más frenéticos. Los dos continúan cada uno tratando de superar al otro, hasta que uno no puede más.

La plena, tan apasionada como dramática, tiene su origen en las canciones espontáneas que cantaba la gente (frecuentemente en dúos) para relatar eventos del día—sobre todo políticos o chismosos. La mayoría de estas canciones tenían un tono bastante sarcástico y atrevido. Iban acompañadas de un güiro, el cuatro (una guitarra de diez cuerdas) y panderos.

La presentación de plenas y bombas en la misma función da testimonio de la gran diversidad y rica herencia cultural de Puerto Rico.

No se puede dejar el Caribe sin hablar de la salsa. La salsa se desarrolló en los cabarets de Nueva York entre los inmigrantes cubanos y puertorriqueños que querían experimentar y saborear de nuevo los sonidos y ritmos de sus islas queridas.

La salsa, tocada con bongos, tambores, maracas, claves y timbales, comprende una mezcla de muchos sonidos y ritmos afroantillanos. Y el «abuelo» de la salsa es el muy renombrado Tito Puente.

Club Habana, Berlín, Alemania

México

Hay quienes dicen que el mexicano lleva la música en sí y hay pocos que llevarán la contraria. En el mundo entero no hay nada más bonito ni más melodioso que las rancheras y los famosos boleros románticos de México. ¿Quién no ha oído ni cantado *Cielito lindo* y *Bésame mucho?*

La tradición musical mexicana tiene sus raíces en las civilizaciones indígenas. Antes de la llegada de los españoles, la música y la danza formaban una parte importante e íntegra de los ritos ceremoniales de la población indígena. Las canciones se acompañaban de instrumentos de percusión, conchas marinas, huesos, flautas de caña y tambores. Los indígenas tenían mucho talento para la música y aprendían rápida y notablemente la música y los instrumentos introducidos por los europeos.

Fue durante el gobierno de Maximiliano, el Archiduque de Austria, que comenzaron a popularizarse los mariachis, sobre todo en el estado de Jalisco. Se dice que su nombre procede de la palabra francesa «mariage» porque los mariachis tocaban en las celebraciones de las bodas. Generalmente la orquesta mariachi tiene dos violines, una guitarra, un guitarrón, un arpa y una trompeta. Hoy la música de los mariachis ha sido difundida por el mundo entero.

En México los valses y las mazurcas, un baile polaco, gozaban de mucha popularidad. La Revolución mexicana que comenzó en 1910 afectó la música mexicana y a algunos valses se les dio letra revolucionaria. También florecieron durante la revolución los corridos que habían gozado de popularidad a fines de la época colonial. Los corridos acompañados de guitarras y arpas relataban historias de héroes y villanos, tragedias, traiciones y amores. Durante la revolución estas piezas musicales sirvieron de himnos de guerra. ¿Quién no ha oído ni cantado la famosísima *La cucaracha,* una de las canciones más conocidas de la revolución? ¡Viva la música mexicana en todas sus formas!

Un grupo de mariachis toca en frente de una catedral.

Puerto Vallarta, Jalisco, México

Argentina

El tipo de tango que más fama tiene y ha tenido en el mundo es el tango rioplatense, o sea, el tango argentino. El tango empezó como una danza pero hoy es danza y canción. Sus primeras interpretaciones aparecieron a principios del siglo XIX. Tiene sus orígenes en las calles rioplatenses. Se practicaba en las esquinas de los barrios pobres al compás de organillos. En aquel entonces, sólo los hombres bailaban el tango.

Originalmente, esta danza tenía mala reputación porque los que la bailaban vivían en su gran mayoría al margen de la ley. Pero poco a poco, el tango se iba convirtiendo en un baile más popular. Se practicaba dentro de las familias, durante una boda, por ejemplo. Fue en esas celebraciones familiares que la mujer pasó a formar parte de la pareja. Al organillo se le añadió el bandoneón, como instrumento de acompañamiento. El bandoneón era un instrumento popular entre los inmigrantes italianos que en aquella época iban a la Argentina en busca de una vida mejor. Estos inmigrantes eran pobres y durante sus horas libres no les costaba nada tocar su viejo bandoneón y bailar un tango en una fiesta callejera.

El tango siguió siendo una diversión de los pobres hasta la Primera Guerra mundial cuando se introdujo en Europa. En Europa tuvo mucho éxito. Logró una popularidad enorme en las «boîtes» o los «cabarets» de Montmartre en París. Llegó a ser popular también en las grandes salas de fiestas y en los espectáculos que se presentaban en muchas capitales europeas. Los de la alta sociedad europea se divertían bailando un buen tango.

Con el éxito del tango en las salas de fiestas y en los espectáculos, el cantor pasó a tener cada vez más importancia. La letra fue revitalizada. La figura de Carlos Gardel, el famoso tanguista, se convirtió en el símbolo de una danza y de un canto. En la orquesta del tango tienen importancia el bandoneón y los violines. Aún los grandes compositores, como el ruso Igor Stravinski y el inglés William Walton, han empleado el tango en su obra.

La música es un arte, la danza es un arte y todas las culturas latinas sobresalen en las dos.

Bailando el tango en una calle de San Telmo, Buenos Aires

Comprensión

A **Poder verbal** **Instrumentos musicales** Escribe una lista de todos los instrumentos musicales que encuentras en esta lectura. ¿Hay algunos que desconoces? ¿Cuáles? Búscalos en línea.

Bandoneón

B **Poder verbal** **Definiciones** Parea.

1. oriental
2. árabe
3. alegre
4. palmadas
5. espectador
6. fusión
7. sexteto
8. distinguir
9. envolverse
10. llevar la contraria
11. difundido
12. polaco
13. relatar
14. diversión

a. golpes con las palmas de las manos
b. grupo de seis
c. miembro del público
d. no consentir, no acceder
e. extendido
f. del este
g. de Polonia
h. involucrarse
i. moro
j. pasatiempo
k. feliz, contento
l. contar
m. unión, mezcla
n. hacer una distinción

Violín

Acordeón

Ella lleva ropa tradicional de México.

C **Buscando información** **Flamenco** Contesta.

1. ¿Cómo son las canciones flamencas?
2. ¿Cuál es el origen del flamenco?
3. ¿Dónde es sumamente popular?
4. ¿Cuál es la diferencia entre «el cante chico» y «el cante jondo»?
5. ¿Cómo se caracteriza el baile flamenco?
6. ¿Qué es el zapateado?
7. ¿Qué acompaña al baile flamenco?

D Verificando El Caribe

Indica si la información es correcta o no.

1. La fusión africana y española es muy evidente en el baile y canto cubano, el son.
2. En su forma más pura el son se toca por un octeto.
3. La banda que toca el mambo o el chachachá es más pequeña que la banda tradicional del son.
4. La bomba y la plena son una sola forma musical puertorriqueña.
5. La plena nace de una fusión de ritmos taínos, los indígenas de Puerto Rico y elementos de ritmos españoles.
6. La bomba es también una fusión de elementos taínos y españoles.
7. La salsa tiene su origen en los cabarets de La Habana y San Juan.

Un grupo de músicos tocando en una calle de San Telmo, Buenos Aires

E Resumiendo y describiendo El Caribe Identifica y describe.

1. el son
2. la plena
3. la bomba
4. la salsa

El cante jondo, Granada

F Interpretando El Caribe

Explica lo que significa: «La presentación de plenas y bombas en la misma función da testimonio de la gran diversidad y rica herencia cultural de Puerto Rico».

G Buscando información México

Identifica.

1. el nombre que se les da a muchas canciones románticas mexicanas
2. la música de los indígenas de México
3. los mariachis
4. los valses
5. los corridos
6. los títulos de unas canciones mexicanas muy conocidas

Un grupo de mariachis tocando en la calle

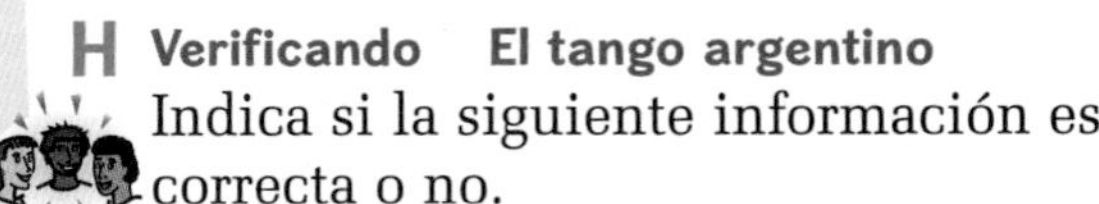

H Verificando El tango argentino

Indica si la siguiente información es correcta o no.

1. El tango famoso es el tango argentino.
2. El tango es sólo un baile.
3. El canto siempre era una parte importante del tango.
4. El tango tuvo su origen entre la gente acomodada (rica) de Buenos Aires.
5. El tango tuvo su origen en Europa.
6. A principios de este siglo, muchos italianos emigraron a Argentina.
7. Al principio, sólo los hombres bailaban el tango.
8. El tango siempre gozaba de buena reputación.
9. El tango argentino llegó a Europa durante la Primera Guerra mundial.

Un baile de Carnaval, Río de Janeiro, Brasil

I Haciendo investigaciones Hay danzas y cantos de Estados Unidos como el jazz, reggae, rock, blues, break que tienen una historia interesante. Escoge uno que a ti te interesa y prepara un informe corto sobre su historia.

Conocimientos para superar

Conexión con el teatro

¡Cuánta gente se presenta cada día delante de la taquilla de un teatro para comprar una entrada para poder disfrutar de unas dos horas placenteras gozando de una representación (obra, espectáculo) teatral!

Lo que es el teatro

El teatro es el género literario escrito con la intención de ser representado en escena. Al autor se le llama «autor dramático» o «dramaturgo». Una obra dramática contiene mucho diálogo y los actores desempeñan el papel de los personajes. Hoy tenemos a nuestra disposición muchas opciones para ver una obra teatral—el cine, la televisión, el video o, aún mejor, en vivo en el teatro mismo.

Un gran número de personas participan en la presentación de una obra teatral: diseñadores de vestuario, maquillistas, decoradores de escena. El productor o realizador es el que se encarga de las finanzas de la producción. Hoy en día cuesta mucho lanzar una producción teatral y como consecuencia las entradas cuestan caro. El productor escoge a un director quien tiene la responsabilidad de presentar la obra artística, efectiva y exitosamente. Es el director quien escoge a los actores y actrices.

Una obra o pieza teatral se divide en actos. Los actos se dividen en escenas. En muchos casos la acción que se desarrolla en la escena imita la vida y son los actores quienes tienen que darles vida a los personajes que se enfrentan a estas situaciones y problemas verosímiles. Los actores siguen un guión que es el diálogo. Siguen también las acotaciones o direcciones de escena que ayudan a los actores igual que al director en su interpretación de la intención y del propósito del dramaturgo. Cuando están en escena los actores tienen que usar muchos medios de comunicación no verbales tales como gestos, ademanes y expresiones faciales para revelar al público las personalidades de los personajes de la obra.

Maquillistas

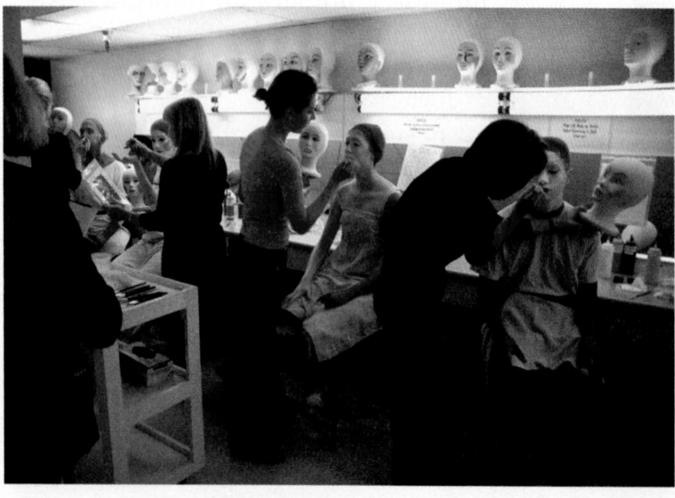

Una obra teatral

Historia del teatro hispano

España

El teatro español, como el de toda la Europa cristiana, tiene su origen en la religión. Las primeras manifestaciones teatrales nacen de las ceremonias litúrgicas de la Iglesia. A la liturgia se añadían otros temas religiosos, muchos de ellos bíblicos como el nacimiento de Jesús, la Navidad, y la Resurrección, la Pascua. Los únicos actores eran los clérigos y la única lengua era el latín. El teatro era el templo; es decir, las obras teatrales se representaban en las iglesias.

La apariencia de los pastores en las obras sobre la Navidad permitía la introducción de elementos cómicos y algunos vocablos en la lengua vulgar, la del pueblo. Poco a poco los laicos iban sustituyendo a los clérigos como actores añadiendo más elementos seculares a las representaciones. Pero las obras seguían representándose en las iglesias hasta que se hicieron tan populares que las antiguas iglesias no podían continuar acomodando la afluencia de espectadores. Hubo que utilizar los claustros contiguos y los cementerios.

Una vez que las obras se representaban fuera del templo los actores laicos tomaban más libertades. En el siglo XIII el español reemplazó al latín como la lengua del teatro. Sin embargo, hay que señalar que el teatro de índole religiosa siguió floreciendo durante toda la Edad Media mientras se iban añadiendo argumentos nuevos que se relacionaban más con la vida como festividades locales, el Carnaval, etc.

Hasta fines del siglo XV las representaciones no exigían decorado y algunas se daban en los salones y patios de las casas de los nobles y magnates. A mediados del siglo XVI varias compañías de actores, aunque rudimentarias, andaban por España con un repertorio de farsas y comedias.

Teatro Romano, Mérida, España

Conocimientos para superar

He aquí una descripción de los primeros «teatros» de Emilio Cotarelo, el muy conocido historiador del teatro español. «Como las representaciones se daban de día y con luz natural, los teatros no tenían más tejado que un estrecho voladizo[1] alrededor de las paredes que resguardaba[2] de la lluvia y el sol a los que ocupaban los bancos, las gradas, los aposentos[3] cuando eran exteriores y la cazuela, que era un aposento mucho mayor, en el fondo del teatro destinado a las mujeres, que asistían separadas de los hombres. El resto del patio estaba ocupado por los espectadores de a pie, los mosqueteros, a quienes se amparaba algo con un telón de anjeo[4], que se corría cuando picaba el sol. Si llovía mucho, lo más frecuente era suspender el espectáculo.»

Durante mucho tiempo el adorno del escenario era muy sencillo. Unas cortinas servían de paredes y una mesa y unas sillas formaban todo el mobiliario. Pero el escenario progresó mucho y ya en la época del famoso dramaturgo Lope de Vega (1562–1635) había telones pintados y las paredes y el suelo se cubrían con tapices y alfombras. Se colocaban unos bufetes y escritorios.

En cuanto a la estructura, la obra se dividía en tres jornadas o actos. Entre la primera y segunda jornada se presentaba un entremés—una pieza muy corta, jocosa[5] y popular.

Latinoamérica

Las crónicas indican que aún los conquistadores presentaban autos (obras religiosas) y entremeses mientras celebraban fiestas. La mayoría de las piezas que se representaban eran peninsulares, o sea, de España. Existía también el teatro misionero cuya meta fue la catequización de los indígenas.

Los indígenas ya tenían su propio incipiente[6] arte dramático en forma de «mitotes» o fiestas florales. Tenían también fiestas rituales, cantes,

A veces la obra teatral se representaba en la plaza.

Andrew Payti

[1] **voladizo** proyección estructural
[2] **resguardaba** protegía
[3] **aposentos** palcos
[4] **anjeo** lona
[5] **jocosa** divertida, cómica
[6] **incipiente** que empieza

(t)Dave Moyer

Santuario de Nuestro Señor de Esquipulas, Chimayó, Nuevo México

danzas, pantomimas e improvisaciones cómicas que imitaban movimientos de animales y humanos. Los misioneros daban sentido teológico a esos espectáculos indígenas adaptándolos a las formas teatrales de índole religiosa del teatro peninsular de la Edad Media. Presentaban las obras en español y en lenguas autóctonas.

Los cronistas del siglo XVI nos dan muchas noticias sobre este teatro. Igual que en España las piezas se representaban en las iglesias. A veces acudía tanta gente que el tablado[7] se desplomaba. El espectáculo terminaba con frecuencia con el bautizo de masas de indígenas.

Las representaciones teatrales influyeron hasta la arquitectura mexicana de las «capillas abiertas». Estas capillas eran una especie de teatro al aire libre con capacidad para un público inmenso. El público llenaba el atrio de la iglesia y salía a las calles. Como casi siempre había una iglesia en la plaza central, la plaza también se convertía en un teatro.

El Siglo de Oro

Durante el Siglo de Oro (fines del siglo XVI y principios del XVII) el teatro floreció en España. Había grandes dramaturgos como Lope de Vega, Calderón de la Barca y Tirso de Molina. A veces los grandes talentos de España visitaban las colonias y Tirso de Molina fue uno de ellos.

Otro gran dramaturgo del Siglo de Oro es Juan Ruiz de Alarcón (1580–1639). Él nació en México. Visitó España cuando tenía unos veinte años y a los treinta y tres años volvió a España donde se estableció definitivamente. Hay quienes dicen que su obra es esencialmente española pero hay críticos que ven en su obra influencias americanas.

Una de las obras más notables de Alarcón es *La verdad sospechosa.* Su protagonista tiene el vicio de mentir pero su carácter cómico le hace simpático. Esta obra de Alarcón fue imitada, en parte traducida, por el famoso dramaturgo francés Corneille quien le dio el título *Le Menteur (El Mentiroso).* Esta obra inauguró la comedia francesa llamada «comedia de carácter».

[7] **tablado** tipo de escenario

Lissa Harrison

Comprensión

A **Poder verbal** **Definiciones** Aquí tienes algunas palabras, la mayoría de ellas de índole religiosa. Parea la palabra con su definición.

1. litúrgico
2. laico
3. el clérigo
4. el claustro
5. la catequización
6. la crónica

a. el que es independiente de la autoridad de un organismo religioso
b. parte de un templo formada de galerías abiertas; un tipo de patio
c. el que ha recibido las órdenes sagradas
d. instrucción en la religión católica romana
e. relativo a los ritos y ceremonias religiosas
f. recopilación de hechos históricos

Gran Teatro de La Habana, La Habana Vieja, Cuba

B **Poder verbal** **Un diccionario teatral** Da la palabra cuya definición sigue.

1. el que escribe obras teatrales, dramas
2. texto que tiene lo que dicen los actores en una película u obra teatral
3. conjunto de los trajes que llevan los actores y actrices
4. el productor de una obra teatral
5. el que dirige una obra teatral, incluyendo a los actores
6. conversación o plática entre dos o más individuos
7. direcciones de escena
8. en una representación el conjunto de lienzos, etc., en la escena

Andrew Payti

C Poder verbal **¿Qué palabra necesito?** Completa.

1. Muchas piezas teatrales se dividen en tres ____ y cada uno de estos se divide en ____.
2. La acción de una obra teatral se desarrolla o tiene lugar en la ____.
3. Los actores ____ el papel de los ____ de la obra teatral.
4. Las ____ ayudan al director y a los actores a comprender la intención del autor dramático.
5. Los gestos, ademanes y expresiones faciales son ejemplos de ____.

D Poder verbal **Significados semejantes y diferentes**

Hay palabras que pueden tener el mismo significado o un significado muy similar. Aquí tienes unos ejemplos.

1. una obra dramática, una obra teatral, una pieza (de teatro), una representación, una función, un espectáculo
2. el escenario, la escena (de teatro), las tablas, el tablado
3. el decorado, las decoraciones, el escenario

Y a veces una sola palabra puede tener más de un significado. Aquí tienes unos ejemplos:

escena

1. Los actores entran en escena. La escena es la parte del teatro donde actúan los actores.
2. Cada acto de la obra teatral se divide en escenas.
3. A veces «el escenario» significa también «la escena». Y, a veces se refiere al decorado.

El teatro Solís, Montevideo, Uruguay

Jessica Byrne

Teatro Heredia, Cartagena, Colombia

E Haciendo comparaciones Compara.

1. un dramaturgo y un novelista
2. un director y un productor
3. un personaje y un actor o una actriz
4. el decorado y el vestuario
5. un acto y una escena
6. el guión y las acotaciones

F Buscando información Contesta.

1. ¿Dónde tiene su origen el teatro español?
2. ¿De qué temas trataba el teatro incipiente?
3. ¿Quiénes eran los actores?
4. ¿En qué lengua se presentaban las obras?
5. ¿Dónde se presentaban?
6. Poco a poco, ¿qué hacían los laicos?
7. ¿Por qué empezaron a salir del templo (de la iglesia) las representaciones teatrales?
8. ¿Cuándo reemplazó el español al latín?
9. ¿Hasta cuándo no exigían decorado las representaciones teatrales?
10. ¿Qué había en España en el siglo XVI?

G Describiendo Da una descripción de los primeros «teatros».

H Buscando información Latinoamérica Contesta.

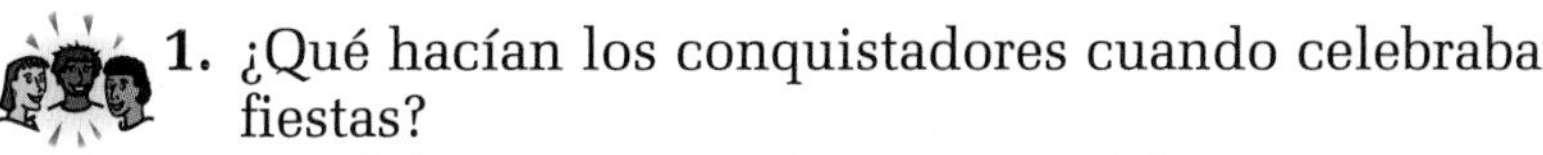

1. ¿Qué hacían los conquistadores cuando celebraban fiestas?
2. ¿Cuál fue la meta o el propósito del teatro misionero?
3. ¿Qué tenían los indígenas?
4. ¿Qué formas teatrales tenían?
5. ¿A qué adaptaban los misioneros estos espectáculos indígenas?
6. ¿En qué lengua se presentaban estas obras?
7. ¿Dónde se representaban las obras teatrales?
8. ¿Qué pasaba de vez en cuando? ¿Por qué?
9. A veces, ¿con qué terminaba la representación teatral?
10. ¿Qué son las «capillas abiertas»?

I Personalizando Contesta.
¿Hay unas cosas que te han sorprendido sobre la evolución del teatro? ¿Cuáles?

Times Square, Nueva York, Estados Unidos

J Analizando Contesta.
¿Por qué dirían algunos críticos que la obra de Juan Ruiz de Alarcón es esencialmente española y según otros hay influencias americanas?

K Dando notas biográficas
Resume todo lo que sabes sobre Juan Ruiz de Alarcón.

Gramática y lenguaje

El futuro

1. Se usa el tiempo futuro para indicar acciones futuras. El infinitivo del verbo sirve de raíz para la formación del futuro de los verbos regulares. Estudia las siguientes formas.

INFINITIVO RAÍZ	ESTUDIAR estudiar-	LEER leer-	ESCRIBIR escribir-	TERMINACIONES
yo	estudiaré	leeré	escribiré	-é
tú	estudiarás	leerás	escribirás	-ás
él, ella, Ud.	estudiará	leerá	escribirá	-á
nosotros(as)	estudiaremos	leeremos	escribiremos	-emos
vosotros(as)	estudiaréis	leeréis	escribiréis	-éis
ellos, ellas, Uds.	estudiarán	leerán	escribirán	-án

Mañana iremos al teatro.
Veremos una obra en tres actos.
Yo me divertiré mucho.

2. Hay otras maneras en que se puede expresar el futuro.
   - Es muy corriente usar la construcción **ir a + el infinitivo.**

     Mañana vamos a ir al teatro.
     Vamos a ver una obra en tres actos.
     Voy a divertirme mucho.

   - Se usa también el presente para expresar una acción futura.

     Voy mañana.
     Ella sale la semana que viene.
     Su vuelo llega mañana a las dos.

3. Se puede usar el futuro para expresar incertidumbre. Se llama «el futuro de probabilidad».

   ¿Qué hora será? (¿Qué hora puede ser? No sé.)
   ¿Cuántos años tendrá su hijo? ¿Diez? ¿Doce?
   ¿Qué querrá decir? ¡Adivina!

Pixtal/age fotostock

¡Hoy, no! Escribe cada oración en el tiempo futuro.

1. Mañana voy al teatro.
2. Mis amigos van también.
3. Vamos a ver *Evita*.
4. Vamos a llegar a tiempo.
5. Levanta el telón a las diecinueve treinta.
6. El espectáculo dura dos horas y media.
7. Después del teatro vamos a comer en un restaurante.
8. Todo el mundo va a dar sus opiniones sobre el espectáculo.

La Gran Vía y la Calle de Alcalá, Madrid, España

El futuro Escribe una oración en el futuro.

1. yo/terminar
2. ellos/ver
3. yo/escribir
4. tú/llegar
5. ustedes/volver
6. él/pedir
7. ellas/trabajar
8. yo/ir

De varias maneras Escribe cuatro oraciones usando el tiempo futuro. Luego escríbelas de dos maneras diferentes.

Comparativo y superlativo

1. La comparación de desigualdad o sea de superioridad o inferioridad se expresa por medio de **más... que** y **menos... que**:

   Este teatro es más grande que el otro.
   Esta pieza es más larga que la otra.
   A mi parecer los dramas de Amescua son menos interesantes que los de Lope de Vega.

2. El superlativo expresa el nivel más alto de superioridad o el más bajo de inferioridad. Se forma poniendo el artículo definido **(el, la, los, las)** delante de **más** o **menos.**

   Este teatro es el (teatro) más grande de la ciudad.
   Estas plazas son las (plazas) menos caras del teatro.

   Nota que el superlativo va seguido de **de**.

3. Hay algunos adjetivos que tienen comparativos y superlativos irregulares.

bueno	**mejor**	**el/la mejor**	
malo	**peor**	**el/la peor**	
pequeño	**más pequeño**	**el/la más pequeño(a)**	(tamaño)
pequeño	**menor**	**el/la menor**	(edad)
grande	**más grande**	**el/la más grande**	(tamaño)
grande	**mayor**	**el/la mayor**	(edad, cantidad)

   Él es un buen alumno.
   Pero su hermana es mejor (alumna).
   Y yo soy el/la mejor de todos.

   Ella es más pequeña que su hermana. (menos alta)
   Ella es menor que su hermana. (tiene menos años)

ACTIVIDAD 4 **¿Más o menos?** Completa.

1. Este libro es bueno. Es ____ el otro pero no es ____ todos.
2. Esta novela es mala. Es aún ____ la otra pero no es ____ todas.
3. Doña Carmen es vieja. Es ____ su prima pero no es ____ la familia.
4. Carlitos es joven. Es ____ su hermano pero no es ____ la familia.

ACTIVIDAD 5 **¿Más o menos?** Completa según se indica.

1. Carlos es ____ su hermano. *(Tiene menos años.)*
2. Paquito es ____ la familia. *(Tiene menos años.)*
3. Estos libros son ____ todos. *(Tienen más valor.)*
4. Esta novela es ____ la otra. *(Tiene menos valor.)*
5. María y Elena son ____ la clase. *(Tienen más años.)*
6. Estas bibliotecas son ____ las otras. *(Tienen más valor.)*
7. Este cuadro es ____ del museo. *(Tiene menos valor.)*

Partes del discurso

Andrew Payti

Ya has estudiado varias partes de la oración, llamadas también «partes del discurso», tales como el nombre (sustantivo), el verbo (el predicado), etc. Aquí tienes todas las partes del discurso y sus funciones.

PARTE	FUNCIÓN
• el nombre o sustantivo	indica una persona, lugar, cosa o idea

José Ybarra es actor y vive en una casa grande en Los Ángeles, California.

• pronombre	sustituye al nombre

Él vio la obra y me la describió.

• verbo	expresa una acción o un estado

Él es dramaturgo y escribe obras fantásticas.

• conjunción	enlaza palabras, frases u oraciones

Francamente, no sé si es realizador o director.
Yo vi *Evita* pero no he visto *El hombre de la Mancha*.

• adjetivo	describe un nombre; lo modifica

En el Teatro Nacional están presentando una obra nueva de Ballesteros.

• adverbio	modifica a un verbo o adjetivo

Salió rápidamente.
Es una obra realmente novedosa.
Ella es muy inteligente.

El Palacio de Bellas Artes en la Ciudad de México es un teatro y un museo.

Gramática y lenguaje

Jill Braaten/McGraw-Hill Education

Rachel Lampa canta en la Convención Republicana.

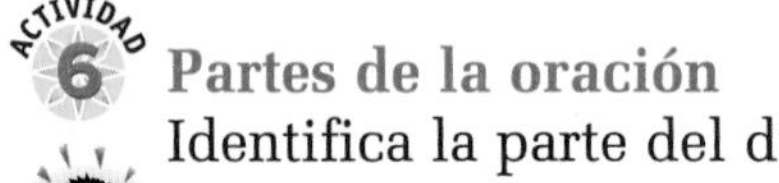

ACTIVIDAD 6 Partes de la oración

Identifica la parte del discurso.

1. Él *fue* ayer.
2. *Él* fue ayer.
3. Él fue *ayer*.
4. La actriz desempeñó su *papel* de manera extraordinaria.
5. La actriz desempeñó su papel de manera *extraordinaria*.
6. La actriz *desempeñó* su papel de manera extraordinaria.
7. La actriz desempeñó su papel *extraordinariamente*.
8. El *público* se levantó y aplaudió.
9. Ella cantó *muy bien*.
10. Ella tiene una *voz* fantástica.
11. Ella tiene una voz *fantástica*.
12. Canta *divinamente*.
13. *Yo* salí.
14. Yo salí *pero* ella se quedó.

Pronunciación y ortografía

La g y la j

La **g** y la **j** se pronuncian igual en combinación con **e** e **i** pero no se escriben igual.

Antes de repasar la ortografía de las siguientes palabras, pronuncia los siguientes sonidos cuidadosamente.

ja, ge, je, gi, ji, jo, ju
ga, gue, gui, go, gu
ga, ge, gue, gi, gui, go, gu
ja, ga, je, ge, gue, ji, gi, gui, go, jo, gu, ju

ge	je	gi	ji
gente	personaje	escogí	jinete
género	Jesús	litúrgico	jitomate
escoge	ejemplo	religioso	
gesto	lenguaje	teológico	
origen	mujer	original	
indígena	viaje	gitano	
margen	callejera		

ja	jo	ju
tejado	jornada	jugo
jamás	jocosa	julio
pareja	viejo	junio
viaja	introdujo	Julieta

Un joven guitarrista

ga	gue	gui	go	gu
encarga	siguen	guión	diálogo	gusano
gana	pagué	guisante	sigo	agujo
galán	guerra	guiso	clérigo	
			dramaturgo	
			tango	

Dictado Lee y copia. Prepárate para un dictado.

1. El guión no escoge los gestos del personaje del gitano.
2. Julieta introdujo esta vieja canción jocosa.
3. La pareja vieja no viaja jamás en julio.
4. El galán sigue igual con su diálogo genial.
5. La indígena no puso ni guisantes ni jitomates en su guiso.
6. Es un ejemplo del lenguaje callejero del gitano marginado.

Literatura

El marido de su viuda de Jacinto Benavente

Introducción

Jacinto Benavente es uno de los más famosos dramaturgos españoles de tiempos modernos. Nació en Madrid en 1866 y murió en 1954. En su obra, Benavente sostuvo una batalla contra la frivolidad o la doble moral de la aristocracia y la burguesía española. Su teatro no pretende ser moralizante ni profundo. Es más bien frívolo. Benavente retrata la sociedad de su época en sátiras sociales y farsas burlescas.

Jacinto Benavente recibió el Premio Nobel de Literatura en 1922.

El marido de su viuda es una comedia o farsa de un acto. La viuda, Carolina, está casada en segundas nupcias y ya no lleva el nombre de su primer marido Don Patricio Molinoto. Ahora está casada con un señor llamado Florencio quien había sido amigo de don Patricio. La escena que aquí tenemos tiene lugar cuando las cuñadas de Carolina, las hermanas de su primer marido, la visitan antes de la inauguración de un monumento en honor a su hermano, don Patricio.

El interior de un teatro

Lectura

El marido de su viuda

◆·◆·◆

ESCENA IV

CAROLINA, EUDOXIA y PAQUITA

EUD. ¿No estorbamos?

CAR. ¡Qué pregunta! Adelante.

EUD. ¿Conque hoy estás en casa?

CAR. Ya lo veis

PAQ. Como siempre que venimos á verte da la casualidad de que has salido...

CAR. Sí que es casualidad.

EUD. La casualidad es encontrarte, (pausa.) A tu marido acabamos de ver en la calle.

CAR. ¿Estáis seguras?

PAQ. Muy bien acompañado por cierto.

CAR. ¿Sí?

EUD. Paquita es quien le ha visto con la de Somolinos en la confitería de Sánchez.

CAR. Es posible.

PAQ. ¿Y te quedas tan fresca? Con la fama que tiene la de Somolinos y la confitería de Sánchez.

CAR. De la confitería no sabía nada.

EUD. Que ninguna señora decente, ó que quiera parecerlo, pone los pies en ella desde que Sánchez se casó con esa francesa.

CAR. Tampoco sabía lo de la francesa.

EUD. Pues sí, se casó con ella. Decimos casado por no decir una palabrota... Se casó, si eso puede llamarse casado, en Bayona, por lo civil, como se casa la gente en esa Francia de perdición...

CAR. Cuánto lo siento, porque soy muy golosa, y bombones y marrons glacés, como los de casa de Sánchez, no los hay aquí en ninguna parte.

PAQ. Pues te aconsejamos que no se los compres, te criticaría todo el mundo... Solo la de Somolinos se atreve á entrar en casa de Sánchez y á tratarse con su mujer, que le ha dado la receta para pintarse el pelo. ¿No te has fijado cómo lo lleva ahora?

CAR. No he reparado.

Estrategia de lectura

Leyendo una obra teatral Un drama, como cualquier otra obra literaria, tiene ambiente, personajes y argumento. La única diferencia es que el drama se escribe con la intención de ser representado. Hay algunas estrategias que te pueden ayudar a leer un drama.

Escuchando Recuerda que tienes que seguir el diálogo para comprender la acción y la personalidad de los personajes. Por consiguiente, al leer imagina que los personajes están hablando. Escúchalos. ¿Qué emociones están demostrando? Lee algunas líneas en voz alta.

Visualizando Al leer el drama, imagina que lo estás viendo (en vivo) en la escena o en la pantalla.

Interpretando Un drama trata de personajes. Trata de conocer y comprender a los personajes. Pregúntate por qué se comportan en la manera en que se comportan y por qué dicen lo que dicen.

EUD. Ya no es color caoba como antes, ahora es un rubio bebé... Además, la francesa la arregla las manos dos veces por semana... ¿No te has fijado cómo lleva las uñas? No se habla de otra cosa. (pausa.)

PAQ ¿Conque por fin ese se ha salido con la suya?

CAR. ¿Quién es ese?

PAQ. Se me resiste llamarle tu marido. ¡Pobre hermano nuestro!

CAR. ¡Ah! No sé a qué podáis referiros.

EUD. A que por fin ha colocado en el monumento de nuestro pobre hermano esas figuras desnudas.

PAQ. Y de tamaño natural.

CAR. Pero Florencio no tiene la culpa... Eso es cosa del escultor, de la comisión... ¿Y qué tiene de particular? En todos los monumentos hay figuras así, son figuras alegóricas.

EUD. Pase todavía que la estatua de la verdad no esté vestida; siempre se ha dicho que la verdad es así. Pero la Industria y el Comercio... ¿no podían llevar una túnica? Sobre todo el Comercio creo que está indecente.

PAQ. Nosotras ya no iremos á la tribuna de preferencia, es la que está de frente, y desde allí se ve todo.

EUD. Y tú ¿insistes todavía en presentarte? ¿No ha habido nadie que te haya aconsejado mejor?

CAR. Si he sido invitada, señal de que no parece inconveniente mi presencia.

PAQ. La tuya, no... Si estuvieras como debías estar; pero al lado de ese hombre... el que fué su mejor amigo... A los tres años escasos.

CAR. Largos.

EUD. ¡Te parecen largos! ¡Tres años! ¡Un día para los que le seguimos llorando!

PAQ. Para los que todavía llevamos su apellido, porque ninguno nos parece más digno.

EUD. Y por no dejar de llevarlo, hemos renunciado á partidos muy ventajosos.

CAR. Pues habéis hecho mal, porque vuestro hermano ya sabéis que tenía gran empeño en veros casadas.

PAQ. El creía que todos los hombres eran como él, dignos de una mujer como nosotras. ¡Pobre hermano! Si alguien le hubiera dicho que iban á olvidarle tan pronto... ¡si te ve desde el cielo, qué disgusto el suyo!

CAR. No creo que en el cielo nadie pueda tener disgustos; no valía la pena de estar en el cielo... Vosotras no queréis haceros cargo de mi situación... Una viuda joven lo menos malo que puede hacer para evitar murmuraciones es volver á casarse. Y yo era muy joven cuando quedé viuda.

EUD. Veintinueve años.

CAR. Veintiséis.

EUD. Admitamos los veintiséis. Ya no eras una niña. Además, una mujer viuda nunca es joven.

CAR. Ni una soltera es nunca vieja. Corriente. Lo que no veo es lo que puede haber de incorrecto en que yo presencie la inauguración de la estatua.

EUD. Comprende que en todos los discursos han de hablar de su muerte prematura, del sentimiento de todos por la pérdida de hombre tan ilustre. ¿Qué cara vas á poner al oírlo? ¿Quién va creer que no estás más conforme que todos, viéndote tan compuesta y tan consolada al lado de ese hombre?

PAQ. Y cuando todos recuerden su talento... ¿Qué cara va á poner tu marido que no tiene ninguno?

CAR. Bien sabes que no era esa la opinión de vuestro hermano, que estimaba mucho á Florencio.

EUD. ¡Le estimaba! ¡Pobre hermano mío! ¡Por tener todos los talentos, tenía también el de dejarse engañar!

CAR. Esa suposición me ofende... nos ofende á todos.

EUD. ¿Dónde has guardado eso, Paquita?

Comprensión

A Buscando información Contesta.

1. ¿Quiénes van a visitar a Carolina?
2. ¿A quién acaban de ver en la calle?
3. Según sus cuñadas, ¿iba solo su marido?
4. ¿De quién iba acompañado?
5. ¿Dónde lo había visto Paquita?
6. ¿Qué tipo de fama tiene esta confitería?
7. ¿Qué le había enseñado a "la de Somolinos" la esposa francesa del propietario de la confitería?

B Describiendo

1. Describe todo lo que dicen las hermanas del primer esposo de Carolina sobre la confitería y los franceses. ¿Qué dicen sobre los casamientos en Francia?
2. Describe lo que las hermanas tienen que decir sobre el monumento que se ha construido. ¿A quién se va a dedicar el monumento?

C Analizando

1. ¿Analiza la personalidad de las cuñadas de Carolina desde el momento en que entraron en su casa.
2. Analiza la conversación que tienen las cuñadas de Carolina sobre quienes deben presentarse a la ceremonia.

D Explicando

1. Explica lo que Paquita quiere decir cuando contesta la pregunta de Carolina diciendo "Se me resiste llamarle tu marido. ¡Pobre hermano nuestro"!
2. Explica el verdadero significado de la siguiente conversación

Paquita:	Para los que todavía llevamos su apellido, porque ninguno nos parece más digno.
Eudoxia:	Por no dejar de llevarlo, hemos renunciado á partidos muy ventajosos.
Carolina:	Pues habéis hecho mal, porque vuestro hermano ya sabéis que tenía gran empeño en veros casadas.

3. Explica por qué Carolina defiende su decisión de haberse casado de nuevo.

E Comparando Compara las opiniones de las cuñadas con la de Carolina sobre la presencia de Carolina a la inauguración. ¿Con quién o quiénes estás de acuerdo?

La flor de la caña de Gabriel de la Concepcíon Valdés (Plácido)

Vocabulario para la lectura

Estudia las siguientes definiciones

una gorra prenda para la cabeza de forma circular frecuentemente con visera

la paja caña o tallo seco, especialmente de cereal

el tacto al sentido que se ejercita al tocar algo

mecer causar un movimiento de vaivén de un lado a otro

abrasar quemar

La Habana, Cuba

Poder verbal

ACTIVIDAD 1

¿Qué palabra es? Identifica

1. lo que comen muchos animales
2. lo que hace un sol fuerte
3. uno de los cinco sentidos
4. un tipo de sombrero
5. mover de un lado a otro

Introducción

Gabriel de la Concepción Valdés fue hijo de una bailarina española de Burgos y un barbero cubano de raza negra. Nació en marzo de 1809 en La Habana, Cuba. Gabriel creció pobre y prejuiciado por ser de raza mezclada. Su educación no tenía continuidad y asistió a varios colegios. Comenzó a aprender a ser tipógrafo en la imprenta. Fue en aquel tiempo que comenzaron a surgir sus dotes de poeta. Pero tuvo que abandonar este trabajo y se fue para Matanzas donde hizo peinetas porque podía ganar más dinero pero no dejó de escribir poesías.

Gabriel tomó el seudónimo de "Plácido" con el cual firmó su obra. Escribió muchos poemas de carácter popular y para las fiestas familiares. Muchas de sus poesías fueron improvisaciones. La versificación de su poesía es tan natural que algunos de sus poemas eran repetidos en las calles de la Habana cien años más tarde. En el siglo XIX Plácido fue el poeta de mayor aceptación y divulgación. Su educación breve y desigual no le permitió dominar el idioma erudito. Escribía de forma desordenada. Se dice que producía los poemas como hace el campo nacer las flores.

Gabriel de la Concepción Valdés fue detenido junto a diez personas más en marzo de 1844. Fue acusado, pero no verificado, de haber tomado parte en lo que se llamaba "de la Escalera", una sublevación contra el gobierno colonial con el deseo de abolir la esclavitud. Gabriel fue fusilado el 28 de junio del mismo año ante más de 20 mil personas. Antes de morir gritó "Adiós, patria mía".

La poesía que sigue tiene en su título una flor – es la flor de la caña. En la época de "Plácido" la caña de azúcar era el producto más importante. En unas de sus poesías, como esta, hizo una asociación entre la mujer, o sea las cualidades femeninas, y la flor de la caña.

La flor de la caña

Yo vi una veguera
Trigueña tostada,
Que el sol envidioso
De sus lindas gracias,
O quizá bajando
De su esfera sacra
Prendado de ella,
Le quemó la cara.
Y es tierna y modesta,
Como cuando saca
Sus primeros tilos
«La flor de la caña.»

La ocasión primera
Que la vide, estaba
De blanco vestida,
Con cintas rosadas.
Llevaba una gorra
De brillante paja,
Que tejió ella misma
Con sus manos castas,
Y una hermosa pluma
Tendida, canaria,
Que el viento mecía
«Como la flor de la caña.»

Su acento divino,
Sus labios de grana,
Su cuerpo gracioso,
Ligera su planta:
Y las rubias hebras
Que a la merced vagan
Del céfiro, brillan
De perlas ornada,
Como con las gotas
Que destila el alba
Candorosa ríe
«La flor de la caña.»

El domingo antes
De Semana Santa,
Al salir de misa
Le entregué una carta,
Y en ella unos versos
Donde le juraba,
Mientras existiera
Sin doblez amarla.
Temblando tomóla
De pudor velada,
Como con la niebla
«La flor de la caña.»

Halléla en el baile
La noche de Pascua,
Púsose encendida,
Descogió su manta,
Y sacó del seno
Confusa y turbada,
Una petaquilla
De colores varias.
Diómela al descuido,
Y al examinarla,
He visto que es hecha
«Con flores de caña.»

En ella hay un rizo
Que no lo trocara
Por todos los tronos
Que en el mundo haya:
Un tabaco puro
De Manicaragua,
Con una sortija
Que ajusta la Capa,
Y en lugar de Tripa,
Le encontré una carta,
Para mí más bella
«Que la flor de la caña.»

No hay ficción en ella,
Sino estas palabras:
«Yo te quiero tanto
Como tú me amas.»

una veguera una campesina en Cuba
trigueña que tiene el color del trigo moreno
pudor timidez
velada encubierto sin mucho brillo
prendado impresionado favorablemente
tilos flores de color blanco amarillo
descogió abrió, desdobló
manta pieza de lana o algodón que sirve para abrigarse
petaquilla maleta pequeña
vide vi
descuido sin cuidado

ligera rápida, garbosa
planta "andar"
hebras fibras vegetales
vagar andar libre
céfiro viento suave y apacible

destila correr un líquido gota a gota
candorosa inocente

En una reliquia
De rasete blanca,
Al cuello conmigo
La traigo colgada;
Y su tacto quema
Como el sol que abrasa
En julio y agosto
«La flor de la caña.»

Ya no me es posible
Dormir sin besarla,
Y mientras que viva
No pienso dejarla.
Veguera preciosa
De la tez tostada,
Ten piedad del triste
Que tanto te ama;
Mira que no puedo
Vivir de esperanzas,
Sufriendo vaivenes
«Como flor de caña.»

Juro que en mi pecho
Con toda eficacia,
Guardaré el secreto
De nuestras dos almas;
No diré a ninguno
Que es tu nombre Idalia,
Y si me preguntan
Los que saber ansían
Quién es mi veguera,
Diré que te llamas
Por dulce y honesta
«La flor de la caña.»

rasete tipo raso o satén

ansían tienen muchas ganas

Comprensión

A Describiendo

1. Describe como la veguera posiblemente recibió su color.
2. Describe como estaba vestida la primera vez que el narrador la vio.
3. Describe el acento y algunos aspectos de la apariencia de la veguera.
4. Describe lo que dijo la flor en la carta que encontró el narrador en la petaquilla.
5. Describe lo que el narrador tiene colgado a su cuello y la sensación que le da.

B Explicando

1. Explica lo que el narrador dijo en la carta que dio a la veguera al salir de misa.
2. Explica lo que pasó la noche de Pascua en un baile.
3. Explica el mensaje que el narrador le da a su veguera.

C Interpretando En la época en la cual el autor compone esta poesía el producto más importante y más reconocido de Cuba es el azúcar. El autor presenta a la veguera como una imagen poética de la flor de esta planta, la más importante del país. ¿Es posible que el autor quiera que se vea esta veguera de color como símbolo de la nación? Reflexiona sobre esta idea y da tus opiniones.

A Santos Vega, payador argentino de Bartolomé Mitre

Introducción

El gaucho de las pampas argentinas es el símbolo del hombre libre, el que se burla de las normas o convenciones sociales. El gaucho apareció en el siglo XVIII por las necesidades de la explotación de la ganadería. Hacía falta un personaje diestro en el manejo del lazo y de las boleadoras. Los gauchos reinaban sobre las vastas extensiones de la Pampa. No conocían ni leyes ni frontera. Tenían un espíritu independiente y un carácter revolucionario, pero a veces los gauchos también tenían que divertirse.

El payador era el cantor gaucho. Por lo general cantaba en contrapunto con otro improvisando sobre temas variados. Dice el famoso autor argentino Domingo Faustino Sarmiento de los payadores o cantores: «El cantor anda de pago (distrito) en pago, cantando sus héroes de la pampa perseguidos por la justicia.... El cantor no tiene residencia fija, su morada está donde la noche lo sorprende; su fortuna en sus versos y en su voz.»

Un gaucho en La Pampa, Argentina

Santos Vega fue un payador popular de los años 1820. Algunos de sus versos llegaron a formar parte del folklore argentino. Después de su muerte se convirtió en el ídolo de todos los cantores gauchos. «Según tradición, Santos Vega murió de pesar por haber sido vencido por un joven desconocido en el canto que los gauchos llaman «contrapunto», o sea, de réplicas improvisadas en verso al son de la guitarra que pulsa cada uno de los cantores. Cuando la inspiración del improvisador faltó a su mente, su vida se apagó. La tradición popular agrega que aquel cantor desconocido era el diablo, pues sólo él podía haber vencido a Santos Vega.» Es esta una anotación hecha por Bartolomé Mitre, el autor de la poesía que sigue *A Santos Vega, payador argentino.*

Bartolomé Mitre (1821–1906) fue un hombre muy talentoso. Se destacó en muchos campos: hombre de letras, soldado, arqueólogo, historiador y estadista.

Andrew Payti

A Santos Vega, payador argentino

A Santos Vega, tus cantares
no te han dado excelsa gloria,
mas viven en la memoria
de la turba[1] popular;
y sin tinta ni papel
que los salve del olvido,
de padre a hijo han venido
por la tradición oral.

Bardo[2] inculto de la pampa,
como el pájaro canoro[3]
tu canto rudo y sonoro[4]
diste a la brisa fugaz[5];
y tus versos se repiten
en el bosque y en el llano,
por el gaucho americano,
por el indio montaraz[6].

¿Qué te importa, si en el mundo
tu fama no se pregona[7],
con la rústica corona
del poeta popular?
Y es más difícil que en bronce,
en el mármol o granito,
haber sus obras escrito
en la memoria tenaz[8].

¿Qué te importa? ¡si has vivido
cantando cual[9] la cigarra,
al son de humilde guitarra
bajo el ombú[10] colosal!
¡Si tus ojos se han nublado
entre mil aclamaciones,
si tus cielos[11] y canciones
por tradición vivirán!

[1] **turba** muchedumbre de gente
[2] **bardo** cantor
[3] **canoro** que canta bien
[4] **sonoro** de sonido armonioso
[5] **fugaz** que desaparece rápido
[6] **montaraz** de las montañas
[7] **pregona** alaba en público
[8] **tenaz** persistente
[9] **cual** como
[10] **ombú** árbol nacional de Argentina
[11] **cielos** canciones folklóricas

Estrategia de lectura

Dándote cuenta de regionalismos
A veces encontrarás una lectura que por una razón u otra tenga muchas palabras desconocidas. Es posible que esta poesía sea un ejemplo. Antes de leerla, dales una ojeada a todas las anotaciones laterales. Muchas, pero no todas, son regionalismos.

Un ombú

Andrew Payti

Cantando de pago[12] en pago,
y venciendo payadores,
entre todos los cantores
fuiste aclamado el mejor;
pero al fin caíste vencido
en un duelo de armonías,
después de payar dos días;
y moriste de dolor.

Como el antiguo guerrero
caído sobre su escudo,
sobre tu instrumento mudo
entregaste tu alma a Dios;
y es fama que al mismo tiempo
que tu vida se apagaba
la bordona[13] reventaba
produciendo triste son.

No te hicieron tus paisanos
un entierro majestuoso,
ni sepulcro esplendoroso
tu cadáver recibió;
pero un Pago[14] te condujo
a caballo hasta la fosa,
y muchedumbre llorosa
su última ofrenda te dio.

De noche bajo de un árbol
dice que brilla una llama,
y es tu ánima que se inflama,
¡Santos Vega el Payador!
¡Ah! ¡levanta de la tumba!
muestra tu tostada frente,
canta un cielo derrepente[15]
o una décima de amor.

Un gaucho contemporáneo montado en su caballo en la pampa argentina

[12] **pago** distrito
[13] **bordona** cuerda de sonido más grave de la guitarra
[14] **pago** gente de muchos distritos
[15] **cielo derrepente** canción improvisada

Comprensión

A **Resumiendo** Da un resumen de la información en la Introducción en la página 170. Incluye los datos principales.

B **Verificando** Indica si la información es correcta o no. Corrige la que no es correcta.

1. El payador era un bailarín.
2. Los gauchos tenían un carácter tranquilo y pasivo.
3. El payador argentino no tenía una residencia fija.
4. La fortuna del payador era sus versos y su voz.
5. Santos Vega existía sólo en la leyenda, no en la realidad.
6. Hay una leyenda sobre la muerte de Santos Vega.
7. El diablo lo mató.

C **Adivinando** Ya sabes lo que es un payador. Luego, ¿qué significará el verbo «payar»? ¿Y el sustantivo «payada»?

D **Analizando** Contesta.

1. ¿Ha alcanzado gran fama Santos Vega?
2. ¿Quiénes no van a olvidar sus cantares?
3. ¿Leen sus versos los padres a sus hijos?
4. ¿Quiénes repiten sus versos?
5. ¿Están escritos en mármol o granito sus versos? ¿Dónde están escritos?
6. ¿Dónde cantaba Santos Vega?
7. ¿Cómo describe el poeta la muerte de Santos Vega?
8. ¿Cómo compara la muerte de Vega a la de un antiguo guerrero?
9. ¿Qué pasaba mientras Santos Vega expiraba?
10. ¿Qué tipo de entierro le dieron a Santos Vega sus paisanos?
11. ¿Qué quieren los paisanos de Santos Vega? ¿Qué quieren que él haga?

Los gauchos en La Pampa, Argentina

Composición

Una crítica

La crítica es un tipo de artículo o ensayo que critica o juzga una obra artística y literaria, tal como una crítica teatral. El escritor de una crítica presenta un resumen o una evaluación detallada de la obra.

Se puede organizar una crítica de varias maneras pero muchas veces el autor la presentará con un resumen bastante detallado de la obra, sobre todo del argumento. A veces dará sus opiniones sobre el argumento indicando si le gustó o no y el efecto que le produjo, si lo encontró divertido, cómico, serio, alegre, triste, interesante o aburrido.

Luego analizará a los personajes de la obra. En el caso de una crítica teatral presentará los nombres de los actores y actrices que desempeñaron los papeles más importantes. Analizará la personalidad de cada personaje y dará sus opiniones sobre la actuación. Juzgará si los actores han representado bien a los personajes y si han podido «captar» su personalidad. Describirá la calidad de la voz de los actores, sobre todo si la obra incluye canciones, y sus ademanes o gestos y otros medios de comunicación no verbales.

El autor seguirá frecuentemente con una descripción del decorado y del vestuario. Además de describirlos, informará a sus lectores si los consideraba oportunos y adecuados para la obra. Y siempre dará sus razones para defender lo que está diciendo.

A veces incluirá en su crítica al director de la obra dando su opinión sobre la eficacia de su trabajo—su selección de actores, decorado, vestuario, etc. Indicará si a su juicio el director ha hecho todo lo posible para presentar la obra artística y efectivamente.

Para llevar su crítica a una conclusión, la terminará con su opinión general de la obra—si le ha gustado o no y si les recomienda a sus lectores ir a verla.

Teatro Colón, Cartagena, Colombia

El interior de un teatro vacío

Ahora, ¡te toca a ti!

Ahora, tú vas a escribir un ensayo crítico. Puedes escoger:

- un filme que viste en la televisión
- un show o programa que viste en la televisión
- un filme que viste en el cine
- un espectáculo que viste en un teatro
- un espectáculo presentado en una «asamblea» de tu escuela

Si prefieres, puedes imaginar que has tenido la oportunidad de ver una representación de *El marido de su viuda*. Piensa en los personajes que ya conoces e imagina lo que viste en la escena—los actores, el decorado, el vestuario.

Al escribir tu crítica, puedes seguir la organización sugerida. Si quieres, puedes cambiar la organización pero no olvides que tu crítica tiene que tener una cohesión para que tus lectores (tu público) puedan seguirla sin problema. No te olvides de defender tus opiniones con razones.

Sección 6

Conexión con el inglés

El futuro

1. El futuro en inglés se expresa con *will.*

   The show will open (start) tomorrow.
   We will see you at the theater.

2. Nota que casi siempre *will* se combina con el pronombre de sujeto haciendo una contracción.

   I'll go and they'll go, too. We'll all go.

3. *Will not* es frecuentemente *won't.*

We will not be there.	*We won't be there.*
He will not say anything.	*He won't say anything.*

4. En inglés, igual que en español, se puede expresar el futuro con *to go* más el infintivo o el presente progresivo; y a veces el presente sencillo.

   I am going to leave tomorrow.
   I'm leaving tomorrow.
   I leave tomorrow.

Will there be a performance today?

5. En la lengua hablada en vez de *going to,* oirás casi siempre *gonna.*

   I'm "gonna" go.   *I'm "gonna" stay.*

6. Las antiguas reglas de gramática dictan el uso de *shall* en vez de *will* despúes de *I* o *we.* La verdad es que *shall* no es de uso corriente en el inglés de Estados Unidos, llamado *American English.* Se usa más en Inglaterra o sea en *British English,* el inglés británico.

I will let you know.	*I shall let you know.*
We will, too.	*We shall, too.*

I think this will look great.

7. Observa que la palabra *will* se usa también para rendirle más cortesía a una petición.

   Will you please pass me the salt?
   en vez de
   Please pass me the salt.

8. La palabra *will* se usa también para expresar certeza.

   She will do well. (The speaker is sure.)
   They will be there. I assure you.

El comparativo y el superlativo

1. El comparativo y el superlativo se usan en inglés igual que en español para comparar dos entidades desde el punto de vista de superioridad o inferioridad.

2. Se usa *more . . . than* o *less . . . than* con cualquier adjetivo o adverbio largo.

   This play was more interesting than the other one.
   This reading is less difficult than the last one.

   Se usa *the most . . .* o *the least . . .* para expresar el superlativo.

   This is the most interesting city in the world.
   This is the least difficult reading of all.

   Nota que el comparativo va seguido de *in* o *of.*

3. Para formar el comparativo de un adjetivo o adverbio corto, se le agrega el sufijo *-er.* Para formar el superlativo se le agrega *-est.*

   This play is longer than the other one.
   This play is the longest of all.

   He works harder than anyone.
   He works the hardest of all.

4. Notarás que hay adjetivos y adverbios cuyas formas comparativas (y superlativas) pueden formarse de las dos maneras.

commoner	*more common*	*commonest*	*most common*
handsomer	*more handsome*	*handsomest*	*most handsome*
lonelier	*more lonely*	*loneliest*	*most lonely*

5. Hay muy pocas formas irregulares del comparativo o superlativo.

ADJECTIVE	ADVERB		
good	*well*	*better*	*(the) best*
bad	*badly*	*worse*	*(the) worst*
little	*little*	*less*	*(the) least*
much/many	*much*	*more*	*(the) most*

   Aprende este refrán popular.

   Good, better, best.
   Never let it rest.
   'Til your good is better
   And your better best.

Sección 6

Conexión con el inglés

¡Ojo! **Problemas ortográficos**

- Si el adjetivo termina en *-e,* se le agrega solamente *-r* o *-st.*

nice	*nicer*	*nicest*
fine	*finer*	*finest*

- Si termina en *-y,* la *-y* se convierte en *-i.*

pretty	*prettier*	*prettiest*
happy	*happier*	*happiest*

EXCEPCIÓN: *shy* *shyer* *shyest*

- A un adjetivo corto de consonante—vocal—consonante se le dobla la consonante final.

big	*bigger*	*biggest*
fat	*fatter*	*fattest*

EXCEPCIÓN: No se dobla nunca la *-w* ni la *-y.*

slow	*slower*	*slowest*
coy	*coyer*	*coyest*

Lisa Harrison

Some say that the produce from the street vendors is fresher than the produce in the supermarket.

6. Las formas del comparativo en inglés, igual que en español, van seguidas del pronombre de sujeto.

INGLÉS

He is taller than { *I* / *he, she* / *we* / *you* / *they* }

ESPAÑOL

Él es más alto que { **yo** / **tú** / **él, ella, Ud.** / **nosotros (as)** / **vosotros (as)** / **ellos, ellas, Uds.** }

¡Ojo! Muchos anglohablantes dicen erróneamente *He is taller than me* o *He is taller than her*. Para ayudarte a no cometer este error, recuerda completar la cláusula que sigue silenciosamente.

He is taller than I (am).
He is taller than she (is).

Nadie diría nunca:

He is taller than me am.
He is taller than her is.

Which of the two girls is happier?

Capítulo 6

España

Design Pics/Michael Thornton

Objetivos

En este capítulo vas a:

- estudiar la historia pasada y actual de España
- aprender el vocabulario necesario para discutir la industria hotelera y la importancia del turismo
- estudiar el tiempo futuro de los verbos irregulares y los complementos de pronombre directos e indirectos en la misma oración; analizar casos particulares de la concordancia verbal; repasar los problemas ortográficos de las palabras con **h**
- leer unos trozos de *El ingenioso hidalgo don Quijote de la Mancha* de Miguel de Cervantes Saavedra
- contrastar el futuro en español y en inglés; estudiar casos particulares de concordancia verbal en inglés

Parroquia de Nuestra Señora de la Encarnación, Cádiz, Andalucía, España

Sección 1

Historia y cultura

Vocabulario para la lectura

Obreros en huelga, San Isidro, Perú

Andrew Payti

Estudia las definiciones de las siguientes palabras.

la cohesión adherencia; unión de una cosa con otra

un déspota soberano que gobierna sin ser sujeto a leyes; persona que abusa de su poder y autoridad

la dinastía familia en cuyos miembros se perpetúa el poder político

el engaño el hacer creer algo que no es verdad; el fraude

el feudalismo orden político a fines de la Edad Media que implicaba la dependencia del campesino a un señor

la huelga suspensión colectiva del trabajo para obtener beneficios o derechos

un levantamiento sublevación, rebelión, motín

la monarquía absoluta forma de gobierno en la cual el rey tiene el poder supremo

el sindicato organización para defender intereses profesionales comunes, generalmente de obreros

las tinieblas oscuridad; *(figurativo)* ignorancia

intransigente obstinado, intolerable

irreconciliable incapaz de reconciliar algo, de encontrar una solución

mercantil comercial

repentino súbito, pronto, inesperado

totalitario relativo a un régimen político no democrático; autoritario

abdicar renunciar el trono

abolir cancelar, anular, suprimir

amenazar dar a entender con actos o palabras el deseo de hacer algún mal a otro

compartir distribuir en partes; poseer en común

decaer perder fuerza gradualmente

empeorar ponerse peor, deteriorar

naufragar hundirse o perderse una embarcación (barco) en el agua; sufrir tal accidente

otorgar dar, ofrecer

patrocinar favorecer o proteger una causa o candidatura; ayudar una causa frecuentemente pagando los gastos; favorecer

sucumbir rendirse, someterse

suprimir omitir, pasar por alto; hacer que desaparezca

Poder verbal

Felipe II, Rey de España (1556-1598) y Rey de Portugal (1580-1598) como Felipe I

Actividad 1 **Palabras emparentadas** Da una palabra relacionada.

1. levantar
2. patrocinio
3. decadencia
4. engañar
5. amenaza
6. mercancía
7. abdicación
8. abolición
9. náufrago
10. peor

Actividad 2 **Parafraseando** Expresa de otra manera.

1. Él está en *la oscuridad.* No sabe lo que está pasando.
2. Es cierto que habrá *una rebelión.*
3. Él no va a *someterse.*
4. Él no puede *anular* estas leyes.
5. Él le va a *apoyar con fondos para* la expedición.
6. Él es tan *obstinado* que no cambiará de opinión nunca.
7. Fue un acto muy *inesperado.*
8. El rey no va a *renunciar el trono.*

Actividad 3 **¿Qué palabra necesito?** Completa.

1. Para un ____, no hay leyes.
2. Ha habido buenos y malos reyes de la ____ borbónica.
3. Los obreros han formado un ____ y si no reciben la atención de los gerentes van a declararse en ____.
4. Hay mucha ____ entre ellos. Se entienden y se comportan bien.
5. Ella nunca quiere darle nada a nadie. No le gusta ____.
6. Bajo un dictador o una junta militar hay un gobierno ____.
7. Yo creo que lo van a ____ para que tenga miedo pero no le van a hacer ningún daño.
8. Ellos tienen ideas ____. Nunca llegarán a un acuerdo.

Actividad 4 **Una oración original** Usa cada palabra en una oración original.

1. la monarquía absoluta
2. el déspota
3. sucumbir
4. empeorar
5. naufragar
6. un levantamiento
7. intransigente
8. totalitario

Lectura

La historia de España

Parque Nacional de los Pirineos

Época antigua

La historia de España es muy diferente de la historia de las otras naciones de Europa. Los habitantes de la España de hoy son el fruto de una mezcla de pueblos y razas que invadieron el país durante su larga historia.

Los iberos

Los iberos, un pueblo guerrero, fueron los primeros pobladores de España. Se sabe muy poco de sus orígenes pero hay quienes dicen que vinieron de África y atravesaron el estrecho de Gibraltar hacia 3000 a.C. Algunos creen que eran los antepasados de los vascos de hoy que viven en los Pirineos en el norte de España y el sur de Francia, un grupo cuyo origen y cuya lengua quedan un misterio.

Los celtas

A partir de 1100 a.C. se inició la inmigración de pueblos celtas del norte y del centro de Europa que se instalaron en el norte de España. Un pueblo de gente rubia, se nota su influencia aún hoy, sobre todo en Galicia. Los gallegos comparten muchas características físicas y culturales con los irlandeses que también son de origen celta. Los celtas y los iberos se unieron y formaron el pueblo celtíbero—que fue en realidad un grupo de tribus desorganizadas y belicosas.

Los fenicios

Los fenicios empezaron a establecer relaciones comerciales en España hacia el siglo XI a.C. Fundaron la ciudad más antigua del país, Cádiz, y establecieron puertos a lo largo de la costa del Mediterráneo. Los fenicios eran comerciantes pacíficos y nunca hubo guerra entre ellos y los celtíberos.

El malecón en el Cádiz de hoy

Los griegos

Los griegos, como los fenicios, se dedicaban al comercio y llegaron a España en el siglo VII a.C. cuando un barco griego naufragó cerca de Málaga. Los griegos fundaron escuelas y establecieron puertos mercantiles en la costa del Mediterráneo.

Los cartagineses

Hacia 225 a.C. un poderoso ejército cartaginés llegó a España de Cartago en el norte de África. Los cartagineses fundaron la ciudad de Cartagena (Cartago Nuevo) y en poco tiempo conquistaron todo el país. Forzaron a los celtíberos a servir en el ejército cartaginés o trabajar como gente esclavizada en las minas.

Muy conocida es la historia de Aníbal quien con su ejército de soldados cartagineses y celtíberos cruzó los Pirineos y los Alpes con una caravana de elefantes para ir a conquistar a Roma. Aníbal estuvo a punto de ocupar Roma pero no pudo. Mientras Aníbal seguía luchando en Italia los romanos invadían España. Doce años más tarde expulsaron a los cartagineses de España e incendiaron Cartago en 218 a.C.

Los romanos

Los romanos pudieron conquistar Galia en sólo siete años pero tardaron casi dos siglos en someter a los valientes celtíberos. En 74 d.C. los romanos dieron la ciudadanía romana a todos los habitantes de España. Así los celtíberos se mezclaron con los romanos y adoptaron la lengua, las leyes y las costumbres romanas. España se romanizó.

Una vista de la ciudad de Cartagena desde el teatro romano

Historia y cultura

Los visigodos

España había gozado de cuatro siglos de paz bajo los romanos cuando los pueblos bárbaros del norte se aprovecharon de la decadencia del imperio romano e invadieron el país en el año 400. Los pueblos bárbaros estaban compuestos de varias tribus germánicas y fueron los visigodos que invadieron España y establecieron una dinastía en la península. En el siglo VI d.C. los visigodos se convirtieron al cristianismo e inauguraron el feudalismo en España. Los hispanorromanos se mezclaron con los visigodos quienes no crearon una civilización nueva. Los visigodos adoptaron las instituciones romanas.

Teatro romano, Mérida

El Acueducto de Segovia fue construido en el primer siglo a.C. en Segovia, España.

Los árabes

En el año 711 los árabes o los moros entraron en España del norte de África. Sucumbieron a los visigodos y permanecieron en la península por ocho siglos. A veces guerreaban con los españoles pero con frecuencia vivían en paz con ellos. La influencia árabe o musulmana en España es enorme. Es esta influencia árabe la que hace la civilización española muy diferente de la de los otros países europeos. Córdoba, la capital de los moros, llegó a ser la ciudad más rica y más cultural de toda la Europa occidental. Mientras el resto del continente vivía en las tinieblas de la Edad Media, la biblioteca de Córdoba tenía más de 250.000 tomos. Los árabes trabajaban con los judíos e hicieron importantes descubrimientos en la medicina, las matemáticas y otras ciencias. La historia de la dominación árabe en España se caracteriza por la tolerancia que existía entre todos sus habitantes—cristianos, árabes y judíos.

La Mezquita, Córdoba, Andalucía, España

La Reconquista

Cuando llegaron los moros a España muchos cristianos huyeron hacia el norte donde se reunieron en las montañas de Asturias. Nombraron rey a don Pelayo, el primer rey de la dinastía española. En 718 los españoles ganaron su primera batalla contra los moros en Covadonga. Así empezó la Reconquista—la guerra contra los musulmanes—que duraría ocho siglos aunque las batallas no fueron constantes. Durante este período los reyes cristianos iban recuperando terreno de los árabes formando reinos independientes y desunidos, lo que resultó en una falta de cohesión y unidad política que sigue existiendo aún hoy.

La «unidad política» de España se realizó con el casamiento de los Reyes Católicos, Isabel, la reina de Castilla, y Fernando, el rey de Aragón, en 1469. En 1492 los ejércitos de los Reyes Católicos entraron victoriosamente en la ciudad de Granada poniendo fin a la Reconquista. El último califa árabe, Boabdil, salió de Granada llorando la pérdida de su Alhambra.

Torre de la Vela, la Alhambra, Granada, Andalucía, España

Estatua de Maimonides en Córdoba, Andalucía, España

Historia y cultura

El reinado de Fernando e Isabel

Cristóbal Colón arrodillado delante de la reina Isabel II

De 1483 a 1497 los Reyes Católicos iban tomando dominio de todos los pequeños reinados del país. Poco a poco pusieron fin al sistema feudal y establecieron una monarquía absoluta. Los Reyes Católicos querían no sólo la unidad territorial y política, querían también la unidad religiosa. La gran mayoría de los españoles era cristiana y ellos no tenían el espíritu de tolerancia que existía en la España musulmana. Los judíos habían estado en España desde antes de la era cristiana pero la mayoría llegó en el siglo XI. Los Reyes Católicos querían castigar a todos los que no practicaban la religión católica y en 1481 establecieron el Tribunal de la Inquisición. En 1492 ordenaron la expulsión de España de todos los judíos no conversos. Su expulsión fue un desastre para España porque ellos habían contribuido mucho a la prosperidad del país. A principios del siglo XVI expulsaron también a los árabes que quedaron en España—los moriscos.

Bajo los Reyes Católicos empezaron la exploración y colonización de las Américas. Patrocinado por la reina Isabel, Cristóbal Colón salió con tres carabelas de Palos de Noguera en busca de una nueva ruta a las Indias. En vez de llegar a las Indias, el doce de octubre de 1492, puso pie en la isla de San Salvador en las Bahamas. Colón hizo dos expediciones más y ocupó las nuevas tierras en nombre de los Reyes Católicos.

Hernán Cortés de Monroy y Pizarro, realizado por W. Holl

Carlos V de Austria y I de España

La hija de los Reyes Católicos, Juana la Loca, se casó con Felipe el Hermoso de la familia real de los Habsburgos (Austria) en 1506. Según la leyenda Juana se volvió loca debido a la muerte repentina de su esposo. Su hijo Carlos V de Austria y I de España heredó la corona española con todas sus posesiones por ser nieto de los Reyes Católicos. Como hijo de Felipe heredó también una gran parte de Europa. Por eso se decía que «en los dominios de España, nunca se pone el sol».

Carlos V siguió la política imperialista y religiosa de sus abuelos. Como no podía comprender la revolución religiosa, la Reforma, él luchó contra los protestantes de Alemania, y contra el rey de Francia, Francisco I, y el rey Enrique VIII de Inglaterra.

Durante el reinado de Carlos V Hernán Cortés conquistó a los aztecas en México y Francisco Pizarro conquistó a los incas en Perú. Los conquistadores mandaron de las Américas grandes cantidades de oro y plata. Pero el oro que llegaba a España se gastaba en las guerras religiosas de Carlos V por toda Europa. Con tanta guerra España se empobrecía. En 1555 Carlos V abdicó en favor de su hijo Felipe II. Felipe II heredó las posesiones españolas incluyendo Flandes, Holanda y partes de Italia pero las posesiones del Imperio habsburgo pasaron a su hermano Fernando.

Felipe II

Felipe II es uno de los reyes más discutidos de la historia de España. Algunos lo consideran muy prudente y otros lo consideran un déspota fanático. En su mayoría él siguió la política de su padre. El pueblo holandés era en su mayoría protestante y quería su independencia. Para mantener su poder y la dominación religiosa él tuvo que ir a la guerra. Y continuó las guerras de su padre contra Francia.

Felipe II y la reina Isabel de Inglaterra eran enemigos mortales. Ella persiguió a los católicos ingleses y protegió a los piratas ingleses que saqueaban las naves españolas en las Américas. Por eso, Felipe preparó la «Armada Invencible» de 130 barcos y más de 30.000 hombres para atacar a los ingleses. A causa de unas tempestades y la superioridad de las naves inglesas, la Armada sufrió una derrota decisiva en 1588.

El gran imperio de Carlos V y Felipe II en el siglo XVI decayó y España se convirtió en un país de segundo orden. Los últimos tres reyes habsburgos, Felipe III, Felipe IV y Carlos II, reinaron durante todo el siglo XVII. Ellos dieron mucho poder a sus aristócratas favoritos y en vez de gobernar se dedicaban a la caza, al teatro y a las fiestas. El último, Carlos II el hechizado[1], era un enfermo mental que murió sin sucesión.

La Armada Invencible

Felipe V

Después de la muerte de Carlos II sin heredero[2] hubo una lucha diplomática entre las familias reales de Europa para la corona de España. Ganó Luis XIV de Francia cuyo nieto fue coronado rey de España con el nombre de Felipe V. Así la corona española pasó de los Habsburgos a los Borbones. Austria declaró la guerra contra Francia y Cataluña. Valencia y las Baleares decidieron oponerse a Felipe V y aceptar a Carlos, el archiduque de Austria, como rey. La guerra, llamada «la Guerra de la Sucesión», duró de 1702 a 1713. Al fin se firmó la paz de Utrecht. Felipe V fue reconocido rey de España pero los españoles perdieron más posesiones en Italia y Gibraltar.

[1] **hechizado** embrujado
[2] **heredero** persona que hereda (recibe) los bienes de un difunto

Historia y cultura

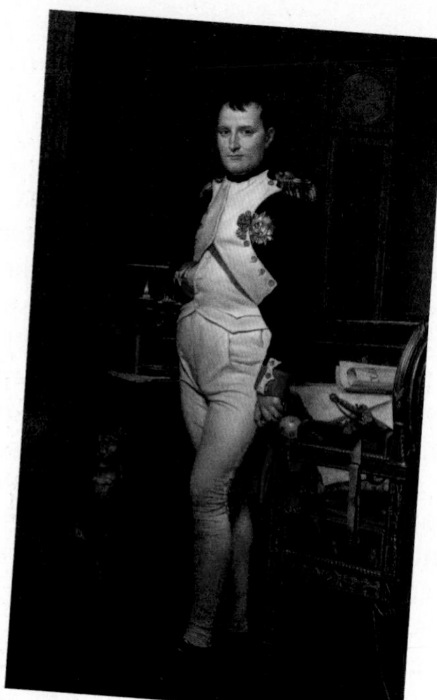
El Emperador Napoleón de Jacques-Louis David, 1812

Los Borbones

Bajo el mando de los tres primeros Borbones, Felipe V, Fernando VI y Carlos III (1700–1788), la decadencia española continuó. Los nobles y la Iglesia poseían la mayor parte de las tierras en España. Había muy pocos propietarios pequeños. Algunos ministros empezaron a dictar leyes para una distribución más justa de la tierra. Y a fines del siglo XVIII las ideas liberales de la Revolución francesa se hicieron muy populares.

Napoleón

Carlos IV (1788 a 1808) fue un rey débil y perezoso que puso el gobierno en las manos de su ministro Manuel Godoy. Con una serie de intrigas y engaños Napoleón invadió España y tomó «prisioneros» a Carlos IV y a su hijo Fernando VII. Los «prisioneros» vivían lujosamente en Francia mientras Napoleón invadía España y proclamó a su hermano José rey de España. Él reinó de 1808 a 1814.

La Guerra de la Independencia

Algunos españoles de las clases altas apoyaban a Napoleón. Se llamaban «afrancesados». Pero el pueblo español se levantó contra las tropas de Napoleón. Hombres y mujeres con navajas, palos y aceite hirviendo lucharon en las calles. Fue la primera guerra de guerrilleros.

La única ciudad que no cayó en manos de los franceses fue Cádiz en el sur. En 1810 un nuevo parlamento conocido como las Cortes de Cádiz fue elegido y proclamó en 1812 la primera constitución española. En 1814 bajo el mando del duque de Wellington, el pueblo español expulsó a las fuerzas de Napoleón. Después de la guerra, en vez de castigar al traidor Fernando VII, el pueblo lo recibió como rey absoluto. Él se negó a reconocer la constitución y los españoles vivieron bajo su tiranía hasta su muerte en 1833.

Una ceremonia delante del Palacio Real, Madrid

Las guerras carlistas

Después de la muerte de Fernando VII había dos facciones políticas en España—los liberales y los absolutistas. Los liberales querían que la hija de Fernando, Isabel, que sólo tenía tres años, fuera reina. Los absolutistas llamados también «carlistas» o «tradicionalistas» querían que Carlos fuera rey. Subió al trono Isabel II (1833 a 1868) pero los carlistas provocaron una serie de crueles guerras civiles. Estas guerras civiles, llamadas «las Guerras Carlistas», fueron los precursores de la horrible Guerra Civil de 1936.

Isabel II hasta Alfonso XIII

Durante todo el reinado de Isabel II había mucha inestabilidad política. En 45 años había 6 constituciones, 41 gobiernos y 15 levantamientos llamados «pronunciamientos».

Entraban en España las ideas liberales europeas del siglo XVIII. Resultó la revolución de 1868 y la expulsión de la reina, Isabel II. Amadeo de Saboya, hijo del rey de Italia, sirvió como rey constitucional. Pero después de dos años tuvo que abdicar por no poder dominar la división política de los españoles.

Estanque del Retiro, Parque del Retiro, Madrid, España

Las Cortes proclamaron la primera República en 1873 que duró sólo veintidós meses. En menos de dos años hubo cuatro presidentes, todos liberales y bienintencionados, pero ninguno era capaz de poner fin a la anarquía política que reinaba en el país.

Después de este breve experimento republicano la monarquía fue restaurada bajo los Borbones Alfonso XII (1874–1885) y Alfonso XIII (1886–1931). Una constitución conservadora fue proclamada en 1876 estableciendo la monarquía constitucional hereditaria y el sistema parlamentario con un Senado y un Congreso de Diputados. Se formaron dos partidos políticos, el Conservador y el Liberal. Pero seguían las intrigas y los abusos de políticos poderosos que no permitían funcionar una democracia.

Alfonso XII murió unos meses antes del nacimiento de su hijo Alfonso XIII. La madre del infante, María Cristina, fue regente hasta 1902, año en que Alfonso XIII empezó a gobernar. Éste mostró poco respeto por las Cortes y de 1902 a 1923 hubo treinta y tres gobiernos.

Un gran problema para Alfonso XIII era la guerra en Marruecos—una guerra muy costosa en dinero y en vidas humanas. Muchos españoles protestaban violentamente contra esta guerra. En 1914 estalló la Primera Guerra mundial y España proclamó su neutralidad.

Historia y cultura

Fuente de las Conchas en el Campo de Moro, Palacio Real, Madrid, España

Pixtal/age fotostock

Antes y durante la Guerra Civil

Desde la restauración de la monarquía en 1874 los conflictos sociales se hacían más y más violentos. El país se dividió en dos grupos irreconciliables: burgueses y trabajadores. El conflicto se convirtió en una lucha de clases.

Los trabajadores estaban organizados en dos grandes sindicatos nacionales. Había muchas huelgas. Patrones y obreros se odiaban y eran intransigentes. Los obreros pedían la revolución total y la eliminación de la clase burguesa. El gobierno de Madrid no podía solucionar el problema y morían a tiros obreros y patrones.

Además de la lucha de clases, la situación política empeoró. Con el consentimiento del rey, Miguel Primo de Rivera estableció una dictadura militar que duró de 1923 a 1930. Él suprimió la rebelión en Marruecos, abolió la libertad de prensa y otras garantías constitucionales. El Senado y el Congreso fueron abolidos.

Hacia los últimos años de la dictadura los españoles, incluyendo el ejército, estaban en contra de la dictadura. Primo de Rivera dimitió[3] en 1930. Se celebraron elecciones municipales para escoger entre la monarquía y la República. El pueblo votó contra la monarquía y Alfonso XIII tuvo que salir del país. El 14 de abril de 1931 se proclamó la Segunda República que sólo duró de 1931 a 1936. Fueron cinco años de vida violenta y difícil. En 1931 se promulgó[4] la constitución republicana—una de las más progresistas y liberales de Europa. Otorgó muchos derechos a los ciudadanos. La República fundó veinte mil escuelas públicas.

Pero las luchas sociales siguieron. Los grupos de la derecha—el ejército, el clero y los ricos—no querían un régimen renovador. La mutua intolerancia entre las clases y los distintos grupos resultó en una constante tensión política y social—había huelgas, quemas de iglesias, manifestaciones en las calles.

España se había dividido en dos bandos irreconciliables. El bando izquierdista, el Frente Popular, comprendía socialistas, republicanos y comunistas. El bando derechista, la Falange, fue un partido fundado por el hijo del dictador José Antonio Primo de Rivera. En las elecciones de febrero de 1936 triunfó el Frente Popular pero con sólo un margen escaso que no permitió a los republicanos formar un gobierno fuerte.

Una vez más entró el ejército con un pronunciamiento dirigido por el general Francisco Franco el 12 de julio de 1936. El conflicto se convirtió muy pronto en una guerra civil y revolución social. El ejército, el clero y las clases altas apoyaron a Franco. Con la República estaban los obreros, los campesinos y parte de la clase media, sobre todo los intelectuales liberales. Quedó también una masa neutral. La guerra duró casi tres años hasta el primero de abril de 1939. Hubo un millón de muertos y otro millón de españoles tuvieron que emigrar hacia el final de la guerra. La destrucción fue enorme y los españoles quedaron divididos en dos bandos: vencedores y vencidos.

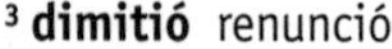

[3] **dimitió** renunció

[4] **promulgó** publicó ceremoniosa y/o oficialmente

La dictadura de Franco

El general Francisco Franco, el caudillo, estableció un régimen totalitario. En vez de tratar de unir a los españoles, él emprendió una campaña de represión contra los vencidos. España fue totalmente aislada y los españoles sufrieron hambre y frustración. En los años 50 el nivel de vida de los españoles subió bastante, gracias en parte al turismo. Pero la censura, el exilio y la represión continuaron hasta la muerte de Franco el 20 de noviembre de 1975.

General Francisco Franco Bahamonde (1892-1975)

Después de Franco

Franco había declarado antes de su muerte que España sería una vez más una monarquía. Muchos españoles desconfiaban. Pero el rey Juan Carlos I de Borbón, el nieto de Alfonso XIII, abrió la puerta a la democracia y, en julio de 1976, nombró presidente del gobierno a Adolfo Suárez. En 1977 se convocaron las primeras elecciones. Votó más de 80 por ciento del electorado. Ganó la UCD (Unión de Centro Democrático) con Adolfo Suárez como presidente. En 1978 la población española aprobó por una mayoría del 88 por ciento la nueva Constitución, que define a España como una Monarquía Parlamentaria: esto significó que el gobierno español precisa de los poderes del rey, del presidente y de las Cortes. En 1982, se celebraron nuevas elecciones generales. El PSOE (Partido Socialista Obrero Español) obtuvo la mayoría absoluta. Felipe González fue el nuevo presidente del gobierno español.

El presidente actual es Mariano Rajoy del partido popular. La España de hoy es un país democrático y moderno. España pertenece a la Comunidad Económica Europea y a la OTAN. La modernidad se refleja en la vida cotidiana de los españoles. Las ciudades cosmopolitas de Madrid y Barcelona se consideran entre las más culturales de Europa.

Puerto de Palma de Mallorca, España

Las comunidades autónomas

Antes España se dividía en regiones pero desde 1979 se les llama oficialmente «comunidades autónomas». En total hay diecisiete comunidades autónomas que se pueden comparar más o menos con los estados de Estados Unidos. Cada comunidad tiene su propio presidente, congreso de diputados y elecciones.

A pesar de todos los cambios políticos y sociales no se han solucionado todos los problemas. Siguen existiendo los problemas de las nacionalidades sobre todo en Euskadi (el País Vasco), Cataluña y Galicia. En los últimos años el fervor nacionalista y autónomo no ha disminuido. Existen partidos nacionalistas que siguen exigiendo la independencia y a veces sus actos violentos sobre todo los de la ETA (Euskadi Ta Askatasuna) amenazan la estabilidad del país.

Barcelona

Comprensión

Galería del Teatro romano, Mérida

Andrew Payti

A Época antigua Identifica.

1. los iberos
2. los celtas
3. los fenicios
4. los griegos
5. los cartagineses
6. los romanos
7. los visigodos
8. los moros

B La Reconquista Verificando Indica si la información es correcta o no. Si no lo es, corrígela.

1. Cuando llegaron los moros muchos cristianos huyeron hacia el sur en las sierras de Andalucía.
2. En 718 los españoles ganaron su primera batalla de la Reconquista en Barcelona.
3. La Reconquista duró ochenta años.
4. Fernando e Isabel se casaron en 1469 uniendo a España.
5. La Reconquista se terminó con la toma de Granada por los Reyes Católicos en 1492.

C El reinado de Fernando e Isabel Explica.

1. lo que establecieron los Reyes Católicos
2. lo que querían ellos
3. lo que hicieron con los judíos
4. lo que hicieron con los árabes no conversos
5. lo de Cristóbal Colón

D De Carlos V a Felipe V Buscando información Contesta.

1. ¿Qué le pasó a Juana, la hija de los Reyes Católicos?
2. ¿Quién heredó la corona de España?
3. ¿Por qué heredó Carlos tanto territorio además de España?
4. ¿Qué política siguió Carlos V?
5. ¿Qué pasaba en las Américas durante el reinado de Carlos V?
6. ¿Por qué abdicó Carlos V?
7. ¿Cuál fue la política de Felipe II?
8. ¿Qué fue la «Armada Invencible»?
9. ¿Cómo reinaron los últimos tres reyes habsburgos?
10. ¿Qué hubo después de la muerte de Carlos II?
11. ¿Cómo pasó la corona española de los Habsburgos a los Borbones?

E Los Borbones hasta Alfonso XIII Identifica.

1. Carlos IV
2. Napoleón
3. la Guerra de la Independencia
4. Fernando VII
5. las guerras carlistas
6. Isabel II
7. Amadeo de Saboya
8. las Cortes
9. la constitución de 1876
10. Alfonso XIII

F Antes de y durante la Guerra Civil Explicando Explica.

1. los grupos en que se dividieron los españoles; ¿por qué?
2. los deseos de cada grupo
3. lo que hizo el dictador Primo de Rivera
4. la Segunda República
5. la constitución de 1931
6. lo que había durante los años de la Segunda República
7. el Frente Popular
8. la Falange
9. los que apoyaron a Franco y los que apoyaron a la República
10. los resultados de la Guerra Civil

G Hasta hoy Buscando información Contesta.

1. ¿Qué estableció Francisco Franco después de la Guerra Civil?
2. ¿Qué emprendió él?
3. ¿Qué hubo en España bajo él?
4. ¿Por qué empezó a mejorar el nivel de vida de los españoles en los años 50?
5. ¿Cuándo murió Franco?
6. ¿Qué había declarado Franco antes de su muerte?
7. ¿Quién subió al trono y qué hizo?
8. ¿Qué forma de gobierno tiene España hoy?
9. ¿Cómo es la España de hoy?
10. ¿Qué son las «comunidades autónomas»?
11. ¿Qué sigue amenazando la paz en España?

Una manada de ovejas, Guipuzcoa, el País Vasco, España

Conocimientos para superar

Conexión con el turismo

La hostelería, llamada también «la hotelería», siempre ha sido la base del turismo y ya has aprendido la importancia que puede tener el turismo. Fue el turismo que contribuyó al mejoramiento del nivel de vida en la España de los 50. Y el turismo sigue siendo un factor importante en la economía de muchos países. La hotelería tiene el cargo de recibir a cientos de miles de gente de negocios y turistas extranjeros cada año y así recaudar importantes montos de divisas.

Plaza de España, Madrid

La industria hotelera

Hay muchos tipos y categorías de hoteles—de los más lujosos a los más humildes. Antes de los años 80 había típicamente cuatro clases de hoteles: hoteles de lujo; hoteles de paso o tránsito ubicados cerca de aeropuertos o autopistas; hoteles turísticos situados en las ciudades o en el campo, en la playa o en las montañas y moteles (más frecuentes en Estados Unidos). En España y Latinoamérica ha habido siempre hostales, pensiones y albergues juveniles. En España hay paradores del gobierno. Estos paradores suelen ser elegantes y están ubicados en castillos históricos o en lugares de gran belleza natural. Puerto Rico también tiene paradores del gobierno.

Hoy en día además de las categorías de hoteles ya citadas hay parques para camping y caravanas que responden a las necesidades de los turistas de medios económicos más modestos, sobre todo de las familias. Están de moda también los *bed and breakfast* o «cama y desayuno». Son un poco parecidos a las pensiones de España y Latinoamérica.

The Westin Palace Hotel, Plaza de las Cortes, Madrid, España

Andrew Payti

Un hotel grande es en realidad una ciudad en miniatura porque el hotel tiene que proveer muchos servicios. He aquí unas de las principales ocupaciones en la industria hotelera.

director

director de alojamiento se responsabiliza por la recepción, reservaciones, facturación, cuidado y mantenimiento de las habitaciones (de los cuartos) (de las recámaras)

gerente nocturno

jefe de recepción

recepcionista

telefonista

mozos o maleteros, porteros

ama de llaves se responsabiliza por la apariencia del establecimiento dirigiendo el trabajo de los/las camareros(as) y el servicio de lencería

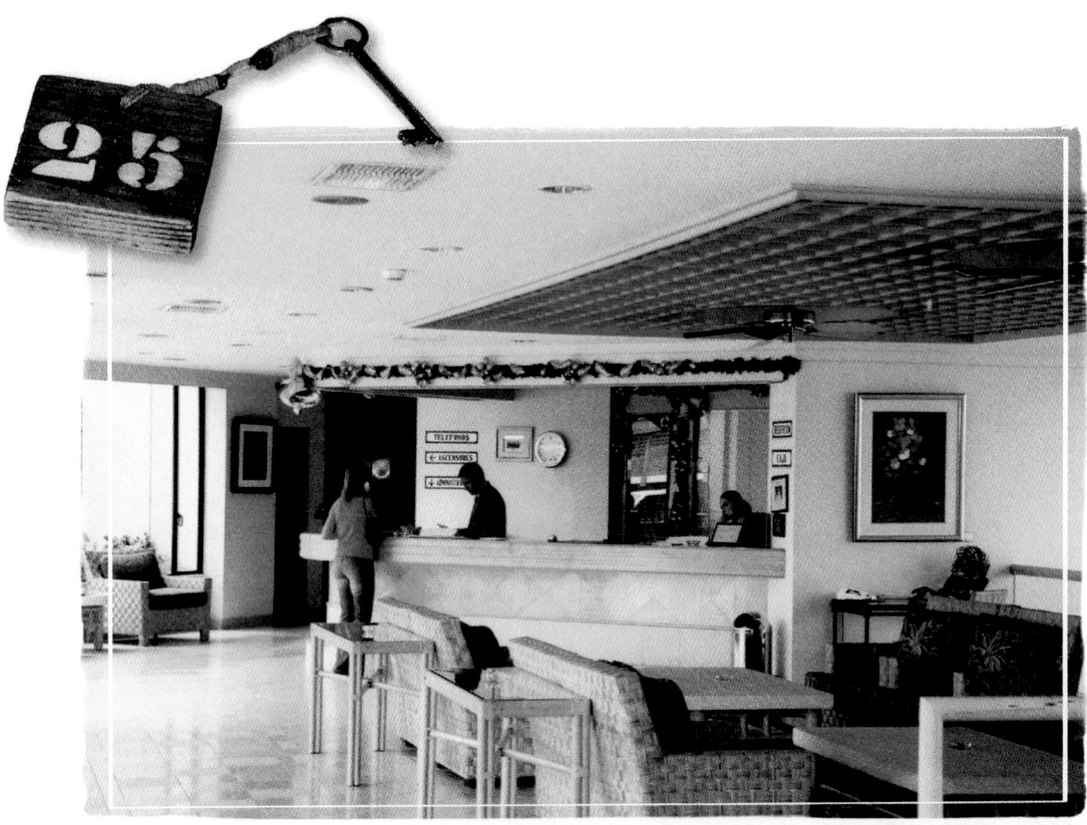

La recepción de un hotel, Manta, Ecuador

Muchos hoteles tienen comedor y tienen que ofrecer servicios alimenticios en muchos puntos de venta diferentes tales como el restaurante, los salones para banquetes, la cafetería, el bar y servicio de cuartos. Para hacer funcionar los servicios alimenticios el hotel necesita jefes de cocina, jefe de almacén, cocineros, meseros y lavaplatos.

Conocimientos para superar

La contabilidad hotelera

El negocio del hotelero se basa en la venta a crédito de una variedad de servicios. Mientras más puntos de venta hay, más compleja es la contabilidad. Se trata no sólo de los cuartos, sino también del teléfono, comedor, bar, servicio de cuartos, garaje, lavandería, peluquería, piscina o alberca, gimnasio y club de salud. La lista es larguísima. Y toda factura tiene que ser detallada porque al entregársela al cliente, él o ella, siendo un(a) consumidor(a) sabio(a), la revisará detenidamente.

Piscina (alberca) de un hotel, Manta, Ecuador

(t, b) Andrew Payti

Comprensión

A Poder verbal **Muchas palabras, un significado**
Es interesante notar que en español encontrarás muchas palabras que significan «hotel». Hay unas diferencias pequeñas entre cada una pero al fin y al cabo todas expresan «hotel». Son: una venta, un albergue, una posada, una fonda, un parador. Existen también la casa de huéspedes, el hostal y la pensión.

B Poder verbal **Profesiones y oficios** Prepara una lista de todos los oficios o profesiones que encontraste en esta lectura.

Una habitación en un hotel de Madrid

Passport Stock/age fotostock

C Buscando información Contesta.

1. ¿Por qué es importante el turismo?
2. ¿Cuál es la base del turismo?
3. ¿Qué son los paradores del gobierno en España?
4. ¿A qué responden los parques para camping y caravanas?
5. ¿Con qué se puede comparar un hotel grande?
6. ¿Qué hace el director de alojamiento?
7. ¿Qué hace el gerente nocturno?
8. ¿Qué hace el ama de llaves?
9. ¿Por qué tienen que ofrecer servicios alimenticios los hoteles?
10. ¿En qué se basa el negocio del hotelero?
11. ¿Cuáles son algunos puntos de venta en un hotel?
12. ¿Por qué es compleja la contabilidad hotelera?

D Personalizando Una carrera

¿Quisieras trabajar en un hotel? Explica por qué dices que sí o que no. Si quisieras trabajar en un hotel, ¿qué trabajo te gustaría o te interesaría?

Hotel Ritz, Madrid, España

Gramática y lenguaje

El futuro de los verbos irregulares

1. Los verbos siguientes tienen una raíz irregular en el futuro.

tener	**tendré**	**saber**	**sabré**	**decir**	**diré**
salir	**saldré**	**poder**	**podré**	**hacer**	**haré**
venir	**vendré**			**querer**	**querré**
poner	**pondré**				

2. Observa las formas conjugadas.

INFINITIVO	TENER	SABER	DECIR
yo	tendré	sabré	diré
tú	tendrás	sabrás	dirás
él, ella, Ud.	tendrá	sabrá	dirá
nosotros(as)	tendremos	sabremos	diremos
vosotros(as)	tendréis	sabréis	diréis
ellos, ellas, Uds.	tendrán	sabrán	dirán

3. **Voseo**
   - La terminación más corriente para la forma de **vos** es **-ás,** la misma terminación que se usa con **tú.**

     vos **cantarás** **comerás** **vivirás**
     tendrás **podrás** **harás**

   - En partes de Colombia oirás **-és.**

     vos **hablarés** **volverés**

   - Y en partes de Chile oirás **-ís.**

     vos **hablarís** **comerís**

La recepcionista atenderá a los clientes en este hotel en Los Ángeles.

Erik Isakson/Getty Images

Actividad 1 **En el futuro** Completa.

1. Él me lo ____. (decir)
2. Yo ____ lo que quiero. (hacer)
3. Ellos ____ saber los resultados. (querer)
4. El paquete no ____ en el buzón. (caber)
5. Nosotros ____ terminarlo a tiempo. (poder)
6. Carmen ____ los detalles. (saber)
7. Yo lo ____ en la mesa. (poner)
8. Ellos ____ mañana por la mañana. (salir)
9. Tú ____ que hacerlo. (tener)
10. Yo sé que la joya ____ mucho. (valer)
11. ¿A qué hora ____ ustedes? (venir)

Actividad 2 **Oraciones nuevas** Escribe en el futuro.

1. Ellos hacen un viaje.
2. Carlitos no quiere salir.
3. Yo tengo bastante tiempo.
4. ¿Cuánto vale la joya?
5. Nosotros salimos a las ocho en punto.
6. Tú dices la verdad.
7. Ustedes vienen en avión, ¿no?
8. Yo sé los resultados.
9. ¿Por qué no puedes jugar?
10. Todos no caben en el mismo carro.

Actividad 3 **Antes no, pero en el futuro sí** Contesta según el modelo.

¿Supiste los resultados? →
No, pero la próxima vez sabré los resultados.

1. ¿Hiciste el viaje en avión?
2. ¿Pusieron los billetes en la bolsa?
3. ¿Tuvieron ustedes suficientes fondos?
4. ¿Quiso Juan subir en el funicular?
5. ¿Vinieron ustedes acompañados?
6. ¿Pudieron terminar a tiempo los ingenieros?
7. ¿Saliste temprano?
8. ¿Supieron ellos la hora exacta de la llegada?

Complementos: me lo, te lo, nos lo

Muchas oraciones tienen un complemento directo e indirecto en la misma oración. Cuando los dos complementos son pronombres, el complemento indirecto **(me, te, nos)** precede al pronombre de complemento directo **(lo, la, los, las)**. Los dos pronombres se colocan delante del verbo conjugado.

El mesero nos traerá el menú. El mesero nos lo traerá.
Él te dirá los detalles. Él te los dirá.
Ella me hará la reservación. Ella me la hará.
El recepcionista te dará las llaves. Él te las dará.

¿Cuál es tu tapa favorita?

¿El menú? Me lo trajo el camarero.

Andrew Payti

En un centro comercial, Miraflores, Perú

Complementos Escribe cada oración con un pronombre de complemento directo.

1. María me mostró las fotografías.
2. Ella nos explicó la teoría.
3. Ellos te mandaron el paquete.
4. Ella nos dio la cuenta.
5. Él me devolvió el dinero.
6. ¿Él no te dio los boletos?
7. El profesor nos enseñó la lección.
8. El señor me vendió el carro.
9. Mi madre me compró la falda.
10. ¿Quién te dio las flores?

De compras Contesta según el modelo.

¿Quién te compró la blusa? →
Mamá me la compró.

1. ¿Quién te compró los zapatos?
2. ¿Quién te compró la pollera?
3. ¿Quién te compró el suéter?
4. ¿Quién te compró las medias?
5. ¿Quién te compró los jeans?

Casos particulares de concordancia verbal

Andrew Payti

1. Un nombre colectivo siempre va seguido de la forma singular del verbo.

   Mucha gente va (irá, fue) a este hotel.
   La multitud se dirigió hacia la plaza.

2. Cuando **de** y un sustantivo plural (de alumnos, por ejemplo) acompaña un sustantivo colectivo, el verbo que lo sigue puede ser singular o plural.

   La mayoría de los turistas llegó ayer.
   La mayoría de los turistas llegaron ayer.

La mayoría de los turistas en Madrid visitan la Plaza Mayor.

3. Los sustantivos **la parte, la mayoría, la mitad, el resto, el tercio** y otros similares son singulares pero frecuentemente van acompañados de un verbo plural.

   Había un naufragio. Iban en el buque sesenta personas y la mitad perecieron (pereció).
   El resto del grupo son argentinos (es argentino).

4. Cuando el predicado que sigue el verbo **ser** es plural, se usa la forma plural de **ser.**

   La mayoría son indígenas.
   Esta gente son profesores de idiomas.

Andrew Payti

5. Cuando la conjunción **o** enlaza dos sustantivos, el verbo que sigue puede ser singular o plural.

No sé si el padre o la hija vendrá.
No sé si el padre o la hija vendrán.
El hotel o la pensión te cuesta 200 pesos.
El hotel o la pensión te cuestan 200 pesos.

ACTIVIDAD 6 **Oraciones nuevas** Escribe oraciones originales con las siguientes expresiones.

1. la mayor parte
2. la muchedumbre
3. mucha gente
4. una docena de huevos
5. la mayoría de los clientes
6. la mitad de la población
7. el hijo o el padre
8. Carmen o Teresa

Un hostal, San Isidro, Lima, Perú

Pronunciación y ortografía

La h

Recuerda que la **h** no se pronuncia pero hay que escribirla.

hotel	**hola**	**hombre**
hostal	**hacia**	**hambre**
hora	**historia**	**huevo**
ahora	**hilo**	
hay	**húngaro**	
había	**holandés**	

¡Ojo! Hay que saber también cuando la palabra se escribe sin **h.**

oso	**ola**	**onda**
uva	**uso**	**único**

ACTIVIDAD 7 **Dictado** Lee, copia y prepárate para un dictado.

1. Hay una huelga hotelera.
2. el hilo de la idea
3. el huérfano en el orfanato
4. el huso horario
5. el único uso habitual
6. el hueso del oso
7. el hueso del ave
8. una unión húngara y holandesa

Literatura

El ingenioso hidalgo don Quijote de la Mancha de Miguel de Cervantes Saavedra

Vocabulario para la lectura

Estudia las definiciones de las siguientes palabras.

el arma blanca arma ofensiva de hoja de acero, como una espada

la caballeriza sitio destinado a caballos

la insolencia el tratar a otro de forma descortés o sin respeto

el madrugador el que se levanta temprano por la mañana

pacífico calmo, tranquilo

acrecentar aumentar

castigar penar, sancionar

ensillar poner la silla a un caballo

perder el juicio volverse loco

procurar hacer esfuerzos, tratar de, intentar

Ella es madrugadora.

Poder verbal

Contesta.

1. ¿Eres madrugador(a)?
2. ¿Es una pistola un arma blanca?
3. A los caballos perezosos, ¿les gusta regresar a la caballeriza?
4. ¿Cómo te sientes si alguien te trata con insolencia? ¿Cómo respondes?
5. ¿Eres más bien pacífico(a) o agresivo(a)?
6. ¿Es justo castigar a los maleantes?

¿Qué palabra necesito? Completa.

1. Su fortuna no va a bajar. Va a ____.
2. Él ____ hacer mucho; y por lo general tiene éxito.
3. La ____ no es ningún atributo. Es un defecto ofensivo.
4. Hay que ____ el caballo antes de subirlo.
5. El pobre don Quijote se volvió loco—loco de remate. Perdió el ____.

Nota biográfica

Ya sabemos que la literatura, igual que la pintura, es un arte. Uno es visual y el otro es verbal. Y cuando hablamos de literatura en lengua castellana no hay duda de que la obra más conocida y más leída de todas las letras hispanas es la novela *El ingenioso hidalgo don Quijote de la Mancha* de Miguel de Cervantes Saavedra.

Miguel de Cervantes, un escritor español

La biografía de Cervantes es importante para el estudio de *El Quijote* porque el conocimiento de su biografía ilumina y explica mucho de lo que está en su obra. Los dos personajes principales son don Quijote, un caballero andante que es un idealista que muchos consideran loco por su afán de derrotar los males del mundo, y Sancho Panza, su escudero. El bajo y gordo Sancho es un realista puro que siempre trata de desviar a don Quijote de sus aventuras e ilusiones. Con muy poca frecuencia tiene éxito.

Se ha dicho muchas veces que la figura de don Quijote es símbolo de la personalidad humana de Cervantes mismo. Cervantes es a la vez manco, maltrecho y pobre después de muchas hazañas heroicas. El caballero loco de la Mancha, don Quijote, es como una imagen burlesca de su creador.

Estatua de don Quijote y Sancho Panza, Plaza de España, Madrid

Cervantes nació en Alcalá de Henares, la gran ciudad universitaria, en 1547. Su padre era un modesto hidalgo. Como la mayoría de los españoles de rango inferior de la nobleza de aquella época, ejercía una profesión, la de cirujano. Se sabe que la familia se mudaba con frecuencia, probablemente por obligaciones profesionales de su padre. Vivieron en Valladolid, Sevilla y Madrid. Se sabe muy poco sobre la educación formal de Cervantes. Pero se cree que después de sus andanzas juveniles por ciudades populosas llevando una vida de escasos recursos económicos, Cervantes aprendió a apreciar su libertad y disfrutar de la vida andariega. Adquirió un conocimiento directo de la vida en diversas capas sociales.

Cuando cumplió veinte años decidió ir a Italia donde sirvió al cardenal Acquaviva. Poco después entró en el ejército. Luchó en la famosa batalla de Lepanto en 1571 donde recibió dos heridas, una de ellas en la mano izquierda de donde viene su apodo el «manco de Lepanto». Más tarde tomó parte en las expediciones contra Tunicia y la Goleta. En 1575 iba a volver a España. Se embarcó con cartas de recomendación de sus superiores. Volvía a España con la ilusión de recibir recompensa por sus servicios pero la galera en que viajaba fue presa por unos piratas y Cervantes pasó cinco años en cautiverio en Argel. En 1580 fue rescatado por unos frailes y por fin volvió a España.

Al volver a España se dio cuenta de que no iba a recibir ningún premio por sus servicios. Se instaló en Madrid y se hizo escritor. En 1584 se casó y parece que tampoco en el matrimonio encontró felicidad. Vivió de empleos humildes y pasó tiempo en Sevilla y en otros lugares de Andalucía. En sus viajes conoció a gente de toda condición. Conoció la vida de la España andariega, la vida del campo y la de la ciudad. Con las impresiones que recibió, tejió su obra.

El Quijote apareció en 1605. Su éxito fue inmediato e inmenso. Sin embargo, no produjo ningún dinero para el autor y Cervantes siguió quejándose de la pobreza hasta que murió en 1616.

Introducción

El Quijote tiene fama de ser la segunda más leída obra literaria del mundo después de la Biblia. Es un libro que puedes leer a cualquier edad. A los jóvenes les hace reír y a los viejos les hace llorar. Se puede interpretar de varias maneras el idealismo o «locura» de don Quijote. A ver si tú te pones a reír o a llorar—o reír y llorar.

Una estatua de Don Quijote, Cuenca, Castilla -La Mancha, España

Lectura

El ingenioso hidalgo don Quijote de la Mancha

◆·◆·◆

Estrategia de lectura

Leyenda una obra antigua Vas a leer una obra antigua pero no debe ser muy difícil. El vocabulario es bastante sencillo y las palabras antiguas no muy corrientes están glosadas. Dales una ojeada a estas palabras glosadas.

Como en muchas obras antiguas encontrarás oraciones largas. Será más fácil comprenderlas si las divides en partes más cortas.

Notarás que muchas palabras que se deletreaban con **f** en los siglos XVI y XVII se escriben hoy con **h.** Ejemplos son: **fechos—hechos; fazañas—hazañas.** En aquel entonces se agregaban los pronombres al verbo. Hoy van separados. Ejemplos son: **llenósele—se le llenó; limpiólas—las limpió.**

Primera Parte
Capítulo primero

Que trata de la condición y ejercicio del famoso hidalgo don Quijote de la Mancha

En un lugar de la Mancha, de cuyo nombre no quiero acordarme, no ha mucho tiempo que vivía un hidalgo de los de lanza en astillero, adarga° antigua, rocín° flaco y galgo° corredor. Una olla de algo más vaca que carnero, salpicón por las noches, duelos y quebrantos° los sábados, lentejas los viernes, algún palomino de añadidura los domingos, consumían las tres partes de su haciendo. El resto della concluían sayo° de velarte, calzas de velludo° para las fiestas, con sus pantuflos de lo mesmo, y los días de entre semana se honraba con su vellorí° de lo más fino. Tenía en su casa una ama que pasaba de los cuarenta, y una sobrina que no llegaba a los veinte, y un mozo de campo y plaza, que así ensillaba el rocín como tomaba la podadera°. Frisaba la

adarga escudo, lanza
rocín caballo
galgo perro esbelto que corre rápido
duelos y quebrantos un plato típico de la época en la región de la Mancha
sayo casca de guerra
velludo de mucho pelo
vellorí paño muy fino
podadera herramienta para cortar árboles y arbustos

edad de nuestro hidalgo en los cincuenta años: era de complexión recia, seco de camas, enjuto° de rostro, gran madrugador y amigo de la caza. Quieren decir que tenía el sobrenombre de Quijada o Quesada, que en esto hay alguna diferencia en los autores que deste caso escriben; aunque por conjeturas verosímiles se deja entender que se llamaba Quejada. Pero esto importa poco a nuestro cuento: basta que la narración dél no se salga un punto de la verdad.

Es, pues, de saber que este sobredicho hidalgo los ratos que estaba ocioso° (que eran los más del año), se daba a leer libros de caballerías con tanta afición y gusto que olvidó casi del todo punto el ejercicio de la caza, y aun la administración de su hacienda; y llegó a tanto su curiosidad y desatino en esto, que vendió muchas hanegas de tierra de sembradura para comprar libros de caballerías en que leer, y así, llevó a su casa todos cuantos pudo hacer dellos y de todos, ningunos le parecían tan bien como los que compuso el famoso Feliciano de Silva, porque la claridad de su prosa, y aquellas entricadas razones suyas le parecían de perlas y más cuando llegaba a leer aquellos requiebros° y cartas de desafíos° donde en muchas partes hallaba escrito: «La razón de la sinrazón que a mi razón se hace, de tal manera mi razón enflaquece, que con razón me quejo de la vuestra fermosura.» Y también cuando lea: «Los altos cielos que de vuestra divinidad divinamente con las estrellas os fortifican y os hacen merecedora del merecimiento que merece la vuestra grandeza.»

Con estas razones perdía el pobre caballero el juicio y desvelábase por entenderlas y desentrañales el sentido que no se le sacara ni las entendiera el mesmo Aristóteles si resucitara para sólo ello.

• • •

enjuto delgado, flaco

ocioso desocupado, inactivo

requiebros alabanzas
desafíos contiendas, confrontaciones

Don Quijote ataca un molino, Jean-Honoré Fragonard

En resolución, él se enfrascó tanto en su lectura que se le pasaban las noches leyendo de claro en claro, y los días de turbio en turbio; y así, del poco dormir y del mucho leer, se le secó el cerebro de manera que vino a perder el juicio. Llenósele la fantasía de todo aquello que leía en los libros, así de encantamientos como de pendencias, batallas, desafíos, heridas, requiebros, amores, tormentos y disparates imposibles: y asentósele de tal modo en la imaginación que era verdad todo aquella máquina de soñadas invenciones que leía, que para él no había otra historia más cierta en el mundo.

• • •

En efeto, rematado° ya su juicio, vino a dar en el más extraño pensamiento que jamás dio loco en el mundo, y fue que le pareció conveniente y necesario, así para el aumento de su honra como para el servicio de su república, hacerse caballero andante y irse por todo el mundo con sus armas y caballo a buscar las aventuras y a ejercitarse en todo aquello que él había leído que los caballeros andantes se ejercitaban, deshaciendo todo género de agravios, y poniéndose en ocasiones y peligros donde, acabándolos, cobrase eterno nombre y fama. Imaginábase el pobre ya coronado por el valor de su brazo, por lo menos, del Imperio de Trapisonda; y así con estos tan agradables pensamientos, llevado del extraño gusto que en ellos sentía, se dio priesa° a poner en efeto lo que deseaba. Y lo primero que hizo fue limpiar unas armas que habían sido de sus bisabuelos, que, tomadas de orín y llenas de moho, luengos° siglos había que estaban puestas y olvidadas en un rincón. Limpiólas y aderezólas lo mejor que pudo; pero vio que tenían una gran falta, y era que no tenían celada° de encaje, sino morrión simple; mas a esto suplió su industria, porque de cartones, hizo un modo de media celada, que encajada en el morrión°, hacía una apariencia de celada entera. Es verdad que para probar si era fuerte y podía estar al riesgo de una cuchillada, sacó su espada y le dio dos golpes, y con el primero, y en un punto, deshizo lo que había hecho en una semana y no dejó de parecerle mal la facilidad con que la había hecho pedazos, y por asegurarse deste peligro, la tornó a hacer de nuevo, poniéndole unas barras de hierro por de dentro, de tal manera, que él quedó satisfecho de su fortaleza y sin querer nueva experiencia della, la diputó° y tuvo por celada finísima de encaje. Fue luego a ver a su rocín, y aunque tenía más cuartos que un real°, y más tachas que el caballo de Gonela, que *«tantum pellis et ossa fuit»,* le pereció que ni el Bucéfalo de Alejandro, ni Babieca del Cid, con él se igualaban.

rematado sin remedio, por completo

priesa prisa

luengos largos

celada pieza de armadura que cubría la cabeza

morrión casco de soldado

diputó señaló

real moneda antigua

Cuatro días se le pasaron en imaginar qué nombre le pondría; porque (según se decía él a sí mesmo) no era razón que caballo de caballero tan famoso, y tan bueno él por sí, estuviese sin nombre conocido; y ansí procuraba acomodarse de manera que declarase quién había sido antes que fuese de caballero andante y lo que era entonces; pues estaba muy puesto en razón que, mudando su señor estado, mudase él también el nombre y le cobrase famoso y de estruendo, como convenía a la mayor orden y al nuevo ejercicio que ya profesaba; y así, después de muchos nombres que formó, borró y quitó, añadió, deshizo y tornó a hacer en su memoria e imaginación, al fin le vio a llamar Rocinante, nombre, a su parecer, alto sonoro y significativo de lo que había sido cuando fue rocín, antes de lo que ahora era, que era antes y primero de todos los rocines del mundo.

Puesto nombre y tan a su gusto, a su caballo, quiso ponérselo a sí mismo, y este pensamiento duró otros ocho días y al cabo se vino a llamar don Quijote; de donde, como queda dicho tomaron ocasión los autores desta tan verdadera historia, que sin duda se debía llamar Quijada y no Quesada, como otros quisieron decir. Pero acordándose de que el valeroso Amadís no se había contentado con sólo llamarse Amadís a secas, sino que añadió el nombre de su reino y patria, para hacerla famosa, y se llamó Amadís de Gaula, así quiso, como buen caballero añadir a suyo el nombre de la suya, y llamarse don Quijote de la Mancha, con que, a su parecer, declaraba muy al vivo su linaje y patria, y la honraba con tomar el sobrenombre della. Limpias, pues, sus armas, hecho del morrión celada, puesto nombre a su rocín, y confirmándose a sí mismo, se dio a entender que no le faltaba otra cosa sino buscar una dama de quien enamorarse; porque el caballero andante sin amores era árbol sin hojas y sin fruto, y cuerpo sin alma.

• • •

Don Quijote piensa mucho en quien pudiera nombrar dama de sus pensamientos. Decide que será cierta Aldonza Lorenzo de quien él había estado enamorado sin que ella lo supiera. Le da el nombre de Dulcinea del Toboso.

Andrew Payti

Un azulejo con unos versos de Cervantes en la pared de un edificio en Cartagena, España

Capítulo II
Que trata de la primera salida que de su tierra hizo el ingenioso don Quijote

Hechas, pues, estas prevenciones no quiso aguardar más tiempo a poner en efeto su pensamiento, apretándole a ello la falta que él pensaba que hacía en el mundo su tardanza, según eran los agravios que pensaba deshacer, tuertos° que enderezar, sinrazones que enmendar, y abusos que mejorar, y deudas que satisfacer. Y así, sin dar parte a persona alguna de su intención y sin que nadie le viese, una mañana antes del día (que era uno de los calurosos del mes de julio), se armó de todas sus armas, subió sobre Rocinante puesta su mal compuesta celada, embrazó su adarga, tomó su lanza y por la puerta falsa de un corral salió al campo, con grandísimo contento y alborozo° de ver con cuánta facilidad había dado principio a su buen deseo. Mas apenas se vio en el campo, cuando le asaltó un pensamiento terrible, y tal, que por poco le hiciere dejar la comenzada empresa y fue que le vino a la memoria que no era caballero armado y que conforme a la ley de caballería, ni podía ni debía tomar armas con ningún caballero; y puesto que lo fuera, había de llevar armas blancas, como novel caballero, sin empresa en el escudo hasta que por su esfuerzo lo ganase. Estos pensamientos le hicieron titubear en sus propósitos; mas pudiendo más su locura que otra razón alguna, propuso de hacerse armar caballero del primero que topase°, a imitación de otros muchos, que así lo hicieron, según él había leído en los libros que tal le tenían.

tuertos agravios, injusticias

alborozo extraordinario placer; júbilo, regocijo

topase chocase, encontrase casualmente

• • •

Don Quijote sigue hablando para ser convencido de lo famoso que será. Exclama que es dichoso el siglo en el cual saldrán a luz sus hazañas.

Casi todo aquel día caminó sin acontecerle cosa que de contar fuere, de lo cual se desesperaba, porque quisiera topar luego con quien hacer experiencia de su fuerte brazo. Autores hay que dicen que la primera aventura que le vino fue la del Puerto Lápice, otros dicen que la de los molinos de viento. Pero lo que yo he podido averiguar en este caso, y lo que he hallado escrito en los anales de la Mancha, es que él anduvo todo aquel día, y al anochecer su rocín y él se hallaron cansados y muertos de hambre; y que mirando a todas partes por si descubrían algún castillo o alguna majada de pastores donde recogerse, y adonde pudiese remediar su mucha hambre y necesidad, vio, no lejos del

Don Quijote derrotado por el molino, Jean-Honoré Fragonard

camino por donde iba, una venta que fue como si viera una estrella, que no a los portales, sino a los alcázares de su redención le encaminaba. Diose priesa a caminar, y llegó a ella a tiempo que anochecía.

Estaban acaso a la puerta dos mujeres mozas, las cuales iban a Sevilla con unos arrieros que en la venta aquella noche acertaron a hacer jornada; y como a nuestro aventurero todo cuanto pensaba veía o imaginaba le parecía ser hecho y pasar al modo de lo que había leído, luego vio que la venta se le representó un castillo con sus cuatro torres y chapiteles de luciente plata, sin faltarle su puente levadizo° y honda cava, con todos aquellos adherentes que semejantes castillos se pintan. Fuese llegando a la venta (que a él le parecía castillo), y a poco trecho° della detuvo las riendas a Rocinante, esperando que algún enano° se pusiese entre las almenas° a dar la señal con alguna trompeta de que llegaba caballeriza, se llegó a la puerta de la venta, y vio a las dos distraídas mozas que allí estaban, que a él le parecieron dos hermosas doncellas o dos graciosas damas que delante de la puerta del castillo se estaban solazando°. En esto sucedió que un porquero que andaba recogiendo de unos rastrojos una manada de puercos (que, sin perdón, así se llaman), tocó un cuerno, a cuya señal ellos se recogen, y al instante se le presentó a don Quijote lo que deseaba que era que algún enano hacía la señal de su venida, y así, con extraño contento llegó a la venta y a las damas, las cuales, como vieron venir a un hombre de aquella suerte armado, y con lanza y adarga, llenas de miedo se iban a entrar en la venta; pero don Quijote, coligiendo por su huida su miedo, alzándose la visera de papelón y descubriendo su seco y polvoroso rostro, con gentil talante y voz reposada les dijo: Non fuyan las vuestras mercedes, nin teman desaguisado° alguno, ca° a la orden de caballería que profeso non toca ni atañe° facerle a ninguno, cuanto más a tan altas doncellas como vuestras presencias demuestran.

• • •

Don Quijote les llama a las mozas «doncellas» y les dice lo bonitas que son. Las mozas no pueden contener la risa.

levadizo que se puede levantar

trecho distancia
enano persona muy pequeña
almenas partes de una antigua fortaleza

solazando descansando

desaguisado agravio, insulto
ca porque
atañe toque, pertenezca

El lenguaje, no entendido de las señoras, y el mal talle° de nuestro caballero acrecentaba en ellas la risa, y en él el enojo, y pasara muy adelante si a aquel punto no saliera el ventero, hombre que por ser muy gordo era muy pacífico, el cual, viendo aquella figura contrahecha, armada de armas tan desiguales como eran la brida, lanza, adarga y coselete, no estuvo en nada en acompañar a las doncellas en las muestras de su contento. Mas, en efecto, temiendo la máquina de tantos pertrechos°, determinó de hablarle comedidamente y así le dijo: —Si vuestra merced, señor caballero, busca posada, amén del lecho° (porque en esta venta no hay ninguno), todo lo demás se hallará en ella en mucha abundancia.

talle apariencia

pertrechos armas necesarias para la defensa

lecho cama

Viendo don Quijote la humildad del alcaide° de la fortaleza (que tal le pareció a él el ventero y la venta) respondió: —Para mí, señor castellano, cualquier cosa basta porque

mis arreos° son las armas
mi descanso el pelear

alcaide alcalde

arreos arneses (para caballos)

• • •

Don Quijote se apea de Rocinante con mucha dificultad.

Dijo luego al huésped que le tuviese mucho cuidado a su caballo, porque era la mejor pieza que comía pan en el mundo. Miróle el ventero, y no le pareció tan bueno como don Quijote decía, ni aun la mitad; y acomodándole en la caballeriza, volvió a ver lo que su huésped mandaba, al cual estaban desarmando las doncellas, que ya se habían reconciliado con él, las cuales, aunque le habían quitado el peto° y el espaldar, jamás supieron ni pudieron desencajarle la gola° ni quitalle la contrahecha celada, que traía atada con unas cintas verdes, y era menester cortarlas por no poderse quitar los ñudos; mas él no lo quiso consentir en ninguna manera, y así, se quedó toda aquella noche con la celada puesta, que era la más graciosa y extraña figura que se pudiera pensar; y al desarmarle (como él se imaginaba que aquellas traídas y llevadas que le desarmaban eran algunas principales señoras y damas de aquel castillo), les dijo con mucho donaire:

—Nunca fuera caballero
de damas tan bien servido
como fuera don Quijote
cuando de su aldea vino
doncellas curaban dél
princesas, del su rocino°

peto armadura defensiva que cubre el pecho

gola armadura que protege la garganta

rocino caballo

O Rocinante, que éste es el nombre, señoras mías, de mi caballo, y don Quijote de la Mancha el mío; que, puesto que no quisiera descubrime hasta que las fazañas fechas en vuestro servicio y pro me descubrieran, la fuerza de acomodar al propósito presente este romance viejo de Lanzarote ha sido causa que sepáis mi nombre antes de toda sazón; pero tiempo vendrá en que las vuestras señorías me mandan y yo obedezca, y el valor de mi brazo descubra el deseo que tengo de serviros.

Las mozas, que no estaban hechas a oír semejantes retóricas, no respondían palabra; sólo le preguntaron si quería comer alguna cosa.

—Cualquiera yantaría° yo —respondió don Quijote—, porque, a lo que entiendo, me haría mucho el caso.

A dicha acertó a ser viernes aquel día, y no había en toda la venta sino unas raciones de un pescado que en Castilla llaman abadejo, y en Andalucía bacallao, y en otras partes curadillo, y en otras truchuela, que no había otro pescado que dalle a comer.

• • •

Pusiéronle la mesa a la puerta de la venta, por el fresco, y trújole° el huésped una porción del mal remojado° bacallao, y un pan tan negro y mugriento como sus armas; pero era materia de grande risa verle comer, porque como tenía puesta la celada y alzada la visera, no podía poner nada en la boca con sus manos si otro no se lo daba y ponía, y ansí una de aquellas señoras servía deste menester°. Mas al darle de beber, no fue posible, ni lo fuera, si el ventero no horadara° una caña, y puesto el un cabo en la boca, por el otro le iba echando el vino; y todo esto lo recibía en paciencia, a trueco de no romper las cintas de la celada. Estando con ello, llegó a la venta un castrador de puercos, y así como llegó, sonó su silbato de caña cuatro o cinco veces con lo cual acabó de confirmar don Quijote que estaba en algún famoso castillo, y que le servían con música, y que el abadejo eran truchas; el pan, candeal°; y las rameras, damas; y el ventero, castellano del castillo; y con esto daba por bien empleada su determinación y salida. Mas lo que más le fatigaba era el no verse armado de caballero, por parecerle que no se podría poner legítimamente en aventura alguna sin recibir la orden de caballería.

yantaría comería

trújole le trajo
remojado sumergido en agua

menester necesidad
horadara agujereara

candeal pan hecho de cierto trigo malicia

Capítulo III

Donde se cuenta la graciosa manera que tuvo don Quijote en armarse caballero

Y así, fatigado deste pensamiento, abrevió su venteril y limitada cena: la cual acabada, llamó al ventero, y encerrándose con él en la caballeriza, se hincó de rodillas ante él diciéndole: —No me levantaré jamás de donde estoy, valeroso caballero, fasta que la vuestra cortesía me otorgue un don que pedirle quiero, el cual redundará en alabanza vuestra y en pro del género humano.

El ventero, que vio a su huésped a sus pies y oyó semejantes razones, estaba confuso mirándole, sin saber qué hacerle ni decirle, y porfiaba con él que se levantase, y jamás quiso, hasta que le hubo de decir que le otorgaba el don que le pedía.

—No esperaba yo menos de la gran magnificencia vuestra, señor mío —respondió don Quijote—; y así, os digo que el don que os he pedido y de vuestra liberalidad me ha sido otorgado es que mañana en aquel día me habéis de armar caballero, y esta noche en la capilla deste vuestro castillo velaré las armas, y mañana, como tengo dicho, se cumplirá lo que tanto deseo, para poder, como se debe, ir por todas las cuatro partes del mundo buscando las aventuras en pro de los menesterosos, como está a cargo de la caballería y de los caballeros andantes, como yo soy, cuyo deseo a semejantes fazañas es inclinado.

El ventero, que, como está dicho, era un poco socarrón° y ya tenía algunos barruntos° de la falta de juicio de su huésped, acabó de creerlo cuando acabó de oírle semejantes razones, y, por tener que reír aquella noche, determinó de seguirle el humor; y así le dijo que andaba muy acertado en lo que deseaba y pedía, que tal propuesto era propia y natural de los caballeros tan principales como él parecía y como su gallarda presencia mostraba; y que él, ansimesmo, en los años de su mocedad, se había dado a aquel honroso ejercicio.

socarrón burlón, pero con más malicia
barruntos indicios

• • •

Preguntóle si traía dineros, respondió don Quijote que no traía blanca, porque él nunca había leído en las historias de los caballeros andantes que ninguno los hubiese traído.

A esto dijo el ventero que se engañaba; que, puesto caso que en las historias no se escribía por hacerles parecido a los autores dellas que no era menester escribir una cosa tan clara y tan necesaria de traerse como eran dineros y camisas limpias, no por eso se había de creer que no los trujeron; y así, tuviese por cierto y averiguado que todos los caballeros andantes, de que tantos libros están llenos y atestados llevaban bien herradas las bolsas por lo que pudiese sucederles.

• • •

El ventero sigue dándole consejos a don Quijote.

Prometióle don Quijote de hacer lo que se le aconsejaba, con toda puntualidad; y así, se dio luego orden como velase las armas en un corral grande que a un lado de la venta estaba; y recogiéndolas don Quijote todas, las puso sobre una pila que junto a un pozo estaba, y comenzó a pasear delante de la pila, y cuando comenzó el paseo comenzaba a cerrar la noche.

Contó el ventero a todos cuantos estaban en la venta la locura de su huésped, la vela de las armas y la armazón de caballería que esperaba. Admiráronse de tan extraño género de locura, y fuéronselo a mirar desde lejos, y vieron que con sosegado ademán unas veces se paseaba, otras arrimado a su lanza ponía los ojos en las armas sin quitarlos por un buen espacio dellas. Acabó de cerrar la noche, pero con tanta claridad de la luna, que podía competir con el que se la prestaba; de manera que cuando el novel caballero hacía era bien visto de todos. Antojósele° en esto a uno de los arrieros que estaban en la venta ir a dar agua a su recua°, y fue menester quitar las armas de don Quijote, que estaban sobre la pila; el cual viéndole llegar, en voz alta dijo: —¡Oh, tú, quienquiera que seas, atrevido caballero, que llegas a tocar las armas del más valeroso andante que jamás se ciñó espada, mira lo que haces, y no las toques, si no quieres dejar la vida en pago de tu atrevimiento!

• • •

Y diciendo estas y otras semejantes razones, soltando la adarga, alzó la lanza en dos manos, dio con ella tan gran golpe al arriero en la cabeza, que le derribó en el suelo tan maltrecho, que si segundara con otro no tuviera necesidad de maestro que le curara. Hecho esto, recogió sus armas y tornó a pasearse con el mismo reposo que primero.

• • •

Don Quijote lucha con varios arrieros e hiere a uno porque quieren quitar sus armas de encima de la pila para dar agua a sus animales. Los arrieros comienzan a «llover piedras» sobre don Quijote.

Estatua de Don Quijote y Sancho Panza en la Plaza de España, Madrid, España

Passport Stock/age fotostock

antojósele decidió
recua grupo de caballos

El ventero daba voces que le dejasen, porque ya les había dicho como era de loco, y que por loco se libraría aunque los matase a todos. También don Quijote las daba mayores, llamándoles alevosos° y traidores y que el señor del castillo era un follón° y mal nacido caballero, pues de tal manera consentía que se tratasen a los andantes caballeros y que si él hubiera recibido la orden de caballería, que él diera a entender su alevosía; pero de vosotros, soez y baja canalla, no hago caso alguno; tirad, llegad, venid, y ofendedme en cuanto pudiéredes, que vosotros veréis el pago que lleváis de vuestra sandez y demasía°.

Decía esto con tanto brío y denuedo°, que infundió un terrible temor a los que le acometían, y así por esto como por las persuasiones del ventero, le dejaron de tirar, y él dejó retirar a los heridos, y tornó a la vela de sus armas con la misma quietud y sosiego que primero.

No le parecieron bien al ventero las burlas de su huésped, y determinó abreviar y darle la negra orden de caballería luego, antes que otra desgracia sucediese, y así, llegándose a él, se disculpó de la insolencia que aquella gente baja con él había usado, sin que él supiese cosa alguna; pero que bien castigados quedaban de su atrevimiento. Díjole, como ya le había dicho, que en aquel castillo no había capilla, y para lo que restaba de hacer tampoco era necesaria; que todo el toque de quedar armado caballero consistía en la pescozada° y en el espaldarazo, según él tenía noticia del ceremonial de la orden, y que aquello en mitad de un campo se podría hacer; y que ya había cumplido con lo que tocaba al velar las armas, que con solas dos horas de vela se cumplía, cuanto más que él había estado más de cuatro.

Todo se lo creyó don Quijote, y dijo que él estaba allí pronto para obedecerle, y que concluyese con la mayor brevedad que pudiese; porque si fuese otra vez acometido, y se viese armado caballero, no pensaba dejar persona viva en el castillo, acepto aquellas que él le mandase, a quien por su repeto dejaría.

Advertido y medroso° desto el castellano, trujo luego un libro donde asentaba la paja y cebada que daba a los arrieros, y con un cabo de vela que le traía un muchacho, y con las dos ya dichas doncellas, se vino adonde don Quijote estaba, al cual mandó hincar de rodillas: y leyendo en su manual, como que decía alguna devota oración, en mitad de la leyenda alzó la mano y diole sobre el cuello un buen golpe, y tras él, con su mesma espada, un gentil espaldarazo,

alevosos traidores

follón perezoso, vano, arrogante

sandez y demasía tonto (majadero) y atrevimiento (insolencia)

denuedo brío, esfuerzo, intrepidez

pescozada golpe con la mano en el pescuezo o en la cabeza

medroso temeroso

siempre murmurando entre dientes, como que rezaba. Hecho esto, mandó a una de aquellas damas que le ciñese la espada, la cual hizo con mucha desenvoltura° y discreción, porque no fue menester poca para no reventar de risa a cada punto de las ceremonias; pero las proezas° que ya habían visto del novel caballero les tenía la risa a raya.

Al ceñirle la espada dijo la buena señora: —Dios haga a vuestra merced muy venturoso caballero y le dé ventura en lides°.

Don Quijote le preguntó cómo se llamaba, porque él supiese de allí adelante a quien quedaba obligado por la merced recibida, porque pensaba darle alguna parte de la honra que alcanzase con el valor de su brazo.

Ella respondió con mucha humildad que se llamaba la Tolosa, y que era hija de un remendón° natural de Toledo, y que vivía en las tendillas de Sancho Bienaya, y que dondequiera que ella estuviese le serviría y tendría por señor.

Don Quijote le replicó que, por su amor, le hiciese merced que de allí en adelante se pusiese don, y se llamase doña Tolosa

Hechas, pues, de galope y apriesa las hasta allí nunca vistas ceremonias, no vio la hora don Quijote de verse a caballo y salir buscando las aventuras; y ensillando luego a Rocinante, subió en él, y abrazando a su huésped, le dijo cosas tan extrañas, agradeciéndole la merced de haberle armado caballero, que no es posible acertar a referirlas. El ventero, por verle ya fuera de la venta, con no menos retórica, aunque con más breves palabras, respondió a las suyas, y sin pedirle la costa de la posada, le dejó ir a la buena hora.

desenvoltura agilidad, gracia

proezas hazañas, acciones valerosas

lides combates, peleas

remendón que arregla prendas usadas

Monumento a Don Quijote, Aldea del Rey, La Mancha, España

Comprensión

Plaza de España, Madrid, España

A Describiendo Describe.

1. a don Quijote, su casa y algunas costumbres suyas
2. lo que hacía en su tiempo libre; lo que le pasó a él por consecuencia
3. lo que decidió proclamarse; lo que quería hacer con su nuevo «título»
4. todas las preparaciones que hizo don Quijote
5. su salida
6. la venta que tomó por castillo
7. la comida disponible en la venta; lo que le sirvieron a don Quijote
8. las dificultades que tuvo don Quijote en comer y beber
9. como don Quijote veló sus armas
10. el episodio que tuvo lugar cuando un arriero quería darles agua a sus animales
11. la ceremonia en la cual el ventero le armó caballero andante a don Quijote
12. la salida de don Quijote de la venta

B Buscando información Contesta.

1. ¿Por qué buscaba don Quijote un castillo?
2. ¿A qué llegó? ¿Un castillo?
3. ¿Qué señal esperaba don Quijote para anunciar su llegada al «castillo»?
4. ¿Quién dio la señal? ¿Qué hizo?
5. ¿Por qué se reían las mozas en la venta?
6. ¿A quién llamó don Quijote el alcalde de la fortaleza?
7. ¿Cómo desarmaron las «doncellas» a don Quijote?
8. ¿Qué no le pudieron quitar?
9. Don Quijote se puso de rodillas. Y, ¿qué le rogó al ventero que hiciera?
10. ¿Cómo le contestó el ventero?
11. ¿Cuáles son algunos consejos que le dio el ventero?
12. Después del episodio con los arrieros, ¿qué decidió hacer el ventero lo más pronto posible?

C Resumiendo Escribe un resumen de lo que leíste del *Quijote.*

D Personalizando ¿Qué hiciste al leer estos trozos del famoso *Quijote?* ¿Reíste o lloraste? ¿Por qué?

Composición

Un cuento

Ya sabemos que el cuento es una narración más corta que una novela. A pesar de esta diferencia de extensión estos dos géneros tienen mucho en común.

En el cuento igual que en la novela el autor narra lo que pasa o sea la acción del cuento. Es el argumento.

La acción sucede entre unos personajes. Los personajes más importantes son los protagonistas. La narración incluye conversaciones que sostienen los personajes.

Los sucesos tienen lugar en determinados lugares o ambientes. Figuran en la narración descripciones de estos lugares o ambientes.

La narración puede ser realista o fantástica. En una narración realista los personajes y los lugares son verdaderos o podrían serlo aunque sea una obra ficticia. Lo que narra el autor en una obra fantástica no existiría ni podría existir en la realidad.

Este monumento fue creado por Rafael Martínez Zapatero, Pedro Muguruza y Lorenzo Coullaut Valera

Ahora, ¡te toca a ti!

Vas a escribir un cuento. Puedes escoger el argumento o el tema de tu cuento que debe incluir algunos elementos importantes.

- **Protagonista** Dale un nombre a tu protagonista. Explica quién es.
- **La exposición** Darás a tus lectores los datos que necesitan para entender la acción de tu cuento: una descripción del ambiente, del tiempo, de los personajes.
- **El desarrollo** Presentarás las acciones de los personajes, lo que hacen y sus motivos de hacerlo.
- **El suspenso** En un buen cuento debes introducir un elemento de tensión dramática. Tus lectores no estarán seguros de lo que va a pasar.
- **El punto decisivo** Introducirás algo que ocurre que cambia la dirección de la obra. Puede ser algo inesperado.
- **El clímax** Tendrás que presentar el momento culminante. Lo que resulta del punto decisivo.
- **El desenlace** Al llevar a una conclusión tu cuento presentarás las consecuencias finales de la acción.

Si quieres puedes incluir en tu cuento elementos de conflicto para hacerlo más interesante para tus lectores.

El **conflicto** es la lucha entre fuerzas en la historia. El conflicto puede ser externo o interno. El **conflicto externo** es el que existe por una fuerza fuera del personaje. Ejemplos son una lucha o disputa con otra persona, con la naturaleza o con la sociedad o el destino.

El **conflicto interno** es una lucha dentro del personaje. Ejemplos son diferentes y a veces conflictivos sentimientos, emociones o metas que tiene el personaje.

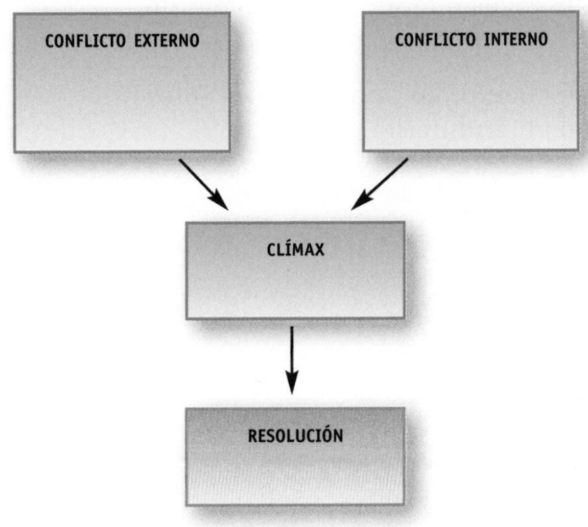

Composición

Antes de empezar tu cuento

1. Piensa en tu protagonista—quién es, de dónde es, cómo es y otros detalles esenciales o pertinentes.
2. Visualiza a tu protagonista, el lugar o ambiente para poder describirlos de una manera precisa.
3. Piensa en lo que hizo tu personaje. Será necesario involucrar a otros.
4. Determina cuáles podrían ser algunos elementos de suspenso o conflicto.
5. Establece cómo quieres que se resuelva todo, cómo vas a llevar tu cuento a una conclusión.

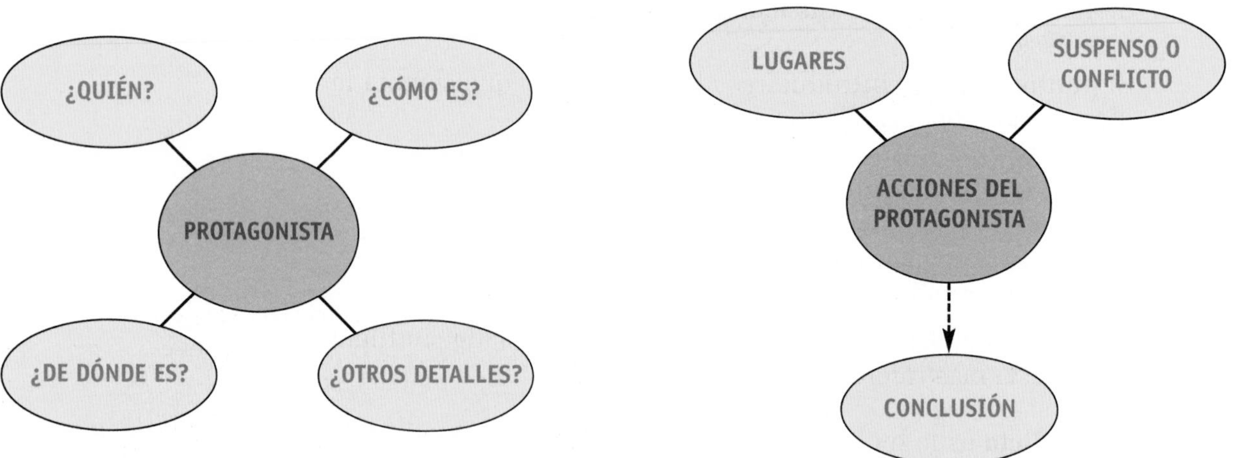

Al escribir

- Al empezar a escribir, dales rienda libre a todas tus ideas. Escribe rápido todo lo que te viene a la mente.
- Prepara un primer borrador. Léelo revisando y perfeccionándolo.
- Escribe tu versión final.
- No olvides de darle un título a tu cuento. Lo puedes hacer antes de empezar a escribir tu cuento o al terminarlo.

Conexión con el inglés

Andrew Payti

El futuro

En inglés, al contrario del español, no hay ningún verbo irregular en el futuro.

Casos particulares de concordancia verbal

1. Cuando *and* enlaza dos sujetos, el verbo que sigue es plural.

   My brother and sister are going.

2. Cuando *or* o *nor* enlaza dos sujetos, el verbo concuerda en número con el sujeto más cercano.

   Neither my brothers nor my sister is going.
   Either my brothers or my sister is going.
   Neither my sister nor my parents are going.
   Either my sister or my parents are going.

3. *Every* y *each* van seguidos de un verbo singular.

   Every man, woman, and child needs love.
   Each room and hallway is cleaned daily.

4. Algunos sustantivos terminan en **-s** pero son singulares y van seguidos de un verbo singular.

   The United States is large.
   The news is not good.
   Mathematics is hard for me.

5. Los sustantivos *police, people,* y *cattle* no terminan en **-s** pero se consideran sustantivos plurales y van seguidos de un verbo plural.

   These people are from Panama.
   The police are coming.
   Cattle are domestic animals.

These cattle are in Rocamador, Spain.

6. *None of, the majority of* se consideran singulares y en el inglés más formal van acompañados de un verbo singular pero encontrarás el plural en el inglés menos formal.

   None of the students (is, are) here.
   The majority of the guests (has, have) arrived.

Capítulo 7

Movimiento poblacional

Objetivos

En este capítulo vas a:

- estudiar las diferentes olas de migración y los motivos de ellas; apreciar los obstáculos con que se han enfrentado muchos inmigrantes
- aprender lo que es la ciencia política y familiarizarte con los términos necesarios para discutir el gobierno y asuntos exteriores
- estudiar el modo condicional o potencial, el complemento **se**; repasar el silabeo, acento y uso de la tilde; aprender lo que es un soneto
- leer *Al partir* de Gertrudis Gómez de Avellaneda, *Autógrafo* de Lola Rodríguez de Tió, *Versos sencillos* de José Martí
- contrastar el modo potencial o condicional en español y en inglés

Nuevos ciudadanos estadounidenses

Historia y cultura

Vocabulario para la lectura

Estudia las definiciones de las siguientes palabras.

la bodega del barco espacio interior de los buques en cubiertas inferiores

la migración desplazamiento de personas o grupos de una región a otra para establecerse en ella, bajo influencia de factores económicos o políticos

la emigración migración considerada desde el punto de vista del lugar de salida

la inmigración migración considerada desde el punto de vista del lugar de destino

el forastero extranjero

el funcionario persona que desempeña una función pública, que trabaja para el gobierno

el ímpetu gran intensidad o fuerza

apiñado apretado; lleno fuera de la capacidad

repleto lleno

integrarse introducirse totalmente en un grupo adoptando sus costumbres

aprobar (ue) dar por buena una acción; asentir a una opinión o proposición

asimilarse hacerse semejante; parecerse a

Poder verbal

Actividad 1 **¿Qué palabra necesito?** Escoge.

1. Él va a abandonar su país e ir a vivir en otro. Él va a ____.
   a. migrar b. emigrar c. inmigrar
2. Ellos viven aquí ahora pero vienen de otro país. Son ____.
   a. migrantes b. emigrantes c. inmigrantes
3. Él trabaja en la oficina del alcalde. Es ____.
   a. funcionario b. empleado c. dependiente
4. Tienen que darle más ____ si quieren que el plan tenga éxito.
   a. trabajo b. ímpetu c. asimilación
5. No tienen las mismas costumbres y se sienten ____.
   a. culturales b. migrantes c. forasteros
6. No caben más. Está más que lleno. Está ____.
   a. apiñado b. repleto c. vacío
7. Yo sé que van a ____ la ley.
   a. aprobar b. asimilar c. integrar

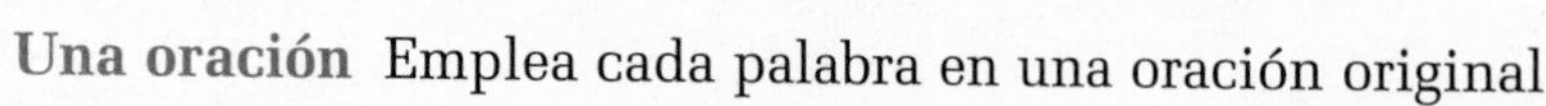

Actividad 2 **Una oración** Emplea cada palabra en una oración original.

1. asimilarse
2. integrarse
3. la bodega del barco
4. la migración
5. el ímpetu
6. el forastero

Lectura

Migración

La migración no es nada nuevo. Sabemos que hasta los indígenas de las Américas inmigraron de Asia cruzando el estrecho de Bering ya hace miles de años. Y la migración continúa hasta hoy. Hay migración dentro de un solo país y migración extranjera.

Estrategia de lectura

Usando títulos y subtítulos Antes de empezar a leer, dales una ojeada a los títulos y subtítulos. Te indican el tipo de información que va a seguir.

Inmigrantes llegando a la Isla Ellis, Nueva York, 1904

Lower East Side, Manhattan, Nueva York, 1903

Primeros inmigrantes a las Américas

Antes de 1865 la mayoría de los inmigrantes a Estados Unidos, con la excepción de la gente esclavizada de África, llegaba del norte y del oeste de Europa. La mayoría de estos primeros inmigrantes eran protestantes. Hablaban inglés y fácilmente se integraban a la sociedad estadounidense.

Mientras los del norte y del oeste de Europa venían a Estados Unidos llegaban a Latinoamérica barcos repletos de españoles y portugueses que se habían embarcado en Sevilla o Lisboa. Muchos de ellos fueron enviados como funcionarios del gobierno español o portugués. Después de las campañas de independencia los inmigrantes españoles seguían llegando para establecerse permanentemente en el antiguo imperio.

A mediados de los años 1880 el patrón de inmigración comenzó a cambiar. Grandes grupos de nuevos inmigrantes llegaron a Estados Unidos del este y del sur de Europa. Muchos eran católicos o judíos y muy pocos hablaban inglés. Por consiguiente, les era difícil integrarse a la sociedad estadounidense. Se sentían como forasteros y se separaban en vecindarios urbanos con gente de su misma nacionalidad.

No todos los inmigrantes de la época venían a Estados Unidos. Muchos iban a Latinoamérica—sobre todo, españoles, portugueses, italianos, alemanes, polacos y yugoslavos. Se establecían cerca de la costa del Atlántico y en las islas del Caribe. Alrededor de 1900 una de cada tres personas en Buenos Aires, Montevideo y Pôrto Alegre había nacido en Europa. En Lima y Bogotá la proporción de extranjeros era mucho menor.

Un barco repleto de inmigrantes llegando de Europa

Mucha gente emigró o abandonó su patria debido a problemas económicos. En Hungría e Italia la sobrepoblación y la falta de trabajo causaron mucha pobreza. Los agricultores en Croacia y Serbia sufrieron desastres en sus cosechas. La persecución también echaba a la gente. En algunos países el gobierno aprobó leyes y siguió políticas contra ciertos grupos étnicos—minorías que hablaban diferentes idiomas y que tenían costumbres diferentes de las de la mayoría de la gente. Muchos judíos huyeron de la persecución que sufrían en muchas partes de Europa. Pero todos tenían una causa común. Querían huir de las condiciones duras e insoportables en las cuales vivían. Nuevas oportunidades en Estados Unidos y/o Latinoamérica los atraían.

Los inmigrantes tenían casi sin excepción un viaje horrible a las Américas. Muchos tenían que viajar cientos de millas a pie o a caballo antes de llegar a un puerto donde embarcarían para nunca más volver. Se despedían de sus queridos sabiendo que en toda probabilidad nunca volverían a verse. Entonces les esperaba el largo viaje en alta mar en espacios apiñados, sucios y ruidosos en las bodegas del fondo de los barcos.

Vida de los inmigrantes

La vida que les esperaba a estos inmigrantes en sus nuevos hogares tampoco era fácil. La mayoría venía de áreas rurales y como no tenían dinero para comprar un pedacito de tierra se asentaban en las ciudades industriales con poca o ninguna formación educativa. Tenían que trabajar como obreros inexpertos (no-calificados). Trabajaban duro por muchas horas por poco dinero. En casa trataban de conservar algunos aspectos de sus propias culturas. Al mismo tiempo la mayoría quería ser parte de la cultura estadounidense. Con frecuencia estos dos deseos chocaban.

Cada grupo étnico solía formar una comunidad, lo que resultó en vecindarios de judíos, italianos, polacos, irlandeses, etc. Para estos recién llegados las iglesias y sinagogas les eran muy importantes. El culto y los días festivos se celebraban igual que en sus patrias. Allí se sentían en casa.

Después de 1914 la inmigración perdió su ímpetu. Europa sufrió dos largas guerras paralizadoras y una crisis económica afectó casi al mundo entero.

Los inmigrantes ponen pie por primera vez en Estados Unidos y no saben cómo será su vida, Ellis Island, Nueva York, 1907

Patrones migratorios más recientes

Con la excepción de los mexicanos, las más recientes olas de inmigración a Estados Unidos han sido de latinoamericanos y asiáticos.

Los mexicanoamericanos comprenden el mayor grupo latino de Estados Unidos. Muchos de ellos vivían en California, Arizona, Nuevo México y Texas cuando estos estados eran parte de México. Otros cruzaban y siguen cruzando la frontera por razones económicas. La mayoría de los de ascendencia mexicana vivían en áreas rurales y trabajaban en la agricultura. Hoy en día los mexicanoamericanos están representados en todos los oficios y profesiones, en las ciudades igual que en el campo.

Durante la Segunda Guerra mundial miles de puertorriqueños lucharon con las fuerzas norteamericanas. Durante los años antes de la guerra la economía de Puerto Rico se basaba sólo en la agricultura. Las condiciones económicas eran bastante malas. Así, después que terminó la guerra en 1945 muchos puertorriqueños decidieron ir al «continente» a vivir. Todos los días llegaban aviones al aeropuerto Idlewild, hoy JFK, repletos de boricuas[1] que soñaban con una vida mejor. Igual que los italianos, irlandeses y polacos años antes, llegaban sin un centavito en el bolsillo y tomaban cualquier empleo para dar de comer a sus hijos.

[1]**boricuas** puertorriqueños

Dave Moyer

Barrio Viejo, Tucson, Arizona

Barry Barker/McGraw-Hill Education

En 1959 empezaron a venir a Estados Unidos los cubanos. Los primeros que llegaron eran en su mayoría de las clases media y acomodada. Salieron de Cuba por razones políticas después del triunfo de Fidel Castro al derrocar la dictadura de Fulgencio Batista. Pero más tarde empezaron a llegar otros menos afortunados económicamente.

Han llegado muchos dominicanos, en su mayoría por razones económicas. Actualmente en algunas partes de la ciudad de Nueva York hay más dominicanos que puertorriqueños.

Están llegando también por razones mayormente económicas y políticas inmigrantes de Colombia, Perú, Ecuador, Nicaragua, Guatemala, El Salvador, Honduras y partes del Lejano Oriente.

Pequeña Habana, Miami, Florida, Estados Unidos

Comprensión

Los inmigrantes hacen cola para esperar su turno al llegar a Ellis Island.

A Buscando información Contesta.

1. ¿De dónde venía la mayoría de los inmigrantes antes de 1865?
2. ¿Cuál fue una excepción importante?
3. ¿De dónde venían los inmigrantes que iban a Latinoamérica?
4. ¿Cuándo empezó a cambiar el patrón de inmigración?
5. ¿De dónde venían los «nuevos» inmigrantes?
6. ¿Por qué les era más difícil integrarse a la sociedad estadounidense?

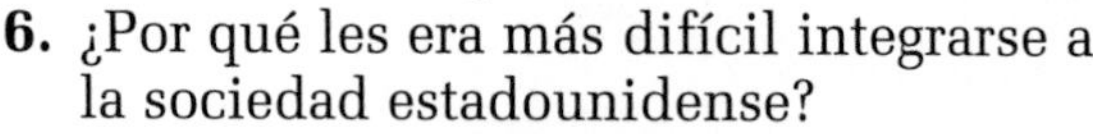

7. ¿En qué partes de la América del Sur se estableció la mayoría de los inmigrantes?
8. ¿Por qué emigró mucha gente en aquella época?
9. ¿Cómo era el viaje de los inmigrantes?
10. ¿Por qué eran tan tristes las despedidas?

B Describiendo Describe.

1. los primeros inmigrantes a Estados Unidos
2. los primeros inmigrantes a Latinoamérica
3. los inmigrantes que llegaban después de 1880
4. el viaje de los inmigrantes
5. la vida de los inmigrantes en sus nuevos «hogares»

C **Analizando** Contesta.

1. ¿Por qué tenía que emigrar mucha gente?
2. ¿Por qué solían formar comunidades?
3. ¿Por qué eran tan importantes las iglesias y las sinagogas?
4. ¿Por qué perdió su ímpetu la inmigración después de 1914?

D **Buscando información y explicando** Contesta.

1. ¿De qué grupos han sido las olas migratorias más recientes?
2. ¿Por qué son los mexicanoamericanos una excepción?
3. ¿Cuándo empezaron a venir a vivir en el «continente» los puertorriqueños?
4. ¿Por qué vino la mayoría de los puertorriqueños?
5. ¿Cuándo empezaron a llegar los cubanos?
6. ¿Por qué salieron ellos de Cuba?
7. ¿Quiénes están superando hoy a los puertorriqueños en la Ciudad de Nueva York?
8. ¿Cuáles son otros grupos latinoamericanos que están estableciéndose en Estados Unidos en números considerables? ¿Por qué motivos?

E **Causa y efecto** Casi todo lo que pasa en la vida tiene una causa (razón) y un efecto (consecuencia). Discute la causa de la migración y el efecto que tiene.

Cuatro inmigrantes llegan a Nueva York, 1912. ¿Qué estarán pensando?

Conocimientos para superar

Conexión con la ciencia política

¿Qué es la ciencia política?

La ciencia política como disciplina independiente es bastante reciente. Pero el concepto de «gobierno» ha existido desde ya hace mucho tiempo. El campo de la ciencia política es muy abarcador. Sus divisiones tradicionales son la teoría política, el derecho público, la comparación de gobiernos, los gobiernos de naciones específicas, la administración pública, las relaciones internacionales; los partidos políticos, las elecciones y la opinión pública.

La Corte Suprema de los Estados Unidos, Washington D.C.

Gobierno, Estado y nación

Muchos tienden a considerar los términos «gobierno», «Estado» y «nación» casi sinónimos. Pero no lo son. Vamos a empezar con algunas definiciones de «gobierno».

- los individuos que controlan el aparato del Estado y dirigen el poder del Estado
- un grupo de personas dentro del Estado que tienen la autoridad para obrar en nombre del Estado

Según estas definiciones el gobierno y su burocracia no son el Estado. El gobierno y la burocracia obran por el Estado. Y las decisiones que toman los líderes políticos afectan profundamente la vida diaria de todos los ciudadanos.

La Casa Rosada en Buenos Aires es donde la presidenta argentina tiene su oficina.

Si bien para la mayoría de la gente «nación» y «Estado» significan lo mismo, «nación» y «Estado» llevan definiciones precisas en la ciencia política. Una «nación» es un grupo importante de personas vinculadas que reconocen una semejanza entre sí porque comparten una cultura común, especialmente una misma lengua. Un «Estado» es una unidad política que goza de soberanía total, que tiene la responsabilidad total por la conducta de sus asuntos. Mientras que una nación es una agrupación cultural, en particular lingüística, de personas que se sienten enlazadas y unidas, el Estado es una unidad política.

Un votante orgulloso

Estos conceptos de nación y Estado son muy importantes porque en muchos casos las «naciones» y «estados» no coinciden geográficamente. Y cuando no coinciden, suelen surgir problemas, conflictos y hasta guerras.

He aquí algunos ejemplos.

Euskadi, la nación vasca, existe a ambos lados de los Pirineos, en Francia y en España. Pero los vascos son ciudadanos del Estado español o del Estado francés.

Los kurdos, miembros de un grupo étnico con su propia cultura y lengua, viven en lo que ellos llaman Kurdistán. Lamentablemente Kurdistán es una nación, pero no un Estado. Kurdistán se encuentra en Iraq, Irán y Turquía. Los kurdos han luchado desde hace siglos por tener su propia patria. Pero después de la Primera Guerra mundial, las potencias europeas fijaron las fronteras entre Iraq, Irán y Turquía. Se olvidaron de los kurdos y como resultado, esa región ha sufrido más de medio siglo de lucha intermitente y sangrienta.

Otros ejemplos que se podría citar entre los muchos que existen en el mundo son las antiguas Unión Soviética y Yugoslavia; Sri Lanka, Etiopía y muchos países del África Sahariana y Subsahariana.

Desgraciada y tristemente se puede esperar que los conflictos sigan siempre que haya una inconformidad entre las fronteras de los estados y el concepto de nación que tienen los habitantes del Estado. Otra consecuencia de esta inconformidad son olas de migración.

Blend Images - Hill Street Studios/Getty Images

Comprensión

A **Poder verbal** **Definiciones** Parea.

1. la burocracia
2. la soberanía
3. el derecho
4. la potencia

a. tener un estado el poder político supremo sin estar sometido bajo el control de otro estado o entidad
b. capacidad de mandar, imponer o influir; Estado soberano
c. influencia excesiva de los funcionarios en la administración pública
d. conjunto de leyes y reglas

B **Verificando** Decide si la información es correcta o no.

1. La ciencia política es una disciplina tan antigua como el derecho.
2. El concepto de gobierno es algo nuevo.
3. La administración pública consta de muchos funcionarios.
4. La diplomacia tiene mucho que ver con las relaciones internacionales.
5. El Estado es una unidad cultural.
6. Los conceptos de «nación» y «Estado» no tienen mucha importancia.
7. Las naciones y los estados siempre coinciden geográficamente.

Votando en Redondo Beach, California

DOD photo by Master Sgt. Jerry Morrison

OTAN, Oficina central, Bruselas, Bélgica

C Explicando Explica.

1. el significado de gobierno
2. lo que es una nación
3. lo que es el Estado
4. la diferencia entre «nación» y «Estado»
5. lo que significa la inconformidad entre nación y Estado
6. por qué algunos vascos son ciudadanos franceses y otros son ciudadanos españoles
7. el problema de los kurdos

D Causa y efecto Analiza.

¿Cuál es la causa de la inconformidad entre naciones y estados y cuál es el efecto que tiene?

E Resumiendo En tus propias palabras explica lo que para ti significan «gobierno», «nación» y «Estado».

F Usando lo ya aprendido El año pasado aprendiste algo sobre el gobierno y la política. ¿A ver lo que recuerdas?

1. Da algunas características de un gobierno democrático.
2. Explica lo que es un sistema de gobierno bicameral.
3. Da una definición de un «plebiscito» o «referéndum».
4. Da algunas características de un gobierno autocrático.

Gramática y lenguaje

Modo condicional o potencial

1. El condicional de verbos regulares se forma añadiendo al infinitivo las terminaciones: **-ía, -ías, -ía, -íamos, -íais, -ían**. Nota que estas terminaciones son las mismas que las del imperfecto de los verbos de la segunda y tercera conjugaciones.

INFINITIVO	LLEGAR	VENDER	VIVIR
yo	llegaría	vendería	viviría
tú	llegarías	venderías	vivirías
él, ella, Ud.	llegaría	vendería	viviría
nosotros(as)	llegaríamos	venderíamos	viviríamos
vosotros(as)	llegaríais	venderíais	viviríais
ellos, ellas, Uds.	llegarían	venderían	vivirían

2. Los verbos que tienen raíz irregular en el futuro mantienen esta misma raíz en el condicional (potencial).

tener	**tendría**	**poder**	**podría**	**hacer**	**haría**
poner	**pondría**	**saber**	**sabría**	**decir**	**diría**
salir	**saldría**	**venir**	**vendría**	**querer**	**querría**
caber	**cabría**	**valer**	**valdría**		

3. El modo potencial o condicional expresa lo que tendría lugar o sucedería bajo ciertas circunstancias.

El barco saldría pero no puede porque no han alzado ancla.
Ellos no emigrarían pero no pueden seguir viviendo bajo las condiciones actuales.

El barco saldría pero no puede porque no han alzado ancla.

4. El modo potencial o condicional puede rendir más cortés un pedido.

¿Me pasaría usted la sal, por favor?
¿Me pasarías la sal, por favor?
¿Podría decirme cómo llegar al correo?

5. El condicional de probabilidad expresa probabilidad en el pasado. Estudia los siguientes ejemplos.

¿Qué hora sería cuando ellos llegaron?

Significado:

Él tendría unos veinte años en aquel entonces, ¿no?

Significado:

Gramática y lenguaje

Condicional Completa con el condicional.

1. Ellos ____ en el mar pero el agua está fría. (nadar)
2. Yo ____ un soneto pero no soy poeta. (escribir)
3. Él me ____ pero no tiene el dinero. (pagar)

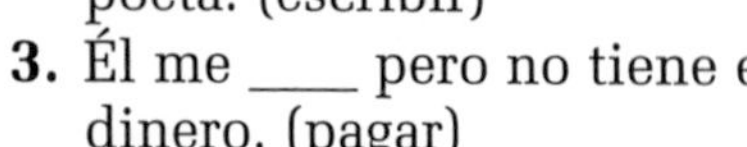

4. Nosotros ____ el carro pero nadie lo quiere. (vender)
5. Ellos ____ en la capital pero cuesta demasiado. (vivir)
6. ¿Por qué no ____ tú en tren? (ir)
7. Él ____ enseguida pero no hay vuelo hasta el martes. (volver)
8. Ellos ____ aquí pero tienen otras obligaciones. (estar)
9. Yo ____ la carta pero no tengo papel. (escribir)
10. Nosotros ____ el pollo pero no nos queda aceite. (freír)

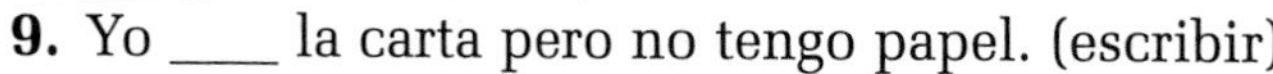
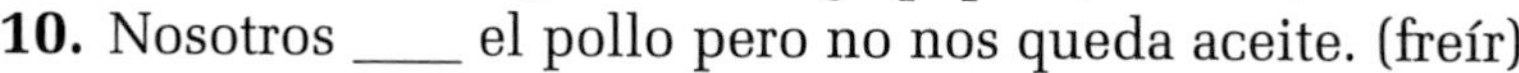

Yo me quedaría en el agua pero el agua está fría.

Oraciones nuevas Escribe cada oración en el condicional.

1. Ellos vienen enseguida.
2. Tomás puede estar aquí para las ocho.
3. Nosotros sabemos todos los detalles.
4. Todos no caben porque el carro es pequeño.
5. ¿Quieres discutir el problema con el presidente?
6. Ellos hacen el trabajo sin dificultad.
7. Yo no tengo los informes necesarios.
8. Una esmeralda vale mucho dinero aquí.
9. Ustedes lo ponen en orden.
10. Salimos lo más pronto posible.

A los amigos les gustaría ver diferentes películas.

Dos complementos con se

1. Los pronombres de complemento indirecto **le, les** cambian en **se** cuando aparecen en la misma oración con **lo, la, los, las**

A bordo del avión el asistente de vuelo le sirve la comida a la cliente.
A bordo del avión el asistente de vuelo se la sirve (a ella).

¿El refresco? La asistenta de vuelo se lo sirve al pasajero.

La asistenta de vuelo les leyó las instrucciones de seguridad a los pasajeros.
La asistenta de vuelo se las leyó (a ellos).

2. Como el pronombre puede referirse a muchas personas, se aclara frecuentemente con una preposición.

Él se lo pasó { **a él** / **a ella** / **a usted** / **a ellos** / **a ellas** / **a ustedes** }

Pronombres Escribe cada oración usando pronombres de complemento directo e indirecto.

1. Carlos le dio las recetas a su amiga.
2. Yo le mandé el regalo a Carlos.
3. El profesor les explicó la lección a los alumnos.
4. La madre le compró el abrigo para María.
5. El pasajero le dio los billetes al empleado.
6. María les leyó el cuento a las niñas.

Silabeo, acento y tilde

1. Antes de saber dónde hay que escribir una tilde es necesario repasar como dividir una palabra en sílabas.

2. Una sílaba se separa después de una vocal y entre dos consonantes.

Li ma	**cos ta**	**na ci do**	**de sas tre**
bu que	**cul to**	**po la co**	**cos tum bre**
vi da	**mis mo**	**bo de ga**	**as pec to**

3. Las consonantes **l** y **r** precedidas de cualquier consonante menos **-s** se enlazan con esta consonante y no se las puede separar.

blan co	**bra vo**
cla se	**tro pi cal**

4. Nota que las siguientes palabras terminan en vocal. La sílaba recuadrada es la tónica, o sea la sílaba acentuada—la que tiene más fuerza. Las palabras que terminan en vocal reciben el acento en la penúltima sílaba, con muy pocas excepciones.

mesa	**estado**	**concepto**	**enlazado**
casa	**persona**	**frontera**	**resultado**

5. Nota que una palabra que termina en consonante, con la excepción de **-n** o **-s,** recibe el acento en la última sílaba. Las que terminan en **-n** o **-s** reciben el acento en la penúltima sílaba, al igual que las palabras que terminan en vocal.

CONSONANTE	N, S
factor	**casas**
civil	**inmigrantes**
verdad	**rurales**
universal	**estados**
comunidad	**olvidan**
inmigrar	**inmigran**

6. Hay que escribir una tilde (punto diacrítico) en cualquier palabra cuya sílaba acentuada no conforma con la regla para la acentuación.

TERMINA EN VOCAL		TERMINA EN CONSONANTE	TERMINA EN -S, -N
sílaba	**Perú**	**árbol**	**salón**
teléfono	**café**	**túnel**	**tacón**
húmedo	**comí**		**razón**
político	**compró**		**compás**
			volverás

4 Sílabas Separa cada palabra en sílabas.

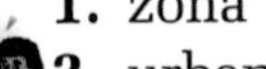

1. zona
2. urbano
3. campesino
4. continente
5. eterna
6. calor
7. barco
8. apiñar

5 Sílabas tónicas Indica la sílaba tónica (acentuada) de cada palabra.

1. zona
2. Cuba
3. continente
4. casa
5. forastero
6. bodega
7. repleto
8. inmigrante
9. integrar
10. emperador
11. llegado
12. habitante

6 Tilde Escribe la tilde cuando necesario.

1. silaba
2. tonica
3. publico
4. unico
5. portugues
6. patron
7. comenzo
8. catolico
9. forasteros
10. Latinoamerica
11. comun
12. comunidad
13. etnico
14. industriales
15. lingüistico
16. Mexico
17. geografico
18. politico

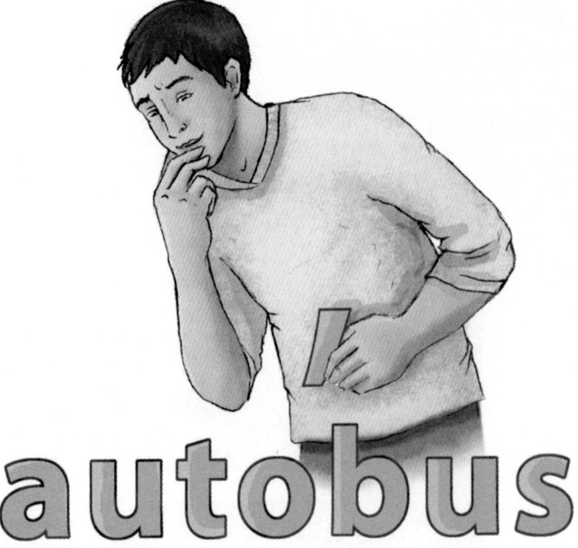

Literatura

Al partir de Gertrudis Gómez de Avellaneda

Vocabulario para la lectura

Estudia las definiciones de las siguientes palabras.

el hado el destino
ardiente muy caliente
acudir ir a; llegar
alzar levantar
estremecerse temblar
halagar dar motivo de satisfacción; gozar

Brand X Pictures/age fotostock

Poder verbal

ACTIVIDAD 1 **Parafraseando** Expresa de otra manera.

1. *El destino* es una fuerza irresistible.
2. Todos van a *ir*. Te lo aseguro.
3. Tienen que *levantar* ancla antes de salir. Se dice también «zarpar».
4. ¡Qué zona más *calurosa!*
5. El mar está tan bravo (revuelto) que el viejo buque está *temblando.*
6. *El barco* está en el muelle (la dársena).

Un barco grande navegando en alta mar

Andrew Payti

Nota biográfica

Gertrudis Gómez de Avellaneda nació en Camagüey, Cuba, en 1814. Empezó a escribir poesía cuando era muy joven. Su padre siempre quería llevar a la familia a España, su país natal. Él murió bastante joven y su esposa se casó en segundas nupcias con un coronel español que no quería quedarse a vivir en las colonias. El día 9 de abril de 1836, Gertrudis se embarcó con su madre y su padrastro en el puerto de Santiago de Cuba con destino a Burdeos, Francia, en una fragata francesa. Aquel día Gertrudis Gómez de Avellaneda compuso el soneto que sigue.

Introducción

La poesía que sigue de Gertrudis Gómez de Avellaneda es un soneto. Un soneto consta de catorce versos, divididos en dos cuartetos (una estrofa de cuatro versos) y dos tercetos (una estrofa de tres versos), que tratan de un solo pensamiento. Al comienzo del primer terceto se da un giro al pensamiento que por lo general refleja sobre lo expuesto en los cuartetos. El segundo terceto cierra el pensamiento y el sentimiento expresados por el poeta.

La poeta acaba de embarcar para hacer el viaje a España. No es un viaje por motivos económicos o políticos, sino personales. Al leer esta poesía, fíjate en el tono de la poesía. ¿Cuáles serán las emociones de la poeta? Para ella, ¿será un viaje al exilio?

Plaza Mayor, Madrid

¡Al partir!

¡Perla del mar! ¡Estrella de Occidente!
¡Hermosa Cuba! Tu brillante cielo
la noche cubre con su opaco velo
como cubre el dolor mi triste frente. — cuarteto

¡Voy a partir!... La chusma[1] diligente,
para arrancarme del nativo suelo
las velas iza[2], y pronta a su desvelo
la brisa acude de tu zona ardiente. — cuarteto

¡Adiós, patria feliz, edén querido!
¡Doquier que el hado en su furor me impela,
tu dulce nombre halagará mi oído! — terceto

¡Adíos!... ¡Ya cruje[3] la turgente[4] vela...
el ancla se alza... el buque, estremecido,
las olas corta y silencioso vuela! — terceto

[1] **chusma** tripulación
[2] **iza** levanta, alza con una cuerda
[3] **cruje** ruido de dos cosas cuando se frotan unas contra otras
[4] **turgente** hinchado

Estrategia de lectura

Los poetas escogen sus palabras con cuidado. Tratan de mostrar a sus lectores lo que ven y lo que oyen usando imágenes vívidas—lo que podríamos llamar «fotografías en palabras». Al leer las poesías que siguen trata de captar en tu mente las fotografías verbales de los poetas.

Lissa Harrison

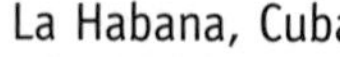
La Habana, Cuba

Comprensión

A **Analizando** Contesta.

1. ¿De dónde sale la autora?
2. ¿Cómo se siente?
3. ¿Quién levanta (iza) las velas?
4. ¿A quién le dice «adiós» la autora?
5. ¿Sale de noche o por la mañana?

B **Verificando** ¿Lo dice la autora o no?

1. La autora dice que Cuba es hermosa.
2. Gertrudis Gómez de Avellaneda está muy contenta con hacer el viaje en buque.
3. El cielo es brillante.
4. Ella sale por la mañana.
5. La tripulación del buque no trabaja bien.
6. La brisa viene de una región muy fría.
7. La autora dice que sabe precisamente adonde va.
8. El buque hace mucho ruido.

C **Parafraseando** ¿Cómo lo dice la autora?

1. Tu *claro* cielo.
2. ¡Voy a *salir*!
3. La *tripulación* diligente *levanta* las velas para *llevarme* del nativo suelo.
4. La brisa acude de tu zona *cálida*.
5. ¡Adiós, patria feliz, *paraíso*!
6. *Dondequiera* que *el destino* en su *ira (rabia)* me *lleve (empuje)*.
7. tu dulce nombre *agrandará* mi oído
8. ... *el barco,* estremecido, *anda rápido* y *sin ruido navega*

D **Lenguaje figurativo** En el soneto la autora se refiere a Cuba seis veces. ¿En qué términos figurativos?

E **Resumiendo y personalizando** Escríbele una carta a un(a) amigo(a) como si fueras Gertrudis de Avellaneda. Describe no sólo tu salida de Cuba sino tus emociones.

F **Explicando** Explica como el segundo terceto cierra el pensamiento y el sentimiento expresados por la poeta.

Autógrafo de Lola Rodríguez de Tió

Introducción

Lola Rodríguez de Tió nació en San Germán, Puerto Rico en 1863. Poeta bastante prolífica ella dedicó su vida a la lucha por la independencia de su isla natal. Fue deportada dos veces por su propaganda del ideal dependentista. Vivió en Venezuela y Nueva York. En Nueva York entró en contacto directo con el Partido Revolucionario Cubano y más tarde Lola Rodríguez de Tió y su esposo fueron a Cuba donde radicaron hasta su muerte. La autora murió en la Habana en 1924.

Lola Rodríguez de Tió quería mucho a Puerto Rico y a Cuba. Escribió:

Cuba y Puerto Rico son
de un pájaro las dos alas
reciben flores o balas
sobre un mismo corazón.

Autógrafo, que sigue es la comparación que abre su obra Mi libro de Cuba, publicada en 1893.

Aquí vemos un mapa de algunas islas caribeñas, incluyendo Puerto Rico y Cuba, las dos islas tan queridas de Lola Rodriguez de Tió.

Autógrafo

Yo no me siento nunca extranjera:
En todas partes hogar y abrigo
Amplia me ofrece la azul esfera;
Siempre mis sienes un seno amigo
Hallan en una u otra ribera,
Porque la Patria llevo conmigo.

Lola Rodríguez de Tió

Aquí vemos las dos alas de un pájaro en vuelo. Según las palabras de la autora, Cuba y Puerto Rico son las dos alas de un pájaro. Es un símil bonito. ¿Qué significado tiene? ¿Cómo lo interpretas?

Aquí vemos una flor hermosa. La autora dice que Cuba y Puerto Rico reciben flores o balas sobre un mismo corazón. ¿Qué quiere decir la autora? ¡Ojalá reciban más flores como esta rosa en vez de balas!

Comprensión

Interpretando Contesta.

1. ¿Cómo no se siente nunca la narradora?
2. ¿Qué puede hallar en todas partes?
3. ¿Quién o qué le ofrece todo?
4. ¿Dónde puede siempre hallar un amigo o lugar sereno?
5. ¿Por qué es posible eso?

Analiza

¿Qué significa "Porque la Patria llevo conmigo"?

Personalizando

¿Crees que te sentirías comodo(a) o en casa dondequiera que estuvieras? Explica por que sí o no.

Versos sencillos de José Martí

Vocabulario para la lectura

Estudia las definiciones de las siguientes palabras.

el engaño el hacer creer a alguien algo que no es verdad

los escombros los restos, los desechos

la mariposa insecto con cuatro alas de colores bonitos

el joyero el que vende joyas: pulseras, anillos, brazaletes, etc.

sublime eminente; de gran valor moral, intelectual

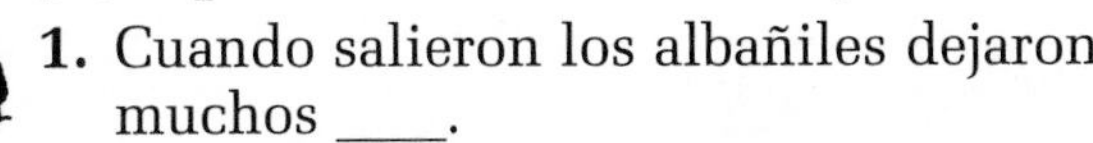

Actividad 1 **¿Qué palabra necesito?** Completa.

1. Cuando salieron los albañiles dejaron muchos ____.
2. A mí me gusta ver volar las ____. Se ven tan bonitas con sus colores vivos.
3. El ____ es un vicio.
4. No hay duda. El ____ Lavalle tiene las joyas de mejor calidad.

Monumento a José Martí, Plaza de la Revolución, La Habana, Cuba

Nota biográfica

José Martí (1853–1895) nació en Cuba de padres españoles. Sufrió, luchó y murió por la libertad de su querida Cuba.

Durante su vida fue deportado dos veces a España por traición contra el régimen español. En España estudió derecho en Madrid y Zaragoza. Él admiró mucho a la España artística y humana, pero atacó la situación política. No quería que su país fuera colonia de España. Quería ver a una Cuba libre.

Además del tiempo que pasó en España, Martí vivió en México, Guatemala, Venezuela y Honduras. En ninguno de estos países se sintió extraño y por eso dijo: «De América soy hijo». Residió catorce años en Estados Unidos desde donde conspiró y preparó el levantamiento en que había de morir. Su vida fue una lucha constante por sus ideales de libertad.

Martí trabajó como periodista y profesor. Se destacó como poeta. Sus temas favoritos son el amor, la muerte, la amistad y la patria.

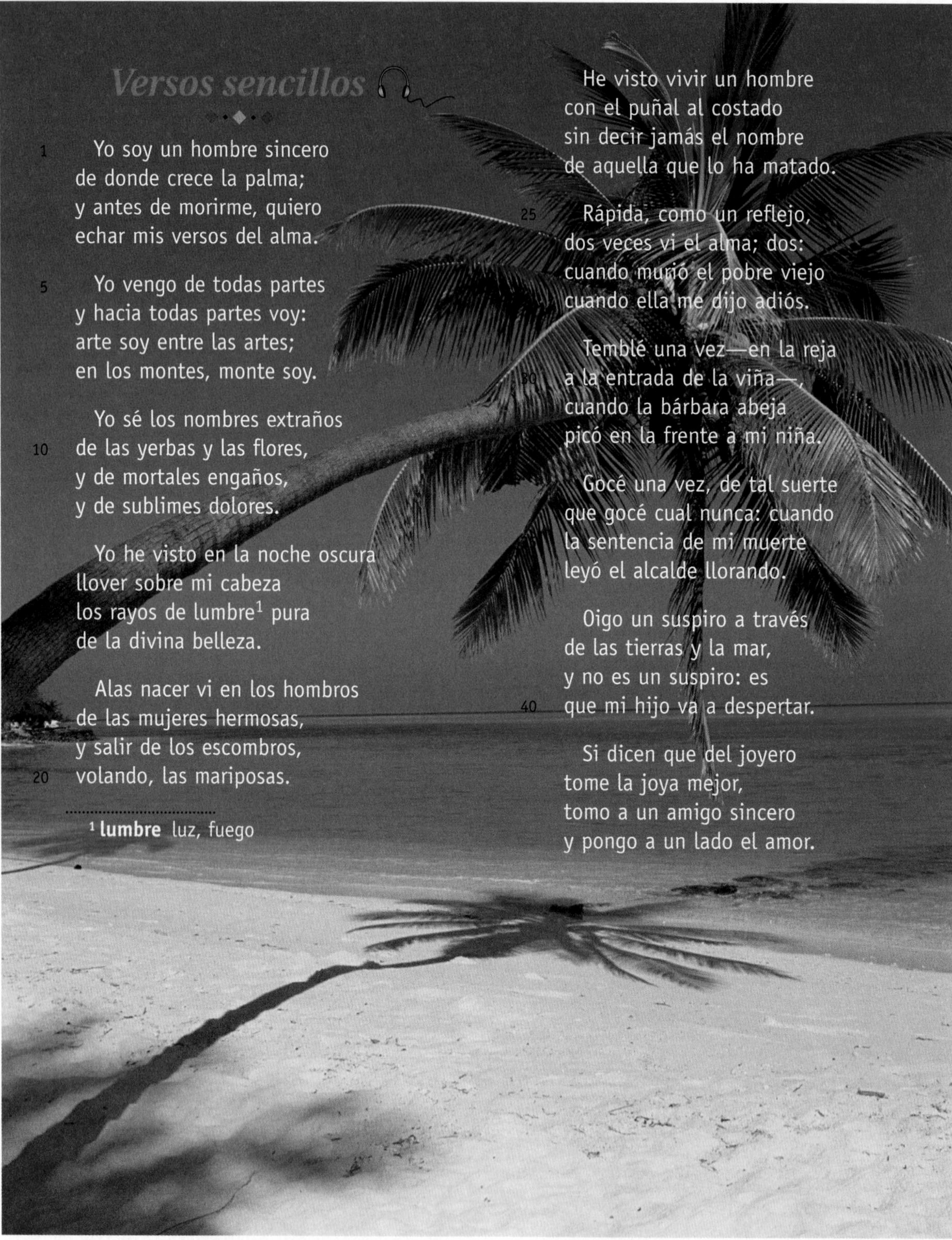

Versos sencillos

Yo soy un hombre sincero
de donde crece la palma;
y antes de morirme, quiero
echar mis versos del alma.

Yo vengo de todas partes
y hacia todas partes voy:
arte soy entre las artes;
en los montes, monte soy.

Yo sé los nombres extraños
de las yerbas y las flores,
y de mortales engaños,
y de sublimes dolores.

Yo he visto en la noche oscura
llover sobre mi cabeza
los rayos de lumbre[1] pura
de la divina belleza.

Alas nacer vi en los hombros
de las mujeres hermosas,
y salir de los escombros,
volando, las mariposas.

He visto vivir un hombre
con el puñal al costado
sin decir jamás el nombre
de aquella que lo ha matado.

Rápida, como un reflejo,
dos veces vi el alma; dos:
cuando murió el pobre viejo
cuando ella me dijo adiós.

Temblé una vez—en la reja
a la entrada de la viña—,
cuando la bárbara abeja
picó en la frente a mi niña.

Gocé una vez, de tal suerte
que gocé cual nunca: cuando
la sentencia de mi muerte
leyó el alcalde llorando.

Oigo un suspiro a través
de las tierras y la mar,
y no es un suspiro: es
que mi hijo va a despertar.

Si dicen que del joyero
tome la joya mejor,
tomo a un amigo sincero
y pongo a un lado el amor.

[1] **lumbre** luz, fuego

Las Maldivas

Lissa Harrison

La Habana Vieja, Cuba

Comprensión

A Interpretando ¿Cómo nos lo dice el poeta?

1. Es de un lugar tropical.
2. Lo que quiere hacer antes de morir.
3. Él ha vivido en muchos lugares diferentes.
4. Es muy flexible. No es nada intransigente.
5. Le gusta la naturaleza.
6. Sabe lo que es sufrir.
7. Él ha experimentado lo bella que puede ser la vida.

B Interpretando más En tus propias palabras explica lo que significa para ti cada una de las últimas siete estrofas.

C Emociones Al leer esta poesía, ¿qué te hace creer que Martí era un hombre de gran sensibilidad?

Composición

Una biografía

En una biografía, el biógrafo relata la historia de la vida de una persona. Describe su apariencia física y su personalidad para que su lector forme impresiones de la persona. Y el biógrafo cuenta lo que hizo y dijo la persona para darle vida. Pinta un retrato verbal de su personaje—de su apariencia, personalidad, actividades, comportamientos y acciones.

La Ex-Secretaria de Estado, Madeleine Albright, vino a los Estados Unidos de Austria.

Ahora, ¡te toca a ti!

Ahora te toca a ti escribir una biografía. En este capítulo has aprendido algo sobre la migración y las razones o motivos de esta. Sabes que muchos que han tenido que emigrar no han encontrado siempre la felicidad ni fortuna que esperaban en su nuevo país. Y otros han tenido mucho éxito y han podido gozar de una vida mejor en su país adoptado. La gran mayoría de los emigrantes tenían que ser muy valientes para luchar contra los obstáculos que enfrentaron.

Antes de escribir

Vas a escoger una persona que haya emigrado de un país para instalarse en otro. Puede ser un miembro de tu familia, de un(a) amigo(a) o de una persona desconocida. En el caso de una persona desconocida será necesario hacer algunas investigaciones para aprender más sobre la vida de la persona. Trata de escoger una persona que haya tenido una vida interesante o excepcional. Eso te ayudará a escribir una biografía interesante.

Al contar la vida de la persona, escribe todo lo que ha hecho de manera que le des vida en el papel. Describe su apariencia física, su personalidad y sus actividades. Utiliza detalles vivos tales como de donde era la persona, por qué tuvo que emigrar, como salió, lo que le pasó al llegar a su nuevo país, etc. Utiliza un lenguaje preciso para describir tus impresiones de esta persona.

Organiza tu biografía de una manera clara. Puedes presentarla en orden cronológico desde el nacimiento hasta hoy. O puedes empezar con la vida actual de la persona y retroceder a su pasado. Si la persona está muerta puedes empezar con un evento decisivo en su vida.

Puedes escoger cualquier persona. Algunas figuras que te podrían interesar son:

- el griego Aristóteles Onassis en Argentina
- el alemán Franz Mayer en México
- la costarricense Chavela Vargas en México
- el español Pablo Casals en Puerto Rico
- el cubano Desi Arnaz en Estados Unidos
- el puertorriqueño Herman Badillo en Estados Unidos
- el mexicano Ricardo Montalbán en Estados Unidos
- el puertorriqueño José Feliciano en Estados Unidos
- el cubano Andy García en Estados Unidos
- el italiano/español José Greco en Estados Unidos
- la cubana Celia Cruz en Estados Unidos

Pero, no olvides que puedes escoger cualquier persona cuya vida te interese.

Conexión con el inglés

El modo potencial o condicional

1. El modo potencial o condicional en inglés se expresa por *would.* Nota que *would* no cambia con el sujeto. El sujeto se enlaza con *would* para formar una contracción.

   I would go. I'd go.
   He would go. He'd go.

2. El modo potencial o condicional en inglés, igual que en español, expresa lo que tendría lugar o sucedería bajo ciertas circunstancias.

   He would go but he can't because he doesn't have any money.
   They would do such a thing because they don't know any better.

El futuro y condicional de probabilidad

1. El futuro de probabilidad se expresa por *would* o *could* en inglés.

INGLÉS	ESPAÑOL
How old would (could) he be? I don't really know.	**¿Cuántos años tendrá? No sé.**
What time could it be? Two o'clock? Three o'clock?	**¿Qué hora será? ¿Las dos? ¿Las tres?**

2. El condicional de probabilidad español se expresa por *would, could (it, he) have been.*

INGLÉS	ESPAÑOL
How old could (would) he have been at that time?	**¿Cuántos años tendría él en aquella época?**

Realistic Reflections

Una nota interesante

El inglés es una de las pocas lenguas, si no la única, en la cual la entonación o el *stress* juega un papel gramatical. La entonación (o el *stress*) puede cambiar completamente el significado de la oración. Observa los siguientes ejemplos.

	ENTONACIÓN (O *STRESS*)	SIGNIFICADO
1.	***He*** *would go.*	***He*** *would go but maybe she (someone else) would not.*
2.	*He* ***would*** *go.*	*He* ***would*** *go. Don't tell me he wouldn't.*
3.	*He would* ***go.***	*He would* ***go.*** *He wouldn't stay.*

Trata de hacer lo mismo en español.

1. Él iría.
2. Él iría.
3. Él iría.

Es imposible, ¿no? Hay que expresar lo que uno quiere decir.

1. Él iría pero ella, no.
2. Él iría y no me digas lo contrario.
3. Él iría; no se quedaría aquí.

They would love to win the game and they probably will.

Nosotros y nuestro mundo

Andrew Resek/McGraw-Hill Education

Escritoras latinas de hoy

Dentro de la comunidad latina ha surgido últimamente un grupo de escritoras cuyas obras están recibiendo aclamación literaria internacional. Entre ellas se destacan Sandra Cisneros, Julia Álvarez y Rosario Ferré.

Sandra Cisneros

Sandra Cisneros nació en Chicago en 1954 de padre mexicano y madre mexicanoamericana. De una familia de siete hijos, era Sandra la única hija y durante su niñez pasaba muchas horas a solas. Se hizo una observadora sagaz del ambiente y de las personalidades que la rodeaban en los barrios latinos pobres de Chicago donde vivía. La familia se mudaba con frecuencia porque su padre echaba de menos su ciudad natal y la familia se escapaba a menudo a la Ciudad de México.

En su *sophomore year* de una escuela de Chicago, uno de sus profesores de inglés reconoció en Sandra un gran talento literario. Al graduarse de la secundaria ella se matriculó en Loyola University,

Un mural de la comunidad latina en Chicago, Illinois, Estados Unidos

Un desfile en la República Dominicana

donde se especializó en inglés. Continuó con estudios graduados en la Universidad de Iowa donde recibió su licenciatura.

En un seminario para escritores de esta universidad, algunos estudiantes hacían una descripción de sus elegantes casas familiares. La futura autora, que siempre se había sentido alienada de los otros estudiantes debido a su raza y clase socioeconómica, empezó a contrastar las casas lujosas de estos estudiantes con los apartamentos deprimentes que ella conocía. Enseguida se dio cuenta de que sus experiencias de una joven de raíces latinas le daban un motivo positivo para escribir, lo que la motivó a producir su primera novela, *The House on Mango Street.* En una de las primeras páginas de esta novela la autora dice: "They always told us that one day we would move into a house, a real house that would be ours for always so we wouldn't have to move each year. And our house would have running water and pipes that worked. And inside it would have real stairs, not hallway stairs, but stairs inside like the houses on TV." Cisneros rememora sus experiencias de juventud presentándonos a Esperanza, una joven chicana talentosa que anhela escapar de la pobreza del barrio de Chicago para algún día regresar por los que había dejado —"...for the ones I left behind."

The House on Mango Street ha recibido elogios de críticos, académicos, mayores y adolescentes. Cisneros escribió la novela dotándola de muchas palabras y expresiones mexicanas que hacen sobresaltar sus experiencias de la vida de dos culturas distintas. Su novela fue traducida al español por la renombrada autora mexicana Elena Poniatowska.

Julia Álvarez

Glow Images

Julia Álvarez nació en la ciudad de Nueva York en 1950. Cuando tenía sólo tres semanas, su familia regresó a la República Dominicana donde Julia pasó su niñez. La familia de Julia era una familia dominicana acomodada que gozaba de gran poder. Muchos de sus parientes habían recibido su educación en EE.UU. y su abuelo materno sirvió de agregado cultural de las Naciones Unidas. En su familia siempre hubo mucha influencia norteamericana.

Su padre, un médico de profesión, era de una familia adinerada que tomaba parte activa en la política de su país, luchando contra los abusos e injusticias de gobiernos despóticos. Por haber apoyado al bando equivocado en los años 30, su familia perdió toda su fortuna. Por el contrario, la familia materna de Julia apoyaba a los que estaban en el poder para proteger y guardar sus riquezas. Indudablemente tales circunstancias creaban disensión en la familia. Sin embargo, el padre de Julia siguió ejerciendo su profesión de médico hasta los años 50, cuando la política del dictador Rafael Trujillo amenazaba la estabilidad de toda la región caribeña. El gobierno de EE.UU. decidió ejercer presión contra su régimen y ante la invitación del cónsul norteamericano el padre de Julia consintió en apoyar a las fuerzas norteamericanas que trabajaban clandestinamente para derrocar el régimen de Trujillo. Las condiciones seguían empeorando. La situación de la familia Álvarez se hacía más y más peligrosa. Con la ayuda de un agente norteamericano, la familia tomó el camino del exilio. La pequeña Julia tenía diez años cuando su familia se reubicó en un pequeño y modesto apartamento en Queens, en la Ciudad de Nueva York. La niña estaba contenta de estar en EE.UU. pero añoraba a su familia y la casa grande en la República Dominicana.

El condado de Caledonia, Vermont, Estados Unidos

Álvarez empeñó estudios universitarios especializándose en literatura inglesa y redacción. Llegó a ser profesora de inglés en Middlebury College en Vermont y hoy es *Writer in residence* de esta prestigiosa institución académica. Sigue viviendo con su esposo entre Vermont y la República Dominicana.

Su novela *How the García Sisters Lost Their Accents* fue publicada en 1991. Consta de quince «cuentos» enlazados que narran la historia de sus cuatro hermanas después de su llegada a Nueva York, ciudad en la cual encontraron una vida muy diferente de la vida lujosa de que habían gozado en la República Dominicana.

Igual que Sandra Cisneros, Julia Álvarez escribe sus novelas en inglés. *In the Time of the Butterflies* la autora describe las condiciones horribles y el tremendo costo humano de vivir bajo la opresión política del dictador Trujillo. De esta novela comenta Cisneros: "I was moved to tears, not of sadness but of joy. The sisters Mirabal continue to live as long as women like Julia Álvarez are brave enough to tell their story... A novel of great *cariño.*"

Rosario Ferré

Rosario Ferré nació en Ponce, Puerto Rico, en 1938. Nieta del ex-gobernador de Puerto Rico, Luis Ferré, se crió en una familia privilegiada aunque no rica.

Ferré estudió en Manhattanville College en Nueva York donde se especializó en inglés y francés. Recibió su licenciatura (maestría) en literatura latinoamericana de la Universidad de Puerto Rico y su doctorado de la Universidad de Maryland.

La obra de Ferré abarca varios géneros—el cuento, la novela, la poesía y el ensayo. La autora siempre escribe sobre su Puerto Rico amado, donde reside actualmente. Ferré ha llegado a ser la escritora más prolífica de Puerto Rico y una de las más importantes dentro del campo literario latinoamericano.

Rosario Ferré escribe en inglés y en español. Una de sus novelas más conocidas, *The House on the Lagoon,* fue escrita en inglés. Relata la historia de una familia puertorriqueña. La historia de esta familia refleja la historia tumultuosa de Puerto Rico que es hoy un Estado Libre Asociado de EE.UU. *La casa en la laguna* está ubicada en un barrio elegante de San Juan. Isabel Monfort, la esposa rebelde de Quintín Mendizábal, escribe la historia de su familia y la de su esposo. Este descubre el manuscrito y decide «corregirlo» añadiendo anotaciones en las márgenes. Así la novela hermana lo masculino y lo femenino, el privilegio y la servidumbre, la historia y la memoria, el amor y el odio. De esta novela Julia Álvarez dice: "A novel packed with magic, blood, sweat and tears . . . a saga of a family and a country . . . a delight." ◆

San Juan, Puerto Rico

Entérate El Caribe

El renacimiento de una identidad indígena

Una pareja puertorriqueña

En 1492, los taínos eran uno de los grupos indígenas más numerosos y tenían la cultura más avanzada de las Antillas Mayores. Cincuenta años después casi no quedaban personas de origen taíno; murieron por las enfermedades que trajeron los españoles a América y por el maltrato[1].

Pero la cultura taína fue, y todavía es, un tema importante para los profesores y académicos de las universidades. Los estudios recientes de ADN[2] confirman que hay un alto nivel de material genético taíno en los puertorriqueños. Hoy día existen descendientes directos de los taínos en el Caribe. Por ejemplo, los habitantes de la tribu taína Jatibonicu dicen: "Somos el pueblo original de la isla de Borikén (Puerto Rico), los verdaderos herederos[3] de la cultura taína". Los Jatibonicu tienen un sitio en la Internet. "Tau Ah Taiguey Guaitiao" (¡Hola y buenos días, amigos!).

[1] maltrato: *mistreatment* [2] ADN: *DNA* [3] herederos: *heirs*

Un coleccionista de historia africana

En Nueva York está la "Colección Schomburg", una de las más completas del mundo. Tiene libros, objetos, artefactos y muchas piezas de arte de origen africano. Y… ¿quién coleccionó todo esto? Un puertorriqueño. Arturo Alfonso Schomburg nació en 1874. Cuando era un niño y después un joven, en su escuela no había libros ni clases sobre la historia de los descendientes de africanos. Así empezó su gran pasión por coleccionar información sobre sus antepasados[1] para combatir el racismo. Su colección mostró al mundo las extraordinarias contribuciones de estas personas a la historia.

[1] antepasados: *ancestors*

Ciudades coloniales, fortalezas y piratas

La UNESCO declaró a las ciudades de Santo Domingo, La Habana y San Juan Patrimonio Cultural de la Humanidad. Los españoles construyeron estas bellas ciudades a principios del siglo XVI. Aunque cada una tiene su propia personalidad, estas tres joyas caribeñas también tienen muchas cosas en común. La zona histórica de estas ciudades tiene monumentales morros o fortalezas[1] militares, sus iglesias, los edificios de gobierno y las plazas públicas. Santo Domingo es la ciudad colonial más antigua del continente y es también la más "intelectual" de las tres porque ahí se estableció la primera universidad de las Américas.

Sir Francis Drake (1540-1596)

España construyó esas fortalezas alrededor de las ciudades para proteger los territorios coloniales de sus rivales imperiales y de los piratas. El legendario pirata Francis Drake atacó San Juan varias veces, pero nunca pudo entrar a la ciudad. Roberto Cofresí era menos conocido pero dio muchos dolores de cabeza a los españoles. Era un "Robin Hood" caribeño y como no estaba de acuerdo con el sistema de gobierno español, atacaba los barcos y distribuía el botín[2] entre sus amigos y los pobres de Puerto Rico. En 1825, el capitán norteamericano John Sloat lo capturó.

[1] morros o fortalezas: *fortresses*
[2] botín: *booty*

¿Restaurante o monumento histórico?

Muy cerca de la Plaza de la Catedral en La Habana Vieja está la "La Bodeguita del Medio". Este restaurante cubano clásico abrió sus puertas después de la Segunda Guerra Mundial[1]. Era una gran atracción para los bohemios, artistas, políticos y escritores. Ellos iban a comer y a conversar con sus amigos para "mejorar" el mundo. Muchas personas famosas tales como Gabriel García Márquez y Ernest Hemingway escribieron sus nombres en las paredes. Hoy día, La Bodeguita del Medio es igualmente popular; miles de turistas visitan el restaurante durante todo el año, porque ahí la comida es muy sabrosa y el ambiente[2]... ¡incomparable!

[1] Segunda Guerra Mundial: *Second World War*

[2] ambiente: *atmosphere*

Calendario de fiestas

Una bailarina cubana

1° de mayo: Día Internacional del Trabajo *(Cuba)*

Esta celebración conmemora a los trabajadores del mundo. Mucha gente va con banderas[1] a la Plaza de la Revolución en La Habana. Allí escuchan los discursos[2] de sus líderes y de otros líderes internacionales.

27 de febrero: Carnaval y Día de la Independencia *(República Dominicana)*

Los dominicanos celebran la Independencia de la dominación del gobierno de Haití (1822–1824) y el fin del carnaval el mismo día. El carnaval es la fiesta más popular en ese país. La gente usa máscaras, se viste con disfraces[3], baila y canta en las calles de las ciudades.

3ra semana de julio, Fiesta de Santiago Apóstol *(Loíza, Puerto Rico)*

En Loíza, Puerto Rico, se celebra la fiesta patronal con una gran parada. La gente se viste con ropa tradicional, baila y canta y hace una parodia de las guerras entre moros y cristianos en España.

[1] banderas: *flags* [2] discursos: *speeches* [3] disfraces: *costumes*

micocina

Un platillo verdaderamente caribeño

Los españoles trajeron a América el arroz y los frijoles. Los caribeños adoptaron rápidamente esta comida y hoy es el plato tradicional de estas tres islas. Este delicioso platillo se llama "arroz moro" en la República Dominicana, "congrí" en Cuba y "arroz con habichuelas" en Puerto Rico. *(El congrí y el arroz moro se preparan con frijoles negros.)*

Arroz con habichuelas[1] *(Puerto Rico)*

Ingredientes

(Para el arroz)

- 2 tazas de arroz blanco
- 3 tazas de agua
- 1 cucharada de aceite
- sal al gusto

(Para las habichuelas)

- 2 cucharaditas de aceite de oliva
- 2 cucharadas de jamón de cocinar, en cubos
- 1 lata de habichuelas coloradas
- 1 lata de salsa de tomate
- 1 paquete de sazón[2]
- 2 cucharadas de sofrito[3]
- 7 aceitunas rellenas con pimiento
- 1 cucharadita de alcaparrado[4]
- 2 papas medianas, en cubos
- 1 taza de agua

Preparación

Hervir las 3 tazas de agua en una olla. Agregar el arroz blanco, el aceite y la sal. Tapar la olla y reducir la temperatura. Cocinar durante 20 minutos. En una sartén con aceite, freír el jamón y el sofrito. Agregar la salsa de tomate, la sazón, las aceitunas y el alcaparrado. Revolver durante 2 minutos. Agregar las habichuelas, las papas, el agua y revolver. Calentar bien la mezcla, tapar la sartén, reducir la temperatura y cocinar durante 20 minutos.

[1] habichuelas: *beans in the Caribbean*

[2] sazón: *seasoning*

[3] sofrito: *mix of lightly fried onions, garlic, and herbs*

[4] alcaparrado: *capers with diced red peppers*

Moros y cristianos, un plato cubano

¿Qué te gusta escuchar?

La Habana, capital caribeña del Rap

¿Rap en Cuba? ¡Así es! Desde 1995 se celebra en el Anfiteatro Alamar de La Habana un festival de Rap. Ahí participan muchos grupos internacionales. El rap, un estilo musical típico de Nueva York, es popular en Cuba. "Instinto" es el primer grupo de mujeres cubanas "raperas". Pero los más famosos son cuatro cubanos del grupo "Orishas". Ellos viven en Francia y en 2003 recibieron el Grammy por sus composiciones, donde combinan el hip-hop y los ritmos cubanos "para escuchar el 'sonido' de la isla en su música".

En la tele y la radio

Charytín Goyco y el "escándalo[1] del mediodía"

Charytín es la presentadora[2] de un programa muy popular: "El escándalo del mediodía". Ella es una persona muy divertida y además tiene otros talentos: es bailarina y cantante. Nació en la República Dominicana y vivió mucho tiempo en Puerto Rico, donde también es famosa. Charytín y su familia viven en Miami desde 1989.

[1] escándalo: *scandal, shock*

[2] presentadora: *host of a TV show*

Benicio del Toro es puertorriqueño y a los 13 años llegó a Estados Unidos; estudió actuación[2] en California y después en *The Stella Adler Conservatory of Acting* en Nueva York. Le gustan los deportes, le gusta leer y también le encanta comer. Pero lo que más le gusta es actuar y en 2001 recibió un Óscar por su rol en *Traffic*. Él va a Puerto Rico cuando puede y si tiene tiempo, participa en campañas de ayuda social.

Gloria Rolando es una cineasta[1] cubana de origen africano. Trabajar en el cine no es fácil en Cuba. "Muchas veces empiezo un proyecto sin dinero para completarlo. Pero siempre termino mis películas," dice Gloria. El tema de sus películas es la "diáspora" de los africanos y de los cubanos. Gloria escribió y trabajó como directora en el documental *Los ojos del arco iris*.

Roselyn Sánchez es bailarina, actriz, productora y ahora ¡cantante! "Para mí cantar era un sueño[3]", dice Sánchez. "Borinqueña", su primer CD, es una combinación de ritmos caribeños tradicionales, gospel y elementos del hip-hop y rap. Ella nació en Puerto Rico y sus primeros roles en inglés fueron en la telenovela[4] *As the World Turns* y en la serie de televisión *Fame L.A.* "*Rush Hour II*, mi primera película me cambió la vida", dice ella con una gran sonrisa.

Andy García nació en Cuba, pero vivió en Miami desde los 5 años. Estudió y trabajó como actor en Florida y después en Los Angeles, donde hizo varias series de televisión. Andy es famoso por su rol en Los Intocables, El Padrino, Parte III y muchas otras. Le encanta la música de su país y por eso hizo "Cachao… como su ritmo no hay dos", un film documental[5] sobre el músico cubano Israel "Cachao" López. Andy recibió excelentes críticas por la dirección de este film.

[1] cineasta: *filmmaker*

[2] actuación: *acting (theater)*

[3] sueño: *dream*

[4] telenovela: *soap opera*

[5] documental: *documentary*

Glow Images

Las Terrenas, Samaná, República Dominicana

Una isla, un regalo

En su 2º viaje, Cristóbal Colón regaló una isla a un marinero savonés[1] porque éste la vio por primera vez. El nombre original fue Isla Savona pero con el tiempo los dominicanos cambiaron su nombre por **Isla Saona**. Ahora es un Parque Nacional muy atractivo para los turistas por sus playas solitarias, sus aguas cristalinas y por las 13 horas de sol al día. Aquí vive poca gente, pero hay 112 especies de aves[2], muchos otros animales y una vegetación exuberante. Por su clima, su belleza y su paz[3], Isla Saona también hoy es un regalo para todos.

[1] marinero savonés: *seaman from Savona, an Italian city*
[2] paz: *peace*
[3] aves: *birds*

SUCESOS

■ **El béisbol, un fenómeno caribeño** El lucrativo deporte del bate y la pelota obtiene del Caribe sus más brillantes estrellas[1]. El béisbol es una antigua tradición en las Antillas Mayores. Hoy muchos peloteros[2] caribeños juegan en las Grandes Ligas de béisbol. Ahora en el béisbol (deporte que antes era fundamentalmente anglosajón), los nombres de Roberto Clemente, Juan Marichal, Bernie Williams y Pedro Martínez forman parte de su historia.

[1] estrellas: *stars*
[2] peloteros: *baseball players*

Las Medias Blancas de Chicago ganaron la Serie Mundial en 2005.

■ **El museo de Ernest Hemingway en La Habana** "Finca La Vigía", al este de La Habana, fue la casa de este famoso escritor. Él vivió 20 años en Cuba (1940–1960). A su casa iba mucha gente famosa y ahí él escribió *El viejo y el mar*. Durante mucho tiempo no era posible visitarla, pero en el 2002 las autoridades cubanas la declararon un museo.

Monumento a Ernest Hemingway en Cojímar, Cuba

música

El jazz latino

Fernando Trueba, un director de cine español, realizó el film "Calle 54" en el 2000. La importante presencia de los músicos caribeños en el Jazz Latino es el tema de este documental "musical". El director muestra a músicos como el percusionista puertorriqueño Tito Puente y a los virtuosos del piano: el dominicano Michele Camilo y el cubano Chucho Valdés. Este film está en muchas tiendas donde alquilan[1] videocintas.

[1] alquilan: *they rent*

El saxofón alto

Capítulo 8

El bienestar

Objetivos

En este capítulo vas a:

- aprender lo que es una lengua romance y cuales son las lenguas romances
- leer un capítulo de un libro escolar sobre la salud para familiarizarte con los conceptos y la terminología para discutir la salud mental y emocional
- estudiar el presente perfecto y el comparativo de igualdad; repasar los diptongos y la pronunciación y la ortografía de la *y* y la
- leer *El almohadón de plumas* de Horacio Quiroga, *En paz* de Amado Nervo y *El viaje definitivo* de Juan Ramón Jiménez
- contrastar el presente perfecto en español e inglés; estudiar los participios pasados en inglés; contrastar el comparativo de igualdad en español e inglés

Radius/SuperStock

Un juego de tirar de la cuerda

Historia y cultura

Lectura

Una lengua romance

Compara los siguientes términos médicos en español e inglés.

ESPAÑOL	INGLÉS
medicina	*medicine*
excisión	*excision*
cerebral	*cerebral*

Son muy parecidos, ¿no? Sí, porque muchos de los términos médicos en las dos lenguas vienen del latín. Así es que tienen la misma raíz.

Un gondolero en Venecia, Italia

Annie Ferro

En el caso del español la mayoría de las palabras tienen una raíz latina porque la lengua española es una lengua romance; es decir una lengua derivada del latín. La palabra «romance» viene de la expresión latina «romance loqui» que significa «hablar de una manera latina».

La familia romance consta de cinco lenguas nacionales: el español, el francés, el italiano, el portugués y el rumano más el catalán, el provençal y otras que se clasifican como lenguas, más los dialectos como el mallorquín y el valenciano, que nacen de ellas.

italiano	español	portugués	francés	rumano
↓	↓	↓	↓	↓
siciliano napolitano	catalán mallorquín	gallego	provençal	

Todas estas lenguas romances tienen mucho en común. Se diferencian más en la fonética (pronunciación) que en la gramática o estructura. Por ejemplo, como hispanohablante tú podrás leer con facilidad un trozo en portugués o italiano. Y podrías comprender partes de una conversación en estas dos lenguas si los hablantes hablaran con cuidado. El francés tiene mayores diferencias fonéticas y sería casi imposible entenderlo bien sin haber estudiado la lengua. Las diferencias fonéticas rumanas no serían insuperables para los de habla española, italiana o portuguesa pero su estructura presentaría problemas.

En la gramática todas las lenguas romances han suprimido el género neutro que existía en latín. Hay sólo dos géneros: masculino y femenino. En español, italiano y portugués la mayoría de los sustantivos masculinos terminan en **-o** y los femeninos en **-a**.

Castelo de Peles, los Montes Bucegi, Rumania

	ESPAÑOL	PORTUGUÉS	ITALIANO
MASCULINO	cuaderno	caderno	quaderno
FEMENINO	escuela	escola	scuola

¿Dónde escribes tus pensamientos?

Historia y cultura

En el latín clásico no había artículo definido. En las lenguas romances hay artículo definido y casi todos se derivan del pronombre demostrativo latín—**ille**. En todas las lenguas el artículo definido precede al sustantivo con la excepción del rumano. En rumano se agrega el artículo al sustantivo.

LATÍN	ESPAÑOL	ITALIANO	PORTUGUÉS	FRANCÉS	RUMANO
lupus	el lobo	il lupo	o lobo	le loup	lupul

En las lenguas romances la terminación del verbo indica el sujeto y con frecuencia el sujeto puede ser tácito. La excepción es el francés. En francés, hay que expresar el pronombre de sujeto.

Latín	**Cantasne?**	⟶ **Canto.**
Español	**¿Cantas?**	⟶ **Sí, canto.**
Portugués	**Cantas?**	⟶ **Sim, canto*.**
Italiano	**Canti?**	⟶ **Si, canto.**
Francés	**Tu chantes?**	⟶ **Oui, je chante.**

*La forma de **tú** existe en Portugal pero no en Brasil. En Brasil se dice **você canta?**

Federico Gil

Una lección en Cuajimalpa de Morelos, Distrito Federal, México

A ver lo fácil que es leer en las lenguas romances. He aquí una lista de palabras relacionadas con viajes. Las comprenderás sin problema.

ESPAÑOL	PORTUGUÉS	ITALIANO	FRANCÉS
el vuelo	o vôo	il vuolo	le vol
el viaje	a viagem	il viaggio	le voyage
el pasajero	o passageiro	il passaggero	le passager
el destino	o destino	la destinazione	la destination
el billete	o bilhete	il biglietto	le billet

He aquí anuncios que se oyen en el aeropuerto.

ESPAÑOL

Iberia anuncia la salida de su vuelo 105 con destino (a) Madrid. Embarque inmediato por la puerta número siete.

ITALIANO

Alitalia anuncia la partenza del vuolo cento cinque a destinazione Roma. Imbarco immediato per la porta numero sette.

PORTUGUÉS

Transportes Aereos Portugueses anuncia a partida de seu vôo cento cinco con destino a Lisboa. Embarque mediato portão numero sete.

FRANCÉS

Air France annonce le départ de son vol cent cinq à destination (de) Paris. Embarquement immédiat par la porte numéro sept.

Aeropuerto de París-Charles de Gaulle

Y mira también lo fácil que es leer en latín.

Italia est patria pulchra. Italia in Eurōpā est. Italia nōn est īnsula. Italia est paenīnsula magna.

Hispānia quoque paenīnsula est. Hispānia et Italia sunt paenīnsulae. Hispānia et Italia sunt patriae pulchrae in Eurōpā.

Britannia et Corsica et Sardinia insulae sunt. Nōn sunt paenīnsulae. Britannia magna īnsula est. Sed Corsica et Sardinia parvae paenīnsulae sunt.

Ser hablante de una lengua romance tiene muchas ventajas, ¿no? Te abre las puertas a varias lenguas.

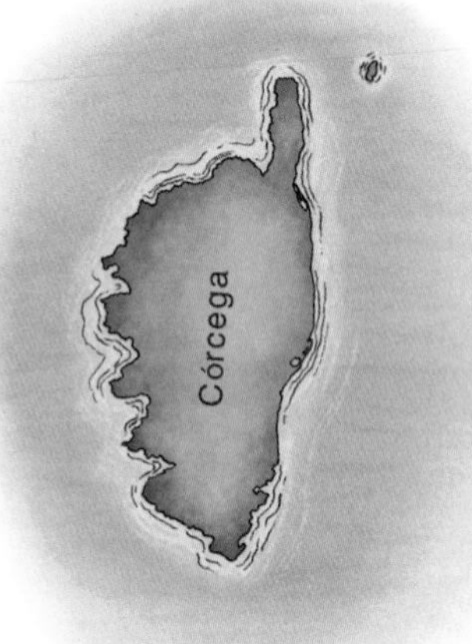

Comprensión

A Buscando información Contesta.

1. ¿Por qué son muy parecidos muchos términos médicos en español y en inglés?
2. ¿De dónde viene la mayoría de las palabras en español?
3. ¿Qué es el español?
4. ¿Qué es una lengua romance?
5. ¿Cuántas lenguas romances nacionales hay?
6. ¿En qué se diferencian más las lenguas romances?
7. ¿En cuál de las lenguas romances hay mayores diferencias fonéticas?
8. ¿Qué problemas te presentaría el rumano?
9. ¿Qué tienen las lenguas romances que no existía en latín?
10. ¿Cuántos géneros hay en las lenguas romances? ¿Cuántos había en latín? ¿Cuál se ha suprimido?

Tom Bonaventure/Getty Images

B **¡A divertirte!** Traduce al español.

1. ITALIANO
   —Scusi, signore, c'è un buon ristorante qui vicino?
   —Sì. Il ristorante «Da Carlo». È buono e non è caro. Ma oggi è lunedì e non è aperto.
2. PORTUGUÉS
   —De onde você é?
   —São do Brasil.
   —Há quanto tempo que está aqui? Está aqui a trabalho o a passeío?
3. FRANCÉS
   —Tu vas inviter Marie Claire?
   —Bien sûr que je vais l'inviter. C'est une très bonne amie. Pourquoi? Toi? Tu n'es pas d'accord?

C **Resumiendo** Da un resumen de todo lo que sabes sobre las lenguas romances.

Torre Eiffel, París, Francia

Conocimientos para superar

Conexión con la salud

He aquí algunas estrategias que puedes usar al leer tus libros escolares.

1. Dales una ojeada a las páginas del capítulo fijándote en el título, los encabezamientos, las palabras en letras de molde, los elementos gráficos tales como dibujos, fotografías, tablas y las preguntas de repaso para sacar una idea general del contenido del capítulo.
2. Para con frecuencia y piensa en lo que estás leyendo. Resume las ideas principales. Determina si las has comprendido. Lee de nuevo algunas secciones cuando necesario.
3. Repasa lo que has leído. Te ayudará a recordar la información. Dale una ojeada más a la lección o al capítulo para que te piquen la memoria los títulos, encabezamientos e ilustraciones.

Estrategia de lectura

Leyendo libros escolares La lectura que sigue es un capítulo de un texto (libro escolar) sobre la salud. Hay muchas razones por las cuales tienes que leer un libro escolar. Una razón primordial es la de salir bien en tus cursos escolares. Tienes que aprender mucha información para cada curso y tienes que preparar tareas en muchas asignaturas. Tus libros escolares te pueden ayudar.

Lección 1

Tu salud mental y emocional

¿Cómo te ves a ti mismo? ¿Te describirías como serio, amigable, seguro o tímido? ¿Piensas que tienes una perspectiva positiva? ¿Eres, por lo general, una persona feliz? ¿Esperas con entusiasmo enfrentar los retos de la vida? Tus respuestas a estas preguntas reflejan aspectos de tu salud mental/emocional.

Las características de la salud mental/emocional

La **salud mental/emocional** es la *habilidad de aceptarte a ti mismo y a los demás, de adaptar y controlar las emociones y afrontar las exigencias y retos que encuentres en la vida.* Alguien que es saludable mental y emocionalmente puede, por lo regular, manejar una gran variedad de sentimientos y situaciones. Puede realizar elecciones prudentes que demuestren valores sólidos y una conducta responsable.

Un chico fuerte

Capítulo 7 Como lograr la buena salud mental

Realistic Reflections

Las personas con buena salud mental/emocional demuestran las siguientes características:

- **Autoestima positiva.** Tus sentimientos de confianza y autoestima están relacionados directamente con tu nivel de bienestar general. Una persona con una autoestima positiva es capaz de aceptar mucho mejor los retos y tomar el fracaso con calma.
- **Sentido de pertenencia.** Tener vínculos emocionales con los miembros de tu familia, amigos, maestros y otras personas a tu alrededor te provee bienestar y seguridad. Promueve la estabilidad y te hace sentir parte de tu comunidad.
- **Sentido de propósito.** Reconocer tu propio valor e importancia te permite fijar y lograr metas e involucrarte en actividades que sean provechosas personalmente, tales como trabajar mucho en la escuela, participar en deportes o brindar servicios a la comunidad.
- **Perspectiva positiva.** Ver el lado bueno y tener esperanza en la vida reduce el estrés y aumenta tu nivel de energía. También aumenta la posibilidad de éxito.
- **Autonomía.** Tener confianza para tomar decisiones responsables y seguras promueve la confianza en sí mismo y el sentido de independencia.

¿Cómo podrías determinar tu propia salud mental/emocional? ¿Cuántos de los atributos de la buena salud mental/emocional, mostrados en la **Figura 7.1,** te aplican?

FIGURA 7.1

SIGNOS DE LA BUENA SALUD MENTAL/EMOCIONAL

En general, los adolescentes con buena salud mental/emocional

- son realistas sobre sus fortalezas y debilidades.
- son responsables de su conducta personal.
- evitan conductas de alto riesgo, como consumir tabaco, alcohol u otras drogas.
- son receptivos, flexibles y capaces de ver varios lados de un asunto.
- les gusta la diversión y son capaces de hallar esparcimiento solos o con otros.
- respetan tanto sus propias necesidades como las de otros.
- respetan los valores de cada persona como ser humano, incluso los suyos propios.
- invierten tiempo y energía en el desarrollo de relaciones que les hacen crecer.
- expresan sus emociones de manera que no se lastiman a sí mismos ni a otros.
- dan un buen uso a sus talentos y habilidades.
- ven el cambio como un reto y una oportunidad.

Una pirámide de necesidades

Se han formulado muchas teorías para explicar el desarrollo y la salud mental del ser humano mediante estudios de la conducta. Una importante teoría fue creada por Abraham Maslow, un pionero en la psicología. Maslow organizó las necesidades humanas en forma de una pirámide, como se muestra en la **Figura 7.2.** Esta **jerarquía de necesidades** es *una lista clasificada de las necesidades esenciales para el crecimiento y desarrollo humano; se presentan en un orden ascendente, comenzando con las necesidades básicas y subiendo hacia la necesidad para alcanzar tu máximo potencial.*

FIGURA 7.2

La jerarquía de las necesidades de Maslow

Cuando las personas han satisfecho sus necesidades físicas, pueden empezar a concentrarse en satisfacer sus necesidades emocionales.

NIVEL 5: ALCANZAR SU POTENCIAL Necesidad de autosuperación

NIVEL 4: SENTIRSE RECONOCIDO Necesidad de logros, necesidad de ser reconocido

NIVEL 3: PERTENENCIA Necesidad de amar y ser amado, necesidad de pertenecer a un grupo

NIVEL 2: SEGURIDAD Necesidad de estar protegido del peligro

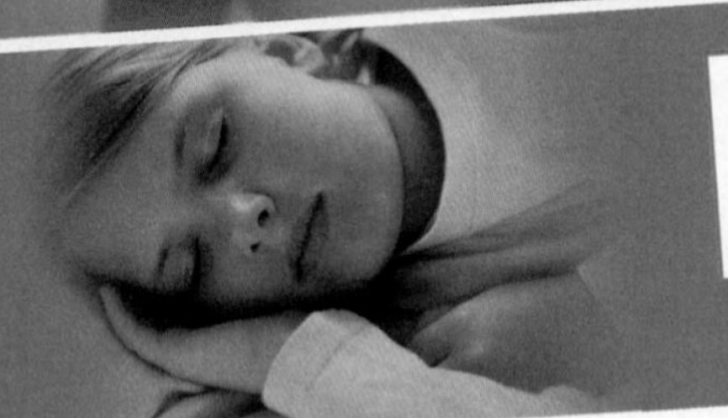

NIVEL 1: FÍSICAS Necesidad de satisfacer las necesidades básicas de hambre, sed, sueño y refugio

Capítulo 7 Como lograr la buena salud mental

(t to b)Onoky Photography/SuperStock, ©Andres Rodriguez/Alamy, Design Pics/Don Hammond, Ingram Publishing, ©Fancy Collection/SuperStock

Radius Images/Alamy

Las necesidades físicas

Las necesidades de supervivencia como el alimento, el agua, el sueño y refugio de la intemperie están entre las necesidades al pie de la pirámide. Las personas a las que se les niegan estas necesidades básicas, se debilitan físicamente y pueden desarrollar enfermedades. Muchas personas en nuestra sociedad dan por hecho que las necesidades básicas se satisfacen fácilmente. Sin embargo, hay personas para quienes el alimento, agua limpia y refugio no son fáciles de obtener. Por ejemplo, los problemas sociales, como no tener casa, pueden relacionarse a necesidades de la salud y a necesidades físicas.

La necesidad de seguridad

Satisfacer la necesidad de seguridad incluye más que cuidarte contra el daño físico. De hecho, las necesidades de seguridad que son esenciales a tu personalidad pueden ser también de naturaleza psicológica. Tú necesitas la seguridad de lugares familiares y personas que te ayuden a sentirte seguro, como un hogar, tu familia y amigos de confianza.

La necesidad de ser amado y de pertenecer

Todos necesitamos dar amor y saber que somos amados. Podría impedirse el desarrollo mental de los bebés a quienes se les niega una atención emocional. Podrían fracasar en prosperar y quizás hasta desarrollen problemas de conducta más adelante.

Los humanos somos seres sociales. Necesitamos interactuar con otras personas y saber que somos valiosos miembros de un grupo que mejora nuestra salud física, mental y social. La mayoría de las personas, en general, quieren pertenecer a una comunidad, como a una familia, un círculo de amigos o un grupo social como un club escolar o un equipo de deportes. Tener un sentido de pertenencia puede aumentar tu confianza y fortalecer tu salud mental/emocional.

La necesidad de ser valorado y reconocido

La mayoría de nosotros siente la necesidad de ser apreciado, de ser valorado en lo personal por la familia, amigos y pares. Una manera en que puedes satisfacer esta necesidad es participando en actividades productivas como estudiar mucho para los exámenes, tocar un instrumento, practicar un deporte, ser voluntario en un hospital o escribir cuentos cortos. Al ser capaz de hacer algo bien, ganas respeto y te sientes valioso.

TU CARÁCTER

Compasión es un rasgo que puedes expresar cuando comprendes las necesidades de los demás. Las personas compasivas no solamente se dan cuenta de la angustia de otros, sino que también tienen el deseo de aliviar el sufrimiento. El desamparo de los que no tienen hogar es un problema creciente en todas las comunidades, tanto urbanas como rurales. ¿Cómo puedes mostrar compasión hacia las personas que no pueden satisfacer su necesidad básica de refugio?

La participación en equipos deportivos puede dar a los adolescentes un sentido de pertenencia. ***¿Qué otras acciones positivas pueden realizar los adolescentes para satisfacer esta necesidad?***

Sección 2

Conocimientos para superar

La necesidad de alcanzar tu potencial

En la punta de la pirámide está la necesidad de alcanzar tu máximo potencial personal. Esta búsqueda de la **autosuperación**, o *tu esfuerzo por lograr lo mejor de ti*, incluye tener metas que te motiven e inspiren. La autosuperación significa tener el valor de hacer cambios en tu vida para alcanzar tus metas y crecer como persona. Durante tu adolescencia, comienzas a reconocer tu potencial y te fijas metas para tu futuro. Ves con más claridad tus talentos, cuales son tus sueños y quien quieres llegar a ser. La autosuperación es un proceso de toda la vida. Parte de este proceso es aprender la autodisciplina que necesitas para alcanzar tus metas.

Satisfacer tus necesidades

Los modos que eliges para satisfacer tus necesidades influyen en tu salud mental/emocional. Por ejemplo, satisfacer la necesidad de afecto, al construir y mantener relaciones respetuosas y amorosas con las personas que quieres, fortalecerá tu salud mental/emocional. Sin embargo, a veces las personas eligen modos arriesgados para satisfacer sus necesidades. Algunos jóvenes podrían decidir ser miembros de una pandilla para lograr una sensación de pertenencia o tener relaciones sexuales en un esfuerzo por sentirse amados. Estas decisiones pueden traer serias consecuencias. Ser miembro de una pandilla puede llevar a un daño físico y problemas con la ley. La actividad sexual puede resultar en un embarazo inesperado, enfermedades de transmisión sexual y la pérdida del autorrespeto y el respeto a los demás. Practicar la **abstinencia** y encontrar modos saludables de satisfacer las necesidades emocionales son estrategias para evitar estas conductas arriesgadas.

La práctica de la abstinencia y la satisfacción saludable de tus necesidades fortalecerán tu salud mental/emocional. *¿Qué otras decisiones puedes tomar para promover tu salud?*

Andersen Ross/Getty Images

Comprender tu personalidad

Tu **personalidad** es *un conjunto complejo de características que te hacen único*. Es lo que te hace diferente de todos los demás y determina como reaccionarás en ciertas situaciones. La personalidad es un factor importante en como eliges satisfacer tus necesidades. Por lo tanto, desempeña un rol importante en tu salud mental general.

Las influencias en tu personalidad

La personalidad incluye la constitución emocional del individuo, sus actitudes, pensamientos y conductas. Se compone de las tendencias con las que naciste y características que has desarrollado en respuesta a situaciones y experiencias de la vida. Las dos influencias más importantes en tu personalidad son la herencia y el medio ambiente.

LA PERSONALIDAD Y LA HERENCIA

Al igual que heredas rasgos físicos como el color del cabello y de los ojos, tú heredas algunos rasgos de la personalidad de tus padres y antepasados biológicos. La herencia desempeña un rol en determinar las habilidades intelectuales básicas de una persona y el temperamento, o las tendencias emocionales. También hay evidencia de que la herencia podría influir en conductas como la de tomar riesgos y en los talentos como las habili dades atléticas o artísticas. Esto no significa que no tienes control sobre cuán exitoso llegues a ser o de lo que hagas. Tu química cerebral heredada es sólo uno de los muchos factores que contribuyen a tu personalidad y conducta.

LA PERSONALIDAD Y EL MEDIO AMBIENTE

Tu medio ambiente incluye todo lo que te rodea en tu vida diaria. Esto significa tu familia, amigos, pares, hogar, vecindario, escuela y todas las demás personas, lugares, objetos, sucesos o actividad en tu vida. Todas estas influencias pueden tener un impacto en el desarrollo de tu personalidad.

Entre las personas de tu medio ambiente hay algunas que sirven como modelos de conducta. Para la mayoría de las personas es natural **modelar,** u *observar y aprender de las conductas de quienes te rodean*, a veces hasta sin pensarlo. Si el comportamiento de tu modelo de conducta es sano, el efecto en el desarrollo de tu personalidad también será sano. Los valores que aprendes de tus modelos de conducta ayudan a moldear la persona en que te conviertes y el modo en que vives tu vida.

Muchas influencias pueden ayudar a formar los rasgos de tu personalidad, como la autodisciplina y el deseo de superarse. *¿Quiénes son los modelos en tu vida que te han ayudado a formar tu personalidad?*

¿Se debe tener en cuenta en el salón de clases las diferentes modalidades de aprendizaje?

El rendimiento académico influye en la opinión que muchos jóvenes tienen sobre sí mismos. Ser un buen estudiante es un modo en que los jóvenes pueden satisfacer las necesidades de ser valioso y reconocido. Ya que los estudiantes aprenden y demuestran sus conocimientos de diversas formas, algunos maestros usan diferentes métodos para evaluar. Por ejemplo, los maestros pueden examinar a los estudiantes de acuerdo al modo en que cada uno aprende mejor, es decir, mediante la vista, el oído o haciendo algo. ¿Crees tú que los maestros deben usar métodos múltiples para satisfacer las diferentes modalidades del aprendizaje? He aquí dos puntos de vista.

Punto de vista 1: Melissa J., 15 años

Estoy orgullosa de mis calificaciones. Estudio todas las noches y siempre trabajo mucho antes de los exámenes. No es justo aplicar diferentes estándares sólo porque algunos estudiantes no pueden con un examen escrito. ¿Por qué tengo yo que escribir un ensayo mientras otro en la clase se divierte dibujando o construyendo un diorama? ¿Cómo puede la maestra corregir con justicia estos dos proyectos? Es como comparar manzanas con naranjas. Los estudiantes deben tomar exámenes reales y no lo que los haga sentirse bien. Esa no es la forma en que el mundo real funciona después de la secundaria. Esos estudiantes sencillamente necesitan esforzarse más.

Punto de vista 2: Gary D., 16 años

Yo estudio mucho para los exámenes, pero aunque sepa el contenido, no salgo bien en los exámenes de opciones múltiples. Si esa es la única manera en que puedo demostrar mi conocimiento, parezco tonto. Los estudiantes tienen diferentes fortalezas y debilidades, y también las personas en el mundo real. Observa a los atletas y bailarines. Ellos demuestran sus conocimientos y talentos cuando actúan y no cuando toman un examen escrito. No estoy diciendo que se deben eliminar todos los exámenes de lápiz y papel u olvidarnos de los trabajos escritos. Sólo pienso que los maestros deben ofrecer a los estudiantes una variedad de enfoques para satisfacer las diferentes modalidades de aprendizaje. Es lo único justo.

ACTIVIDAD

1. **Investiga una de las diferentes modalidades de aprendizaje mencionadas arriba, incluyendo la visual (vista), auditiva (oído) y táctil/cinestética (tocar/hacer). Describe la modalidad y de qué manera los estudiantes de esta categoría aprenden mejor.**
2. **Escribe un párrafo que explique el punto de vista que favoreces y por qué. Asegúrate de enlazar tu discusión al problema del rendimiento escolar y la autoestima.**

Capítulo 7 Como lograr la buena salud mental

La personalidad y la conducta

El aspecto de tu personalidad sobre el que tienes mayor control es tu conducta. El modo en que tomas decisiones, las decisiones que tomas, el hecho de que puedas reconocer las consecuencias de esas decisiones y qué acciones tomas pueden hacer una gran diferencia en la calidad de tu vida y en tus niveles de salud física y mental/emocional.

Manifestar respeto e interés son señales externas de los aspectos positivos de tu personalidad. *¿De qué maneras positivas demuestras tu personalidad a través de tu conducta diaria?*

Promover la salud mental/emocional

Conocer los factores que influyen en tu salud mental/emocional te ayudará a elegir conductas que mejoren tu salud. Estar saludable mental y emocionalmente puede promover tu salud física y ayudar a prevenir algunas enfermedades. Por ejemplo, satisfacer las necesidades de modos sanos al abstenerse de conductas arriesgadas, como involucrarse en pandillas y mantener relaciones sexuales, te protegerá de daño físico. Las personas que son capaces de sobrellevar sus emociones y afrontar el estrés en su vida son también menos susceptibles de enfermedades como los resfríos y otras infecciones respiratorias. Dedicarse a conductas que promuevan la salud mental/emocional podrá prevenir enfermedades y fortalecerá los tres lados de tu triángulo de la salud.

Lección 1 Repaso

Repaso de información y vocabulario

1. Define el término *salud mental/emocional*. Identifica tres características de una persona saludable mental y emocionalmente.
2. Haz una lista de la jerarquía de necesidades de Maslow.
3. ¿De qué modo influye la herencia en la personalidad?

Razonamiento crítico

4. **Evaluar.** Analiza la importancia y beneficios de la abstinencia en relación con la salud emocional.
5. **Analizar.** Explica como la falta de hogar es un tema social relacionado con la salud.

health.glencoe.com

Destrezas de salud aplicadas

Practicar conductas saludables. La necesidad de pertenecer y ser amado es una necesidad humana básica. ¿Cuáles son algunas opciones saludables que proveen modos positivos para satisfacer esta necesidad? ¿Cuáles son las consecuencias de satisfacer esta necesidad de forma negativa? Haz una tabla de dos columnas para organizar tus pensamientos.

PROCESADOR DE TEXTOS Algunas veces es más fácil organizar y demostrar tus pensamientos si usas un programa procesador de textos. Ve a **health.glencoe.com** para buscar sugerencias sobre como usar un procesador de textos para crear una tabla.

Gramática y lenguaje

Tiempos perfectos – El presente perfecto

1. Se forman los tiempos perfectos con el tiempo apropiado del verbo auxiliar **haber** y el participio pasado. El participio pasado de los verbos regulares se forma añadiendo a la raíz del infinitivo **-ado** a los verbos de la primera conjugación e **-ido** a los verbos de las segunda y tercera conjugaciones.

hablar	**hablado**	**comer**	**comido**	**salir**	**salido**
llamar	**llamado**	**tener**	**tenido**	**sufrir**	**sufrido**

2. Al presente perfecto se le llama «un tiempo compuesto» porque se forma de dos verbos—**haber** más el participio pasado.

yo	**he hablado**	**he comido**	**he salido**
tú	**has hablado**	**has comido**	**has salido**
él, ella, Ud.	**ha hablado**	**ha comido**	**ha salido**
nosotros(as)	**hemos hablado**	**hemos comido**	**hemos salido**
vosotros(as)	**habéis hablado**	**habéis comido**	**habéis salido**
ellos, ellas, Uds.	**han hablado**	**han comido**	**han salido**

La forma de **vos** del verbo **haber** es la misma que la forma de tú—**has.**

3. Los verbos siguientes tienen un participio pasado irregular.

decir	**dicho**	**escribir**	**escrito**	**freír**	**frito**	**morir**	**muerto**
hacer	**hecho**	**poner**	**puesto**	**volver**	**vuelto**	**cubrir**	**cubierto**
ver	**visto**	**romper**	**roto**	**abrir**	**abierto**		

4. El presente perfecto expresa una acción terminada en un pasado reciente. Algunos adverbios de tiempo que acompañan con frecuencia el presente perfecto son:

ya	**jamás**
todavía no	**nunca**

—En tu vida, ¿has tenido un accidente?
—No, nunca he tenido un accidente.
—¡Qué suerte! Ya he tenido dos.

ACTIVIDAD 1 **Ya lo han hecho.** Sigue el modelo.

¿Van a volver? →
Pero es que ya han vuelto.

1. ¿Van a salir?
2. ¿Van a hacer las maletas?
3. ¿Van a poner el equipaje en la maletera?
4. ¿Van a visitar a sus primos?
5. ¿Van a ver a sus colegas?

¿Jamás has tenido un accidente?

Steve Mason/Getty Images

Lo que he hecho Sigue el modelo.

¿Tú quieres saber lo que yo he hecho hoy?
lavar los platos →
Pues, yo he lavado los platos.

1. limpiar la casa
2. hacer el viaje
3. ir de compras
4. lavar el carro

¿Lo han hecho o no? Completa con el presente perfecto.

1. ¿Por qué no ____ ustedes la ventana? (abrir)
2. Yo lo ____ con una manta. (cubrir)
3. Creo que ellos ____ otro planeta. (descubrir)
4. Su perrito ____. (morir)
5. Yo lo ____ en la maletera del carro. (poner)
6. Ellos no ____ todavía. (volver)
7. Yo ____ el pollo en aceite de oliva. (freír)
8. Ellas ____ el paquete. (abrir)
9. Yo no lo ____. (ver)
10. Él ____ mucho trabajo. (hacer)
11. Nosotros se lo ____. (decir)
12. Ella me ____ varias cartas. (escribir)

Estos amigos han pasado tiempo juntos y se han divertido.

Otros tiempos perfectos o compuestos

1. El pluscuamperfecto se forma con el imperfecto de **haber** y el participio pasado del verbo. El pluscuamperfecto describe una acción terminada anteriormente (antes de) otra acción en el pasado.

Acción 1 **Acción 2**

Ellos ya habían salido cuando tú llegaste.

¿Por qué no te lo había dicho antes de que salieras?

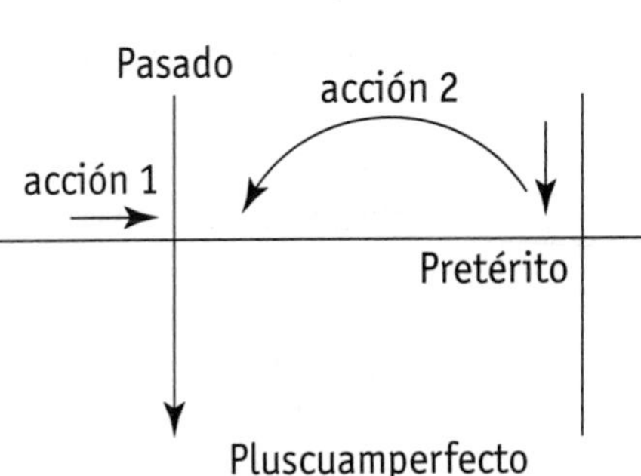

2. El futuro perfecto se usa con poca frecuencia. Se forma con el futuro de **haber** y el participio pasado. Se usa para expresar una acción futura terminada antes de una segunda acción futura.

Ellos ya le habrán hablado y después tú le hablarás.

3. El condicional perfecto se usa con más frecuencia. Se forma con el condicional de **haber** y el participio pasado. El condicional perfecto se usa para expresar algo que habrías hecho pero que por una razón u otra no pudiste.

    Yo habría ido con ellos pero no tuve bastante dinero.

4. Estudia la siguiente sinopsis de las formas de los tiempos compuestos.

pluscuamperfecto	futuro perfecto	condicional perfecto
había hablado	habré regresado	habría sido
habías comido	habrás ido	habrías aprendido
había vivido	habrá salido	habría sentido
habíamos vuelto	habremos sabido	habríamos escrito
habíais dicho	habréis escrito	habríais visto
habían abierto	habrán dicho	habrían pagado

Escribe las siguientes oraciones según el modelo.

Yo salí y después él entró.

Yo ya había salido cuando él entró.

1. Ellos comieron y después yo llegué.
2. Yo terminé el trabajo y después sonó mi móvil.
3. Yo conocí a Europa y después fui a Asia.
4. María cantó y después todos empezaron a bailar.
5. Los arqueólogos visitaron el lugar varias veces y después descubrieron las ruinas.

ACTIVIDAD 5

Lo habrían hecho pero... Completa cada oración con la forma apropiada del condicional perfecto.

1. Ellos _____ con el trabajo pero empezó a llover. (terminar)
2. Yo_____ pero no tenía hambre. (comer)
3. Él_____ aquí pero no pudo encontrar apartamento. (vivir)
4. Yo sé que ellos me lo_____ pero no me vieron. (pedir)
5. Nosotros_____ ayer pero no había vuelo. (volver)
6. Carlos me lo_____ pero no sabía los detalles. (decir)
7. Yo los_____ pero no vinieron. (ver)
8. Ella me lo_____ pero tenía bastante dinero. (comprar)

Oraciones completas. Escribe oraciones según el modelo.

Yo | comer | tener hambre →

Yo habría comido pero no tenía hambre.

1. Yo | terminar | tener tiempo
2. Él | beber algo | tener sed
3. Ellos | dormir | tener sueño
4. Nosotros | ponernos una chaqueta | tener frío
5. Yo | quitarme el suéter | tener calor
6. Tú | hacer algo | tener miedo

Comparativo de igualdad

Design Pics/Don Hammond

1. El comparativo de igualdad compara entidades de calidad igual. Con un adjetivo o un adverbio se expresa con **tan... como**.

   Él es tan listo como su amiga.
   Ella va a terminar tan rápido como él.

2. Se expresa con **tanto... como** con un sustantivo. **Tanto** concuerda con el sustantivo que modifica.

   Elena tiene tanta energía como yo.

   Este hospital tiene tantos pacientes como el otro.

ACTIVIDAD 7

Comparaciones Completa expresando el comparativo de igualdad.

1. Estas servilletas están ____ limpias ____ las otras.
2. Carlos es ____ rico ____ su hermano.
3. Las montañas de Italia son ____ altas ____ las de España.
4. Esta playa es ____ bonita ____ la otra.
5. El señor Gómez es ____ inteligente ____ el señor López.

¿Son estas montañas en Suiza tan altas como las de España?

ACTIVIDAD 8

Oraciones Forma una sola oración según el modelo.

Juan tiene dos libros. Carlos tiene dos libros. →
Juan tiene tantos libros como Carlos.

1. El niño tiene un helado. La niña tiene un helado.
2. Él escribió dos novelas. Su amigo escribió dos novelas.
3. Tomás lee cuatro libros. Enrique lee cuatro libros.
4. Esta señora gana mucho dinero. La otra señora gana mucho dinero.
5. Yo recibo seis cartas. María recibe seis cartas.

Sección 3

Gramática y lenguaje

Repaso de los diptongos

1. El diptongo es el conjunto o enlazamiento de dos vocales en una sola sílaba.
Las vocales se dividen en vocales fuertes **a–e–o** y vocales débiles **i–u**. Los diptongos se forman enlazando una vocal fuerte con una vocal débil o dos débiles.

FUERTE Y DÉBIL				DOS DÉBILES	
ai	**aire**	**ie**	**pie**	**iu**	**triunfo**
ia	**alergia**	**eu**	**deuda**	**ui**	**ruido**
au	**autoestima**	**ue**	**puerta**		
ua	**guapo**	**io**	**emocional**		
ei	**peine**	**uo**	**continuo**		

2. Dos vocales fuertes no se enlazan. Dos vocales fuertes constan de dos sílabas.

ae **cae**
ee **lee**
eo **veo**

3. Si el acento cae en la vocal débil de un diptongo, se rompe el diptongo dividiéndolo en dos sílabas separadas y es necesario escribir la tilde sobre la vocal acentuada o sea, la tónica.

María **actúa** **emoción**
resfrío **continúo**

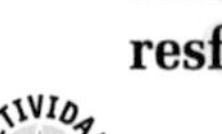

Diptongos Identifica los diptongos. ¡Cuidado! No todas las palabras tienen diptongo.

1. diente
2. deficiencia
3. cuerpo
4. hueso
5. funcionamiento
6. sentimiento
7. promueve
8. importancia
9. aumenta
10. independencia
11. refugio
12. cae
13. decisiones
14. consecuencia
15. herencia
16. influencia
17. medio ambiente
18. conciencia

Tilde Escribe las siguientes palabras poniendo la tilde cuando necesario.

1. judio
2. vivia
3. vivio
4. frio
5. alergia
6. tambien
7. energia
8. diversion
9. emocion
10. emociones
11. categoria
12. pais
13. mio
14. poesia
15. salio
16. saliamos

Oraciones nuevas Escribe una oración con cada una de las siguientes palabras.

1. continuo
2. continúo
3. continuó

Pronunciación y ortografía

La y y la ll

Un payaso

1. En muchas partes del mundo hispanohablante la **y** (cuando no está sola) y la **ll** se pronuncian igual pero hay que diferenciarlas en la forma escrita.

y		ll	
playa	haya	pollo	llano
joya	payaso	rollo	lleno
raya	yeso	desarrollo	sencillo
		halla	

2. ¡Ojo! Hay quienes tienden a comerse la **ll** al hablar y como consecuencia no escribirla.

CORRECTO	INCORRECTO	CORRECTO	INCORRECTO
silla	sía	aquello	aqueo
anillo	anío	allí	aí

3. ¡Ojo! Hay quienes agregan una **y** donde no existe.

CORRECTO	INCORRECTO	CORRECTO	INCORRECTO
creo	creyo	caer	cayer
		traer	trayer

4. ¡Ojo! En vez de decir **haya**, hay quienes dicen **haiga** y no es correcto.

CORRECTO	INCORRECTO
No creo que haya más.	No creo que haiga más.

Actividad 12

Dictado Copia y prepárate para un dictado.

1. El pollo se cayó en un hoyo en la playa.
2. Ella tiene el bolsillo lleno de anillos.
3. Ya ha llegado el payaso.
4. No creo que haya yeso amarillo.

El pollo se cayó en un hoyo en la playa.

Actividad 13

¿Qué falta? Completa.

1. el po__o en el ho__o
2. la planti__a en la si__a
3. el ani__o es una jo__a
4. el __eso amari__o del pa__aso
5. una bolsa __ena de pan ra__ado ha__ado en la pla__a por el pa__aso

El payaso halló una bolsa llena de pan rallado en la playa.

Literatura

El almohadón de plumas de Horacio Quiroga

Vocabulario

Estudia las siguientes definiciones.

el escalofrío sensación de frío repentino y violento que a veces precede un ataque de fiebre

el nido lo que construye un pájaro generalmente en un árbol para poner sus huevos

el espanto el terror, al asombro

el desmayo desaliento, desánimo, acción de perder el sentido y el conocimiento

el respaldo parte de un asiento en que descansa la espalda

el sudor la transpiración, líquido claro que segregan las glándulas de la piel

la funda lo que se usa para cubrir una almohada

la manchita señal que una cosa como café, aceite o vino hace en un mantel o artículo de ropa ensuciándola

furtivo a escondidas

mudo silencioso, sin hablar

apoyado soportado

adelgazar perder peso, reducir el grosor

arrastrar tirar a alguien o algo por la tierra

reponerse recuperarse

dormitar estar medio dormido

Poder verbal

¿Qué palabra necesito? Completa.

1. Ellos lo hicieron de una manera ___ para que nadie lo supiera.
2. El ruido de la explosión causó mucho ____.
3. En el avión siempre dicen "Pongan el ____ de su asiento en posición vertical".
4. Tú tienes una ___ en la corbata. ¿Quieres que yo trate de quitártela?
5. Él se quedó ___. No dijo nada.

¡Otro palabra! Da una palabra relacionada.

1. apoyar
2. delgado
3. espantar
4. manchar
5. desmayarse
6. dormir

Expresa de otra manera.

1. ¡Qué **terror** nos causó!
2. No sé por qué lo hicieron **a escondidas**.
3. Él podía andar pero sólo **soportado** por su padre.

Introducción

Horacio Quiroga nació en Salto, Uruguay, en 1878 y murió en Buenos Aires en 1937. Aunque nació en Uruguay pasó una gran parte de su vida en la provincia de Argentina de Misiones, una región de clima agobiante y densa vegetación tropical. Quiroga es considerado uno de los mayores cuentistas latinoamericanos de todos los tiempos. El cuento "El almohadón de plumas" es de su colección, *Cuentos de amor, de locura y de muertos*. Los temas de este cuento demuestran como la vida del autor, rodeada de trágicas muertes ha llevado al autor a escribir sobre todo de la muerte. Siempre le atrajeron temas que abarcan los aspectos más extraños de la naturaleza frecuentemente teñidos de horror, enfermedad y sufrimiento, sobre todo para los personajes principales de sus cuentos.

Quiroga tomó la idea de este cuento de una noticia que apareció en un periódico en 1899. Los títulos de los cuentos de Quirogo revelan en gran parte el final del cuento. Fíjate en eso mientras lees la obra cuyo conflicto se halla en la enfermedad de Alicia que empeora día a día.

Lectura

El almohadón de plumas

Su luna de miel fue un largo escalofrío. Rubia, angelical y tímida, el carácter duro de su marido heló sus soñadas niñerías de novia. Lo quería mucho, sin embargo, a veces con un ligero estremecimiento cuando volviendo de noche juntos por la calle, echaba una furtiva mirada a la alta estatura de Jordán, mudo desde hacía una hora. Él, por su parte, la amaba profundamente, sin darlo a conocer.

Durante tres meses —se habían casado en abril— vivieron una dicha especial. Sin duda hubiera ella deseado menos severidad en ese rígido cielo de amor, más expansiva e incauta ternura; pero el impasible semblante de su marido la contenía siempre.

¿Una pareja feliz?

La casa en que vivían influía un poco en sus estremecimientos. La blancura del patio silencioso —frisos, columnas y estatuas de mármol— producía una otoñal impresión de palacio encantado. Dentro, el brillo glacial del estuco, sin el más leve rasguño en las altas paredes, afirmaba aquella sensación de desapacible frío. Al cruzar de una pieza a otra, los pasos hallaban eco en toda la casa, como si un largo abandono hubiera sensibilizado su resonancia.

En ese extraño nido de amor, Alicia pasó todo el otoño. No obstante, había concluido por echar un velo sobre sus antiguos sueños, y aún vivía dormida en la casa hostil, sin querer pensar en nada hasta que llegaba su marido.

No es raro que adelgazara. Tuvo un ligero ataque de influenza que se arrastró insidiosamente días y días; Alicia no se reponía nunca. Al fin una tarde pudo salir al jardín apoyada en el brazo de él. Miraba indiferente a uno y otro lado. De pronto Jordán, con honda ternura, le pasó la mano por la cabeza, y Alicia rompió en seguida en sollozos, echándole los brazos al cuello. Lloró largamente todo su espanto callado, redoblando el llanto a la menor tentativa de caricia. Luego los sollozos fueron retardándose, y aún quedó largo rato escondida en su cuello, sin moverse ni decir una palabra.

Fue ese el último día que Alicia estuvo levantada. Al día siguiente amaneció desvanecida. El médico de Jordán la examinó con suma atención, ordenándole calma y descanso absolutos.

—No sé —le dijo a Jordán en la puerta de calle, con la voz todavía baja—. Tiene una gran debilidad que no me explico, y sin vómitos, nada.. . Si mañana se despierta como hoy, llámeme enseguida.

Al otro día Alicia seguía peor. Hubo consulta. Constatóse una anemia de marcha agudísima, completamente inexplicable. Alicia no tuvo más desmayos, pero se iba visiblemente a la muerte. Todo el día el dormitorio estaba con las luces prendidas y en pleno silencio. Pasábanse horas sin oír el menor ruido. Alicia dormitaba. Jordán vivía casi en la sala, también con toda la luz encendida. Paseábase sin cesar de un extremo a otro, con incansable obstinación. La alfombra ahogaba sus pesos. A ratos entraba en el dormitorio y proseguía su mudo vaivén a lo largo de la cama, mirando a su mujer cada vez que caminaba en su dirección.

Pronto Alicia comenzó a tener alucinaciones, confusas y flotantes al principio, y que descendieron luego a ras del

estremecimiento acción y efecto de temblar

frisos faja que suele pintarse en la parte inferior de las paredes

estuco objeto de yeso dorado o pintado

desapacible desagradable

honda profunda

desvanecida soberbia, presumida

de marcha agudísima rápida

incansable que no se cansa

ahogaba sus pesos disipaba sus dolores

suelo. La joven, con los ojos desmesuradamente abiertos, no hacía sino mirar la alfombra a uno y otro lado del respaldo de la cama. Una noche se quedó de repente mirando fijamente. Al rato abrió la boca para gritar, y sus narices y labios se perlaron de sudor.

—¡Jordán! ¡Jordán! —clamó, rígida de espanto, sin dejar de mirar la alfombra.

Jordán corrió al dormitorio, y al verlo aparecer Alicia dio un alarido de horror. —¡Soy yo, Alicia, soy yo!

Alicia lo miró con extravío, miró la alfombra, volvió a mirarlo, y después de largo rato de estupefacta confrontación, se serenó. Sonrió y tomó entre las suyas la mano de su marido, acariciándola temblando.

Entre sus alucinaciones más porfiadas, hubo un antropoide, apoyado en la alfombra sobre los dedos, que tenía fijos en ella los ojos.

Los médicos volvieron inútilmente. Había allí delante de ellos una vida que se acababa, desangrándose día a día, hora a hora, sin saber absolutamente cómo. En la última consulta Alicia yacía en estupor mientras ellos la pulsaban, pasándose de uno a otro la muñeca inerte. La observaron largo rato en silencio y siguieron al comedor.

—Pst... —se encogió de hombros desalentado su médico—. Es un caso serio... poco hay que hacer...

—¡Sólo eso me faltaba! —resopló Jordán. Y tamborileó bruscamente sobre la mesa.

Alicia fue extinguiéndose en su delirio de anemia, agravado de tarde, pero que remitía siempre en las primeras horas. Durante el día no avanzaba su enfermedad, pero cada mañana amanecía lívida, en síncope casi. Parecía que únicamente de noche se le fuera la vida en nuevas alas de sangre. Tenía siempre al despertar la sensación de estar desplomada en la cama con un millón de kilos encima. Desde el tercer día este hundimiento no la abandonó más. Apenas podía mover la cabeza. No quiso que le tocaran la cama, ni aún que le arreglaran el almohadón. Sus terrores crepusculares avanzaron en forma de monstruos que se arrastraban hasta la cama y trepaban dificultosamente por la colcha.

Perdió luego el conocimiento. Los dos días finales deliró sin cesar a media voz. Las luces continuaban fúnebremente encendidas en el dormitorio y la sala. En el silencio agónico de la casa, no se oía más que el delirio monótono que salía de la cama, y el rumor ahogado de los eternos pasos de Jordán.

desmesuradamente con exceso

se perlaron se cubrieron de gotas de agua (sudor)

alarido grito lastimero

se serenó se tranquilizó

porfiadas insistentes

tamborileó hacer con las manos imitando los tambores

síncope suspensión súbita y momentánea de la acción del corazón

trepaban subían a un lugar poco accesible usando las manos y los pies

Murió, por fin. La sirvienta, que entró después a deshacer la cama, sola ya, miró un rato extrañada el almohadón.

—¡Señor! —llamó a Jordán en voz baja—. En el almohadón hay manchas que parecen de sangre.

Jordán se acercó rápidamente y se dobló a su vez. Efectivamente, sobre la funda, a ambos lados del hueco que había dejado la cabeza de Alicia, se veían manchitas oscuras.

—Parecen picaduras —murmuró la sirvienta después de un rato de inmóvil observación.

—Levántelo a la luz —le dijo Jordán.

La sirvienta lo levantó, pero enseguida lo dejó caer, y se quedó mirando a aquél, lívida y temblando. Sin saber por qué, Jordán sintió que los cabellos se le erizaban.

—¿Qué hay? —murmuró con la voz ronca.

—Pesa mucho —articuló la sirvienta, sin dejar de temblar.

Jordán lo levantó; pesaba extraordinariamente. Salieron con él, y sobre la mesa del comedor Jordán cortó funda y envoltura de un tajo. Las plumas superiores volaron, y la sirvienta dio un grito de horror con toda la boca abierta, llevándose las manos crispadas a los bandos: —sobre el fondo, entre las plumas, moviendo lentamente las patas velludas, había un animal monstruoso, una bola viviente y viscosa. Estaba tan hinchado que apenas se le pronunciaba la boca.

Noche a noche, desde que Alicia había caído en cama, había aplicado sigilosamente su boca —su trompa, mejor dicho— a las sienes de aquélla, chupándole la sangre. La picadura era casi imperceptible. La remoción diaria del almohadón había impedido sin duda su desarrollo, pero desde que la joven no pudo moverse, la succión fue vertiginosa. En cinco días, en cinco noches, había vaciado a Alicia.

Estos parásitos de las aves, diminutos en el medio habitual, llegan a adquirir en ciertas condiciones proporciones enormes. La sangre humana parece serles particularmente favorable, y no es raro hallarlos en los almohadones de pluma.

erizaban levantaban, ponían rígidos

velludas que tiene mucho pelo

bola cuerpo esférico de cualquier materia

hinchado aumentado en volumen

sigilosamente silenciosamente

vertiginosa cosa que causa vértigo

Comprensión

Andrew Payti

Buscando información Contesta.

1. ¿Quería Alicia a su marido?
2. ¿Quería Jordán a su mujer?
3. ¿Cómo fue la atmósfera en la casa?
4. ¿Qué dijo el médico sobre la enfermedad de Alicia?
5. ¿La cuidó bien Jordán? Explica cómo.
6. Cuando Alicia empezó a tener alucinaciones, ¿qué no dejó de mirar?
7. ¿Cómo pasaron Alicia y Jordán los dos días finales?
8. ¿Qué encontró la sirvienta en el almohadón?

Describiendo

1. Describe el carácter de Alicia.
2. Describe el carácter de Jordán. ¿Qué significado tendrá su altura inalcanzable?
3. Describe su casa.
4. Describe la enfermedad de Alicia.
5. Describe lo que hizo Jordán con el almohadón y lo que encontró en él.

Analizando

El autor emplea hasta aspectos de la casa para describir al carácter de Jordán. ¿Con qué se relacionan las paredes altas, las estatuas de mármol y el patio silencioso y el eco?

Interpretando

1. Interpreta el significado de "Su luna de miel fue un largo escalofrío".
2. Interpreta quién fue para Alicia el "antropoide que apoyado en la alfombra sobre los dedos, que tenía fijos en ella los ojos".

Hospital, Punta Arenas, Chile

En paz de Amado Nervo

El niño acaricia a su perro.
¿Cuál de los dos tiene la faz más adorable?

Vocabulario para la lectura

Estudia las definiciones de las siguientes palabras.

la faz la cara

fallido frustrado, no logrado

inmerecido injusto

rudo duro, tosco, riguroso

acariciar tocar suavemente, rozar, tratar a alguien con ternura

Poder verbal

Actividad 1 Otra palabra Da una palabra relacionada.

1. las caricias
2. merecer
3. facial
4. la rudeza

Actividad 2 ¿Qué palabra necesito? Completa.

1. No le deben castigar así porque no ha hecho nada malo. Es ____ lo que le hacen.
2. Los padres siempre quieren ____ a su bebé.
3. No se aprovechó de la oportunidad. Fue una oportunidad ____.
4. Tiene una ____ alegre. Siempre tiene una sonrisa.

Nota biográfica

Amado Nervo (1870–1919) nació en México. Estudió para sacerdote en el Seminario de Jacona, pero en 1891 dejó la carrera religiosa. Entró en el servicio diplomático de su país a principios del siglo XX y pasó gran parte de su vida en Madrid, Buenos Aires y Montevideo, donde murió mientras servía de embajador de México en Uruguay. Aunque el autor escribió en varios géneros, se destacó como poeta. En las poesías de su madurez se le nota una preocupación por la muerte y el amor. He aquí una de sus más bellas poesías.

Monumento a José Gervasio Artigas, Plaza Independencia Montevideo, Uruguay

Andrew Payti

En paz

Muy cerca de mi ocaso, yo te bendigo, Vida,
porque nunca me diste ni esperanza fallida
ni trabajos injustos, ni pena inmerecida;

porque veo al final de mi rudo camino
que yo fui el arquitecto de mi propio destino;
que si extraje las mieles o la hiel de las cosas,
fue porque en ellas puse hiel o mieles sabrosas;
cuando planté rosales, coseché siempre rosas.

...Cierto, a mis lozanías va a seguir el invierno;
¡mas tú no me dijiste que mayo fuese eterno!
Hallé sin duda largas las noches de mis penas;
mas no me prometiste tú sólo noches buenas;
y en cambio tuve algunas santamente serenas...

Amé, fui amado, el sol acarició mi faz.
¡Vida, nada me debes! ¡Vida, estamos en paz!

Andrew Payti

Comprensión

A La vida Escoge.

1. ¿A quién se dirige el poeta en este poema?
   a. a Dios
   b. a la muerte
   c. a la vida

2. ¿Por qué dice el poeta «muy cerca de mi ocaso»?
   a. Habla por la tarde y se va a poner el sol.
   b. Se están acercando sus días finales.
   c. Él vive muy cerca de allí.

3. ¿Qué quiere decir el autor cuando dice que es «arquitecto de su propio destino»?
   a. Toma responsabilidad por lo bueno y lo malo de su vida.
   b. Está contento con los edificios que ha construido.
   c. Siempre ha sabido adonde dirigirse.

B Parafraseando Explica lo que significa.

1. «si extraje las mieles o la hiel de las cosas, fue porque en ellas puse hiel o mieles sabrosas»
2. «cuando planté rosales, coseché siempre rosas»
3. «el invierno»
4. «mayo»
5. «a mis lozanías va a seguir el invierno»
6. «mas tú no me dijiste que mayo fuese eterno»

C Interpretando Contesta.

1. ¿Tenía el autor noches de pena?
2. ¿Cómo las encontró?
3. ¿Tuvo sólo noches de pena?
4. ¿Qué dice el poeta en cuanto al amor?

D Analizando Amado Nervo dice que la vida no le debe nada. Él y la vida «están en paz». Explica por qué el poeta ha llegado a esa feliz conclusión.

Una pareja enamorada en un parque de Arica, Chile

El viaje definitivo de Juan Ramón Jiménez

Nota biográfica

Juan Ramón Jiménez nació en Moguer, en la provincia de Huelva, Andalucía, en 1881. Estudió el bachillerato en un colegio jesuita en el Puerto de Santa María, cerca de Cádiz. Más tarde, estudió derecho en la Universidad de Sevilla.

De joven Jiménez no gozó de muy buena salud. Era un niño enfermizo y delicado. Sufrió trastornos nerviosos por lo que estuvo en un sanatorio. Cuando tenía sólo dieciocho años, fue a Madrid donde escribía en una habitación acorchada porque no quería oír los ruidos de la calle. Vivió también en Nueva York, donde se casó con Zenobia Camprubí, una americana, hija de un español y una puertorriqueña. Durante la Guerra Civil española, Juan Ramón Jiménez se desterró y pasó los últimos veintidós años de su vida en Estados Unidos y Puerto Rico, donde murió en 1958. Dos años antes de su muerte le otorgaron el Premio Nóbel de Literatura por su extraordinaria obra lírica.

La poesía lírica de Juan Ramón Jiménez es como lo fue su vida—solitaria, nostálgica y melancólica. Vivía en constante temor de una muerte repentina. *El viaje definitivo* es una imagen de la muerte que algún día vendrá. Al leer el poema, piensa en las siguientes preguntas. Cuando muera el poeta, ¿cambiará el mundo o no? ¿Seguirá igual? ¿Quiénes morirán? ¿Quiénes nacerán?

El viaje definitivo

◆·◆·◆

Y yo me iré. Y se quedarán los pájaros cantando;
y se quedará mi huerto, con su árbol verde,
y con su pozo blanco.
Todas las tardes el cielo será azul y plácido;
y tocarán, como esta tarde están tocando,
las campanas del campanario.
Se morirán los que me amaron
y el pueblo se hará nuevo cada año;
en el rincón aquel de mi huerto florido[1] y encalado[2],
mi espíritu errará[3], nostálgico.
Y yo me iré y estaré solo, sin hogar, sin árbol
verde, sin pozo blanco,
sin cielo azul y plácido...
Y se quedarán los pájaros cantando.

[1] **florido** con flores
[2] **encalado** pintado de blanco
[3] **errará** andará como un vagabundo

Ralph Lee Hopkins/Getty Images

Se quedará el pájaro cantando.

Comprensión

A Buscando información Contesta.

1. ¿Quién se irá?
2. ¿Quiénes se quedarán?
3. ¿Qué más se quedará?
4. ¿Qué tiene su huerto?
5. ¿Cómo será el cielo?
6. ¿Cuándo?
7. ¿Qué tocarán?
8. ¿Dónde?
9. ¿Están tocando ahora?
10. ¿Quiénes se morirán?
11. ¿Dónde errará el espíritu del poeta?

Tocarán las campanas del campanario.

B Analizando símbolos Explica.

1. ¿Por qué se hará nuevo el pueblo?
2. ¿Qué sentimientos evoca este poema lírico?

C Analizando Contesta.

El poeta usa varios colores en este poema. ¿Cuáles son los colores? ¿Qué describe al usar estos colores?

D Parafraseando ¿Cómo lo dice el poeta?

1. Yo *saldré.*
2. *Permanecerán* los pájaros cantando.
3. Y se quedará mi *jardín.*
4. Y *cada tarde* el cielo será azul y *tranquilo.*
5. Se morirán los que me *querían.*
6. Mi espíritu *vagará.*
7. Y estaré solo, sin *casa,* sin árbol.

E Interpretando Explica el significado del título del poema.

Composición

Escribiendo con un propósito

Al preparar un escrito siempre hay que tener en mente el propósito de tu escrito—la razón por la cual lo estás escribiendo. Además de pensar en lo que tú quieres escribir, tienes que tomar en cuenta lo que tus lectores quieren saber porque ellos tienen una razón para leer tu escrito. Si incluyes detalles o ideas que no correspondan a lo que estos estén buscando, el escrito no les va a interesar.

Una carta de recomendación

Vamos a analizar por qué se escribe una carta de recomendación. ¿Cuál es el propósito de tal carta? Es el de explicar y convencer al lector que la persona en la carta tiene la formación, capacidad, carácter y destrezas necesarias para cumplir con ciertos deberes y responsabilidades. Y, ¿quién será el lector? El lector de una carta de recomendación será una persona que esté buscando alguien que pueda cumplir con esos deberes o responsabilidades en un empleo o lo que sea. Por consiguiente, al escribir tal carta tienes que fijarte en las necesidades, lo que está buscando, tu lector. Lo que incluyes en una carta de recomendación puede variar enormemente de lo que incluyes en otra.

Vamos a imaginar que vas a escribir una carta de recomendación para un(a) amigo(a) que es o que va a ser médico(a). El lector de esta carta será otro médico que está buscando un socio en su consultorio o un(a) administrador(a) de un servicio o departamento de un hospital. La persona para quien tú escribes la carta es muy aficionada a los deportes y es bastante guapa. Tienes que considerar si quieres incluir tales detalles en tu escrito. ¿Le interesarán a tu lector? La respuesta es *no,* porque no es necesario que un médico sea aficionado a los deportes ni que sea guapo. En este caso no son detalles pertinentes.

De la siguiente lista, escoge los detalles que incluirías en tu carta de recomendación para un médico.

- su edad
- sus intereses culturales
- los cursos que ha tomado en historia
- los cursos que ha tomado en ciencias
- sus goles u objetivos financieros
- sus goles u objetivos profesionales
- sus pasatiempos favoritos
- las lenguas que habla
- especializaciones o campos de medicina en los cuales tiene formación especial
- premios que ha ganado en deportes
- su experiencia en el campo médico
- sus rasgos físicos
- escuelas o facultades a las cuales ha asistido
- sus diplomas o títulos
- características de su personalidad

Ahora, ¡te toca a ti!

Vas a escribir dos cartas de recomendación. Van a ser muy diferentes la una de la otra porque cada una tendrá un propósito diferente.

Escoge dos de las siguientes cartas.

- un(a) amigo(a) quiere trabajar como consejero(a) en un campo deportivo de verano
- un(a) amigo(a) quiere recibir una beca para estudiar en una universidad de un país hispanohablante
- un(a) amigo(a) quiere trabajar como enfermero(a) en un hospital
- un(a) amigo(a) quiere pasar un mes con una familia en México
- un(a) amigo(a) quiere trabajar en una tienda de música

El proceso

- Escoge para quienes vas a escribir tus cartas de recomendación. No escribas las dos cartas al mismo tiempo. Al terminar la primera, escribe la segunda.
- Prepara una lista de detalles que aporten interés al propósito de tu carta.
- Al completar tu lista, léela. Suprime cualquier detalle que no consideres completamente pertinente.
- Escribe un borrador.
- Revísalo haciendo cualquier corrección necesaria.
- Escribe la versión final.
- Continúa con la segunda carta.

Lee las dos cartas. Compáralas. ¿Cómo son diferentes? ¿Por qué son diferentes?

Conexión con el inglés

Otros tiempos perfectos

Comstock Images/Alamy

1. Como en español, se usa el pluscuamperfecto para expresar una acción pasada terminada antes de otra acción pasada.

    I had left before they even arrived.
    Why hadn't you told us that before we left?
    He had gone to Europe and then he went to Asia.

This couple has lived happily together for many years.

2. Como en español el futuro perfecto se usa con poca frecuencia. Pero el condicional perfecto se usa mucho. El condicional perfecto expresa lo que uno habría hecho pero que no pudo por una razón u otra.

    He would have worked more but he was too ill.
    They would have traveled but they didn't have enough money.
    She would have told me but she didn't know.

3. Observa las formas de los participios pasados regulares.

hope	*hoped*
listen	*listened*
start	*started*
talk	*talked*
enjoy	*enjoyed*

¡Ojo! Una vez más hay problemas ortográficos.

stop	*stopped*
rob	*robbed*
prefer	*preferred*
control	*controlled*
try	*tried*
carry	*carried*

Hurry! The bus hasn't left yet.

Andrew Payti

4. Muchos verbos tienen un participio pasado irregular. Aquí tienes una lista de algunos de los más importantes.

awake	*awoken/awaked*	*come*	*come*
be	*been*	*cost*	*cost*
become	*become*	*cut*	*cut*
bite	*bitten*	*dig*	*dug*
bleed	*bled*	*dive*	*dived*
blow	*blown*	*do*	*done*
break	*broken*	*draw*	*drawn*
bring	*brought*	*drink*	*drunk*
build	*built*	*drive*	*driven*
buy	*bought*	*eat*	*eaten*
catch	*caught*	*fall*	*fallen*
choose	*chosen*	*feed*	*fed*

Sección 6

Conexión con el inglés

fight	*fought*
find	*found*
fit	*fit*
flee	*fled*
fly	*flown*
forget	*forgotten*
freeze	*frozen*
get	*gotten/got*
give	*given*
go	*gone*
grow	*grown*
hang	*hung*
have	*had*
hear	*heard*
hide	*hidden*
hit	*hit*
hold	*held*
hurt	*hurt*
keep	*kept*
know	*known*
lay	*laid*
lead	*led*
leave	*left*
lend	*lent*
light	*lighted/lit*
lose	*lost*
make	*made*
mean	*meant*
meet	*met*
pay	*paid*
prove	*proved/proven*
put	*put*
quit	*quit*
read	*read [rɛd]*
ride	*ridden*
ring	*rung*
rise	*risen*
run	*run*
say	*said*
see	*seen*
seek	*sought*
sell	*sold*
send	*sent*
set	*set*
shave	*shaved/shaven*
show	*shown*
shrink	*shrunk/shrunken*
shut	*shut*
sing	*sung*
sink	*sunk*
sit	*sat*
sleep	*slept*
speak	*spoken*
speed	*sped*
spend	*spent*
spin	*spun*
stand	*stood*
steal	*stolen*
stink	*stunk*
sting	*stung*
stroke	*struck*
swear	*sworn*
swim	*swum*
take	*taken*
teach	*taught*
tear	*torn*
think	*thought*
throw	*thrown*
understand	*understood*
wake	*woken/waked*
wear	*worn*
weep	*wept*
win	*won*
wind	*wound*
write	*written*

Comparativo de igualdad

Andrew Payti

1. El comparativo de igualdad se expresa en inglés con *as . . . as* con un adjetivo o adverbio.

   He is as tall as his sister.
   She runs as fast as anyone.

2. El comparativo de igualdad con un sustantivo se expresa con *as much . . . as* y *as many . . . as*.

   As many . . . as se emplea con lo que se llama un *noncount noun*. Ejemplos de estos son *money, food, furniture, baggage, luck*. Se refiere a sustantivos con los cuales no se puede usar números.

   He has as much money as we do.
   They have as much luck as anyone else.

   Se usa *as many . . . as* con *count nouns*, o sea, los que pueden ir acompañados de un número.

   He reads as many books as you do.

   Nota la diferencia.

   There are as many chairs in my living room as in yours. (count)

   There is as much furniture in my living room as in yours. (noncount)

He walks as many dogs as I do.

Capítulo 9

Campo y ciudad

Objetivos

En este capítulo vas a:

- estudiar las diferencias sociales y económicas entre la vida urbana y rural en Latinoamérica
- familiarizarte con el vocabulario necesario para discutir la nueva e importante rama de ciencia—la ecología
- estudiar el imperfecto progresivo, la colocación de los pronombres de complemento, los adjetivos y pronombres demostrativos y el uso de letras mayúsculas
- leer *El lugareño en Madrid* de Juan Eugenio Hartzenbusch y *Égloga del camino* de Jorge González Bastías
- contrastar los demostrativos en español e inglés

Rodrigo Torres/Glow Images

Iglesia San Juan Bautista de Yanahuara, Perú

Sección 1

Historia y cultura

Vocabulario para la lectura

Estudia las definiciones de las siguientes palabras.

los abonos fertilizantes

la mano de obra conjunto de obreros, trabajadores

la meta el objetivo, el gol

el peón obrero no especializado (inexperto); en Latinoamérica «bracero agrícola»

el terrateniente propietario de gran extensión de tierra

acelerado rápido

precario inestable, inseguro, peligroso

eficazmente de una manera eficiente; competentemente

Recogiendo tallos de maíz en Oaxaca, México

Glow Images

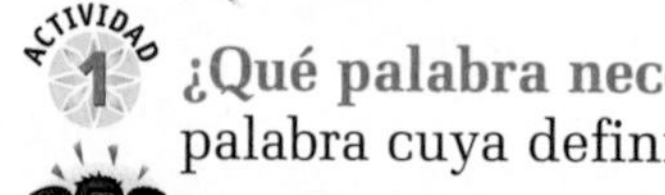

Actividad 1

¿Qué palabra necesito? Da la palabra cuya definición sigue.

1. veloz
2. lo que se usa para nutrir la tierra
3. el resultado deseado
4. no muy estable
5. conjunto de trabajadores
6. el que labra la tierra
7. hacerlo bien
8. dueño de mucha tierra

Actividad 2

Otra palabra Da un sinónimo.

1. rápido
2. competentemente
3. obrero no especializado
4. fertilizantes
5. inestable
6. el objetivo

Lectura

Ciudad y campo en Latinoamérica

Durante la época colonial los españoles iban estableciendo ciudades por todas partes de Latinoamérica. Las ciudades que fundaban se parecían mucho a las de España. Las calles se cruzaban formando una red octagonal. En el centro había un espacio abierto—la plaza—casi siempre llamada la Plaza de Armas. La plaza servía de eje a la vida urbana. Aquí se situaban los principales edificios administrativos y religiosos. El que más cerca de la plaza vivía más importancia social tenía. Sus casas solían contar con dos pisos y tenían balcones de madera. Por su parte las clases más humildes vivían en casas de un solo piso que en algunas zonas se pintaban de colores alegres. En las afueras del centro urbano se situaban los pueblos para los indígenas. No se puede negar que la sociedad colonial se dividía en estratos sociales bien diferenciados.

Estrategias de lectura

Resumiendo La lectura que sigue tiene mucha información. Para de leer de vez en cuando para resumir la información.

Palabras en contexto Encontrarás algunas palabras que te serán desconocidas tales como **latifundio, minifundio** y **monocultivo.** Para determinar lo que significan, utiliza la estrategia de determinar el significado de una palabra por el contexto en que se usa.

Trujillo, Perú

Plaza Independencia, Montevideo

Plaza de Armas, Cuzco, Perú

Arequipa, Perú

La Avenida 9 de Julio, Buenos Aires, Argentina

Miraflores, Perú

Las ciudades de hoy

Actualmente la mayoría de las ciudades han mantenido su típico casco antiguo o histórico que son los restos de la original ciudad colonial. A los turistas les encanta visitar estas zonas pintorescas. Pero la verdad es que las ciudades se han extendido enormemente y hay grandes avenidas anchas con rascacielos que tienen oficinas en los barrios más comerciales y condominios en los barrios más residenciales. Hay que destacar que en muchas ciudades latinoamericanas las zonas comerciales y residenciales no se encuentran tan separadas como en la mayoría de las ciudades estadounidenses.

Y cada ciudad tiene sus suburbios. Algunos ya están muy establecidos como San Isidro en Lima, Martínez en Buenos Aires y Polanco en la Ciudad de México. Pero en las afueras de todas las ciudades van creciendo los suburbios. El nuevo suburbio de El Molino en Quito es sólo un ejemplo. Los suburbios modernos tienen cines, canchas de tenis, centros comerciales con grandes parkings—es decir todas las comodidades de la vida moderna.

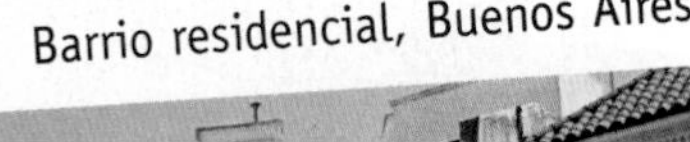

Barrio residencial, Buenos Aires

El campo

En España durante la Edad Media y después, los nobles eran dueños de grandes extensiones de tierra. En estas grandes extensiones de tierra, la mano de obra era el producto de numerosos peones. Al instalarse en las Américas, los españoles querían establecer el mismo sistema de tierra que tenían en Europa. Los conquistadores dividían la tierra que tomaban en grandes extensiones y los peones fueron sustituidos por los indígenas y la gente esclavizada de África. Estas grandes extensiones de tierra cultivadas para el beneficio de otros se llaman «latifundios».

En el siglo XIX las repúblicas latinoamericanas ganaron su independencia pero las tierras permanecieron en manos de unos pocos terratenientes criollos o, en algunos países o en algunos casos, en manos de grandes empresas extranjeras, mayormente estadounidenses.

Un campo de caña de azúcar, Tamasopo, San Luis Potosí, México

Glow Images

Con el afán de comerciar con el extranjero los terratenientes hacían todo lo posible para satisfacer las demandas del mercado y en la mayoría de los casos en vez de diversificar la producción agrícola establecieron el monocultivo, o sea, el cultivo de un solo producto. Del monocultivo surgieron dos problemas graves. Al no variar las cosechas la tierra se agotaba y cuando la demanda por cierto producto bajaba, el país o la región cuya economía se basaba en este producto se encontraba en una posición económica precaria.

En muchos países las revoluciones han quitado las tierras de manos de los terratenientes. Los líderes han dividido los latifundios en minifundios, distribuyendo la tierra en pequeñas parcelas a los que antes la tenían que cultivar. Esta redistribución de tierra fue la meta de casi todos los programas de reforma agraria. Pero para trabajar la tierra eficazmente hay que usar abonos y máquinas. Para vender el producto hay que tener buenos métodos de transporte para llevarlo al mercado. Y, ¿cómo lo puede hacer el pobre campesino?

Labrando un campo en Puno, Perú

Recoleta, Buenos Aires

El campesino ha tenido que enfrentarse con obstáculos casi insuperables. Hasta ahora los problemas del campo no se han resuelto. Son muy complejos y varían de país en país.

Dados los problemas existentes en las zonas rurales, el movimiento migratorio del campo a la ciudad dentro del mismo país continúa cada vez más acelerado. La ciudad atrae a muchos campesinos que vienen en busca de trabajo con la esperanza de encontrar una oportunidad para educar a sus hijos. Pero estos campesinos llegan a la ciudad con muy poca formación educacional. Por consiguiente su asimilación en el ambiente urbano no es tarea fácil. En todas las ciudades existe y ha existido una escasez de vivienda, desocupación y sobrepoblación. Se calcula que en Latinoamérica habrá que crear un mínimo de treinta y cinco millones de empleos adicionales en sólo cinco años para dar trabajo a todos los jóvenes que lo buscan.

Barriadas flotantes en Belén, Iquitos, Perú

A causa de la sobrepoblación y de la escasez de viviendas han surgido en los alrededores de todos los centros urbanos barriadas que llevan nombres tales como «arrabales», «callampas», «ranchos», «villas miseria», etc. No importa el nombre. Todas son iguales con chozas hechas de madera, hojalata, cartón y arpillera y en su mayoría sin agua corriente ni luz eléctrica. Los habitantes de estas barriadas siguen luchando por una vida mejor. Sobreviven de la esperanza.

Lissa Harrison

Comprensión

A Descripción Describe.

1. En tus propias palabras, describe como se planeaba una ciudad típica en la época colonial.
2. Describe los barrios más modernos de una ciudad típica.
3. Describe los nuevos suburbios.

Estatua de Pedro Murillo, La Paz, Bolivia

B Contrastando Contesta.

¿Cuál es una diferencia notable entre una ciudad típica latinoamericana y una ciudad típica estadounidense?

C Buscando información Contesta.

1. ¿Quiénes eran los dueños de grandes extensiones de tierra en España?
2. ¿Qué hacían los conquistadores?
3. ¿Quiénes labraban la tierra?
4. ¿Qué pasó en el siglo XIX?
5. Después de la independencia, ¿quiénes eran los dueños de la tierra?
6. ¿Cuáles fueron dos errores serios que cometieron? ¿Por qué?

Andrew Payti

D Explicando Explica el significado.

1. el latifundio
2. el minifundio
3. la redistribución de tierra
4. el monocultivo

E Analizando Contesta.

¿Por qué no ha podido la reforma agraria resolver todos los problemas con que se enfrentan los campesinos?

Plaza de Armas, Pisco, Perú

F Resumiendo Da un resumen de los siguientes temas.

1. la migración del campo a la ciudad en los países latinoamericanos
2. la asimilación de los campesinos en el ambiente urbano
3. problemas con los cuales se enfrentan las grandes aglomeraciones urbanas latinoamericanas

Conocimientos para superar

Conexión con la ecología

La ecología es una ciencia relativamente reciente. Es la ciencia que estudia el equilibrio entre los seres vivientes y la naturaleza. La ecología es de interés mundial porque todos nos estamos poniendo al tanto del daño que nosotros, los seres vivientes, estamos causando a nuestro medio ambiente.

Todos los seres vivos tenemos una serie de necesidades básicas. Necesitamos alimento, agua, oxígeno, y un lugar donde vivir. ¿Cómo afectan el ambiente nuestras necesidades y demandas humanas? Quemamos gasolina, gas y carbón para impulsar automóviles y proveernos de energía eléctrica. Represamos ríos para tener el agua que necesitamos para regar los campos. Talamos los bosques para construir centros comerciales y desarrollar proyectos de vivienda. Tenemos que preguntarnos, ¿tiene que ser siempre destructiva la forma en que nos aprovechamos de los recursos naturales de la Tierra?

Aire contaminado

Los recursos de la Tierra

Siempre que utilices el transporte público, enciendas la luz, o comas, estás usando un recurso natural. Un recurso natural es cualquier parte del ambiente que los humanos utilizamos para nuestro beneficio. Incluyen el suelo, el agua, los cultivos, el petróleo y los minerales.

Limpiando la playa

Recursos naturales renovables Un recurso natural que es reemplazado o reciclado por medio de procesos naturales se llama «recurso renovable». Ejemplos de recursos renovables son el oxígeno, el agua, las plantas, los animales, los cultivos, la luz del sol y el suelo.

Depósito para el reciclaje, Madrid

Recursos naturales no renovables Un recurso no renovable existe sólo en cantidades limitadas. No se reemplaza y no forma parte de un ciclo natural. Los metales como el aluminio, el estaño, la plata, el oro, el uranio, hasta el cobre que se usa para fabricar alambres, son no renovables. Tampoco son inagotables ni renovables los fósforos de los cuales se produce el petróleo. El fósforo, un mineral indispensable para el crecimiento vegetal, se recicla tan lentamente en el ambiente natural que se considera no renovable. Hasta la capa superior del suelo que toma varias generaciones en formarse se considera un recurso no renovable.

Organismos extintos

Una población de organismos es un recurso natural renovable; individuos nuevos nacen y los viejos mueren. Pero a veces no es así. Ocurre que todos los miembros de una especie mueren. Estos animales se hacen extintos. La extinción es la desaparición de una especie y los humanos somos responsables de la extinción de no sólo una sino de muchas especies. La mayoría de las extinciones se producen por la destrucción del hábitat natural de una especie.

Cuando una población empieza a declinar rápidamente, se dice que la especie está amenazada y sus miembros se colocan en una lista (un listado) de especies amenazadas. Una especie se considera en peligro de extinción cuando su número es tan bajo que existe la posibilidad de extinción.

Un guacamayo

Demanda y oferta

Ya has aprendido que la población humana está creciendo a un ritmo rápido. Mientras más gente hay sobre la Tierra, más demanda habrá de alimento, agua, espacio para vivir, ropa, transporte y demás cosas imprescindibles. ¿Cuánto tiempo durarán los recursos de la Tierra? En determinado punto, ¿nos quedaremos sin lo que necesitamos para vivir? Es una pregunta inquietante.

Efectos de la contaminación

Todos los organismos producen desechos que son normalmente reciclados mediante procesos naturales. ¿Qué ocurrirá cuando se produzcan tantos desechos que la capacidad para reciclarlos naturalmente se sobrepase? Las basuras se producen más rápido de lo que pueden descomponerse. El exceso de desechos está causando la contaminación de nuestro medio ambiente, del agua, del aire y de la Tierra.

Canal del Beagle, Argentina

Conocimientos para superar

El agua de un lago es agua superficial.

Contaminación del aire Las sustancias contaminantes pueden entrar en la atmósfera por erupciones volcánicas e incendios forestales pero la quema de combustibles es la mayor fuente de contaminación del aire. Quemamos combustibles para calentar las viviendas y oficinas, hacer funcionar los motores de aviones, autos, trenes y autobuses. Se queman también para producir electricidad en plantas generadoras, etc. El humo que se libera de estos procesos contiene gases y partículas sólidas de hollín que son dañinas para muchas formas de vida.

Lluvia ácida La atmósfera contiene humedad en forma de vapor de agua que se condensa y vuelve a la tierra en forma de lluvia o nieve. Las moléculas de agua pueden entrar en contacto con partículas contaminantes del aire tales como el dióxido de carbono, el dióxido de azufre y los óxidos de nitrógeno incrementando la acidez de la lluvia. El resultado es la lluvia ácida que daña edificios de piedra y lava valiosos nutrimentos del suelo, causando la muerte de árboles y daños de los tejidos vegetales.

Contaminación del agua El agua de los lagos y ríos se conoce como superficial. El agua que se encuentra bajo la superficie se conoce como agua subterránea. Se estima que entre el 20 y el 45 por ciento de los pozos de agua (el agua que debe de ser potable) en ciertas regiones de Estados Unidos pueden estar contaminados con químicos de origen agrícola e industrial.

Contaminación de la tierra Todos nosotros producimos una cantidad de basura diariamente. La basura consiste en desechos. Algunos desechos sólidos como comida, hojas muertas y otros residuos de jardines son biodegradables porque pueden descomponerse por medio de procesos naturales. Los desechos que no son biodegradables como las bolsas plásticas y las latas de bebidas gaseosas tienen que ser reciclados.

¿Qué podemos hacer?

Muchas municipalidades tienen programas de reciclaje y debemos seguir todas sus sugerencias separando los materiales reciclables del resto de la basura. Los materiales reciclables incluyen el vidrio, el metal, el papel y el más difícil de reciclar—el plástico. Cuando vamos de compras debemos leer las etiquetas y comprar productos hechos de materiales reciclados cuandoquiera que sea posible.

Hay mucho más que hacer, pero para empezar el reciclaje es importantísimo.

¿Son reciclables estos envases?

Comprensión

A Poder verbal Definiciones
Da una definición.

1. la ecología
2. los seres vivientes
3. recursos naturales
4. recursos renovables
5. recursos no renovables
6. la extinción
7. el hábitat
8. una especie amenazada
9. la contaminación
10. la lluvia ácida

¿Es importante reciclar?

B Buscando información Contesta.

1. ¿Por qué nos interesa a todos la ecología?
2. ¿Cuáles son algunas de nuestras necesidades?
3. ¿Cómo afectan al ambiente estas necesidades?
4. ¿Qué hacemos con los ríos? ¿Y con los bosques?
5. ¿Cuáles son algunos recursos renovables? ¿Y no renovables?
6. ¿Cuál es la razón principal de la extinción de algunas especies?
7. ¿Cuál es una pregunta muy inquietante?
8. ¿Qué está causando el exceso de desechos?
9. ¿Cuál es la causa principal de la contaminación del aire?
10. ¿Por qué es tan peligrosa la lluvia ácida?

C Contrastando Contesta.

¿Cuál es la diferencia entre el agua superficial y la subterránea? ¿Cuál es un problema relativo al agua subterránea?

D Explicando Explica lo que es el reciclaje y por qué es tan importante.

Gramática y lenguaje

Imperfecto progresivo

Estaban trabajando en un viñedo.

1. Se forma el imperfecto progresivo con el imperfecto del verbo **estar (seguir, continuar, ir, andar)** más el participio presente. El imperfecto progresivo expresa o describe una acción en progreso en cierto momento o época del pasado. Es más gráfico que el imperfecto sencillo. Te hace visualizar la acción.

   El peón estaba trabajando en el campo.
   Estaba sudando mucho.

2. La mayoría de los verbos que tienen un cambio radical en el pretérito lo preservan en el participio presente.

e → i		o → u	
pedir	**pidiendo**	**dormir**	**durmiendo**
servir	**sirviendo**	**morir**	**muriendo**
repetir	**repitiendo**		
freír	**friendo**		
decir	**diciendo**		

3. El participio de los verbos siguientes se escribe con **-y**.

caer	**cayendo**	**distribuir**	**distribuyendo**
leer	**leyendo**	**construir**	**construyendo**
traer	**trayendo**	**contribuir**	**contribuyendo**
oír	**oyendo**		

ACTIVIDAD 1  **¿Qué estaban haciendo?** Escribe en el imperfecto progresivo.

1. El charlaba con sus amigos.
2. Ellos hacían un viaje por España.
3. Aquellos señores trabajaban como bestias.
4. Yo no comía nada.
5. Él salía con María.
6. El profesor explicaba la teoría.
7. Construíamos una carretera en el interior.
8. Ella no pedía nada.
9. Yo servía la comida.
10. Ellos distribuían algo.

Andrew Payti

Colocación de los pronombres de complemento

Cuando el infinitivo o el participio presente (el gerundio) van acompañados de otro verbo, los pronombres de complemento directo e indirecto se colocan delante del verbo principal o se agregan al infinitivo o participio presente. Así se puede expresar de dos maneras.

Estaban comiendo el maíz.	**Me estaba mostrando la finca.**
Lo estaban comiendo.	**Me la estaba mostrando.**
Estaban comiéndolo.	**Estaba mostrándomela.**
Voy a cruzar la calle.	**Voy a dar el plano a José.**
La voy a cruzar.	**Se lo voy a dar.**
Voy a cruzarla.	**Voy a dárselo.**

Fíjate en la acentuación y el uso de la tilde.

Pronombres Escribe según el modelo.

Ella te quiere mandar la carta. →
Ella te la quiere mandar.
Ella quiere mandártela.

1. Ella quiere darte el regalo.
2. Queremos devolver el libro al profesor.
3. Van a servir la comida al convidado.
4. El presidente prefiere dar la conferencia.
5. Ellos piensan vender el carro.
6. María quiere escribirle la carta.
7. Ella quiere explicarnos la teoría.
8. Él va a devolverme el dinero.
9. Ella puede enviarnos los resultados.
10. Yo quiero mostrarte la camisa.

La familia llega a un hotel en Frutillar Bajo, Chile.

Oraciones nuevas Escribe cada oración de dos maneras usando pronombres.

1. La recepcionista está atendiendo al cliente.
2. El cliente está hablando a la recepcionista.
3. Ellos están discutiendo la reservación.
4. El señor quiere hacer la reservación ahora.
5. Él quiere reservar el mismo cuarto.
6. La recepcionista le asegura que puede darle el mismo cuarto.
7. El señor está agradeciendo a la recepcionista.
8. La recepcionista quiere ver su tarjeta de crédito.
9. El señor está buscando su tarjeta de crédito.
10. Él acaba de dar la tarjeta de crédito a la recepcionista.
11. La recepcionista está apuntando el número de la tarjeta.
12. La recepcionista va a devolver la tarjeta de crédito al cliente.

Adjetivos y pronombres demostrativos

Andrew Payti

Según las nuevas reglas de la Real Academia de la Lengua Española, los adjetivos y los pronombres demostrativos se escriben de la misma manera. Antes, los pronombres llevaban tilde para diferenciarlos de los adjetivos. Los demostrativos expresan colocación.

este, estos, esta, estas *(cerca de mí)*
ese, esos, esa, esas *(cerca de ti)*
aquel, aquellos, aquella, aquellas *(lejos de ti y de mí)*

ACTIVIDAD 4 **En el singular** Escribe en el singular.

1. Aquellos campos son verdes.
2. Estas ideas son muy buenas.
3. Esos señores son de Andalucía.
4. Estos coches son nuevos.
5. Aquellas señoras son profesoras.
6. Aquellos libros no están en la biblioteca.

ACTIVIDAD 5 **¿Este, ese o aquel?** Completa con el pronombre demostrativo apropiado.

1. Esta novela es interesante pero prefiero ____. (que tiene usted)
2. Aquellas casas son más pequeñas que ____. (aquí)
3. Este carro cuesta menos que ____. (allá)
4. La otra playa siempre tiene más gente que ____. (aquí)
5. Estas maletas son mejores que ____. (en la otra tienda)
6. ¿Cuántos libros? He leído ____ (aquí), ____ (que tiene usted) y ____. (que están allí)
7. De las novelas que he leído prefiero ____. (que estoy leyendo ahora)
8. Esos hoteles son tan modernos como ____. (allá)

¡Allá!—dice esta agente de policía en Trujillo, Perú.

Letras mayúsculas

En español la letra inicial de una palabra se escribe con mayúscula en los siguientes casos.

- la primera palabra de una oración

  Los alumnos llegan a la escuela a las ocho.

- los nombres o sustantivos propios

  Federico Grávalos vive en San Marcos, Texas.

- los nombres de instituciones

  La Escuela Asenjo
  La Academia de Bellas Artes

- las abreviaturas

  Sr. (Srta. Sra.) González
  González y Hnos.
  Ud.

- la letra inicial de los títulos de obras artísticas, científicas y literarias

  Las lanzas ***La camisa de Margarita*** ***Cien años de soledad***

Letras mayúsculas Corrige.

1. julián garza
2. isabel allende
3. los ángeles, california
4. el colegio hidalgo
5. el palacio de bellas artes

Abreviaturas Escribe la forma abreviada.

1. señor
2. ustedes
3. doctora
4. hermanos
5. licenciado

Letras mayúsculas y puntuación Escribe las siguientes oraciones correctamente.

1. los alumnos asisten al colegio hidalgo en monterrey, méxico
2. van a ver una exposición del artista rufino tamayo en el palacio de bellas artes
3. la tienda de abarrotes (la bodega) que más me gusta es hnos. delibes
4. vamos a ver la película *lo que el viento se llevó* en el cine rex
5. la sra. madero está leyendo *cien años de soledad* del colombiano gabriel garcía márquez
6. quién es el autor de la novela *conversación en la catedral*
7. creo que es mario vargas llosa de perú
8. van uds. a asistir a la universidad de texas en austin

Literatura

El lugareño en Madrid de Juan Eugenio Hartzenbusch

Andrew Payti

Vocabulario

Estudia las siguientes definiciones antes de leer la selección.

el capricho una idea o deseo repentino

el asco repugnancia

la quinta finca

reparar fijarse en

renegar blasfemar

Poder verbal

Expresa de otra manera.

1. ¡Me da **repugnancia** su comportamiento!
2. Vamos a **la finca** de mi tío.
3. Él siempre tiene **deseos repentinos**.
4. Es mejor no **blasfemarlo.**

Carretera nacional, España

Introducción

Juan Eugenio Hartzenbusch nació en 1806 en Madrid. Su madre era española y su padre un ebanista alemán. De joven Hartzenbusch trabajó de aprendiz en el taller de su padre. Estudió francés y siguió un curso de cuatro años en el Colegio jesuita de San Isidro el Real en Madrid. Se casó cuando era muy joven. Empezó su carrera literaria traduciendo obras de Molière, Voltaire y Alexandre Dumas. En 1837 produjo su primera obra teatral original – *Los amantes de Teruel*. Esta su primera obra fue un éxito tremendo y Hartzenbusch llegó a ser el director de la Biblioteca Nacional de España.

En 1843 Hartzenbusch publicó un libro titulado *Ensayos poéticos y artículos en prosa, literarios y de costumbres*. En este libro apareció *El lugareño en Madrid*. El protagonista es un humilde alcarreño que tiene que ir a Madrid. El joven provinciano llega a la capital lleno de ánimo y energía. ¡A ver como lo pasa en la gran metrópoli!

Estrategia de leer

Este artículo está escrito en el siglo XIX. En algunos casos encontrarás arcaísmos, vocabulario o estructuras gramaticales que no siguen en uso. Pero notarás que después de tantos años no hay muchas diferencias. Encontrarás unas diferencias en la manera de deletrear: esclamación en vez de exclamación. El autor pone una tilde en la preposición *a*. Estas deben hacer más difícil la lectura. Notarás también que muchas oraciones son largas y pueden incluir varias cláusulas. Se recomienda que al leer, rompas las oraciones en segmentos más cortos. Esto facilitará la lectura.

Puerta de Toledo, Madrid, España

Lectura

Puente del Rey, Madrid, España

El lugareño en Madrid

Nuestro alcarreño ha llegado felizmente, hasta la puerta de Atocha. Vé los altísimos paredones del hospital inmediato, y esclama con tanta boca abierta: "!qué barbaridad!" En su lenguaje esta espresion significa sencillamente: "!qué edificio tan alto!" Pero el viajero filósofo que al llegar a Madrid pregunta cual es el destino de aquella fábrica, prorrumpe al saberlo en una esclamacion idéntica a la del patán de la Alcarria. Barbaridad es y grande, en un clima tan caluroso, reunir millares de enfermos en un edificio. Pasa la puerta; sale libre, aunque no sin costas, de entre los Cerberos del resguardo; repara en la fuente de la Alcachofa, y desde la acera de las Panaderías, vá descubriendo sucesivamente á un lado y otro, el jardín botánico, la platería de Martínez, el Museo, las cuatro fuentes, la de Neptuno, el Tivoli, la estatua de Cervantes, el monumento del Dos de Mayo, el Apolo, la Cibeles, la calle de Alcalá en fin, donde está el parador que busca, y a la derecha y en el fondo las verjas del Buen Retiro y el arco soberbio que lleva el nombre de la ciudad ilustre, patria del autor del Quijote. Atónito el pobre Pescuño con tanta magnificencia como se agolpa á sus ojos, no ha cesado de esclamar desde la puerta de Atocha á su posada "!qué hermosura! ¡qué asombro! Madrid vale más que una lluvia de mayo; desde Madrid al cielo." Va luego á comer á una fonda, á una hostería si se quiera; aun el precio ínfimo de la lista le parece caro; pero ya sabe Pescuño á cuanto vendió en el lugar los garbanzos de su cosecha y los carneros de su manada; sabe lo que cuestan portes, puertas y portazgos, y que todo el que ejerce una industria debe sacar ganancias de ella. Además, que á Madrid no se viene para economizar, sino para echarla de rumboso y satisfacer en cuanto se pueda los caprichos de este pícaro cuerpo. Al traerle un mozo con mucha cortesía un plato, cuyo olor solamente vivifica todo el sistema nervioso del buen alcarreño, se acuerda de los bien ponderados avisos que le dió por despedida la tía Mastranzos, la Sibila del pueblo. Ella que en su vida había salido de potaje de almortas, le aseguraba haciendo ascos que los madrileños comían mil suciedades; que lo de gato por liebre era tortas y pan pintado, porque caballo y mulo y aun carne humana sabían dar á sus parroquianos los hostereros de la Corte. Pescuño, sin embargo, engancha con el tenedor de plata, que maneja por primera vez, un buen tasajo de ternera, y... adiós razonamientos de la tía Mastranzos. "¡Dianche!" decía el buen labrador relamiéndose; "mas quiero piltrafas de ahorcado aquí, que pechugas de perdiz en mi lugar, guisadas en la taberna de la Sidora.

patán hombre rústico

cerberos perros monstruosos de tres cabezas (mitología)

repara se fija en

verjas estructuras de barras de hierro

se agolpa venían juntas muchas cosas

posada hospedaje

ínfimo muy alto

rumboso que gasta con esplendidez (mucho)

de almortas nunca había salido de su cocina

liebre tipo de mamífero

tasajo trozo

relamiéndose saboreando, lamiéndose los labios insistentemente

piltrafas residuos de carne

Acude al día siguiente á una función de iglesia, y mi hombre se queda estático; vé representar una comedia de májia, y para él cada actor, cada actriz, y sobre todo cada bailarina, es un ser sobrenatural que le encanta; asiste á una corrida de toros, y goza más, si cabe, que el día que se libró de la quinta. Se embelesa delante del avestruz en el gabinete de historia natural, y se hace mil cruces al descubrir el dromedario y la elefanta del Retiro, sitio que como tiene su iglesia particular, su campo santo, sus huertas y tierras de labranza, le parece una población, una villa distinta de la Villa y Corte. En esto se fundaría sin duda un geógrafo alemán del siglo pasado que designó al Buen Retiro como una de las principales ciudades de Castilla la Nueva. Todo le agrada, le admira y seduce en Madrid á nuestro aldeano. Si vá á comprar una tela para que su mujer se haga una saya, si ajusta unas cabezadas para sus mulas, si quiere feriarse una hoz de podar ó un pico, los dependientes de las tiendas respectivas sufren sus regateos interminables sin echarle enhoramala; si se estravía á deshora de la noche por las calles, halla serenos que le dirijan á su

embelesa olvida todos sus problemas

hoz instrumento con una hoja de acera para segar

Real Casa de Correos, Madrid, España

posada, si pone su cara en manos de un barbero, sale de entre ellas sin barbas y con pellejo, todo al contrario de lo que en su lugar le sucede.

Pescuño ha venido á Madrid con una comisión del ayuntamiento de su pueblo, en virtud de la cual tiene que entregar cierta cantidad de papel moneda en una de las oficinas de la hacienda pública.

El sencillo alcarreño contaba con despachar brevemente su encargo, porque para recibir dinero creía que los dependientes del gobierno no opondrían tantas dificultades como para darlo. ¿Quién lo pensara? Desde el primer día le dicen que el asunto es complicado y grave, que hay que liquidar, comprobar, ver espedientes y correr trámites, que lejos de correr, van á paso de tortuga. Un día el infatigable Pescuño se llega quedito á la mesa del oficial encargado de evacuar su asunto, y tiene la desgracia de sorprenderle in fraganti dibujando una danza de monos. Amostázase el lugareño, y pide con algún retintín al caricaturista, que no le haga perder mas tiempo en Madrid, porque han sufrido ya sus intereses bastante perjuicio: "venga usted pasado mañana" responde el oficial secamente. Pescuño tiene la imprudencia de preguntarle si necesita nada menos que dos días para dar la última plumada á sus mamarrachos. ¡Tú que tal dijiste! El funcionario público se pone hecho un poeta inspirado (quiero decir, un energúmeno), tira de la campanilla, aparecen cuatro ó cinco sayones, los cuales al oír orden enfática de "quítenme de delante á ese hombre indecente," se apoderan del paleto, se lo llevan en volandas hasta la escalera, hartándole de improperios, hijos del amor y respeto que profesan á sus superiores; no dándose por satisfecho el zelo porteril hasta que descargan sobre el mal aventurado Pescuño un razonable número de mojicones. Jura y reniega á ¿qué quieres boca? el honrado alcarreño contra Madrid; como si Madrid tuviese la culpa de que él hubiese cometido una cerrilada. Vuelve dos días después á las oficinas, recházalo el portero, pide auxilio á la guardia, y las bayonetas de los ciudadanos, a la voz de un galopo, amenazan á un hombre de bien que viene á depositar en las arcas del tesoro el fruto de los sudores de una porción de individuos pertenecientes á la clase más útil al estado. Desespérase el alcarreño; pasan días, sus diligencias son vanas, su bolsa disminuye, su angustia crece. Por fin, halla una mano benéfica que le saque de tan duro aprieto; pero esta mano que se tiende hácia

quedito silencioso

amostázase se enfada

mamarrachos dibujos grotescos

energúmeno persona en cólera que grita

sayones personas que maltratan a alguien por orden de otro

en volandas en el aire

mojicones golpes en la cara

cerrilada cosa tosca

arcas cajas de caudales

la suya, se tiende abierta y es menester que no se retire vacía. Una ribeteadora, parienta (por Adan) de un barrendero de la oficina impenetrable, se encarga mediante una gratificación prévia, de zanjar el asunto del alcarreño. El pobre Pescuño tuvo que comprar un protector con faldas para conseguir que el erario nacional recibiese su dinero.

ribeteadora persona que abre las barreras

zanjar resolver, poner fin a un asunto

erario tesoro público

"No más Madrid en mi vida," decía al bajar la calle de Alcalá, dirijiéndose á la puerta de Atocha, fijos los ojos en la tierra, y tan embebecido en el cómputo de los gastos del viaje, que ni siquiera al pasar por la casa de los duques de Villa Hermosa la merecieron una mirada de despedida el Dios de los mares, ni el príncipe de los injenios españoles. Con todo, al cenar en la posada aquella noche, se acordó de las ollas de Egipto, ó sean las de la hostería donde consintió que le diesen gato por liebre; al reñir con la patrona por la cuenta, hizo memoria de que en Madrid se regateaba sin insultarse; al salir, ya en su pueblo, de la casa del desuella-caras con título, echó menos la mano suave del barbero que le rasuraba cuando había de visitar al

desuella-caras insolente ladrón descarado

Palacio de Comunicaciones, Plaza de Cibeles, Madrid, España

oficial dibujante; y pasado algún tiempo, y olvidadas las aventuras de San Bernardino, del alguacil y de los porteros, cuando le preguntaban sus convecinos acerca de la Corte, respondía el imparcial alcarreño: "Madrid es una población grande y hermosa, donde puede vivir cómodamente un hombre, si tiene dinero para gastar, y cordura para conducirse."

cordura prudencia, juicio

Real Basílica de San Francisco el Grande, Madrid, España

Comprensión

¿Qué significa? Expresa en tus propias palabras el significado de las siguientes expresiones.

1. ¡Qué barbaridad!
2. ¡Desde Madrid al cielo!
3. Ella que en su vida había salido de potaje de almortas.

Identificando

Identifica algunos de los lugares y calles de Madrid que ve el alcarreño durante su visita.

Describiendo

1. Describe la reacción de Pescuño al ver el hospital.
2. Describe la reacción de Pescuño en cuanto a los precios. ¿Entiende por qué los precios son altos?
3. Describe los avisos que le dio la tía Mastranzos.
4. Describe lo que come Pescuño y cómo lo come.
5. Describe como reacciona Pescuño al ver representar una comedia.
6. Describe la experiencia que tiene Pescuño en el zoológico del Retiro.

Investigando

Dice: "si se extravía a deshora de la noche por las calles, halla serenos que le dirijan a su posada". Ya no hay serenos. Si no sabes lo que fue "un sereno", haz unas investigaciones sobre el trabajo que hizo.

Resumiendo

Prepara un resumen sobre todo lo que pasó cuando Pescuño trató de zanjar una comisión del ayuntamiento de su pueblo.

Contrastando

Contrasta los trámites que Pescuño tuvo con el gobierno en Madrid hace ya unos doscientos años y los trámites de hoy. ¿Siguen existiendo muchos o no? Da unos ejemplos.

Égloga del camino de Jorge González Bastías

Vocabulario para la lectura

Estudia las siguientes definiciones.

la sombra falta de luz; oscuridad, espectro o aparición de una imagen

el llanto muchas lágrimas acompañadas de lamentos y sollozos

la alegría felicidad, sentimiento de placer

el encanto encantamiento, atractivos físicos de una persona o cosa

la huella señal que deja el pie del hombre en la tierra

la aldea pueblo pequeño

evocar traer algo a la memoria o a la imaginación

vertir derramar, echar o dejar caer un líquido del recipiente en que está contenido

Poder verbal

¿Qué palabra necesito? Completa.

1. ¡Qué _____ ¡ Ha sido un placer inmenso.
2. No me hace triste pero _____ memorias tristes.
3. Me parece que veo una silueta allá en la _____.
4. No, no es ninguna ciudad. Es una _____ pequeña.
5. Los detectives descubrieron muchas _____ del sospechoso en los campos.
6. No puedo soportar (aguantar) los _____ de la pobre vieja. Siempre está llorando.

Introducción

Jorge González Bastías nació en 1879 en la aldea Nirivilo, cerca de los cerros de la ciudad de Constitución y las orillas del río Maule, Chile. Realizó sus estudios secundarios en el Instituto Nacional de Santiago, la capital de Chile. Su producción literaria empezó en una revista regional donde publicó sus primeros versos.

El poeta se identifica en sus años de infancia y adolescencia en el campo. Bastías es el cantor de la belleza de su tierra, de sus montañas y de su río. En su obra se identifica con la sencilla vida campesina y contempla su suelo nativo.

En la versión original de la obra que sigue hay algunos errores. Como el autor se considera campesino, no quería que nadie los revisara. Así los dejamos en esta versión original respetando los deseos del autor. Los estudiantes van a notar que en vez de **y**, el autor escribe **i** y en vez de **hay** escribe **hai**. Hay también algunos errores de puntuación.

Bastías murió en Chile en noviembre de 1950.

Égloga del camino

◆·◆·◆

Mi viejo camino, un poco
quiero conversar contigo
i entre las sombras que evoco
hablarte como a un amigo.

Hace tanto tiempo, tanto,
que conozco tus orillas;
en tus yerbas amarillas
cayó alguna vez mi llanto.

Hace tanto tiempo que,
camino, no te veía;
acaso sea alegría
esto que siento, no sé.

Acaso sea alegría
lo que hai en mi corazón;
se parece a una canción
llena de melancolía.

Acaso sea alegría
lo que hai en mi corazón.

Nunca tuvo para mí
ningún camino tu encanto.
sé de la sangre i el llanto
que han vertido sobre ti.

Nunca tuvo para mí
ningún camino tu encanto.

Tras de andar i andar me pierdo
mirando tus lontananzas
i un perfume de añoranzas
surge de cada recuerdo.

Miro tus huellas, i leo
en ellas una leyenda...
los poemas de la senda
que no adivina el deseo...

...I mañana, cuando ya
esté yo lejos, mañana
cuando suene la campana
de mi aldea, quién sabrá,

camino, que aquí mis huellas
quedan también, quién sabrá?
Alguien me recordará?
Me habrán visto las estrellas?

lontananzas lejanías
añoranzas melancolía que se siente por una ausencia

Comprensión

Buscando información Contesta.

1. ¿Con quién quiere hablar el poeta?
2. ¿Cómo le quiere hablar?
3. ¿Hace mucho tiempo que el poeta conoce sus orillas?
4. ¿Por qué se refiere el poeta a las orillas? ¿Qué habrá cerca?

¿Cómo lo expresa el poeta? Escoge las palabras del poeta.

1. Tú me encantabas más que nada.
2. El camino ha conocido momentos tristes y crueles.
3. No ha habido solamente momentos alegres.
4. ¿Qué pasará mañana cuando suene la campana de la aldea?

Identificando Cita ejemplos de cuando el autor se refiere a la alegría y cuando se refiere a la melancolía.

Interpretando Interpreta el significado de los siguientes versos.

camino, que aquí mis huellas
quedan también, quién sabrá?
Alguien me recordará?
Me habrán visto las estrellas?

Personalizando Escribe lo que podría ser la leyenda.

Miro tus huellas, i leo
en ellas una leyenda...
los poemas de la senda
que no adivina el deseo...

Composición

Andrew Payti

Un escrito descriptivo

¿Cuál es el propósito de un escrito descriptivo? Es el de presentarle a tu lector una representación o descripción de una persona, cosa, lugar o acontecimiento empleando un lenguaje que le permite a tu lector visualizar o captar una imagen mental precisa de lo que estás describiendo.

Describir es como pintar un cuadro en palabras. Al preparar un escrito descriptivo tienes que pensar en los detalles que mejor revelen a tu lector las características especiales de lo que estás describiendo.

Cáceres, Extremadura, España

Andrew Payti

Ahora, ¡te toca a ti!

ACTIVIDAD 1 En este capítulo has leído sobre la ciudad y el campo en Latinoamérica. Ahora vas a escribir una composición sobre la ciudad y el campo. El lugar puede estar en Latinoamérica o Estados Unidos. Antes de empezar a escribir piensa en todo lo que sabes de la ciudad y del campo. ¿Qué te viene a la mente al pensar en cada uno de estos lugares?

Escribe apuntes tales como:

Plaza del Callao, Madrid

Repasa tu lista de ideas. Trata de visualizar cada una detalladamente. Capta todos los aspectos físicos de lo que estás describiendo igual que los sentimientos que provocan en ti. Empieza a escribir y dales libre rienda a tus ideas.

Vas a llevar tu escrito a una conclusión con algunas observaciones personales. Expresa tu preferencia—vivir en una ciudad o en el campo. Explica por qué. El porqué es tu punto de vista. El punto de vista presenta como tú, el narrador, reaccionas a lo que has narrado o descrito. Permite a tu lector identificarse con lo que evoca en ti el asunto de tu escrito.

Conexión con el inglés

Demostrativos

1. En inglés los adjetivos demostrativos, igual que en español, expresan colocación pero no existe la distinción entre **ese** y **aquel.**

this book	*these books*	(nearby)
that book	*those books*	(over there)

2. Nota la diferencia entre el adjetivo y el pronombre.

ADJETIVO	PRONOMBRE
this book (here)	*this one* (here)
these books (here)	*these* (here)
that book (over there)	*that one* (over there)
those books (over there)	*those* (over there)

Nota que *one* se usa con el pronombre singular pero no con el plural.

Where do you like to read?

Letras mayúsculas

En todos los casos que es obligatorio el uso de una mayúscula en español, lo es en inglés también.

Pero la mayúscula se usa con más frecuencia en inglés que en español.

1. Hay que escribir el título de una persona con mayúscula cuando se refiere a un individuo específico.

ESPAÑOL	INGLÉS
el presidente Suárez	*President Suarez*
la senadora Clinton	*Senator Clinton*
Sí, capitán	*Yes, Captain*

Pero no se usa mayúscula si no se refiere a una persona específica.

He was elected president.

2. En inglés hay que usar mayúscula con un término de parentesco cuando no está modificado.

I know Uncle Bill went with him.
I know his uncle Bill went with him.

3. El pronombre de sujeto *I* **(yo)** es siempre letra mayúscula.

Of course I know him.

4. En inglés, la primera y la última palabras de un título y cualquier otra palabra importante de un título tienen que ser mayúsculas.

ESPAÑOL	INGLÉS
Conversación en la catedral	*Conversation in the Cathedral*
Cien años de soledad	*One Hundred Years of Solitude*
La bella y la bestia	*Beauty and the Beast*
La casa de los espíritus	*The House of the Spirits*

5. Cualquier sustantivo o adjetivo de nacionalidad o lengua lleva mayúscula en inglés.

ESPAÑOL	INGLÉS
Hablo español.	*I speak Spanish.*
Me gusta la literatura española.	*I like Spanish literature.*
Hay muchos españoles aquí.	*There are many Spaniards here.*

6. Se escriben con mayúscula los días de la semana y los meses del año.

ESPAÑOL	INGLÉS
lunes	*Monday*
jueves	*Thursday*
el primero de enero	*the first of January*
el 25 de diciembre	*the 25th of December*

Capítulo 10

El arte de comer

Objetivos

En este capítulo vas a:

- estudiar la historia de algunos productos indígenas de las Américas
- familiarizarte con la terminología necesaria para expresar fórmulas en varias ramas de matemáticas como la aritmética, álgebra y geometría
- estudiar el imperativo formal y familiar; la colocación de los pronombres de complemento con el imperativo
- leer *El castellano viejo* de Mariano José de Larra, *Martín Fierro* de José Hernández
- contrastar el imperativo en español e inglés

Comida comunitaria

Historia y cultura

Vocabulario para la lectura

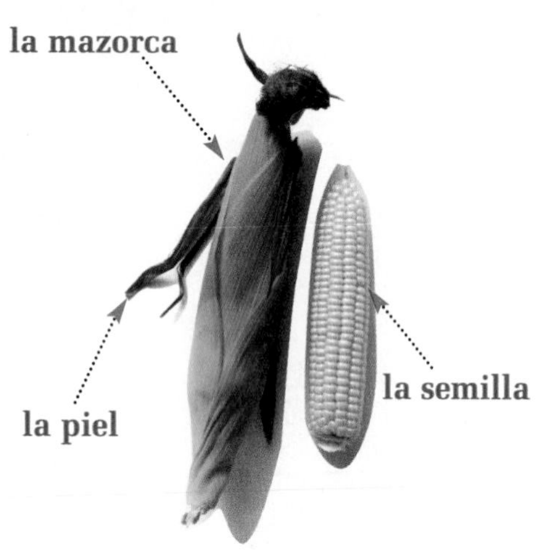

Estudia las definiciones de las siguientes palabras.

moler (ue) reducir el grano a polvo o pequeños fragmentos por presión

espesar hacer algo más espeso (que tenga más densidad)

Poder verbal

ACTIVIDAD 1 Describe lo que está haciendo la señora en la fotografía.

Oaxaca, México

Lectura

Productos de las Américas

Cacahuetes

Algunos productos indígenas que esperaban a los europeos cuando llegó Colón a las Américas tienen una historia interesante. El primero es el cacahuete, llamado también el «cacahuate» o «maní». Se desenterró en Perú una cerámica inca que data de ya hace 3.500 años y la cerámica tiene la forma exacta de un cacahuete. En la lengua de los incas, el quechua, un cacahuete es un «inchu». Los indígenas asaban los cacahuetes antes de comerlos. Los usaban también para espesar algunas salsas.

Un plato indonesio

En el siglo XVI los portugueses llevaban los productos de las Américas a todas partes mientras circunnavegaban el mundo. Al introducir los cacahuetes en África y Asia gozaron de una popularidad inmediata. Aún hoy muchos platos deliciosos de la cocina indonesia llevan cacahuetes.

Papas

La papa, o patata en España, es otro producto de las Américas. La papa tiene su origen en el altiplano andino. En Bolivia, Ecuador y Perú cultivan papas de muchos colores incluyendo papas negras y azules. Los españoles llevaron la papa a Europa y en países como Polonia e Irlanda llegó a ser la base de la dieta.

Pico de gallo

Papas de muchos colores

Cultivo de papas, Ica, Perú

Tomates

El tomate también tiene su origen en Latinoamérica. Cuando los españoles llevaron los primeros tomates a Europa la gente los usaba como adornos. Nadie los comía. Pero en poco tiempo los españoles y sobre todo los italianos descubrieron que eran deliciosos. Pero hasta el siglo XIX los ingleses y los norteamericanos no comían tomates porque creían que eran venenosos y al comer uno se morirían.

Historia y cultura

Mazorcas de maíz

(t)Glow Images, (c)Axel Fassio/Getty Images, (b)©Foodcollection

Maíz

El maíz, otro producto indígena, jugó un papel importante en la vida y cultura de los mayas de México y Centroamérica y sigue jugando un papel importante en la vida de sus descendientes. Hay una leyenda maya sobre la creación que dice que la piel de los humanos viene de las mazorcas sagradas de maíz.

En México y Centroamérica se sigue comiendo mucho maíz. Es la base de muchas comidas. Los mexicanos, como sus antepasados mayas de ya hace miles de años, remojan (calan) las semillas de maíz en agua de cal para desquitar la piel dura de las semillas. Entonces muelen el maíz con una mano y un metate para hacer zacán, o sea, la masa que usan para hacer tortillas y tamales. ¡Quién haya comido un tamal mexicano y un tamal caribeño se habrá notado que el tamal de los cubanos o puertorriqueños es más dulce! Y así es porque en el Caribe muelen la semilla entera del maíz para hacer la masa y es la piel de la semilla la que le da el sabor dulce.

Es interesante notar que hasta hoy los europeos comen muy poco maíz. Pero se lo dan de comer a los animales. Tampoco son aficionados a los cacahuetes.

Pimientos, chiles, ajíes,...

Chocolate

Chocolate

El chocolate es otro producto indígena de las Américas igual que los chiles. Del chocolate se hacen unas bebidas sabrosas y bombones ricos. Y los de ascendencia maya siguen usando el chocolate amargo para espesar salsas como los famosos moles. ¿Y el chile? Es el chile que da el toque picante a muchos platos mexicanos y centroamericanos.

¡Una cosita más de interés! ¿Sabías que la primera fresa salió de Chile en 1713?

Comprensión

Glow Images

A Verificando Corrige cualquier información falsa.

1. Hay solamente una manera de decir cacahuete.
2. Una cerámica maya que tiene más de tres mil años tiene la forma de un tomate redondo.
3. Los incas no tenían palabra para cacahuete.
4. En el siglo XVI los españoles circunnavegaban el mundo.
5. A los europeos les gustaron enseguida los cacahuetes.

B Buscando información Contesta.

1. ¿Dónde tiene su origen la papa?
2. ¿Cómo son las papas que cultivan en los países andinos?
3. ¿En qué países se hicieron muy populares las papas?
4. ¿Cómo usaban los tomates los europeos?
5. ¿Quiénes descubrieron su sabor rico?
6. ¿Quiénes no comían tomates hasta el siglo XIX?
7. ¿Por qué no los comían?

C Identificando Identifica y describe.

1. una leyenda maya sobre la creación
2. la manera en que preparan los mexicanos la masa para tortillas y tamales
3. la diferencia entre un tamal mexicano y caribeño
4. la razón por esta diferencia
5. los chiles

La pareja y su choza en Plan de Hidalgo, Papantla, Veracruz, México

Conocimientos para superar

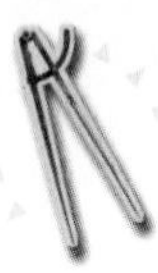

Conexión con las matemáticas

Un conocimiento de las matemáticas es imprescindible. Usas matemáticas para leer recetas, medir un montón de cosas diferentes, pagar facturas y preparar presupuestos.

He aquí una lista de expresiones que te permitirán a usar el español para describir problemas aritméticos y funciones de álgebra y geometría.

Instrumentos para la geometría

Álgebra

Una **variable** es un símbolo, por lo general una letra, que se usa para representar un número desconocido.

x ***n*** ***a***

Un **término** puede ser un número, una variable o un número y una variable combinados en una multiplicación o división.

a ***5*** ***5x***

Una **expresión** puede ser un término o una serie de términos separados por signos de adición (suma) o substracción (resta).

EXPRESIÓN	NÚMERO DE TÉRMINOS	COMO EXPRESARLA
6y + 8	2	Se multiplica un número por una variable y se (le) suma (añade) 8. Los términos van separados por el signo de suma.
6y − 8	2	Se multiplica un número por una variable y se resta (deduce) 8.

Una ecuación difícil

Frases importantes

EXPRESIÓN	FRASE
$n + 3$	a. 3 más que un número b. a un número se le añade (suma) 3 c. se suma (añade) 3 a un número d. 3 más otro número e. la *suma de* un número más 3
$n - 3$	a. 3 menos que un número b. un número reducido en 3 c. un número menos 3 d. se resta 3 de un número e. se reduce un número en tres f. la *diferencia entre* un número y tres
$3n \quad 3 \cdot n \quad 3 \times n$	a. tres veces un número b. se multiplica un número por tres c. un número multiplicado por 3
$3n = 18$ $n = 6$	d. el *producto* de un número y 3 e. 3 y 6 son *factores* de 18
$\frac{20}{n} \quad 20 \div n$	a. 20 *dividido entre* un número b. la *razón* de 20 a un número c. el *cociente* de 20 entre un número

Una expresión es sólo una frase. Una **ecuación** es un enunciado; indica que dos expresiones son equivalentes o iguales. El símbolo = indica igualdad.

$$5a - 2 = a + 6$$

2 menos que el producto de un número y 5 equivale a 6 más que el número.

Tienes que recordar que un término puede ser un número, una variable o números y variables combinados en una multiplicación o división. Cuando un término está formado sólo por un número, el término se conoce como una constante.

CONSTANTES:	7	10	14
OTROS TÉRMINOS:	a	5y	3(n + 5)

Conocimientos para superar

Negativos y positivos Hay números y variables negativos y positivos. Un número negativo es menor que cero; un positivo es mayor que cero.

$$-3 \qquad 0{+}3$$

Razones Una **razón** es una comparación entre dos entidades. Si en una clase hay 10 niños y 15 niñas, la razón del número de niños al número de niñas es 10 a 15. Se puede expresar con la **fracción** $\frac{10}{15}$, reducida a $\frac{2}{3}$. Dos tercios de la clase son niñas.

Potencias y exponentes

$$4^6 = 4 \times 4 \times 4 \times 4 \times 4 \times 4 = 4096$$

El número 4 es el **factor** que se multiplica y se conoce como *base*. El número 6 es el **exponente**. El exponente indica el número de veces que se multiplica la base. Se expresa «4 elevado a la sexta **potencia**».

Cuadrados Elevar un número al cuadrado significa aplicar el exponente ^{2} a la base. $\mathbf{3^2}$ se puede leer como «3 elevado a la segunda potencia» o «3 al cuadrado».

$$3^2 = 3 \times 3 = 9$$

Raíces cuadradas En matemáticas, ciertas operaciones son opuestas entre sí. La **raíz cuadrada** de un número es la operación opuesta a elevar el número al cuadrado. Ya sabes que 3 al cuadrado es $3^2 = 9$. La raíz cuadrada de 9 es el número que al ser multiplicado por sí mismo es igual (equivale) a 9; es decir, es el número 3. El símbolo para la raíz cuadrada es $\sqrt{\ }$. Por lo tanto $\sqrt{9} = 3$.

EXPRESIÓN	COMO EXPRESARLA
$\sqrt{36} = 6$ y $\sqrt{49} = 7$	**Calcula las raíces cuadradas de los cuadrados perfectos.**
$\sqrt{40}$ **está entre 6 y 7**	**Estima la raíz cuadrada.**

Desigualdades Si comparas el número 7 con el 4, puedes afirmar que 7 es mayor que 4 o que 4 es menor que 7. Los símbolos siguientes indican igualdad o desigualdad.

SÍMBOLO	SIGNIFICADO	EJEMPLO
$>$	**mayor que**	$7 > 4$
$<$	**menor que**	$4 < 7$
$\geq$	**mayor que o igual que**	$x \geq 3$
$\leq$	**menor que o igual que**	$7 \leq y$

Geometría

Puntos, rectas y rayos A veces en el mundo de las matemáticas es necesario referirse a un punto específico en el espacio. El sitio donde se localiza un punto se puede representar haciendo un punto con un lápiz.

- • A significa «punto A»

Si dibujas dos puntos en una hoja de papel, puedes conectarlos con una recta. Imagina que la recta es perfectamente recta (no tiene ninguna curva) y que continúa indefinidamente en direcciones opuestas. La recta no tiene **grosor.**

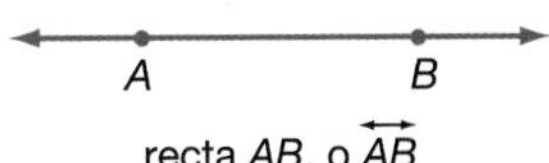

Dado que la longitud de toda recta es infinita, frecuentemente usamos sólo secciones de una recta. Un **rayo** es parte de una recta que se extiende infinitamente en una sola dirección desde un punto fijo.

Ángulos Imagina que existen dos rayos con el mismo extremo. Estos rayos forman lo que se conoce como un **ángulo.** El punto que tienen los rayos en común se conoce como el **vértice** del ángulo y los rayos forman los **lados** del ángulo.

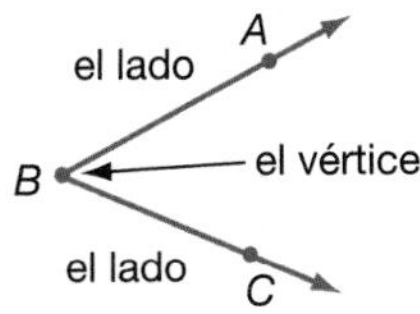

El ángulo anterior está formado por BA y BC. B es el extremo común de los dos rayos. El punto B es el vértice del ángulo. El símbolo ∠ indica ángulo.

Midiendo ángulos Los ángulos se miden en **grados** usando un transportador. El número de grados (símbolo °) en un ángulo es mayor que 0° o igual a 180°.

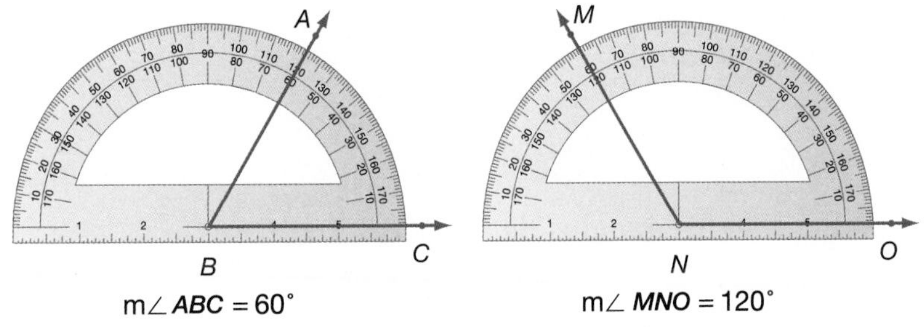

Conocimientos para superar

Clasificando los ángulos Los ángulos se pueden clasificar de acuerdo con su medida.

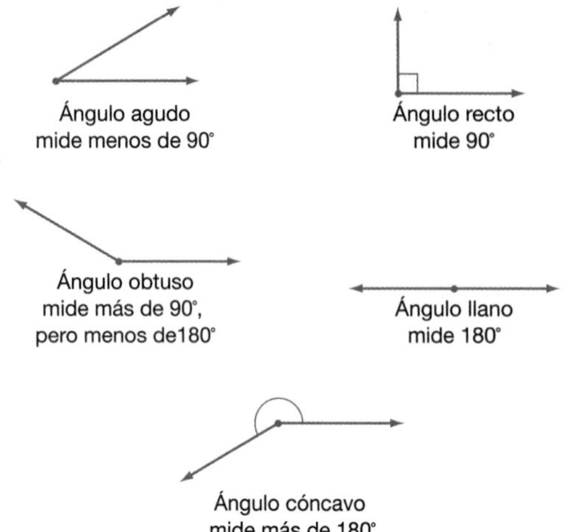

Triángulos Los **triángulos** son **polígonos** (figuras planas cerradas, cuyos lados constan de tres o más segmentos de recta) que tienen tres lados, tres vértices y tres ángulos. △ABC se lee «triángulo ABC».

Los triángulos, igual que los ángulos, se clasifican de acuerdo con la medida de sus ángulos. Los triángulos se clasifican según el número de lados congruentes que poseen. Los lados congruentes son los que tienen la misma longitud.

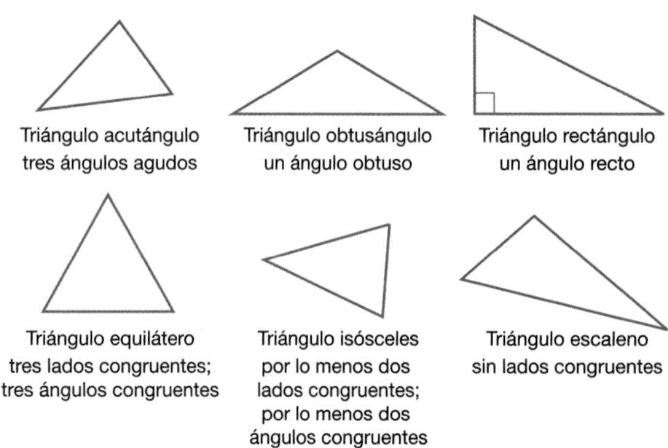

La suma de las medidas de los tres ángulos de un triángulo es siempre 180°.

En △ABC, $m\angle A = 60°$, $m\angle B = 75°$ y $m\angle C = 45°$.

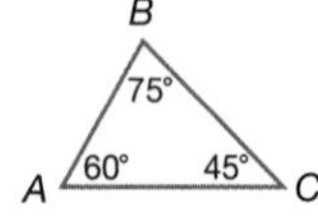

$$60° + 75° + 45° = 180°.$$

Por lo tanto, la suma de las medidas de los ángulos de △ABC es 180°.

Cuadriláteros Los cuadriláteros, los cuales tienen una variedad de formas o figuras tienen cuatro lados y cuatro ángulos. La suma de los ángulos de un cuadrilátero es igual a 360°. Si conoces las medidas de tres de los ángulos de un cuadrilátero, puedes calcular fácilmente la medida del ángulo desconocido.

CÓMO CALCULAR LA MEDIDA DEL ÁNGULO DESCONOCIDO DE UN CUADRILÁTERO

Calcula la medida de $\angle S$ en el cuadrilátero $STUV$.

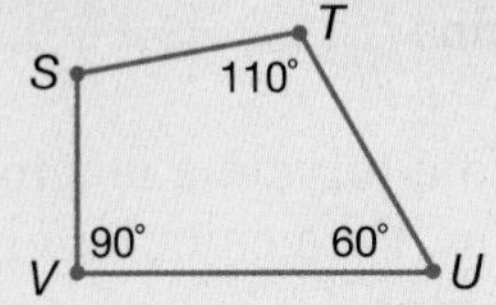

- Suma las medidas de los tres ángulos conocidos. $110° + 60° + 90° = 260°$
- Resta el resultado de 360°. $360° - 260° = 100°$
- La diferencia es la medida del ángulo desconocido. $m\angle S = 100°$

Tipos de cuadriláteros

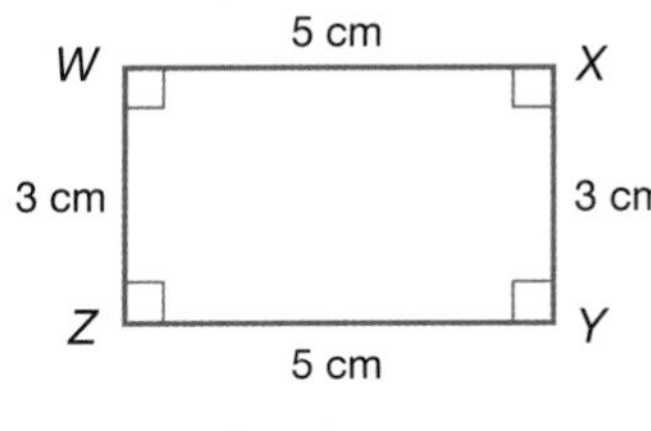

Rectángulo

3 cm
E F
3 cm 3 cm
H G
3 cm

Cuadrado

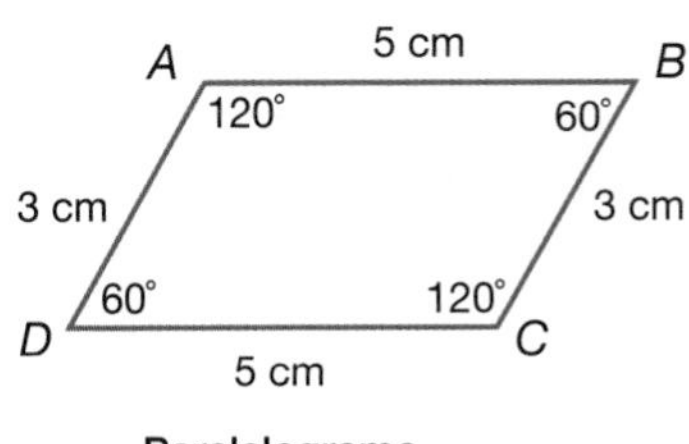

Paralelogramo

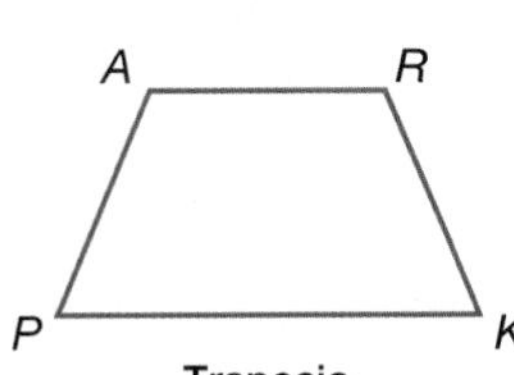

Trapecio

Un **rectángulo** es un cuadrilátero con cuatro ángulos rectos. Los lados opuestos de un rectángulo tienen la misma longitud. Si los cuatro lados de un rectángulo son iguales, el rectángulo se conoce como **cuadrado.**

Un **paralelogramo** es un cuadrilátero cuyos lados opuestos son paralelos. Los lados opuestos y los ángulos opuestos de un paralelogramo son iguales.

Un **trapecio** tiene dos lados paralelos y dos lados que no lo son. Un trapecio es un cuadrilátero, pero no es un paralelogramo.

Conocimientos para superar

Polígonos Un polígono es cualquier figura cerrada con tres o más lados. Nota que un triángulo, un rectángulo y un cuadrado son también polígonos. Aquí he más polígonos.

pentágono	=	**5 lados**
hexágono	=	**6 lados**
heptágono	=	**7 lados**
octágono	=	**8 lados**
nonágono	=	**9 lados**
decágono	=	**10 lados**

Tipos de polígonos

Cuadrilátero 4 lados — Pentágono 5 lados — Hexágono 6 lados

Perímetro El **perímetro** de un polígono equivale a la suma de la longitud de todos los lados del polígono. Para calcular el perímetro debes sumar la longitud de todos sus lados.

8' 10' 10' 5' 5' 18'

P = 5 + 10 + 8 + 10 + 5 + 18 = 56 pies

Todos los lados de un polígono regular tienen la misma longitud. Si conoces el perímetro de un polígono regular, puedes calcular la longitud de cada lado.

El octágono regular tiene un perímetro de 36 centímetros. X representa la medida de cada lado.

36 cm = 8x
36 dividido por 8
4.5 cm = x

Cada lado del octágono mide 4.5 cm.

Los lados opuestos de un rectángulo tienen la misma longitud. Por lo tanto, para calcular el perímetro de un rectángulo sólo necesitas saber su altura y su ancho.

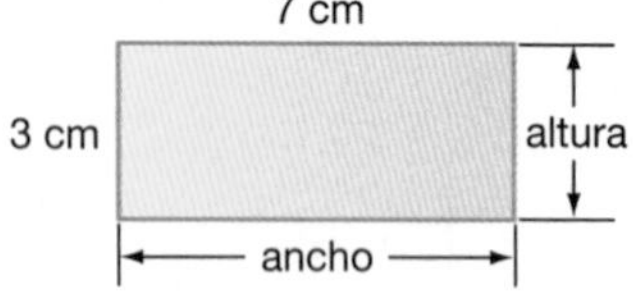

La fórmula para calcular el perímetro del rectángulo anterior:

***l* representa la longitud del ancho**
***w* representa la longitud de altura**

$2l + 2w = P$

$(2 \times 7\text{ cm}) + (2 \times 3\text{ cm}) = P$

$14\text{ cm} + 6\text{ cm} = 20\text{ cm}$

El perímetro del rectángulo mide 20 cm.

El área El área mide el tamaño de una superficie. El área se mide en unidades cuadradas—sean pulgadas cuadradas o centímetros o metros cuadrados.

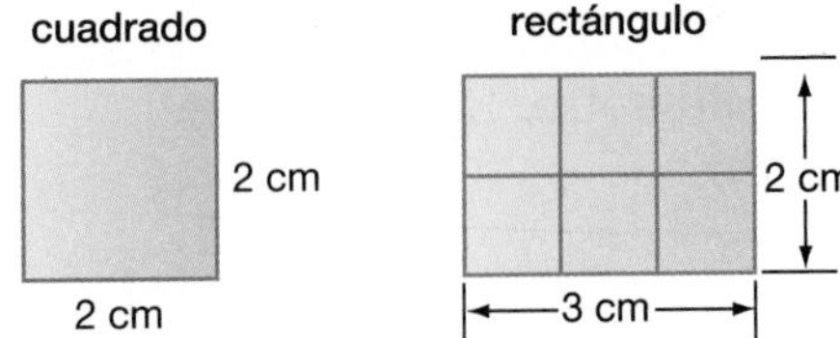

El cuadrado anterior tiene un área de cuatro centímetros cuadrados.

A representa área
x representa medida de cada lado
$\mathbf{x^2 = A}$
$\mathbf{(2)^2 = 4}$

El rectángulo anterior mide 3 centímetros por 2.

A representa área
x representa la medida del ancho
y representa la medida de la altura
$\mathbf{x^2 + y^2 = A}$
$\mathbf{(3)^2 + (2)^2 = A}$
9 + 4 = 13 centímetros cuadrados

Círculos El círculo difiere de las otras figuras de varias maneras. Por ejemplo, los polígonos tienen diferentes formas, pero todos los círculos tienen la misma forma. Los círculos no tienen lados, mientras los polígonos se clasifican y se nombran según el número de lados que tienen. La única característica que difiere un círculo de otro es el tamaño.

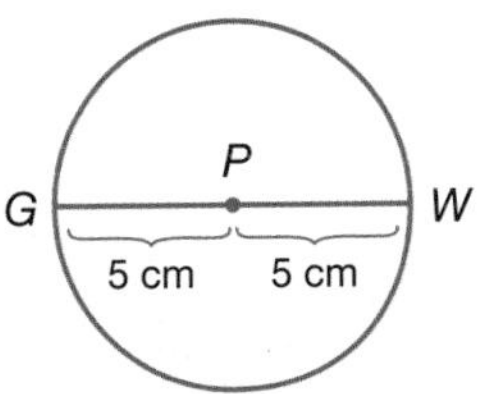

Un **círculo** es un conjunto de puntos equidistantes de un punto dado llamado centro del círculo (P en el diagrama). Un círculo se designa según su punto central.

Un **radio** es un segmento de recta con un extremo en el centro (P) y otro en un punto sobre el círculo (G o W). En el círculo anterior PW es un radio, y PG es un radio.

El **diámetro** es el segmento de recta que atraviesa el centro cuyos extremos (G y W) están sobre el círculo.

Observa que la longitud del diámetro GW es igual a la suma de PW (un radio) más PG (un radio). Por lo tanto el diámetro equivale al doble de la longitud del radio.

D representa diámetro
***r* representa radio**
$\mathbf{2r = D}$
$\mathbf{2(5) = D}$
$\mathbf{10 = 10}$

Conocimientos para superar

Circunferencia La **circunferencia** de un círculo es la distancia alrededor del círculo. La razón entre la circunferencia de cualquier círculo y su diámetro es siempre igual. Esta razón es un número cercano a 3.14. Expresado en otras palabras la circunferencia de un círculo mide aproximadamente 3.14 veces su diámetro. El símbolo π, que se lee «pi», se usa para representar la razón.

$$\frac{\mathbf{c}}{\mathbf{d}} \quad \frac{\textbf{circunferencia}}{\textbf{diámetro}}$$

$$\frac{\mathbf{c}}{\mathbf{d}} = \mathbf{3.141592...}$$

$$\frac{\mathbf{c}}{\mathbf{d}} = \pi$$

$$\frac{\textbf{c = circunferencia}}{\textbf{d = diámetro (10 cm)}}$$

c = dπ
c = 10(3.14)
c = 31.40 cm

Ahora vamos a calcular la circunferencia de un círculo cuyo radio mide 8 cm.

d = 2r
d = 2(8)
d = 16 cm

c = dπ
c = (16)π
c = (16)3.14
c = 50.24

Si **redondeas** la respuesta en **décimos** la circunferencia mide 50.2 cm.

Ángulos centrales Un ángulo central es un ángulo cuyo vértice se localiza en el centro de un círculo. La suma de los ángulos centrales de cualquier círculo es 360°.

La parte del círculo que interseca un ángulo central se conoce como **arco.** La medida del arco en grados es igual a la medida del ángulo central.

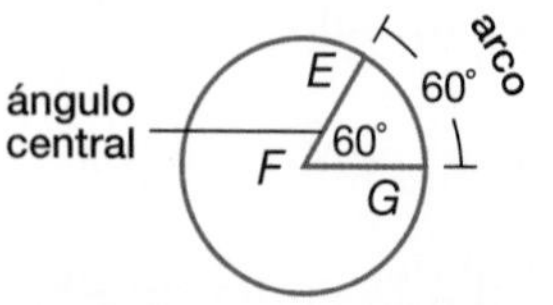

ángulo central
E
F
G
60°
60°
arco

$\widehat{EG} = 60°$ y $m\angle EFG = 60°$

Se lee «el arco $\widehat{\text{EG}}$ es 60 grados y la medida del ángulo ∠EFG es 60 grados».

Área de un círculo

Para calcular el área de un círculo usas la siguiente fórmula.

A = área
r = radio
$\mathbf{A = \pi r^2}$

Área equivale a pi multiplicado por el radio cuadrado.

CÓMO CALCULAR EL ÁREA DE UN CÍRCULO

Calcula el área del círculo *Q*. Redondea al entero más cercano.

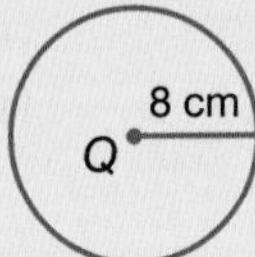

$A = \pi \times 8^2$	• Usa la fórmula $A = \pi r^2$.
$A = 64\pi$	• Eleva el radio al cuadrado.
$= 200.96$	• Multiplica por 3.14 o utiliza la tecla π de la calculadora para obtener una respuesta más exacta.
$= 201\ cm^2$	

El área del círculo Q mide aproximadamente 201 cm^2. Si tienes la información sobre el diámetro en lugar de la del radio, divide el diámetro entre dos.

Comprensión

A Definiciones Si a ti te interesan o que te sean importantes las matemáticas, da una definición de cada uno de los siguientes términos.

1. una variable
2. un término
3. una expresión
4. la suma
5. restar
6. la diferencia
7. la razón
8. el cociente
9. la ecuación
10. un número constante
11. un número negativo
12. un número positivo
13. una fracción
14. un factor
15. el exponente
16. la base
17. la potencia
18. la raíz cuadrada
19. un punto
20. una recta
21. el ángulo
22. el vértice
23. el transportador
24. el triángulo
25. un cuadrilátero
26. un cuadrado
27. un rectángulo
28. un polígono
29. el perímetro
30. el área
31. el círculo
32. el radio
33. el diámetro
34. la circunferencia
35. pi
36. redondear
37. el ángulo central
38. el arco

Sección 3

Gramática y lenguaje

Visit **ConnectEd** for additional practice

Imperativo formal

1. Se usa el imperativo para darle una orden a una persona; decirle que haga algo.

2. Para formar el imperativo formal, **usted** o **ustedes,** se suprime la **-o** de la forma de **yo** del presente. A esta raíz se agregan las terminaciones **-e, -en** a los verbos de la primera conjugación y las terminaciones **-a, -an** a los verbos de la segunda y tercera conjugaciones.

preparar	**preparo**	**(no) prepare usted**	**(no) preparen ustedes**
leer	**leo**	**(no) lea usted**	**(no) lean ustedes**
abrir	**abro**	**(no) abra usted**	**(no) abran ustedes**
pensar	**pienso**	**(no) piense usted**	**(no) piensen ustedes**
volver	**vuelvo**	**(no) vuelva usted**	**(no) vuelvan ustedes**
hervir	**hiervo**	**(no) hierva usted**	**(no) hiervan ustedes**
servir	**sirvo**	**(no) sirva usted**	**(no) sirvan ustedes**
hacer	**hago**	**(no) haga usted**	**(no) hagan ustedes**
decir	**digo**	**(no) diga usted**	**(no) digan ustedes**
introducir	**introduzco**	**(no) introduzca usted**	**(no) introduzcan ustedes**

3. Los verbos que siguen son los únicos que tienen una irregularidad en el imperativo.

ir	**(no) vaya usted**	**(no) vayan ustedes**
ser	**(no) sea usted**	**(no) sean ustedes**
saber	**(no) sepa usted**	**(no) sepan ustedes**
estar	**(no) esté usted**	**(no) estén ustedes**
dar	**(no) dé usted**	**(no) den ustedes**

¿Lo hago o no? Sigue el modelo.

¿Hablo? →
Sí, hable usted.
No, no hable usted.

1. ¿Nado?
2. ¿Canto?
3. ¿Bailo?
4. ¿Trabajo?
5. ¿Vendo?
6. ¿Como?
7. ¿Escribo?
8. ¿Insisto?
9. ¿Vuelvo?
10. ¿Pienso?
11. ¿Salgo?
12. ¿Hago el viaje?
13. ¿Conduzco el carro?
14. ¿Voy enseguida?
15. ¿Doy la respuesta?

¿Lo hacemos o no? Sigue el modelo.

¿Nadamos? →
Sí, naden ustedes.
No, no naden ustedes.

1. ¿Esquiamos?
2. ¿Bailamos el tango?
3. ¿Viajamos por Perú?
4. ¿Comemos?
5. ¿Aprendemos la lección?
6. ¿Salimos ahora?

¿Cómo lo preparo? Completa con el imperativo formal **(usted).**

Para preparar el arroz,

1. ____ un poco de ajo, cebolla y pimienta. (picar)
2. ____ un poco de aceite en una sartén. (poner)
3. ____ el ajo, la cebolla y la pimienta en la sartén. (freír)
4. ____ una taza de arroz. (añadir)
5. ____ el arroz. (agitar)
6. ____ dos tazas de caldo de pollo. (añadir)
7. ____ el caldo a la ebullición. (llevar)
8. ____ el fuego. (bajar)
9. ____ la sartén. (tapar)
10. ____ a fuego lento unos quince minutos. (cocer)
11. ____ el arroz. (servir)
12. ¡Que se ____! (aprovechar)

Imperativo familiar

1. Se usa el imperativo familiar **tú** al hablar con amigos, familiares y niños.

2. La forma regular del imperativo con **tú** es la misma forma que se usa con **usted** en el tiempo presente.

PRESENTE (USTED)	IMPERATIVO (TÚ)
Usted maneja.	**¡Maneja!**
Usted aprende.	**¡Aprende!**
Usted conduce.	**¡Conduce!**

3. Los verbos siguientes tienen formas irregulares en el imperativo familiar.

decir	**di**	**hacer**	**haz**
ir	**ve**	**tener**	**ten**
ser	**sé**	**venir**	**ven**
salir	**sal**	**poner**	**pon**

Gramática y lenguaje

4. Las formas negativas del imperativo familiar siguen el mismo patrón que el imperativo formal. La forma de **yo** en el presente sirve de raíz y las terminaciones son **-es** para los verbos de la primera conjugación y **-as** para los verbos de las segunda y tercera conjugaciones.

INFINITIVO	PRESENTE (YO)	MANDATO NEGATIVO (TÚ)
hablar	**hablo**	**¡No hables!**
comer	**como**	**¡No comas!**
abrir	**abro**	**¡No abras!**
volver	**vuelvo**	**¡No vuelvas!**

5. Los mismos verbos que tienen formas irregulares en el imperativo formal mantienen la irregularidad en el imperativo familiar.

ir	**no vayas**
ser	**no seas**
saber	**no sepas**
estar	**no estés**
dar	**no des**

6. Observa las formas de vos.

Vos: Hablá. Comé. Escribí. Tené. Hacé. Vení.

¿Lo hago? Sigue el modelo.

¿Hablo? →
Sí, habla.

1. ¿Nado?
2. ¿Canto?
3. ¿Bailo?
4. ¿Trabajo?
5. ¿Leo?
6. ¿Sirvo?

¿Tú también? Sigue el modelo.

Hable usted, señor. →
Y Juanito, tú también, habla.

1. Cante usted, señor.
2. Nade usted, señor.
3. Baile usted, señor.
4. Lea usted, señor.
5. Coma usted, señor.
6. Vuelva usted, señor.
7. Pida usted, señor.
8. Sirva usted, señor.
9. Duerma usted, señor.
10. Repita usted, señor.

¿Tú lo haces? Contesta según el modelo.

¿Tener prisa? →
Ten prisa.

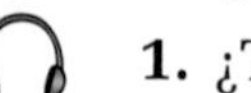

1. ¿Tener suerte?
2. ¿Tener tiempo?
3. ¿Poner todo en orden?
4. ¿Salir ahora?
5. ¿Venir enseguida?
6. ¿Decir la verdad?

¿Cómo llego? Completa con el imperativo familiar.

Para llegar a Monterrey,

1. ____ la avenida San Martín. (tomar)
2. ____ derecho hasta el final de la avenida. (seguir)
3. ____ a la derecha. (doblar)
4. ____ a la tercera bocacalle. (ir)
5. ____ la autopista que verás a mano derecha. (tomar)

En el negativo Escribe en la forma negativa.

1. Canta la canción.
2. Baila el tango.
3. Come con Carlos.
4. Vende el coche.
5. Sal ahora.
6. Pon la mesa.
7. Haz el trabajo.
8. Ve ahora.

Colocación de los pronombres de complemento

1. Se agregan los pronombres de complemento al imperativo afirmativo. Los pronombres preceden al verbo en la forma negativa.

Lave los platos.	**Lávelos.**	**No los lave.**
Coma la ensalada.	**Cómala.**	**No la coma.**
Sirva el postre.	**Sírvalo.**	**No lo sirva.**
Déme la receta.	**Démela.**	**No me la dé.**

2. Fíjate en la acentuación y la tilde.

Diga. **Dígame.** **Dígamelo.**

Pronombres Escribe con pronombres.

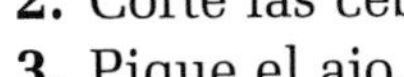

1. Prepare la comida.
2. Corte las cebollas.
3. Pique el ajo.
4. Fría el pollo.
5. Ase la carne.
6. Haga el bocadillo.
7. Muela el maíz.
8. Ponga los platos en la mesa.
9. Agréguele las legumbres al guiso.
10. Déle el bocadillo a José.
11. Sirva la comida a los convidados.
12. Hágame el postre.

En el negativo Escribe las oraciones de la Actividad 5 en la forma negativa.

Literatura

El castellano viejo de Mariano José de Larra

Vocabulario para la lectura

Estudia las definiciones de las siguientes palabras.

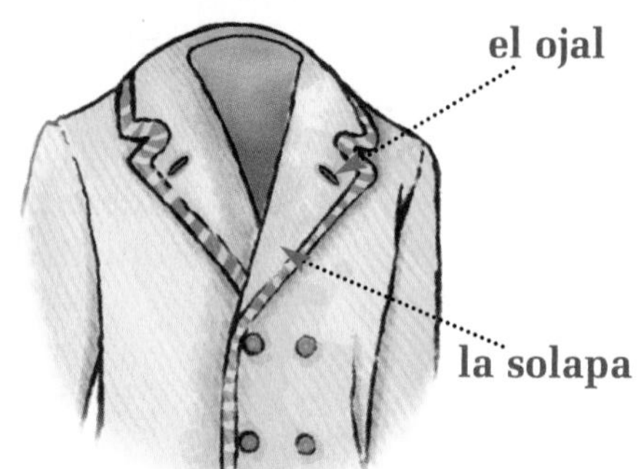

el agasajo muestra de afecto y consideración
el alboroto griterío, desorden, motín, inquietud
el anfitrión el que da la función
la ceguedad estado de ser ciego, no tener vista
el convidado el invitado a una función
la hipocresía fingimiento (imaginación) de poseer cualidades de virtud (buenas)
la lindeza la belleza
el obsequio regalo, agasajo; amabilidad, cortesía
la reticencia acción de decir una cosa en parte o indirectamente, a veces con malicia
la torpeza tontería, estupidez
la travesura acción sobre todo de los niños para divertirse o burlarse de alguien sin malicia pero puede ocasionar algún trastorno (disgusto)
alborozado sintiendo extraordinario regocijo o placer
furtivo a escondidas, tratando de ocultar algo
insinuante dando a entender una cosa sin hechos
necio tonto, no inteligente, estúpido, ignorante
perspicaz que se percata (se da cuenta) de cosas aunque no estén muy claras
maquinalmente involuntariamente, como una máquina
oportunamente que sucede en el lugar o tiempo conveniente; convenientemente
alborotar inquietar, perturbar, desordenar
fingir hacer creer con palabras o acciones algo que no es verdad; dar existencia real a lo que no existe
ladear ir de un lado a otro
reñir disputar, pelear, batallar

Poder verbal

Diferencias Explica.

1. Explica la diferencia entre la hipocresía y la reticencia.
2. Explica la diferencia entre una travesura y la torpeza.
3. Explica la diferencia entre perspicaz y necio.
4. Explica la diferencia entre maquinalmente y oportunamente.
5. Explica la diferencia entre el anfitrión y el convidado.
6. Explica la diferencia entre el agasajo y el alboroto.
7. Explica la diferencia entre la ceguedad y la sordera.

Ortografía ¿**s**, **c** o **z**? Completa.

1. ne_io
2. per_pica_
3. ob_equio
4. reti_en_ia
5. aga_ajo
6. _eguedad
7. alboro_ado
8. torpe_a
9. trave_ura
10. linde_a

Nota biográfica

Mariano José de Larra nació en Madrid el 24 de mayo de 1809. Era un niño precoz y reflexivo pero su infancia no era feliz. Su padre se consideraba un «afrancesado» porque simpatizaba con los franceses después de la invasión napoleónica y se exilió en Francia en 1813. El joven Larra estudió en Burdeos y París. En Francia el niño había olvidado su propia lengua y al volver a España en 1818 al pequeño repatriado le dieron lecciones del idioma español. Reaprendió el idioma con tanta rapidez que a los trece años compuso una gramática de la lengua castellana.

El pobre Larra tenía unos amores fallidos y un matrimonio que duró poco. Murió trágicamente a los veintiocho años. A pesar de haber muerto tan joven dejó una obra caudalosa. Antes de cumplir los veinticinco años era el periodista mejor pagado de España. Escribió poemas, novelas y dramas. Se destaca como ensayista y son los más famosos sus cuadros de costumbres en los que describe la sociedad española de manera satírica. Pero en sus artículos no se limita a ridiculizar los hábitos de la burguesía de su tiempo. Retrata con realismo fiel a todos los tipos sociales. Va al fondo mismo de la psicología española.

Introducción

Es increíble que en tantas culturas la comida esté profundamente vinculada con la diversión. En el ensayo tan humorístico y sarcástico que sigue, vas a leer de un banquete que da el «castellano viejo» para celebrar «sus días»—sea su cumpleaños o el día de su santo.

Para su fiesta se sirve un cocido. El cocido es un tipo de guiso—un plato delicioso pero muy casero y popular. Al leer el ensayo, decidirás el significado de este plato y por qué el autor lo ha escogido.

Lectura

Estrategia de lectura

Leyendo oraciones largas La lectura que sigue no es muy difícil de leer pero quizás parezca serlo. El autor tiende a emplear oraciones largas como tantos otros autores, sobre todo los antiguos. Al leer una oración muy larga divídela en partes para rendirla más fácil. ¡Diviértete! A ver cuántas veces te ríes mientras leas *El Castellano viejo.*

El castellano viejo

Ya en mi edad pocas veces gusto de alterar el orden que en mi manera de vivir tengo hace tiempo establecido, y fundo esta repugnancia en que no he abandonado mis lares ni un solo día para quebrantar mi sistema, sin que haya sucedido el arrepentimiento más sincero al desvanecimiento de mis engañadas esperanzas. Un resto, con todo eso, del antiguo ceremonial que en su trato tenían adoptado nuestros padres, me obliga a aceptar a veces ciertos convites a que parecería el negarse grosería, o por lo menos ridícula afectación de delicadeza.

Andábame días pasados por esas calles a buscar materiales para mis artículos. Embebido en mis pensamientos, me sorprendí varias veces a mí mismo riendo como un pobre de mis propias ideas y moviendo maquinalmente los labios; algún tropezón° me recodaba de cuando en cuando que para andar por el empedrado de Madrid no es la mejor circunstancia la de ser poeta ni filósofo; más de una sonrisa maligna, más de un gesto de admiración de los que a mi lado pasaban, me hacía reflexionar que los soliloquios no se deben hacer en público; y no pocos encontrones que al volver las esquinas di con quien tan distraída y rápidamente como yo las doblaba, me hicieron conocer que los distraídos no entran en el número de los cuerpos elásticos, y mucho menos de los seres gloriosos e impasibles. En semejante situación de espíritu, ¿qué sensación no debería producirme una horrible palmada que una gran mano, pegada (a lo que por entonces entendí) a un grandísimo brazo, vino a descargar sobre uno de mis hombros, que por desgracia no tienen punto alguno de semejanza con los de Atlante°?

No queriendo dar a entender que desconocía este enérgico modo de anunciarse, ni desairar° el agasajo de quién sin duda había creído hacérmele más que mediano, dejándome torcido para todo el día, traté sólo de volverme por conocer quién fuese tan mi amigo para tratarme tan mal; pero mi castellano viejo es hombre que cuando está de gracias no se ha de dejar ninguna en el

tropezón acción de tropezar con un obstáculo al caminar, perdiendo el equilibrio

Atlante rey mitológico muy fuerte

desairar despreciar

Plaza Mayor, Madrid, España

tintero°. ¿Cómo dirá el lector que siguió dándome pruebas de confianza y cariño? Echóme las manos a los ojos, y sujetándome por detrás:

—¿Quién soy?, gritaba, alborozado con el buen éxito de su delicada travesura.

¿Quién soy?—Un animal, iba a responderle; pero me acordé de repente de quién podría ser, y sustituyendo cantidades iguales:

—*Braulio eres,*—le dije.

Al oírme, suelta sus manos, ríe, se aprieta los ijares°, alborota la calle, y pónenos a entrambos° en escena.

—¡Bien mi amigo! ¿Pues en qué me has conocido?

—¿Quién pudiera ser sino tú...

—¿Has venido ya de tu Vizcaya°?

—No, Braulio, no he venido.

—Siempre el mismo genio. ¿Qué quieres? Es la pregunta del español. ¡Cuánto me alegro de que estés aquí! ¿Sabes que mañana son mis días?

—Te los deseo muy felices.

—Déjate de cumplimientos entre nosotros; ya sabes que yo soy franco y castellano viejo: el pan, pan y el vino, vino; por consiguiente, exijo de ti que no vayas a dármelos; pero estás convidado.

tintero antiguo receptáculo para la tinta

ijares cavidades entre huesos del cuerpo

entrambos ambos

Vizcaya provincia vasca

—¿A qué?

—A comer conmigo.

—No es posible.

—No hay remedio.

—No puedo, insisto temblando.

—¿No puedes?

—Gracias.

—¿Gracias? Vete a paseo; amigo, como no soy el duque de F... ni el conde de P... (¿Quién se resiste a una sorpresa de esa especie? ¿Quién quiere parecer vano?).

—No es eso, sino que...

—Pues si no es eso, me interrumpe, te espero a las dos: en casa se come a la española, temprano. Tengo mucha gente; tendremos al famoso X., que nos improvisará de lo lindo; T. nos catará de sobremesa una rondeña° con su gracia natural; y por la noche J. cantará y tocará alguna cosilla. Esto me consoló algún tanto, y fué preciso ceder; un día malo, dije para mí, cualquiera lo pasa; en este mundo para conservar amigos es preciso tener el valor de aguantar sus obsequios. No faltarás, si no quieres que riñamos.

—No faltaré, dije con voz exánime° y ánimo decaído, como el zorro que se revuelve inútilmente dentro de la trampa donde se ha dejado coger.

—Pues hasta mañana y me dió un torniscón° por despedida.

Vile marchar como el labrador ve alejarse la nube de su sembrado, y quedéme discurriendo cómo podían entenderse estas amistades tan hostiles y tan funestas°.

Ya habrá conocido el lector, siendo tan perspicaz como yo le imagino, que mi amigo Braulio está muy lejos de pertenecer a lo que se llama gran mundo y sociedad de buen tono; pero no es tampoco un hombre de la clase inferior, puesto que es un empleado de los de segundo orden, que reúne entre su sueldo y su hacienda cuarenta mil reales° de renta; que tiene una cintita atada al ojal, y una crucecita° a la sombra de la solapa; que es persona, en fin, cuya clase, familia y comodidades de ninguna manera se oponen a que tuviese una educación más escogida y modales más suaves e insinuantes. Mas la vanidad le ha sorprendido por donde ha sorprendido casi siempre a toda o a la mayor parte de nuestra clase media,

rondeña aire popular de Ronda

exánime sin aliento

torniscón golpe de revés

funestas desgraciosas

reales monedas antiguas

crucecita insignia de honor

y a toda nuestra clase baja. Es tal su patriotismo, que dará todas las lindezas del extranjero por un dedo de su país. Esta ceguedad le hace adoptar todas las responsabilidades de tan inconsiderado cariño; de paso que defiende que no hay vinos como los españoles, en lo cual bien puede tener razón, defiende que no hay educación como la española, en lo cual bien pudiera no tenerla; a trueque de defender que el cielo de Madrid es purísimo, defenderá que nuestras manolas son las más encantadoras de todas las mujeres; es un hombre, en fin, que vive de exclusivas°, a quien sucede poco más o menos lo que a una parienta mía, que se muere por las jorobas° sólo porque tuvo un querido que llevaba una excrecencia° bastante visible sobre entrambos omoplatos°.

No hay que hablarle, pues, de estos usos sociales, de estos respetos mutuos, de estas reticencias urbanas, de esa delicadeza de trato que establece entre los hombres una preciosa armonía, diciendo sólo lo que debe agradar y callando siempre lo que puede ofender. Él se muere *por plantarle una fresca al lucero del alba*°, como suele decir, y cuando tiene un resentimiento, se le *espeta*° *a uno cara a cara.* Como tiene trocados° todos los frenos, dice de los cumplimientos que ya sabe lo que quiere decir *cumplo y miento;* llama a la urbanidad hipocresía, y a la decencia monadas°; a toda cosa buena le aplica un mal apodo; el lenguaje de la finura es para él poco más que griego: cree que toda la crianza está reducida a decir *Dios guarde a ustedes* al entrar en una sala, y añadir *con permiso de usted* cada vez que se mueve; a preguntar a cada uno por toda su familia, y a despedirse de todo el mundo; cosas todas que así se guardará él de olvidarlas como de tener pacto con franceses. En conclusión, hombres de éstos que no saben levantarse para despedirse sino en corporación con alguno o algunos otros; que han de dejar humildemente debajo de una mesa su sombrero, que llaman *su cabeza,* y que, cuando se hallan en sociedad, por desgracia sin un socorrido bastón, darían cualquier cosa por no tener manos ni brazos, porque, en realidad, no saben dónde ponerlos, ni qué cosa se puede hacer con los brazos en una sociedad.

Llegaron las dos, y como yo conocía ya a mi Braulio, no me pareció conveniente acicalarme° demasiado para ir a

... exclusivas que se adhiere a un principio sin considerar la validez de otro
jorobas deformidad
excrecencia una adherencia superflua
omoplatos huesos en la espalda

plantar... alba ser capaz de decir algo a alguien, sin preocuparse de la persona a quien se dirige
espeta escupe
trocados cambiados
monadas gestos o acciones afectadas

acicalarse adornar

comer; estoy seguro de que se hubiera picado°: no quise, sin embargo, excusar un frac° de color y un pañuelo blanco, cosa indispensable en un día de días en semejantes casas; vestíme sobre todo lo más despacio que me fué posible, como se reconcilia al pie del suplicio° el infeliz reo°, que quisiera tener cien pecados más cometidos que contar para ganar tiempo; era citado a las dos y entré en la sala a las dos y media.

No quiero hablar de las infinitas visitas ceremoniosas que antes de la hora de comer entraron y salieron en aquella casa, entre las cuales no eran de despreciar todos los empleados de su oficina con sus señoras y sus niños, y sus capas, y sus paraguas, y sus chanclos°, y sus perritos; déjome en blanco los necios cumplimientos que dijeron al señor de los días; no hablo del inmenso círculo con que guarnecía° la sala el concurso de tantas personas heterogéneas, que hablaron de que el tiempo iba a mudar, y de que en invierno suele hacer más frío que en verano. Vengamos al caso: dieron las cuatro, y nos hallamos solos los convidados. Desgraciadamente para mí, el señor de X., que debía divertirnos tanto, gran conocedor de esta clase de convites, había tenido la habilidad de ponerse malo° aquella mañana; el famoso T. se hallaba oportunamente comprometido para otro convite; y la señorita que tan bien había de cantar y tocar estaba ronca, en tal disposición, que se asombraba ella misma de que se la entendiese una sola palabra, y tenía un panadizo° en un dedo. ¡Cuántas esperanzas desvanecidas!

—Supuesto que estamos los que hemos de comer— exclamó don Braulio—, vamos a la mesa, querida mía.

—Espera un momento, le contestó su esposa casi al oído, con tanta visita yo he faltado algunos momentos de allá dentro y...

—Bien, pero mira que son las cuatro...

—Al instante comeremos...

Las cinco eran cuando nos sentábamos a la mesa.

—Señores dijo el anfitrión al vernos titubear en nuestras respectivas colocaciones, exijo la mayor franqueza; en mi casa no se usan cumplimientos. ¡Ah, Fígaro! quiero que estés con toda comodidad; eres poeta, y además estos señores, que saben nuestras íntimas relaciones, no se ofenderán si te prefiero; quítate el frac, no sea que le manches.

picado ofendido, enojado
frac smoking

suplicio padecimiento corporal muy doloroso ejecutado como castigo
reo el condenado después de una sentencia

chanclos tipo de zapatos

guarnecía adornaba

malo enfermo

panadizo inflamación aguda de uno o más dedos

—¿Qué tengo de manchar? le respondí, mordiéndome los labios.

—No importa; te daré una chaqueta mía; siento que no haya para todos.

—No hay necesidad.

—¡Oh! sí, sí, ¡mi chaqueta! Toma, mírala; un poco ancha te vendrá.

—Pero, Braulio...

—No hay remedio, no te andes con etiquetas; y en esto me quita él mismo el frac, *velis, nolis*°, y quedo sepultado en una cumplida chaqueta rayada, por la cual sólo asomaba los pies y la cabeza, y cuyas mangas no me permitirían comer probablemente. Dile las gracias: al fin el hombre creía hacerme un obsequio.

Los días en que mi amigo no tiene convidados se contenta con una mesa baja, poco más que banqueta de zapatero, porque él y su mujer, como dice, ¿para qué quieren más? Desde la tal mesita, y como se sube el agua del pozo, hace subir la comida hasta la boca, adonde llega goteando después de una larga travesía; porque pensar que estas gentes han de tener una mesa regular, y estar cómodos todos los días del año, es pensar en lo excusado. Ya se concibe, pues, que la instalación de una gran mesa de convite era un acontecimiento en aquella casa; así que se había creído capaz de contener catorce personas que éramos, una mesa donde apenas podrían comer ocho cómodamente. Hubimos de sentarnos de medio lado, como quien va a arrimar el hombro° a la comida, y entablaron los codos de los convidados íntimas relaciones entre sí con la más fraternal inteligencia del mundo. Colocáronme, por mucha distinción, entre un niño de cinco años, encaramado° en unas almohadas que era preciso enderezar° a cada momento, porque las ladeaba la natural turbulencia de mi joven adlátere° y entre uno de esos hombres que ocupan en el mundo el espacio y sitio de tres, cuya corpulencia por todos lados se salía de madre de la única silla en que se hallaba sentado, digámoslo así, como en la punta de una aguja. Desdobláronse silenciosamente las servilletas, nuevas a la verdad, porque tampoco eran muebles en uso para todos los días, y fueron izadas° por todos aquellos buenos señores a los ojales de sus fraques como cuerpos intermedios entre las salsas y las solapas.

velis, nolis *(latín)* que quieras o no quieras

arrimar el hombro ayudar a levantar algo

encaramado elevado, colocado en un puesto honorífico

enderezar enmendar, corregir

adlátere el de a mi lado

izadas elevadas, levantadas

Ustedes harán penitencia, señores, exclamó el anfitrión una vez sentado; pero hay que hacerse cargo de que no estamos en Genieys°; frase que creyó preciso decir. Necia afectación es ésta, si es mentira, dije yo para mí, y si es verdad, gran torpeza convidar a los amigos a hacer penitencia. Desgraciadamente no tardé mucho en conocer que había en aquella expresión más verdad de la que mi buen Braulio se figuraba. Interminables y de mal gusto fueron los cumplimientos con que para dar y recibir cada plato nos aburrimos unos a otros. "Sírvase usted.

—Hágame usted el favor.

—De ninguna manera.

—Está bien ahí.

—Perdone usted.

—Gracias.

—Sin etiqueta, señores—, exclamó Braulio, y se echó el primero con su propia cuchara. Sucedió a la sopa un cocido surtido de todas las sabrosas impertinencias de este engorrosísimo°, aunque buen plato; cruza por aquí la carne; por allá la verdura; acá los garbanzos; allá el jamón; la gallina por derecha; por medio el tocino; por izquierda los embuchados° de Extremadura. Siguióle un plato de ternera mechada; que Dios maldiga, y a éste otro y otros y otros; mitad traídos de la fonda, que esto basta para que excusemos hacer su elogio; mitad hechos en casa por la criada de todos los días, por una vizcaína auxiliar tomada al intento para aquella festividad, y por el ama de la casa, que en semejantes ocasiones debe estar en todo, y por consiguiente suele no estar en nada.

Este plato hay que disimularle°, decía ésta de unos pichones; están un poco quemados.

—Pero mujer...

—Hombre, me aparté un momento, y ya sabes lo que son las criadas.

—¡Qué lástima que este pavo no haya estado media hora más al fuego! se puso algo tarde.

—¿No les parece a ustedes que está algo ahumado este estofado?

—¿Qué quieres? Una no puede estar en todo.

—¡Oh, está excelente, exclamábamos todos dejándonoslo en el plato; excelente!

—Este pescado está pasado.

Genieys restaurante (fonda) madrileño de moda en la época

engorrosísimo muy fastidiado o molesto

embuchados un tipo de embutido o fiambre

disimular ocultar, encubrir

—Pues en el despacho de la diligencia del fresco° dijeron que acababa de llegar; ¡el criado es tan bruto!

—¿De dónde se ha traído este vino?

—En eso no tienes razón, porque es...

—Es malísimo.

Estos diálogos cortos iban exornados con una infinidad de miradas furtivas del marido para advertirle continuamente a su mujer alguna negligencia, queriendo darnos a entender entrambos a dos que estaban muy al corriente de todas las fórmulas que en semejantes casos se reputan en finura, y que todas las torpezas eran hijas de los criados, que nunca han de aprender a servir. Pero estas negligencias se repetían tan a menudo, servían tan poco ya las miradas, que le fué preciso al marido recurrir a los pellizcos° y a los pisotones; y ya la señora, a duras penas había podido hacerse superior hasta entonces a las persecuciones de su esposo, tenía la faz encendida y los ojos llorosos. "Señora, no se incomode usted por eso", le dijo el que a su lado tenía.

—¡Ah! les aseguro a ustedes que no vuelvo a hacer estas cosas en casa; ustedes no saben lo que es esto; otra vez, Braulio, iremos a la fonda° y no tendrás...

—Usted, señora mía, hará lo que...

—¡Braulio! ¡Braulio!... Una tormenta espantosa estaba a punto de estallar; empero, todos los convidados a porfía° probamos a aplacar aquellas disputas, hijas del deseo de dar a entender la mayor delicadeza, para lo cual no fué poca parte la manía de Braulio y la expresión concluyente que dirigió de nuevo a la concurrencia acerca de la inutilidad de los cumplimientos, que así llama él al estar bien servido y al saber comer. ¿Hay nada más ridículo que estas gentes que quieren pasar por finas en medio de la más crasa ignorancia de los usos sociales; que para obsequiarle le obligan a usted a comer y beber por fuerza, y no le dejan medio de hacer su gusto? ¿Por qué habrá gentes que sólo quieren comer con alguna más limpieza los días de días?

A todo esto, el niño que a mi izquierda tenía, hacía saltar las aceitunas a un plato de magras° con tomate, y una vino a parar a uno de mis ojos, que no volvió a ver claro en todo el día; y el señor gordo de mi derecha había tenido la precaución de ir dejando en el mantel, al lado de

diligencia del fresco pescadería

pellizcos cantidades pequeñas

fonda restaurante

porfía disputa desagradable

magras lonjas (tajadas, rebanadas, tiras) delgadas de jamón mi pan, los huesos de las suyas, y los de las aves que había roído°; el convidado de enfrente, que se preciaba de trinchador°, se había encargado de hacer la autopsia de un capón, o sea gallo, que esto nunca se supo; fuese por la edad avanzada de la víctima, fuese por los ninguno conocimientos anatómicos del victimario, jamás parecieron las coyunturas. "Este capón no tiene coyunturas", exclamaba el infeliz, sudando y forcejeando°, más como quien cava que como quien trincha. ¡Cosa más rara! En una de las embestidas resbaló el tenedor sobre el animal como si tuviera escama°, y el capón, violentamente despedido, pareció querer tomar su vuelo como en sus tiempos más felices, y se posó en el mantel tranquilamente como pudiera en un palo de un gallinero.

El susto fué general y la alarma llegó a su colmo cuando un surtidor° de caldo, impulsado por el animal furioso, saltó a inundar mi limpísima camisa; levántase rápidamente a este punto el trinchador con ánimo de cazar el ave prófuga°, y al precipitarse sobre ella, una botella que tiene a la derecha, con la que tropieza su brazo, abandonando su posición perpendicular, derrama un abundante caño de Valdepeñas sobre el capón y el mantel; corre el vino, auméntase la algazara°, llueve la sal sobre el vino para salvar el mantel; para salvar la mesa se ingiere por debajo de él una servilleta, y una eminencia se levanta sobre el teatro de tantas ruinas. Una criada, toda azorada°, retira el capón en el plato de su salsa; al pasar sobre mí hace una pequeña inclinación, y una lluvia maléfica de grasa desciende, como el rocío sobre los prados, a dejar eternas huellas en mi pantalón color de perla; la angustia y el aturdimiento° de la criada no conocen término; retírase atolondrada°, sin acertar con las excusas; al volverse tropieza con el criado que traía una docena de platos limpios y una salvilla° con las copas para los vinos generosos, y toda aquella máquina viene al suelo con el más horroroso estruendo y confusión. "¡Por san Pedro!" exclama, dando una voz, Braulio, difundida ya sobre sus facciones una palidez mortal, al paso que brota fuego el rostro de su esposa. "Pero sigamos, señores, no ha sido nada", añade volviendo en sí.

¡Oh honradas casas donde un modesto cocido y un principio final° constituyen la felicidad diaria de una

roído acción de raspar algo con los dientes

trinchador que corta en trozos la comida, sobre todo la carne

forcejeando haciendo fuerzas en contra de algo o alguien

escama lámina del cutis

surtidor chorro

prófuga fugitiva

algazara ruido; gritos de una o muchas personas, por lo común alegres

azorada asustada

aturdimiento perturbación; torpeza

atolondrada que actúa sin reflexión

salvilla bandeja (de plata) con encajes

principio final plato de carne que se sirve después del cocido y antes del postre familia, huid del tumulto de un convite de días! Sólo la costumbre de comer y servirse bien diariamente puede evitar semejantes destrozos°.

¿Hay más desgracias? ¡Santo cielo! ¡Sí, las hay para mí, infeliz! Doña Juana, la de los dientes negros y amarillos, me alarga de su plato y con su propio tenedor una fineza, que es indispensable aceptar y tragar; el niño se divierte en despedir° a los ojos de los concurrentes los huesos disparados de las cerezas; don Leandro me hace probar el manzanilla° exquisito, que he rehusado, en su misma copa, que conserva las endebles° señales de sus labios grasientos; mi gordo fuma ya sin cesar y me hace cañón de su chimenea; por fin, ¡oh última de las desgracias! crece el alboroto y la conversación; roncas ya las voces piden versos y décimas y no hay más poeta que Fígaro.

—Es preciso.

—Tiene usted que decir algo, claman todos.

—Désele pie forzado, que diga una copla a cada uno.

—Yo le daré el pie: *A don Braulio en este día.*

—Señores, ¡por Dios!

—No hay remedio.

—En mi vida he improvisado.

—No se haga usted el chiquito.

—Me marcharé.

—Cerrar la puerta.

—No se sale de aquí sin decir algo.

Y digo versos por fin, y vomito disparates, y los celebran, y crece la bulla° y el humo y el infierno.

A Dios gracias, logro escaparme de aquel nuevo *Pandemonio*°. Por fin, ya respiro el aire fresco y desembarazado de la calle; ya no hay necios, ya no hay castellanos viejos a mi alrededor.

¡Santo Dios, yo te doy gracias, exclamo respirando, como el ciervo que acaba de escaparse de una docena de perros, y que oye ya apenas sus ladridos; para de aquí en adelante no te pido riquezas, no te pido empleos, no honores; líbrame de los convites° caseros y de días de días; líbrame de estas casas en que sólo se pone la mesa decente para los convidados, en que creen hacer obsequios cuando dan mortificaciones, en que se hacen finezas, en que se dicen versos, en que hay niños, en que hay gordos, en que reina, en fin, la brutal franqueza de los castellanos viejos! Quiero que, si caigo de nuevo en tentaciones semejantes,

destrozos trozos; desperdicios

despedir *(fig.)* tirar

manzanilla vino blanco de Andalucía, no muy bueno

endebles de muy alta calidad; insuficientes

bulla ruido de personas; concurrencia de mucha gente

pandemonio lugar de confusión

convites funciones, banquetes

me falte un *roastbeef*, desaparezca del mundo el *beefsteak*, se anonaden° los timbales de macarrones, no haya pavos en Perigueux, ni pasteles en Perigord, se sequen los viñedos de Burdeos, y beban, en fin, todos menos yo la deliciosa espuma del champagne.

Concluída mi deprecación° mental, corro a mi habitación a despojarme de mi camisa y de mi pantalón, reflexionando en mi interior que no son unos todos los hombres, puesto que los de un mismo país, acaso de un mismo entendimiento, no tienen las mismas costumbres, ni la misma delicadeza, cuando ven las cosas de tan distinta manera. Vístome y vuelvo a olvidar tan funesto día entre el corto número de gentes que piensan, que viven sujetas al provechoso yugo° de una buena educación libre y desembarazada°, y que fingen acaso estimarse y respetarse mutuamente para no incomodarse, al paso que las otras hacen ostentación° de incomodarse, y se ofenden y se maltratan, queriéndose y estimándose tal vez verdaderamente.

anonaden humillen, abatan; maravillen, dejen estupefactos

deprecación ruego, súplica

yugo ley que somete u obliga a obedecer

desembarazada libre de obstáculos

ostentación exhibición afectada y vanidosa

Comprensión

A Describiendo Describe.

1. como y por qué se tropezó andando por la calle el narrador
2. el encuentro con su «amigo»
3. la conversación entre Braulio y el narrador
4. lo que dice el narrador de Braulio; como lo describe, lo que representa
5. características de la burguesía que está criticando el narrador
6. los convidados que iban llegando a casa de Braulio
7. el comportamiento de Braulio con su mujer
8. lo que le dio Braulio para que el narrador se quitara el frac
9. entre quienes se sentó el narrador; lo que hacían sus «vecinos»
10. la comida que se sirvió
11. como habla Braulio de la comida
12. lo de las aceitunas
13. como comía el señor gordo
14. lo del capón
15. lo de los huesos de las cerezas

B **Explicando** Explica lo que significa.

1. él vive de exclusiones
2. entablaron los codos de los convidados íntimas relaciones entre sí con la más fraternal inteligencia del mundo

C **Conectando con la sociología** Explica todo lo que Larra está criticando de lo que para él es la «típica» clase media o burguesía española. Describe sus costumbres y comportamientos y lo que Larra piensa de ellos.

D **Diversión** La lectura puede ser una forma de diversión, una diversión beneficiosa. ¿Te ha hecho reír algunas cosas que leíste en *El Castellano viejo?* ¿Cuáles?

E **Sarcasmo, humorismo e ironía** Lee las siguientes diferencias.

La **ironía** es una forma de burla fina disimulada o sea no expresada abierta ni directamente. El **humorismo** es el tipo de ironía en el que predomina el humor, la facultad de captar lo cómico y lo ridículo. El **sarcasmo** es una ironía mordaz con que se insulta, humilla u ofende.

Lee el ensayo una vez más e indica todo lo que encontraste humorístico y lo que encontraste sarcástico. Comenta por qué.

F **Modernizando** Escoge una de las oraciones largas del ensayo. Escríbela de nuevo dividiéndola en partes para hacerla más fácil de leer.

Martín Fierro de José Hernández

Andrew Payti

Vocabulario

Estudia las siguientes palabras para ayudarte a entender el poema.

la pulpería tipo de bodega, colmado o tienda
la víbora culebra venenosa
el suelo superficie de la tierra
el nido lo que construyen los pájaros (las aves) en la rama de un árbol
la rama cada una de las partes que nace o sale del tronco de un árbol
la estrella lo que brilla en el cielo de noche
la pena sentimiento de tristeza, dolor, lástima
pelear luchar, hacer batalla

Poder verbal

Completa.

1. Se venden muchos productos diferentes en __________ .
2. La mordida de una __________ puede ser mortal porque muchas de ellas son venenosas.
3. ¡Qué __________ ! Todo le sale mal.
4. El árbol tiene muchas __________ . En una de ellas hay un __________ de pájaros.
5. ¡Qué noche más clara con un cielo lleno de __________ !
6. No deben __________ . Es mejor llegar a un acuerdo amistoso.

Un gaucho joven en una estancia

Introducción

José Hernández nació el 10 de noviembre de 1834 no muy lejos de Buenos Aires. En sus venas corría sangre española, irlandesa y francesa. Cuando tenía dieciocho años su padre lo llevó consigo al sur de la provincia de Buenos Aires que en aquel entonces era una región primitiva poblada de caballos salvajes. Se dice que allí Hernández «se hizo gaucho y aprendió a jinetear». Él vivió en el campo nueve años. En 1856 se reubicó en Buenos Aires y trabajó en el periodismo. Un poco más tarde ingresó en el ejército.

Con la acción de Ayacucho bajo el mando de Simón Bolívar y Antonio José de Sucre, se consume la independencia de América. Pero medio siglo después siguieron las batallas en los campos de la provincia de Buenos Aires y el ejército cumplía una función penal arreando gauchos arbitrariamente. Hernández escribió el *Martín Fierro* para denunciar el régimen del dictador Juan Manuel de Rosas y esta conscripción ilegal de los gauchos.

Andrew Payti

El protagonista, al principio, es impersonal–un gaucho cualquiera. Después como el autor iba imaginándolo con más precisión, su protagonista llegó a ser Martín Fierro–el individuo Martín Fierro.

La primera edición del poema salió en 1872 y enseguida fue un éxito tremendo. Se vendieron más de cien mil ejemplares. Se vendió aun en pulperías rurales donde nunca antes se había vendido libro alguno. Para el gaucho, Martín Fierro fue una representación de su propia existencia en su propia lengua. Para el público más culto el *Martín Fierro* fue una obra literaria cuyo tema tiene raíces profundas de la vida de su nación. El *Martín Fierro* se considera el mejor y más elocuente de todos los poemas gauchescos. En el trozo que sigue Martín nos habla y nos dice lo que es ser gaucho. ¡A ver!

Antes de leer

Reflexiona un momento sobre la pena que siente una persona que lleva una vida solitaria y a quien los otros siempre maltratan.

Gauchos y ganado en las pampas

Martín Fierro

◆·◆·◆

Soy gaucho, y entiendaló
como mi lengua lo explica:
para mí la tierra es chica
y pudiera ser mayor[1],
ni la víbora me pica
ni quema mi frente el sol.

Nací como nace peje[2],
en el fondo de la mar;
naides[3] me puede quitar
aquello que Dios me dio:
lo que al mundo truje[4] yo
del mundo lo he de llevar.

Mi gloria es vivir tan libre
como el pájaro del cielo;
no hago nido en este suelo,
ande hay tanto que sufrir;
y naides me ha de seguir
cuando yo remuento el vuelo[5].

Yo no tengo en el amor
quien me venga con querellas;
como esas aves tan bellas
que saltan de rama en rama,
yo hago en el trébol[6] mi cama
y me cubren las estrellas.

Y sepan cuantos escuchan
de mis penas el relato,
que nunca peleo ni mato
sino por necesidá,

[1] **y pudiera ser mayor** *it would still be small to me*
[2] **peje** *pez*
[3] **naides** *nadie*
[4] **truje** *traje*
[5] **remuento (remonto) el vuelo** *take off*
[6] **trébol** *clover*

Andrew Payti

y que a tanta alversidá[7]
sólo me arrojó el mal trato.

Y atiendan[8] la relación
que hace un gaucho perseguido[9],
que padre y marido ha sido
empeñoso[10] y diligente,
y sin embargo la gente
lo tiene por un bandido.

[7] **alversidá** *adversidad*
[8] **atiendan** *keep in mind*
[9] **perseguido** *persecuted*
[10] **empeñoso** *persistent*

Un gaucho contemporáneo montado en su caballo en la pampa argentina

Andrew Payti

Comprensión

A **Buscando información** Da la información correcta sobre José Hernández.

1. donde nació
2. donde vivió y pasó su adolescencia
3. lo que poblaba esta región en aquel entonces
4. lo que se hizo Hernández
5. lo que hacía de ilegal el ejército
6. el motivo de Hernández en escribir el poema
7. como empezó y cambió el protagonista
8. lo que es el *Martín Fierro* para el gaucho
9. lo que es el *Martín Fierro* para el lector culto

B **Interpretando** Explica el significado de los siguientes versos.

1. para mí la tierra es chica y pudiera ser mayor
2. ni la víbora me pica ni quema mi frente el sol
3. Nací como nace peje
4. lo que al mundo truje yo del mundo lo he de llevar

C **Analizando** Contesta.

1. ¿Cómo y por qué compara Martín Fierro a sí mismo con un pájaro?
2. ¿Por qué pelea o mata el gaucho Martín Fierro?
3. ¿Qué ha sido el gaucho?
4. Sin embargo, ¿cómo lo considera la gente?

Una casa en una estancia argentina

D **Expresando tus sentimientos y emociones** Contesta.

1. ¿Cómo te sientes al leer este trozo de *Martín Fierro*?
2. ¿Puedes compadecerte de la pena de Martín Fierro?
3. ¿Por qué? En tu opinión, ¿qué tipo de persona es?
4. Para ti, ¿hay una injusticia grave? ¿Cuál es?

E Escribiendo una narración

En forma de prosa, describe al gaucho Martín Fierro. Trata de usar lenguaje figurativo y descriptivo para hacer tu descripción más vívida.

F Comparando

Los vaqueros del Oeste han jugado un papel importante en varios aspectos de la cultura de Estados Unidos. Se ha presentado la figura del vaquero en muchas novelas y cuentos y en muchas películas. Trabajando en grupos pequeños, tengan una discusión sobre unas obras que han leído o visto sobre el tema del vaquero. Describan unas costumbres y actitudes de los vaqueros de nuestro país. Luego discutan lo que han aprendido del personaje, carácter y costumbres del gaucho. Comparen la vida, personalidad y existencia del gaucho con las del vaquero.

Un gaucho con su facón

Composición

Resúmenes y apuntes

Muchas veces es necesario hacer un resumen de algo. En un resumen incluyes las ideas principales de algo que has oído o leído, usando tus propias palabras. A veces querrás resumir, por ejemplo, lo que aprendiste ayer en un curso para ayudarle a un(a) amigo(a) que estaba ausente. Y a veces querrás resumir algo para que tu oyente o lector lo comprenda mejor.

Es frecuentemente necesario hacer un resumen informal—explicándole a alguien lo que hiciste o comiste ayer, por ejemplo. Muy a menudo hay que hacer un resumen formal—resumiendo la información que oíste en una conferencia o que viste en un filme.

El hacer un resumen te puede ayudar mucho en tus estudios escolares. El escribir un resumen de lo que has oído en clase o lo que has leído en tu texto (libro escolar) te ayudará a comprender mejor y recordar la información que acabas de aprender.

¿Resumir? ¿Cuándo?

SITUACIÓN	PROPÓSITO
Al preparar un reportaje oral o escrito	Incluir detalles importantes de lo que has aprendido.
Al leer un libro escolar	Para mejor comprender y recordar lo que has leído y aprendido.
Al escuchar una conferencia	Para escribir un reportaje o prepararte para un examen sobre la información presentada en la conferencia.
Al ver un filme o DVD o al leer un cuento o una novela	Para escribir un resumen de lo que has visto o leído.

¿Resumir? ¿Cómo?

Cuando escribes un resumen pon todas las ideas en tus propias palabras. Piensa siempre en las ideas principales. Suprime (omite) los ejemplos y detalles.

Tomando apuntes

El hacer resúmenes te ayuda mucho a recoger y organizar información. El tomar apuntes te puede ayudar a recoger y organizar información también. ¿Puedes siempre recordar las ideas importantes presentadas ya hace dos semanas en una discusión en la clase de historia? Sin tomar notas (apuntes) es fácil olvidar información. Tus notas (apuntes) (igual que tus resúmenes) te ayudarán mucho a prepararte para un examen o a organizar un escrito (una redacción).

Como puede ser imposible oír una conferencia una segunda vez, los apuntes que tomas son sumamente importantes. Y los apuntes que tomas al leer te permitirán resumir y repasar las ideas importantes sin tener que leer toda la información de nuevo.

Avisos para tomar apuntes

Al escuchar

1. Apunta sólo las ideas principales y los detalles clave.
2. Usa números, abreviaturas y símbolos que te ayudarán a escribir más rápido pero siempre toma en cuenta que tienes que poder comprender más tarde lo que escribiste.

Al leer

1. Apunta sólo la información que se aplica directamente a tu tópico o propósito.
2. Suprime detalles y ejemplos superfluos.
3. Resume (abrevia la información) lo más posible.
4. Evita de usar citas directas a menos que sirvan un propósito especial.
5. Lee tus apuntes para verificar que los comprendas sin problema.

Un experimento científico

Composición

Ahora, ¡te toca a ti!

 El cuento *El Castellano viejo* de Mariano José de Larra es un cuento bastante largo. Escribe un resumen del cuento en tus propias palabras. Da sólo las ideas más importantes, incluyendo a lo menos un detalle que indique el elemento cómico/sarcástico de la obra.

 Escribe un artículo o tenga una discusión con un(a) compañero(a) dando tus opiniones sobre la vida de un gaucho.

 Escribe un resumen de uno de los siguientes tópicos:

- un filme que viste
- un episodio que te ocurrió

 Escribe un resumen de un capítulo que has leído en tu libro de estudios sociales o cualquier otra asignatura.

Ella está estudiando para un examen.

Conexión con el inglés

El imperativo

Tampoco se hace distinción entre la forma formal o informal.
El imperativo o una orden en inglés se expresa sencillamente con la raíz del verbo. No se hace ninguna distinción entre singular y plural. Tampoco se hace distinción entre la forma formal o informal.

Look!	*Don't look!*
Run!	*Don't run!*
Study!	*Don't study!*
Work hard!	*Don't work hard!*
Come here!	*Don't come here!*

Pronombres de complemento con el verbo

Los pronombres de complemento siguen el verbo.

Bring me the book.
Bring it to me.
Don't bring it to me.

Show them the house.
Show it to them.
Don't show it to them.

Are tablets the future? Prove it to me.

Capítulo 11

Conducta

Objetivos

En este capítulo vas a:

- estudiar el rasgo de individualismo y como influye en el comportamiento y la toma de decisiones
- leer trozos de un manual de conductores y familiarizarte con el vocabulario vehicular y el de la carretera
- aprender las formas de los verbos en el subjuntivo y familiarizarte con algunos regionalismos relacionados con el carro y la carretera
- leer *La horda* de Vicente Blasco Ibáñez
- familiarizarte con el subjuntivo en inglés y contrastar unos regionalismos en el inglés británico y el norteamericano

Un auto descapotable

Historia y cultura

El pobre mendigo pide limosna.

(t)Dave Moyer, (b)Courtesy National Gallery of Art, Washington

Vocabulario para la lectura

Estudia las definiciones de las siguientes palabras.

la caridad acción de ayudar a los necesitados

el criterio norma para conocer la verdad

el cumplimiento acción de efectuar, llevar a cabo

la limosna dinero, ropa, comida que se le da a un necesitado para ayudarlo

el mendigo persona que habitualmente les pide dinero a otros

el muelle lugar en el puerto que facilita el embarque y desembarque de cosas y personas de un barco

el rasgo propiedad o nota distintiva

el tripulante el que trabaja abordo de un barco, avión; miembro de la tripulación

benévolo caritativo

intrínsecamente interiormente, esencialmente

netamente claramente, definidamente

Joachim y los Mendigos, Andrea di Bartolo, 1400

Poder verbal

ACTIVIDAD 1

Otra palabra Da una palabra relacionada.

1. la tripulación
2. mendigar, la mendicidad
3. cumplir
4. caritativo
5. la benevolencia

ACTIVIDAD 2

¿Qué palabra necesito? Completa.

1. ¿Cuál es el número de ____ que trabajan abordo?
2. ¿Cuál es el ____ que usan para tomar tal decisión?
3. El mendigo pide ____.
4. Es una organización ____ que ayuda mucho a los necesitados.
5. Es un puerto que tiene mucho tráfico. Tiene muchos ____ para acomodar a todas las embarcaciones que entran.
6. ____ significa «claramente» e ____ significa «esencialmente».

Lectura

Individualismo

Las culturas y sociedades heterogéneas de Latinoamérica tienen una mezcla de tradiciones y rasgos indígenas, africanos y español-mediterráneos. Muy a menudo entrará en una discusión sobre una cultura latina o hispana la palabra «individualismo». El individualismo es una característica intrínsecamente española y de los españoles lo han heredado los latinoamericanos.

Un famoso autor español comparaba al español con el francés. Ha dicho que mientras el francés determina su valor personal a través de la opinión que otros tienen de él, el español se limita a un criterio personal—lo que él piensa de sí mismo. Hay un refrán español que dice: «Soy tan grande como el rey, sólo que él tiene más dinero que yo».

Esta característica de individualismo se manifiesta en muchos aspectos de la vida diaria, en la toma de decisiones y en el cumplimiento de responsabilidades. Empecemos con los juegos infantiles. En España y Latinoamérica se observa una ausencia de deportes realmente organizados de espíritu colectivo y competitivo. A diferencia de Estados Unidos no existe *Little League* en el cual empieza la competencia colectiva a una edad muy temprana. En Latinoamérica se verá a un grupo de niños o jóvenes jugando fútbol en un campo abierto. Pero, el fútbol es una importación británica que aprendieron originalmente unos niños en los muelles de Buenos Aires mirando jugar a los tripulantes de los barcos ingleses anclados en el puerto. Y el juego en que participan los niños latinoamericanos será mayormente una diversión entre un grupo de amigos o vecinos. No será una verdadera función competitiva a la cual acuden los padres para empujar al equipo de sus hijos.

En los países de influencia anglosajona como Estados Unidos hay muchos clubes y otras organizaciones. Muchos pretextos sirven para formar un grupo organizado. ¡A tomar un ejemplo! Algunas organizaciones tienen un propósito caritativo. El típico norteamericano mandará un cheque a una organización benévola. En vez de mandar un cheque a tal organización, el español o latinoamericano le dará una moneda al mendigo que pide limosna delante de la catedral. El norteamericano en toda probabilidad lo pasaría por alto. ¿Cuál es más caritativo?

Antigua Sociedad de la Cruz Roja, La Habana, Cuba

Se preparan para el partido.

Un juego espontáneo de fútbol

Orquesta Sinfónica de El Paso, Tejas

Una pariente mía está en casa. Está enferma y no hay quien pueda quedarse en casa para cuidar de ella. Y yo debo ir al trabajo. ¿Qué hacer? ¿Cuál es mi responsabilidad? En la mayoría de los casos el español o latinoamericano dejará el trabajo y se quedará en casa para cuidar de la pariente enferma. El norteamericano en toda probabilidad irá al trabajo y se quedará en contacto con la enferma por teléfono porque no puede olvidar la obligación con la empresa para la cual trabaja. ¿Cuál tiene una falta de responsabilidad? Ninguno, ¿verdad? Es que cada uno toma una decisión basada en diferentes sistemas de valores. El rasgo del «individualismo» dicta que la familia sea más importante que la empresa—lo personal ante lo colectivo.

Algunos músicos han observado que los coros y las grandes orquestas han gozado de menos popularidad en España que en otros países. El cante del pueblo es individual. ¿Y cuál es el instrumento netamente español? ¡La guitarra! En manos de una persona talentosa como Andrés Segovia un solo instrumento llega a ser una orquesta sinfónica.

Una carretera de Brasil

Una calle de Barcelona

El individualismo se manifiesta también en la carretera. Cada conductor se ve como «dueño» de la carretera. Al extranjero le puede parecer que los españoles y latinoamericanos conducen agresivamente. Puede ser, pero la verdad es que en la mayoría de los casos los países hispanos no tienen mayor número de accidentes automovilísticos que los otros países porque cada conductor sabe lo que debe esperar del otro porque todos son dueños de la misma carretera.

El individualismo se manifiesta también en la política. Su impacto es bastante fuerte. Del sentimiento individualista surge una proliferación de partidos políticos. Cada individuo quiere que su partido represente sus «propias» ideas. Suele considerar la política un asunto personal. Y como dijo una vez el famoso autor y filósofo español Miguel de Unamuno, «en España hay veinte y cuatro millones de partidos políticos». En aquel entonces España tenía veinte y cuatro millones de habitantes.

Comprensión

A Buscando información Contesta.

1. ¿Qué comprenden las sociedades heterogéneas de Latinoamérica?
2. ¿Cuál es una característica intrínsecamente española?
3. ¿Han heredado los latinoamericanos esta característica española?
4. Según un famoso autor español, ¿cómo determina su valor un francés?
5. ¿Cómo determina su valor el español?
6. ¿Dónde se manifiesta la característica del individualismo?

B Explicando Contesta.

1. En términos generales, ¿cuál es una diferencia entre muchos juegos infantiles en España y Latinoamérica y Estados Unidos?
2. ¿Cómo se introdujo el fútbol en Latinoamérica?
3. ¿Cuál es el instrumento musical netamente español? ¿Cómo se relacionará con el individualismo?
4. ¿Cómo se manifiesta el individualismo en la carretera?
5. ¿Cómo se manifiesta el individualismo en la política?

Jugando fútbol, Valparaíso, Chile

C Comparando Explica.

1. lo que hacen, por lo general, un latinoamericano y un norteamericano cuando tienen un pariente enfermo en casa
2. la importancia de grupos y clubes en Estados Unidos y Latinoamérica

D Describiendo Describe dos muestras de caridad.

E Analizando Según lo que has leído, ¿por qué no se puede decir que el latinoamericano es más caritativo o responsable que el norteamericano o viceversa?

F Personalizando Algunos miembros de la clase serán biculturales. Es decir que comparten tradiciones y características latinas y «norteamericanas». Al leer estos episodios sobre el individualismo, decide con qué resolución de cada situación te identificas más. Compara tus reacciones con las de los otros miembros de la clase.

Conocimientos para superar

Conexión con el conducir

He aquí unas instrucciones del manual de conductores del estado de Florida. Contiene mucha información que te ayudará a ser buen(a) conductor(a).

Su manera de conducir

El conducir bien se basa en la práctica y en estar alerta cuando se halla al volante. Mientras conduce, debe asegurarse de que no haya nada que interfiera con su capacidad para ver la carretera, reaccionar ante determinadas situaciones u operar su vehículo de manera adecuada. Debe mirar hacia delante en la carretera, hacia los lados y la parte posterior de su vehículo y estar alerta ante sucesos inesperados. Manténgase alerta con respecto a lo que esté sucediendo a su alrededor, y no quite los ojos del camino por más de unos pocos segundos cada vez. No transporte objetos dentro de su vehículo que pudieran interferir con su capacidad para conducir de manera segura. Estos podrían incluir cualquier objeto que obstruya su visión de la carretera o de los espejos.

¡Conduce con seguridad!

Andrew Payti

Malos hábitos de conducción

Los buenos conductores desarrollan hábitos que enfocan toda su atención en la conducción de su vehículo. Algunos conductores pueden desarrollar malos hábitos que pueden resultar muy peligrosos mientras conducen. Algunos de los malos hábitos que distraen su atención mientras conduce son cuando:

- Conduce estando enfermo, disgustado o enojado.
- Conduce mientras come o bebe.
- Conduce mientras ajusta la radio o cambia CD.
- Conduce mientras llama por teléfono celular, lo contesta o conversa por el mismo.
- Conduce y lee al mismo tiempo.

Buenos Aires

Como prepararse para conducir

Antes de arrancar el motor:

- Asegúrese de que todas las ventanillas estén limpias. Quite cualquier cosa que le obstruya la vista de la carretera.
- Ajuste el asiento de manera que pueda alcanzar todos los controles.
- Ajuste el espejo retrovisor interior y exterior. No debería ser necesario inclinarse hacia adelante ni hacia atrás para usarlos.
- Cierre con llave todas las puertas del automóvil.
- Abróchese el cinturón de seguridad. Pida a todos los pasajeros que hagan lo mismo.
- Asegúrese de que su automóvil esté estacionado o en neutro antes de arrancar el motor. Nunca ponga el automóvil en marcha hasta que haya mirado hacia adelante, atrás y los lados para asegurarse de que no haya peatones ni tráfico aproximándose. Luego, dé las señales correspondientes e incorpórese al tráfico cuando sea seguro.

Conocimientos para superar

El pasar a otro vehículo

- Manténgase a una distancia segura detrás del vehículo al que quiere pasar. Mientras más se acerque al vehículo que quiere pasar, menos podrá ver hacia adelante. Esto es especialmente así cuando está pasando camiones, casas rodantes y otros vehículos grandes.
- Antes de cambiar de carril para pasar, fíjese en los puntos ciegos y asegúrese de que tiene tiempo y espacio suficientes para pasar.
- En una carretera de dos carriles, toque la bocina o, por la noche, haga un cambio de luces con las delanteras para avisarle al otro conductor que usted va a pasar.
- Dé la señal antes de moverse al carril izquierdo.
- Usted debe regresar al lado derecho de la carretera antes de estar a 200 pies de cualquier vehículo que se acerque desde la dirección opuesta.
- Pasar por la derecha solamente es legal cuando hay dos o más carriles de tráfico que se mueven en la misma dirección o cuando el vehículo que usted está pasando está doblando a la izquierda. Salirse del pavimento para pasar por el lado derecho es contra la ley.

INCORRECTO

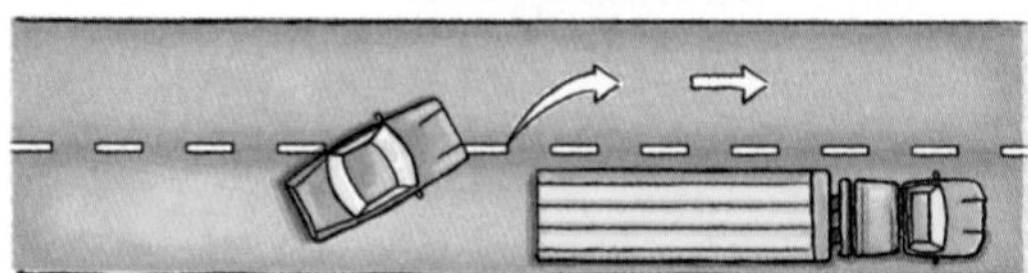

CORRECTO

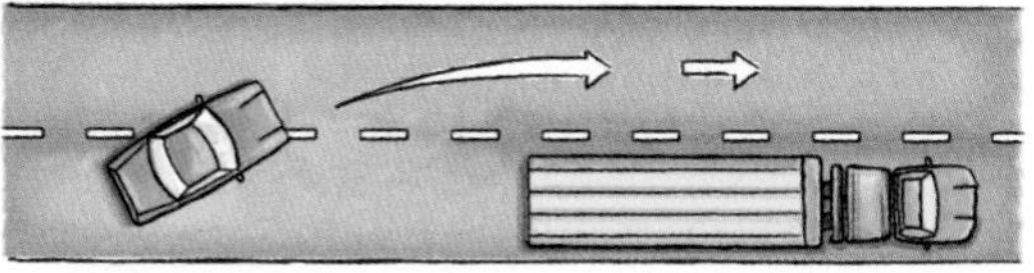

Cuando no se puede pasar

Usted no puede pasar en una carretera de dos carriles en la cual el tráfico se mueve en direcciones opuestas, en estas condiciones:

- Cuando vea un letrero de DO NOT PASS o NO PASSING ZONE. (No pasar)
- Cuando una línea amarilla continuada está pintada sobre su lado de la línea central.
- En lomas o cuestas y curvas.
- En intersecciones.
- A menos de 100 pies de un puente, un viaducto, un túnel o un cruce de ferrocarril.

Las personas que no obedecen estas reglas pueden ser arrestadas o multadas.

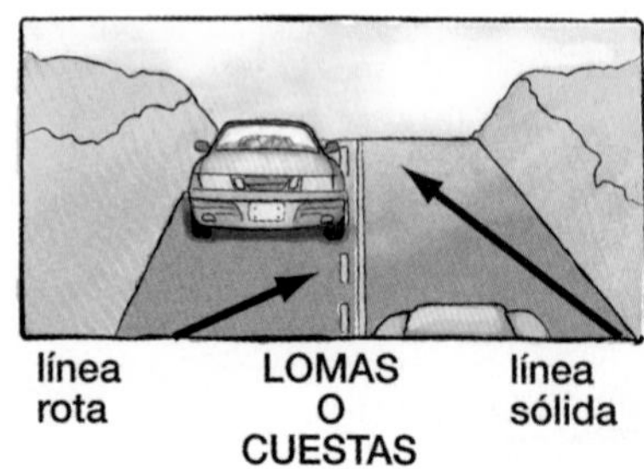

línea rota

LOMAS O CUESTAS

línea sólida

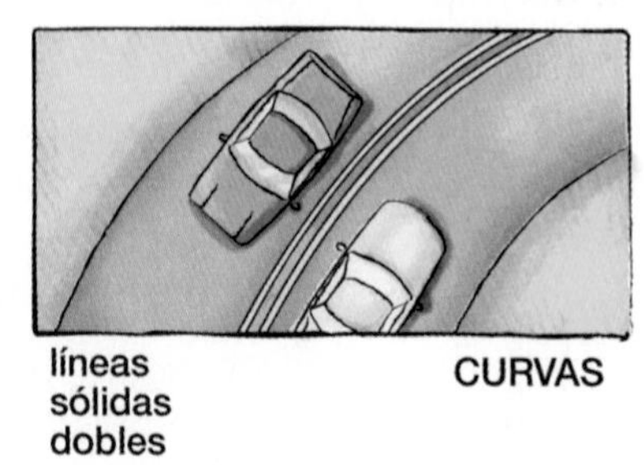

líneas sólidas dobles

CURVAS

Como mantener su automóvil en buenas condiciones

A pesar de lo bien que conduzca, usted no estará seguro a menos que su vehículo se halle en buenas condiciones. Si su vehículo no está en buenas condiciones, usted podría tener un accidente grave.

Frenos Verifique que el pedal se quede lo suficientemente arriba del piso del automóvil cuando lo pisa. Si el automóvil tira hacia un lado al pisar al pedal de los frenos o si se los oye raspar o chirriar, son avisos de que los frenos necesitan repararse.

Luces Cambie las luces fundidas y limpie los cristales de las luces a menudo. Los faros sucios pueden reducir la visión nocturna a la mitad. Los indicadores direccionales o luces de freno fundidos no indicarán a los otros conductores las intenciones de usted. Mantenga las luces delanteras ajustadas para no cegar a los conductores que vienen en la dirección opuesta.

Ventanillas y parabrisas Mantenga el cristal limpio, por dentro y por fuera, para reducir el resplandor.

Un mecánico

Comprensión

A Buscando información Contesta.

1. ¿Cuáles son algunos malos hábitos de conducción?
2. Antes de arrancar el motor, ¿qué debes hacer con las ventanillas?
3. ¿Por qué debes ajustar el espejo retrovisor?
4. ¿Quiénes tienen que abrocharse el cinturón de seguridad?
5. ¿Dónde debes mirar antes de poner el carro en marcha?
6. ¿Por qué es importante quedarte a una distancia segura detrás del vehículo al que quieres pasar?
7. ¿De qué debes asegurarte antes de cambiar de carril?
8. ¿Cuándo puedes tocar la bocina?
9. ¿Qué debes hacer de noche cuando vas a pasar a otro vehículo?
10. ¿Cuándo puedes regresar al lado derecho de la carretera?

B Explicando Explica.

1. Explica algunas circunstancias cuando no se puede pasar.
2. Explica lo que puede indicar que tus frenos no están funcionando apropiadamente.
3. Explica por qué es importante no tener los faros, las direccionales ni las luces del freno fundidas.

C Comparando Compara lo que has leído de este folleto sobre los reglamentos del estado de Florida con los de tu estado.

Gramática y lenguaje

Subjuntivo

1. Ya has aprendido las formas de los verbos en el indicativo. El indicativo expresa estados, acciones o eventos que son verdaderos o reales. No hay duda de su ocurrencia.

    Él es estudiante.
    Ellas trabajan mucho.
    Así, aprenden mucho y sacan (reciben) buenas notas.

2. Se usa el subjuntivo para expresar algo que no es necesariamente verdadero ni real. El subjuntivo expresa un suceso o evento que quizás pueda ocurrir. Expresa lo que uno espera o quiere que *ocurra*, no lo que *ocurre*.

    Yo quiero y yo espero que tú vayas.

    Aunque yo quiero que tú vayas no sé si irás. Tú no harás necesariamente lo que yo quiero ni espero que hagas. Por consiguiente la acción en la cláusula subordinada que sigue el verbo «quiere» o «espera» no es necesariamente real y así hay que expresarla usando el subjuntivo. Aquí tienes otro ejemplo.

    Es posible que ellos vengan.

    Es posible que ellos vengan pero no se sabe si van a venir o no. Por consiguiente es necesario usar el subjuntivo en la cláusula subordinada (dependiente).

Yo quiero que a mis estudiantes que les interese el curso y que aprendan mucho.

3. De la forma de **yo** del tiempo presente del indicativo se suprime la terminación **-o** para formar la raíz para el presente del subjuntivo.

INFINITIVO	PRESENTE (YO)	RAÍZ
mirar	**miro**	**mir-**
comer	**como**	**com-**
vivir	**vivo**	**viv-**
salir	**salgo**	**salg-**
hacer	**hago**	**hag-**
decir	**digo**	**dig-**
conducir	**conduzco**	**conduzc-**

4. A la raíz se añaden terminaciones con la vocal **-e** a los verbos de la primera conjugación y **-a** a los verbos de la segunda y tercera conjugaciones. Nota que las vocales son las opuestas a las del presente del indicativo. Estudia las siguientes formas.

INFINITIVO	MIRAR	COMER	VIVIR	SALIR	CONOCER
yo	mire	coma	viva	salga	conozca
tú	mires	comas	vivas	salgas	conozcas
él, ella, Ud.	mire	coma	viva	salga	conozca
nosotros(as)	miremos	comamos	vivamos	salgamos	conozcamos
vosotros(as)	miréis	comáis	viváis	salgáis	conozcáis
ellos, ellas, Uds.	miren	coman	vivan	salgan	conozcan

5. Estudia las formas de los verbos de cambio radical.

VERBOS DE LA PRIMERA Y SEGUNDA CONJUGACIONES

e → ie o → ue

INFINITIVO	CERRAR	PERDER	ENCONTRAR	PODER
yo	cierre	pierda	encuentre	pueda
tú	cierres	pierdas	encuentres	puedas
él, ella, Ud.	cierre	pierda	encuentre	pueda
nosotros(as)	cerremos	perdamos	encontremos	podamos
vosotros(as)	cerréis	perdáis	encontréis	podáis
ellos, ellas, Uds.	cierren	pierdan	encuentren	puedan

VERBOS DE LA TERCERA CONJUGACIÓN

e → ie o → ue e → i

INFINITIVO	SENTIR	DORMIR	PEDIR
yo	sienta	duerma	pida
tú	sientas	duermas	pidas
él, ella, Ud.	sienta	duerma	pida
nosotros(as)	sintamos	durmamos	pidamos
vosotros(as)	sintáis	durmáis	pidáis
ellos, ellas, Uds.	sientan	duerman	pidan

¿Es posible que la policía le dé una multa? O, ¿es evidente que le da una multa?

(t-b)Andrew Payti

6. Los siguientes verbos son irregulares en la formación del presente del subjuntivo.

DAR	ESTAR	IR	SABER	SER
dé	**esté**	**vaya**	**sepa**	**sea**
des	**estés**	**vayas**	**sepas**	**seas**
dé	**esté**	**vaya**	**sepa**	**sea**
demos	**estemos**	**vayamos**	**sepamos**	**seamos**
deis	**estéis**	**vayáis**	**sepáis**	**seáis**
den	**estén**	**vayan**	**sepan**	**sean**

Es probable que estos alumnos ecuatorianos sean amigos muy buenos.

ACTIVIDAD 1 **¿Qué quieres?** Sigue el modelo.

Quiero que:
Ustedes están aquí. →
Quiero que ustedes estén aquí.

1. Quiero que:
   Ustedes lo pasan bien.
   Él come más.
   Ellos viven aquí.
   Juanito devuelve el dinero.
   María lo repite.
   Ustedes lo saben.
   Usted hace el viaje conmigo.

2. Mandamos que:
   Ustedes lo aprenden.
   Los niños no fuman.
   Él estudia más.
   Tú lees la novela.
   Ellos traducen el poema.
   El camarero sirve la comida.

3. Ella espera:
   Yo los conozco.
   Hacemos el viaje.
   Ponemos todo en orden.
   Tú sabes los detalles.
   Ustedes están bien.
   Visitamos a San Francisco.

4. Prefiero que:
Llevas aquel traje.
Viajan por México.
Vienes aquí.
Ustedes lo compran.
Los chicos no lo saben.
Establecen el negocio aquí.
Vives cerca de nosotros.

5. Insisten en que:
Aprendemos español.
Terminas mañana.
Haces el trabajo.
Comprendemos su problema.
Vamos a casa.
El niño es bilingüe.

Espero que llegue a tiempo.

ACTIVIDAD 2 **El subjuntivo** Completa.

1. Insisten en que nosotros ____ allí. (comer)
2. Él tiene miedo de que ustedes ____ tarde. (llegar)
3. Carlos prefiere que tú ____ el coche. (conducir)
4. Ella quiere que nosotros ____ en tren. (viajar)
5. Yo prefiero que tú ____ con tus planes. (seguir)
6. Ella espera que todo ____ bien con ustedes. (estar)
7. Yo quiero que ustedes ____ la novela. (leer)
8. Él insiste en que tú lo ____. (repetir)
9. Estamos contentos de que ustedes ____ salir. (poder)
10. Ellos temen que nosotros no lo ____. (saber)
11. Siento mucho que ustedes no ____. (venir)
12. Él manda que yo ____ más trabajo. (hacer)
13. Tememos que ellos no ____ a la reunión. (asistir)
14. Mis padres prohíben que yo ____. (fumar)
15. Él quiere que nosotros ____ su obra. (traducir)

Insisten en que comamos en el restaurante Quimbamba, Playa Bonita, Costa Rica.

ACTIVIDAD 3 **Oraciones nuevas** Introduce cada oración con la expresión indicada. Haz los cambios necesarios.

1. Nosotros recibimos los resultados. (Es importante)
2. Ellos llegan por la mañana. (Conviene que)
3. El chico estudia más. (Es necesario)
4. Ellos vuelven pronto. (Es posible)
5. El héroe pierde el juego. (Es imposible)
6. Todos están presentes. (Es mejor)
7. Ellos traen los refrescos. (Es probable)
8. Yo se lo digo a él. (Basta que)
9. Vamos al mercado. (Es preciso)
10. Él aprende español. (Es fácil)
11. Ellos no asisten. (Es raro)
12. Estás enfermo. (Es lástima)
13. Ellos escriben la carta. (Es bueno)
14. Tú hablas con el médico. (Es aconsejable)
15. Salimos enseguida. (Es difícil)

El puerto de Valparaíso, Chile

Regionalismos

Ya sabes que el español, una lengua hablada en más de veinte países, tiene muchos regionalismos. Un regionalismo es una variación en la manera de expresar un vocablo en cierta región. Hay que señalar que los regionalismos no son errores ni vulgarismos. Son correctos y aceptables en la región donde se usan.

Hay muchos regionalismos relacionados con el carro y el conducir. Aquí he unos ejemplos. ¿Cuáles son las expresiones o palabras que te son conocidas?

1. Se dice el coche en España; el carro en Latinoamérica.
2. Oirás el permiso de conductor (conducir), licencia de conducir (manejar), el título, el carnet y la libreta.
3. Oirás la bocina o el claxon y a veces la expresión dar pitos.
4. En reverso puede ser en reverso o en reversa o en retro.
5. Oirás las luces o los faros. Se dice luces de cruce, luces bajas o luces cortas; luces de carretera, luces altas, luces intensas y luces largas.
6. El gato puede ser la gata.
7. La guantera puede ser la secreta o la cajuelita.
8. Puede ser el baúl, la maletera o la cajuela.
9. Puedes decir neumático, llanta, goma, cubierta o caucho.
10. Un tapón es también un tapacubo. Un tapón es también un embotellamiento en la carretera.
11. El capó es también el bonete o el cofre.
12. Las intermitentes son también direccionales. Llevan el artículo «las» donde se dice «luces» y «los» donde se dice «faros».
13. La aleta puede ser también el guardafango.
14. La gasolinera es también la estación de servicio. Casi siempre oirás gasolina pero existen también nafta y bencina.
15. El tanque puede ser el depósito.
16. Una avería es también una descompostura, una pana o un pane.
17. Puedes tener un neumático desinflado, una llanta reventada, un pinchazo, una goma ponchada o una ponchadura.
18. Oirás refacciones y piezas de recambio.

Recibió su licencia de conducir.

En cuanto a la carretera

1. Oirás de dirección única, de sentido único y una mano o una vía.
2. El peaje puede ser una cuota y donde lo (la) pagas una caseta, garita o cabina de peaje.
3. El carril es el término más común pero hay también la banda, la pista, la vía, el canal o la trocha.
4. Oirás estacionar, aparcar o parquear. El lugar donde estacionas, aparcas o parqueas puede ser el estacionamiento, el aparcamento (aparcamiento), el parqueo, el parking o la playa (de estacionamiento) (en Perú).
5. La autopista es también la autovía.
6. Además de pasar (a) otro vehículo oirás rebasar o adelantar.

Un parquímetro, Barcelona

Entrada a un estacionamiento, Buenos Aires

Carretera entre Coquimbo y La Serena, Chile

Literatura

La horda de Vicente Blasco Ibáñez

Vocabulario

Estudia las definiciones de las siguientes palabras.

la afluencia abundancia

los víveres alimentos

la casucha casa humilde en malas condiciones

el ademán gesto; pl. modales

el capataz persona encargada de dirigir un grupo de trabajadores

sombrío muy oscuro o casi siempre con sombra

fangoso lleno de fango (mezcla de tierra y agua)

tosco rústico, hecho con poco cuidado

Poder verbal

Contesta

1. ¿Es el capataz responsable por el trabajo de varios trabajadores?
2. ¿Son sombríos los corredores donde entra mucha luz del sol?
3. ¿Tiene el jefe ademanes de un hombre culto?
4. ¿Viven muchos pobres en casuchas?
5. ¿Se puede comprar los víveres en un supermercado?
6. ¿Hay mucha afluencia vehicular cuando se cierran las fábricas y oficinas?
7. ¿Tiene una persona tosca buenos modales?
8. ¿Debes entrar en la sala con zapatos fangosos?

Biografía

Vicente Blasco Ibáñez nació en Valencia en 1867. Sus padres eran dueños de una tienda de ultramarinos (comestibles) cerca del Mercado Central. Blasco Ibáñez hizo sus estudios en Valencia donde se licenció en derecho. Sin embargo siempre sabía que le atraía una vocación literaria. Escribió unas novelas regionales valencianas como *La Barraca y Cañas y barro*. Luego pasó a novelas urbanas, sociales y políticas. Entre estas figura *La horda*. En toda su obra no se puede negar su talento descriptivo.

Blasco Ibáñez compartió su activa vida literaria con un activismo político durante una época política turbulenta.

Introducción

La horda de Vicente Blasco Ibáñez es un relato magnífico del Madrid pobre de desde hace más o menos un siglo. La novela, en vez de tener lugar en el centro de la ciudad misma tiene lugar en los barrios periféricos de la ciudad.

La historia de *La horda* empieza en los Cuatro Caminos. Hoy día Cuatro Caminos se considera una parte del centro de Madrid pero en la época de esta novela era solo una de les entradas a la capital.

Lectura

La horda

Los carros de la sierra, grandes, de pesado rodaje y toldo negro, comenzaban a desfilar hacia la población, cabeceando como sombríos barcos de la noche. Otros más pequeños deslizábanse entre ellos, pasando ante el fielato sin detenerse. Eran los vehículos de los traperos, unas cajas descubiertas de las que tiraban pequeños borricos. Los dueños iban tendidos en el fondo, continuando su sueño, con la tranquilidad que les daba el estar a aquellas horas la calle de Bravo Murillo libre de tranvías. Algunas veces la bestia, imitando al amo, detenía el paso y quedaba inmóvil, con las orejas desmayadas, como si dormitase, hasta que la despertaban un tirón de riendas y un juramento.

La lluvia cesó al amanecer. Una luz violácea se filtró por entre las nubes, que pasaban bajas como si fuesen a rozar los tejados. De la bruma matinal surgieron lentamente los edificios, humedecidos y relucientes por el lavado de la lluvia; el suelo fangoso con grandes charcos; los desmontes de tierra amarilla con manchas de vegetación en las hondonadas.

Así como avanzaba el día, era más grande la afluencia de carros y cabalgaduras en la glorieta de los Cuatro Caminos. Llegaban con víveres frescos para los mercados de la villa. Junto con los cántaros de la leche descargábanse en el fielato cestones de huevos cubiertos de paja, piezas de requesón, racimos de pollos y conejos caseros.

El asno, fiel compañero del trapero, desfilaba en todas sus míseras variedades, tirando de los cajones, trotando bajo los varazos de las amazonas. Eran animales pequeños y sucios, de una malicia casi humana. Rara vez buscaban su comida en el campo;

deslizábanse se movían suavemente

fielato oficina a la entrada de una población donde se pagan los derechos de consumo

borricos asnos

rozar pasar una cosa tocando ligeramente la superficie de otra

hondonadas barrancas, cañadas

requesón cuajada

trapero persona que se dedica al comercio de trapos, papeles viejos etc.

varazos golpes

se alimentaban con los garbanzos sobrantes de los cocidos de Madrid; rumiaban en sus pesebres lo que el día anterior había pasado por las cocinas de la población, y este alimento de animal civilizado parecía avivar su inteligencia.

rumiaban comían de nuevo

pesebres tipo de cajones de los cuales comen los animales

Una turba de peatones invadió el camino. Eran los vecinos de la barriada, obreros que marchaban hacia Madrid. Salían de todos los lados de los Cuatro Caminos, de las casuchas de vecindad con sus corredores lóbregos y sus puertas numeradas, míseros avisperos de la pobreza.

lóbregos oscuros, sombríos

avisperos nidos de avispas

Por las aceras pasaban y pasaban los grupos de trabajadores, con blusas blancas y el saquillo del almuerzo pendiente de un botón, o con chaquetones pardos y la boina calada hasta los ojos.

Otros, vestidos de lienzo azul, con gorras negras y reloj, se agrupaban frente a la estación de los tranvías, esperando los primeros coches. Eran maquinistas de fábrica, capataces, encargados de talleres, la aristocracia del trabajo manual, que se aislaba de los demás en su relativo bienestar.

El jefe del fielato, que, libre ya de las ocupaciones matinales, seguía desde la puerta el paso de los trabajadores, llamó á un joven que venía de Madrid y le invitó á fumar un cigarro. Tiempo le quedaba de descansar: tenía el día entero para dormir. Y mientras le ofrecía lumbre, le preguntó guiñando un ojo:

—¿Qué hay de política, amigo Maltrana? ¿Cuándo viene «la nuestra»? ¿Es verdad que el gobierno está al caer? . . .

El llamado Maltrana hizo un gesto de indiferencia al mismo tiempo que encendía su cigarro. Era un joven de escasa estatura, pobremente vestido.

Toda su persona denunciaba la miseria de una juventud que lucha desorientada, sin encontrar el camino. Sus botas mostraban los tacones rotos y el cuero resquebrajado bajo los roídos bordes del pantalón.

—¿Qué hay de política?—dijo otra vez el empleado.

Y Maltrana terminó su gesto de indiferencia. Los cambios de ministerio y lo que se decía en el Congreso le inspiraba escaso interés. Allá en la redacción, donde pasaba la noche, hablaban horas enteras de tales cosas, sin que él se esforzase por retener en su memoria una sola palabra, abstraído en la lectura de periódicos y revistas. ¿Cómo podían interesar á nadie tales futilidades? . . .

Pero con el deseo de agradar á aquel buen amigo que le trataba con cierto respeto por escribir en los papeles públicos, hizo un esfuerzo y contestó, sin saber ciertamente lo que decía:

—Sí, creo que el gobierno va á caer. Algo he oido de eso en la redacción.

—Y los «hombres»? ¿Qué dicen los «hombres» de estas cosas?

Isidro Maltrana sabía que los tales «hombres» eran los redactores del periódico en que él trabajaba, los que tejían el artículo de fondo y la información política, los «pájaros gordos», como los designaba por antonomasia el empleado, viendo en ellos á los depositarios del secreto nacional, á los únicos profetas del porvenir.

—Pues los «hombres»—contestó el joven con cierta timidez, como si le repugnase mentir—creen que esto marcha bien y que muy pronto vendrá «la nuestra».

—Lo mismo digo yo.

Y tras esta afirmación enérgica, que rebosaba fe, el empleado miró con cierta envidia á aquel joven de misera facha, que podía tratarse de igual á igual con los «hombres».

Comprensión

Describiendo Describe

1. el tiempo
2. las casuchas de la vecindad
3. los varios niveles de obreros y trabajadores
4. la conversación entre el fielato y Maltrana

Analizando. Analiza

1. los elementos sociológicos en el trozo
2. los elementos políticos en el trozo

Composición

Comparar y contrastar

Al comparar dos cosas, explicas como son similares. Al contrastar dos cosas, explicas como son diferentes. Para explicarte de una manera clara, es frecuentemente preciso comparar y contrastar algo. Al observar cuidadosamente dos cosas, ves semejanzas y diferencias. Este escrutinio analítico te permite entender y apreciar mejor cada una de las dos cosas.

Ahora, ¡te toca a ti!

En este capítulo leíste sobre diferencias entre el comportamiento típico de un latino o hispano y el de un anglosajón. Vas a escribir una redacción en la cual comparas lo que haría un hispano o latino con lo que haría su contraparte anglosajón. La vas a presentar de una manera objetiva—sin opiniones ni juicios.

El proceso

Puedes organizar tu ensayo de comparación y contraste de dos maneras.

POR SUJETO

el individualismo hispano

el colectivismo anglosajón

Siguiendo este plan de organización, presentarás y discutirás todas las manifestaciones de un grupo antes de presentar las del otro grupo.

POR CARACTERÍSTICAS

En este caso darás un ejemplo de lo que haría el miembro de uno de los grupos y enseguida presentarás lo que haría un miembro del otro grupo.

Si quieres concluir tu escrito con tus propias opiniones, lo puedes hacer. Pero debes basar tus opiniones en los detalles que presentaste en tu ensayo.

Conexión con el inglés

Andrew Payti

Subjuntivo

1. Se usa el subjuntivo con mucha frecuencia en español. En inglés se usa con muy poca frecuencia. El subjuntivo es gramaticalmente obligatorio en muy pocos casos y la verdad es que la mayoría de los anglohablantes no lo usan.

2. He aquí una lista de expresiones que deben ir seguidas del subjuntivo.

   She { *demands* / *insists* / *expects* } *that we be on time.*

   It is { *important* / *critical* / *necessary* } *that you be here.*

   I { *asked* / *demanded* / *insisted* / *recommended* / *requested* / *suggested* } *that he pay immediately.*

3. Nota que el subjuntivo del verbo *to be* es *be*. La única forma de los otros verbos que cambia en el subjuntivo es la forma de *he, she, it.* Se suprime la *-s*.

   They recommend(ed) { *that she tell the truth.* / *that she see the doctor.* / *that she come immediately.* }

4. En el inglés británico *should* se usa con más frecuencia que el subjuntivo.

   She insists that he should be on time.
   They suggested that he should see a doctor.

The doctor recommends that he jog every day.

Regionalismos

En inglés hay también bastantes regionalismos relacionados con el carro y la carretera. ¡A ver si los reconoces todos! Probablemente no porque bastantes son del inglés británico.

1. *trunk, boot*
2. *hood, bonnet*
3. *directionals, indicators*
4. *tire, tyre*
5. *muffler, exhaust pipe*
6. *gas, petrol*
7. *gas station, service station, petrol station*
8. *truck, lorry, tractor and trailer, eighteen-wheeler*
9. *traffic circle, rotary, roundabout*
10. *thruway, parkway, motorway, turnpike*

Nosotros y nuestro mundo

Un ídolo para todos

La vida no es siempre fácil. Podemos encontrar obstáculos que la dificultan pero con una actitud positiva es posible hacer esfuerzos personales para superarlos. Y así lo hizo Jaime.

Valle del Silicio, San José, California, Estados Unidos

Jaime nació en San José, California. Era el menor de cuatro hijos. Su padre era de ascendencia irlandesa, alemana y mexicana. Su madre era mexicana. Su madre era ciega y su padre tenía muy poca visión. Como se puede imaginar la vida de esta familia no era nada fácil. El padre tenía un quiosco donde vendía periódicos. Por duro que trabajara los recursos siempre eran escasos. Desde una edad muy temprana, Jaime quería ayudar y ganaba dinero vendiendo periódicos, cortando céspedes y más tarde trabajando en gasolineras. Desde muy joven Jaime tenía un fuerte sentido de la responsabilidad.

En la escuela primaria Jaime no era un mal alumno pero tampoco era excepcional. En el quinto grado se dio cuenta de que le gustaban mucho los deportes y empezó a jugar béisbol y básquetbol. Pero cada vez le atraía más y más el fútbol y este se convirtió en su máximo interés. El joven Jaime sobresalió en todos estos deportes a pesar de un obstáculo médico. Sufría de una enfermedad de los huesos. Durante sus últimos dos años de la escuela secundaria llevó a su equipo de fútbol a dos campeonatos.

Al graduarse de la secundaria, Jaime recibió ofertas de becas de varias universidades para jugar fútbol. Escogió la Universidad de Stanford por dos razones. Sabía que gozaba de una reputación académica excelente y quería quedarse cerca de casa. Quería estar donde estaban sus queridos padres porque sabía que ellos necesitaban de él.

Unos meses antes de matricularse en Stanford, Jaime se enfrentó con otro obstáculo. Los médicos descubrieron que sufría de un tumor en la tiroides. Afortunadamente, el tumor fue benigno pero un largo período de recuperación siguió a la operación. Jaime no pudo jugar fútbol y empezaron a bajar sus calificaciones. Por consiguiente decidió no terminar su primer año universitario. Pero Jaime no se rendiría. Un año más tarde volvió a Stanford, jugó fútbol una vez más y mantuvo un promedio de B en todos sus cursos.

Dentro de poco Jaime establecería records en pases, tantos y yardaje a pesar de haber sufrido unas heridas típicas de un jugador de defensa. Antes de terminar sus estudios se le murió el padre. Jaime tenía que mantener a su madre y trabajaba durante los veranos en la construcción pero nunca tenía bastante dinero para satisfacer sus obligaciones financieras. Sentía una gran tentación de abandonar sus estudios y aceptar una de las ofertas que recibía para jugar fútbol profesionalmente. Sabía que ganaría mucho dinero. ¿Qué hacer? El astuto Jaime se dio cuenta de que una buena educación le beneficiaría durante toda su vida y tomó la decisión de continuar con sus estudios.

Torre Hoover, Universidad de Stanford, Estados Unidos

Un fútbol americano

Pero Jaime tenía otros motivos para no abandonar sus estudios. Sentía una gran lealtad hacia Stanford y hacia los jóvenes mexicanoamericanos a quienes él ayudaba dándoles instrucción privada. No quería dar un mal ejemplo a estos jóvenes que le consideraban un *role model.* Siempre tenía el tiempo y el deseo de ayudar a los que estaban aún más necesitados que él.

A pesar de sus problemas, Jaime siguió manteniendo un promedio académico de B y en su última temporada en Stanford llevó a su equipo a la victoria en el *Rose Bowl.* Ganó el trofeo Heisman, que se da al mejor jugador de fútbol universitario de Estados Unidos.

Después de graduarse de Stanford, Jaime jugó con los Patriotas de Nueva Inglaterra. En su primer año con ellos fue nombrado «Novato del Año». Más tarde fue a jugar con los Oakland Raiders. Llevó a su equipo a ganar en la *Super Bowl* no sólo una vez, sino dos. Fue nombrado el «Jugador Más Valioso».

Y, ¿quién es este Jaime—nuestro ídolo para todos? ¿Es un personaje real o ficticio? Pues, hoy es un señor mayor—pero no importa que sea mayor porque aún los mayores eran una vez menores y todos estos actos de Jaime los cumplió cuando era joven como ustedes. En vida Jaime se llama Jim Plunkett—un mexicanoamericano que dedicó su vida a ayudar a otros. De adulto él hizo producir una serie de «cartas de deportes»—un juego de 280 cartas de famosos futbolistas profesionales cuyas fotografías están en relieve y toda la información sobre ellos está presentada en Braille—el alfabeto para los ciegos. Y, ¿qué hizo Plunkett con el dinero que recibió al vender las cartas? Lo donó todo a organizaciones benévolas dedicadas a ayudar a los ciegos. Aún de adulto Jaime o Jim Plunkett sigue ayudando a otros. ¿No es verdad que tal personaje pudiera servir de ídolo para todos? ◆

Un jugador de fútbol americano

El braile

Entérate Centroamérica

Piedras que hablan

Entérate de lo que cuentan dos grandes ciudades: Copán, de Honduras, y Tikal, de Guatemala. Por su "mensaje", son hoy Patrimonio de la Humanidad.

Copán

- Ciudad fundada en el siglo V a.C.
- Sus ruinas revelan que fue un importante centro cultural y observatorio astronómico. Por ello, se la conoce como "la Atenas[1] del Nuevo Mundo".
- Aún hoy causan admiración sus plazas y templos: Su acrópolis— sitio alto y fortificado, como en las ciudades griegas—, cuenta con el Templo del Sol y la impresionante Escalera de los jaguares. La Escalera de los jeroglíficos contiene el texto más importante de la civilización maya. La cancha para el juego de pelota era el centro social de la ciudad.

Plataforma de las Águilas y los Jaguares, Chichén Itzá, Yucatán, México

- Los pobladores de Copán comerciaban con lugares tan distantes como las regiones centrales de lo que hoy es México.
- Copán fue el centro principal de la cultura maya durante tres siglos y medio.
- De pronto[2] y en todo el esplendor de su grandeza cultural, artística y científica, sus habitantes se marcharon[3]. Existen varias conjeturas, pero hasta hoy se desconocen las razones por las que Copán fue abandonada. Todo ello forma parte del "misterio maya".

Tikal

- Ochenta y seis estelas[4] cuentan la historia de esta urbe[5] del imperio maya. Su mensaje aún no ha sido descifrado, pero es innegable[6] que estas piedras tienen mucho que contar. Calladamente nos hablan de una alta civilización cuyos logros[7] aún nos asombran.
- Su símbolo es el Templo I, impresionante pirámide de 44 metros de altura. Otro de sus templos mide 70 metros de altura.
- El Templo del gran jaguar, el Templo de la serpiente de dos cabezas, el Palacio de las siete ventanas y tres canchas de juegos de pelota son muestras del esplendor de Tikal.
- Consta[8] además de numerosos palacios, residencias, calzadas[9], estelas y tumbas, que se extienden por 16 kilómetros.
- Se sabe que Tikal fue un gran centro comercial.

Templo del Gran Jaguar, Parque Nacional Tikal, Guatemala

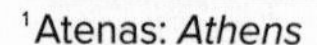

[1] Atenas: *Athens*
[2] de pronto: *suddenly*
[3] se marcharon: *left*
[4] estelas: *stelae*
[5] urbe: *major city*
[6] innegable: *undeniable*
[7] logros: *accomplishments*
[8] consta: *It has*
[9] calzadas: *wide streets*

Los asombrosos[1] mayas

Calendario azteca

- En Occidente[2], el concepto del número cero proviene de[3] la India. Los avances matemáticos de los mayas los llevaron al mismo concepto del cero, independientemente de la India.
- Inventaron un calendario de 260 días con el que controlaban las tareas agrícolas y la vida diaria. Otro calendario se basaba en la rotación de la Tierra alrededor del Sol. Tenía 365 días y era tan exacto como el nuestro.
- Los mayas eran excelentes "dentistas". Desarrollaron un empaste[4] muy duradero[5]. Los dentistas actuales[6] se alegrarían mucho al descubrir la composición química de esa mezcla.
- El *Popol Vuh* es el libro sagrado[7] de los quiché. Estos descendientes de los mayas cuentan sus mitos[8] en ese libro.

[1] asombrosos: *amazing*
[2] Occidente: *Western world*
[3] proviene de: *comes from*
[4] empaste: *amalgam*
[5] duradero: *lasting*
[6] actuales: *present-day*
[7] sagrado: *sacred*
[8] mitos: *myths*

el mundo salvaje

■ Si te gusta surfear, pensarás que las playas de Costa Rica son el paraíso de los surfeadores, o sea, "¡pura vida!", como dicen los costarricenses. Lugares como Playa Hermosa o Playa Guines tienen olas[1] ideales. Además, la temperatura del agua es tan agradable que no hay necesidad de llevar traje de surfear[2].

■ El Cocibolca, también llamado lago de Nicaragua, es el segundo lago más grande de América latina. Tiene olas, una isla con dos volcanes ¡y hasta tiburones[3]! Sí, en este lago se encuentran los únicos tiburones de agua dulce[4] del planeta.

Trunk Bay, San Juan, Islas Vírgenes

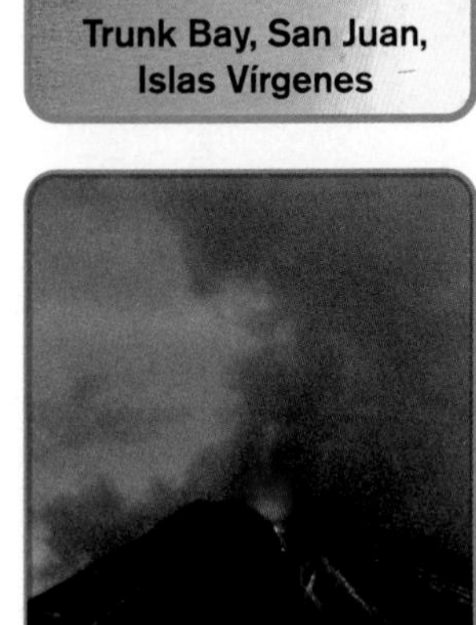

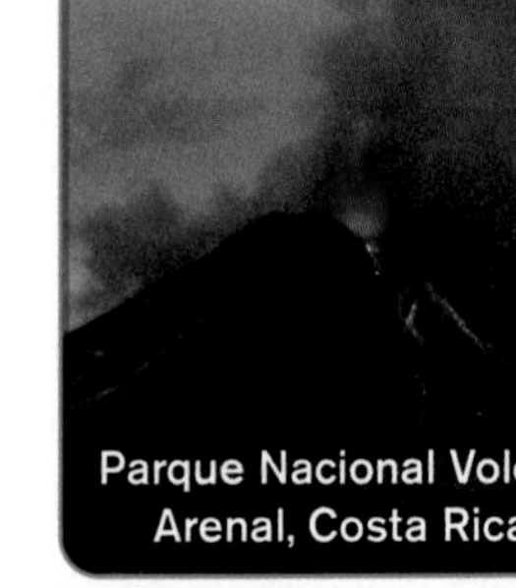

Parque Nacional Volcán Arenal, Costa Rica

■ Una cadena[5] volcánica recorre la costa oeste de Centroamérica. El volcán Arenal de Costa Rica es uno de los más impresionantes. Noche a noche, es todo un espectáculo cuando la lava incandescente desciende por sus laderas[6]. Incluso, con un poco de suerte, ¡lo oirás rugir[7]!

■ El territorio de Costa Rica mide 51,000 kilómetros cuadrados y el 25% de estos ¡está reservado para parques nacionales y áreas protegidas! El ecoturismo es tradición en este país centroamericano.

■ ¿Te gustaría ver delfines nadar libremente en las aguas transparentes del Caribe? En Roatán, Honduras, un instituto de ciencias marinas ofrece la oportunidad de nadar con estos bellos e inteligentes seres marinos.

[1] olas: *waves*
[2] traje de surfear: *wet suit*
[3] tiburones: *sharks*
[4] agua dulce: *freshwater*
[5] cadena: *chain*
[6] laderas: *slopes*
[7] rugir: *roar*

SUCESOS

La paz se estudia en una universidad que queda en Costa Rica; se trata de la Universidad de la Paz. Costa Rica es una de las democracias más antiguas de América. ¡Es el único país del mundo que no tiene ejército[1]!

Centroamérica cuenta con dos ganadores del premio Nóbel de la Paz: la guatemalteca **Rigoberta Menchú** y el expresidente de Costa Rica, **Óscar Arias Sánchez.**

Neida Sandoval es presentadora de "Despierta América" (Univisión). Con la sonrisa y el profesionalismo de esta hondureña, los latinos de Estados Unidos reciben las noticias todas las mañanas. Neida obtuvo dos premios Emmy por su participación en este programa, el matutino[2] número uno de la televisión en español.

[1] ejército: *army*
[2] matutino: *morning [news]*

Natilla

micocina

La dulzura de Luis Enrique

El cantante nicaragüense **Luis Enrique** admite no ser buen cocinero. Sin embargo, es conocedor de la cocina de su país y no pierde ocasión de compartir recetas de su abuela, quien prepara – según él – el mejor atolillo. Hay muchas versiones de este reconfortante postre[1] en toda Latinoamérica. Anímate a preparar el atolillo de mamá Elsa y, ¡a ver qué opinas tú!

Ingredientes

1 litro de leche
2 yemas de huevo
1 taza de azúcar blanco
2 onzas de maizena (fécula de maíz)
1/8 cucharadita de sal
1/2 taza de pasas
astillas de canela[2] al gusto

Preparación

En una taza y media de leche, mezclar bien la maizena y las yemas de huevo. Aparte, combinar el azúcar, la canela, las pasas y la sal con el resto de la leche. La segunda mezcla se pone a fuego lento, removiéndola[3] constantemente para evitar grumos. Cuando está hirviendo, incorporar la primera mezcla, pasándola por un colador[4], sin dejar de remover. Continuar la cocción[5] hasta lograr una consistencia espesa[6]. Servir caliente y, ¡buen provecho!

[1] postre: *dessert*
[2] astillas de canela: *cinnamon sticks*
[3] removiéndola: *stirring it*
[4] colador: *strainer*
[5] cocción: *cooking*
[6] espesa: *thick*

El desarrollo de la infraestructura entre Nicaragua y Costa Rica

El español antes y después...

Ya conoces a Cervantes, el creador de *El Quijote.* Ahora tienes que conocer a **Rubén Darío.** Como todas las cosas vivas, los idiomas nacen, envejecen[1] y mueren. A finales del siglo XIX, el español era un idioma gastado[2], poco expresivo, débil[3]. Era necesario darle nueva vida.

Quien hace esa revolución y convierte al español en una lengua apta para expresar las cosas del siglo XX es Rubén Darío. El escritor nicaragüense logró que el español sonara como una orquesta capaz[4] de interpretar todos los tonos y melodías. Para ello empleó la mayor variedad de metros[5] que hasta ahora ha utilizado un solo poeta. ¡Sus estudiosos[6] han contado nada menos que 134 tipos distintos de versos!

[1] envejecen: *grow old*
[2] gastado: *worn-out*
[3] débil: *weak*
[4] capaz: *able*
[5] metros: *meters*
[6] estudiosos: *scholars*

¿Tú o vos?

¿Querés que te cuente algo? ¿Sabías vos que en todos los países centroamericanos, excepto Panamá, se dice casi siempre *vos* en vez de *tú?* Lo mismo ocurre en Argentina, Uruguay y en partes de Venezuela y Colombia. Los centroamericanos creen que es más "sabroso"[1] hablar de *vos,* o vosearse. ¿Qué creés vos?

Gentilicios[2] chistosísimos[3]

Si conoces a alguien de Nicaragua, no lo llames nicaragüense, llámalo *nica.* Alguien de Costa Rica no es costarricense; mejor dile *tico.* A un hondureño, lo llamarás *catracho.* Si es de El Salvador, dile *guanaco.* Y nada de decir guatemalteco, se dice *chapín.* Sorprendentemente, los panameños se quedaron sin gentilicio chistoso. ¿Cómo los llamarías tú?

[1] sabroso: *fun*
[2] gentilicios: *name given to the people from a particular region or country*
[3] chistosísimos: *very funny*

Centroamérica y su literatura

Gioconda Belli es escritora y poeta nicaragüense. Ha ganado varios premios internacionales. Sus obras se han traducido a varios idiomas.

Augusto Monterroso, escritor guatemalteco nacido en Honduras, ganó el Premio Príncipe de Asturias en 2001. Suyo es el cuento más corto que se conoce. ¿Quieres que te lo cuente?: "Cuando se despertó, el dinosaurio todavía estaba ahí".

Cuando era jovencita, **Claribel Alegría** mostró sus escritos[1] al famoso escritor español Juan Ramón Jiménez. Actualmente, la obra de esta salvadoreña es conocida en todo el mundo.

Miguel Ángel Asturias tradujo al lenguaje moderno todo el rico pasado cultural de su país, Guatemala. Esta hazaña[2] lo llevó a ganar el Premio Nóbel de Literatura.

[1] escritos: *writings*
[2] hazaña: *achievement*

Katia Cardenal nació en Nicaragua, pero ahora vive muy lejos de allí. Ha llevado la dulzura de su canto a Noruega[1], donde la adoran.

Ricardo Arjona, de Guatemala, escribe poesía y la canta con toda el alma.

Al cantante, músico y compositor **Luis Enrique,** de Nicaragua, se lo conoce como el príncipe de la salsa. También ha sido percusionista de Ricky Martin y Gloria Estefan.

Rubén Blades es el salsero consentido[2]. Este cantante, actor de cine y compositor panameño es embajador de la salsa en todo el mundo.

Álvaro Torres es compositor y cantante salvadoreño. Cantó su canción "Buenos amigos" a dúo con Selena, hecho que lanzó a la fama a la cantante tejana.

Los roqueros[3] no podían faltar[4] en Centroamérica. La prueba[5] es **¡Rabanes!,** el grupo de rock panameño.

[1] Noruega: *Norway*
[2] consentido: *that makes sense*
[3] roqueros: *rock musicians*
[4] faltar: *be absent*
[5] prueba: *proof*

Una niña de San Blas, Panamá

Escuela primitivista de Solentiname

Numerosos pintores nicaragüenses pintan en el estilo[1] primitivista. El pintor primitivista a veces carece de[2] conocimiento técnico, pero representa libremente el paisaje y la vida diaria de su país.

El pueblo kuna

Los indios kunas viven en el archipiélago de San Blas, en Panamá. Han logrado mantener su identidad cultural desde tiempos ancestrales. Su manera de vestirse y adornar el cuerpo es toda una obra de arte. Las molas, vistosas blusas que llevan las mujeres, son artesanías[3] que cuentan tradiciones de la cultura kuna.

Arte moderno

El arte moderno latinoamericano tiene un importante representante en la obra internacionalmente reconocida del pintor nicaragüense **Armando Morales.**

[1] estilo: *style*
[2] carece de: *lacks*
[3] artesanías: *crafts*

Chang Díaz

Fanático de alto vuelo

El costarricense Franklin R. Chang Díaz es físico[1] y astronauta de la NASA. Uno de sus viajes a bordo del transbordador espacial[2], para la misión *Endeavour,* ocurrió durante el Campeonato Mundial de Fútbol que se llevó a cabo en Japón y Corea. Desde el espacio, el astronauta siguió atentamente los juegos donde participó el equipo de su país. ¡Hasta llevó una camiseta[3] del conjunto costarricense para honrarlo[4] desde las alturas!

[1] físico: *physicist*
[2] transbordador espacial: *space shuttle*
[3] camiseta: *t-shirt*
[4] honrarlo: *honor it*

Capítulo 12

Servicios y gobierno

Objetivos

En este capítulo vas a:

- estudiar la historia de las misiones españolas en Estados Unidos
- familiarizarte con el vocabulario necesario para discutir asuntos policíacos y judiciales
- aprender varios usos del subjuntivo y repasar unos problemas de ortografía y pronunciación
- leer *Perico Paciencia* de Manuel Alonso y *El crimen fue en Granada* de Antonio Machado
- contrastar el subjuntivo en inglés y en español

Misión Espada, San Antonio, Texas

Historia y cultura

Vocabulario para la lectura

Estudia las definiciones de las siguientes palabras.

abogar defender en juicio; hablar en favor de alguien

abolir derogar, suprimir, declarar que ya no existe una ley

ceder dar, transferir

comerciar comprar y vender con fin lucrativo (con fines de lucro); en el pasado significaba «trocar»—cambiar una cosa por otra

dictar pronunciar leyes o decretos

perecer morir

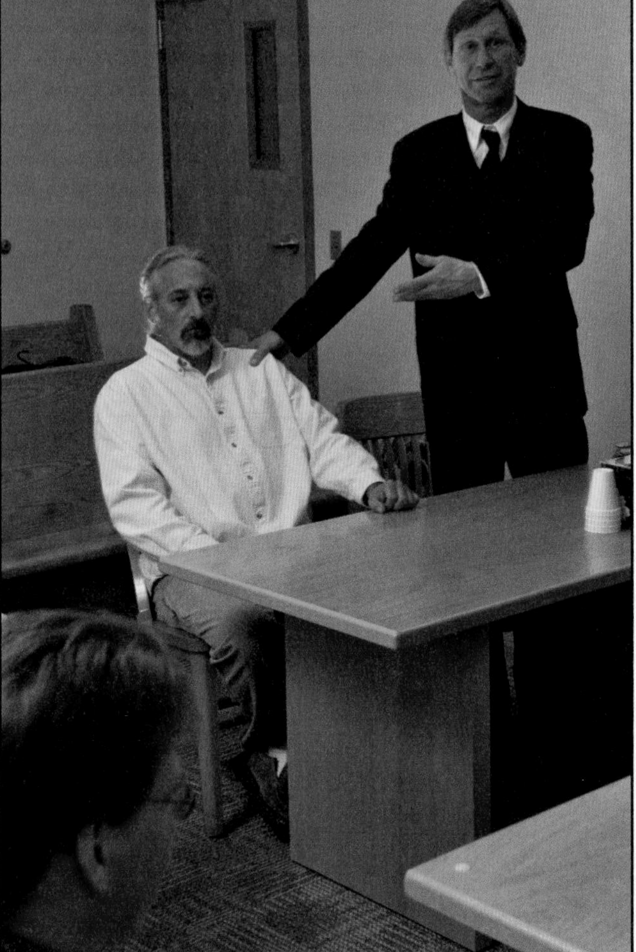

Un abogado defensor y su cliente

Aaron Roeth Photography

Poder verbal

Actividad 1 **Otra palabra** Da una palabra relacionada.

1. la abolición
2. el dictamen
3. el comercio
4. el abogado

Actividad 2 **Parafraseando** Expresa de otra manera.

1. Ellos *cambiaban muchas mercancías por otras.*
2. *Transfirieron* grandes extensiones de tierra a los recién llegados.
3. Han *declarado* la ley *nula e inválida.*
4. Muchos *murieron* de enfermedades que no existían antes de la llegada de los europeos.
5. Ellos *proclamaron* una ley en favor de los derechos de los indígenas.
6. Muchos sacerdotes *defendieron* los derechos de los indígenas.

Lectura

Misiones españolas en EE.UU.

En los años 1500 un sacerdote misionero español Bartolomé de Las Casas condenó el tratamiento cruel de los españoles hacia los indígenas de las Américas. Informó a las autoridades de España de los abusos diciendo que millones de indígenas habían muerto porque los españoles hicieron el oro su meta principal. El sacerdote abogó por leyes para proteger a los indígenas y como resultado de sus esfuerzos el gobierno español dictó las Nuevas Leyes que prohibían hacer a los indígenas gente esclavizada. Aunque las leyes no fueron siempre aplicadas, los conceptos de de Las Casas dieron origen al desarrollo de las misiones establecidas por franciscanos, dominicanos y jesuitas, desde Texas hasta California. Los misioneros «viajeros» prometían proteger a los indígenas de los ejércitos españoles si estos permitieran a los misioneros catequizarlos para convertirlos a la religión católica. Los que aceptaron se congregaban en un lugar apropiado y bajo las instrucciones de los sacerdotes misioneros construyeron una misión.

Las misiones fueron comunidades religiosas que usualmente incluían un pueblito, tierras agrícolas alrededor del pueblo y una iglesia. Además de la religión los misioneros les enseñaban métodos agrícolas y otros oficios.

Misión San José, San Antonio, Texas

Texas y el sudoeste

En 1687 Eusebio Kino estableció la Misión de Nuestra Señora de los Dolores al norte de México. De allí viajó hacia el norte y estableció veintinueve misiones incluyendo la de San Javier del Bac cerca de Tucson.

Los españoles establecieron algunas misiones en el este de Texas entre los Caddo, un grupo indígena sofisticado que consideraban enemigos a los franceses que comerciaban con otros grupos de indígenas con quienes luchaban los Caddo. Al darse cuenta de que los españoles también eran enemigos de los franceses, les querían dar la bienvenida y saludaban a los misioneros diciendo Taysha—palabra que significaba «amigo» en su idioma. Los españoles creían que Taysha era el nombre del grupo o del territorio que habitaban. Por consiguiente los colonos se referían al territorio al norte del río Grande como Texas, una corrupción de Taysha. Pero estas misiones en el este de Texas no tenían éxito porque un gran número de los Caddo perecerían de enfermedades traídas por los españoles. Creían que el agua sagrada de los curas les ponían enfermos y readoptaron sus prácticas religiosas tradicionales.

Misión de San Antonio de Valero (El Álamo), San Antonio, Texas

Al salir del este de Texas los misioneros establecieron en 1718 lo que sería la misión más famosa del sudoeste, la misión de San Antonio de Valero que más tarde recibió el apodo de «el Álamo» cuando fue tomado por los militares en 1800. En un período de trece años, los españoles establecieron cinco misiones más en el área de San Antonio.

California

Los curas españoles construyeron una serie de misiones a lo largo de la costa del Pacífico en California. A veces los misioneros y los soldados trajeron a los indígenas a las misiones contra su voluntad haciéndoles trabajar forzadamente en los campos y talleres.

Misión Basílica de San Diego de Alcalá, San Diego, California, Estados Unidos

Misión San Cayetano de Tumacácori, Tumacácori, Arizona

En 1769 un monje franciscano, Junípero Serra, fundó la misión de San Diego de Alcalá, la primera de toda una serie de misiones llamada «el Camino Real» que se extiende desde San Diego hasta Sonoma. Junípero Serra mismo fundó ocho misiones en unos quince años. La distancia entre cada misión era por lo general el camino de un día de viaje. Serra viajaba a pie para visitar cada una de las misiones. Serra, como de Las Casas muchos años antes, abogó por los derechos de los indígenas. Trabajaba para prevenir que los comandantes del ejército español de la región no maltrataran a los indígenas pero esto no significa que cesaban todos los abusos y sufrimiento.

El sistema de misiones era una parte clave del plan de España para colonizar California. Para 1820, existían veintiuna misiones. Casi veinte mil indígenas las habitaban.

Historia y cultura

Dave Moyer

Después de que México obtuvo su independencia de España en 1821 California se convirtió en estado de la nueva nación mexicana. En aquella época había pocos colonos españoles en California. En 1833 el gobierno mexicano aprobó una ley aboliendo las misiones. El gobierno cedió algunas tierras a los indígenas y vendió las demás. Muchos empezaron a emigrar a California y pobladores mexicanos compraron estas tierras y construyeron grandes propiedades llamadas «ranchos».

Hoy en día cientos de miles de turistas vistan los vestigios de las antiguas misiones españolas en Texas, Nuevo México, Arizona y California.

Misión San Solano, Topawa, Arizona

Comprensión

Dave Moyer

Misión San Miguel, Santa Fe, Nuevo México, Estados Unidos

A Identificando Identifica.

1. Fray Bartolomé de Las Casas
2. Eusebio Kino
3. Junípero Serra
4. las Nuevas Leyes
5. San Antonio de Valero
6. el Camino Real

B Buscando información Contesta.

1. ¿Qué dio origen al establecimiento de misiones?
2. ¿Qué prometían hacer los misioneros?
3. ¿Cuáles fueron las condiciones?
4. ¿Qué incluían las misiones?
5. ¿Qué enseñaban los misioneros a los indígenas?
6. ¿De qué perecieron muchos Caddo?
7. ¿Qué dejaron de aceptar los Caddo?
8. A veces, ¿cómo llegaban los indígenas a las misiones?
9. ¿Cuánta distancia había entre cada misión en California?
10. ¿Por qué viajaba Junípero Serra de una misión a otra?
11. ¿A qué país pertenecieron California y otros estados del sudoeste?
12. ¿Qué visitan los turistas actualmente?

C Explicando Explica.

1. como recibió su nombre Texas
2. lo que se hizo con las tierras de las misiones californianas después de la abolición de las misiones

Conocimientos para superar

Conexión con el trabajo policíaco

Un servicio importantísimo que la municipalidad les ofrece a sus ciudadanos es el de la policía cuya meta primordial es la de proteger a los ciudadanos. Todos los centros metropolitanos, ciudades medianas, pueblos y aldeas tienen su cuerpo de policía.

El trabajo policíaco es polifacético. Tiene muchas funciones desde el tránsito hasta la resolución de crímenes serios.

Objetivos del sistema de justicia

Los objetivos más importantes del sistema de justicia penal son el control del crimen por medio de la resolución de delitos que comprende la aprehensión de sospechosos, la investigación, el procesamiento y el castigo de los delincuentes. Otro objetivo importantísimo, si no el más importante, es la prevención del crimen.

Códigos penales

Los códigos penales distinguen entre delitos mayores y delitos menores llamados también «violaciones» e «infracciones». Los delitos mayores son crímenes graves con penalidades o castigos igualmente duros. Los delitos menores son menos graves y llevan castigos como multas y/o menos de un año de encarcelamiento. Tanto los delitos mayores como los menores tienen varios grados de gravedad. El entrar en casa ajena (el escalamiento) de noche con arma con intención de robar es un delito mayor en el primer grado; el entrar en una vivienda de día sin armas es un delito mayor en el segundo grado y en el tercer grado es el escalamiento de día sin armas de un edificio que no sirve de vivienda.

La presentación de la evidencia

(tc)Andrew Payti, (b)Aaron Roeth Photography

He aquí una lista de varios tipos de delitos.

- El **homicidio** es el acto de causar la muerte de otra persona sin justificación ni excusa legal, incluso el asesinato y el homicidio impremeditado negligente y no negligente.
- El **asalto** es el acto de causarle o tratar de causarle daño físico a otro ilegalmente y con intención.
- El **robo** es la toma o el intento de tomar la propiedad que está en posesión de otro.
- El **escalamiento** es la entrada ilegal a cualquier estructura fija o vehículo, con o sin fuerza con la intención de cometer un hurto.
- El **hurto** es la toma o intento de tomar ilegalmente la propiedad, con excepción de un vehículo motorizado, en posesión ajena, con sigilo, sin la fuerza con la intención de privárselo permanentemente al dueño de la propiedad.
- El **latrocinio** es la toma ilegal de la propiedad ajena por la fuerza o por amenaza de la fuerza.

Arequipa, Perú

La presunción de inocencia

Uno de los mayores valores del sistema judicial estadounidense se conoce como «la presunción de inocencia». En muchos países la presunción es de culpabilidad. En Estados Unidos la policía inicia su intervención cuando tienen una sospecha razonable que la persona que detienen, interrogan o cachean ha cometido un delito. Las órdenes de arresto se emiten basadas en la culpabilidad probable. Los fiscales inician un proceso sólo si creen que la persona es culpable. Es durante el juicio que se acepta de pleno la inocencia del acusado y se le encarga al Estado de probar lo contrario. En la audiencia sobre fianza, un oficial de la corte determina si el acusado debe ser puesto en libertad antes del juicio o mantenido bajo custodia hasta el juicio. La fianza es la cantidad de dinero que se deposita para asegurar que el acusado no huye y que se presenta ante el juez. El propósito de la libertad bajo fianza es el de permitir que el acusado vuelva a su hogar, que trabaje y que prepare su defensa contra los cargos.

Estepona, España

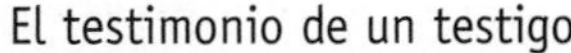

El testimonio de un testigo

La liberación

Sólo los que han cometido los delitos más graves reciben la condena a perpetuidad. La mayoría de los prisioneros llegan a salir de la prisión. Algunos están puestos en libertad bajo palabra después de haber cumplido la sentencia mínima. Otros reciben su libertad después de haber cumplido el término máximo menos tiempo por buena conducta (buen comportamiento). Otros salen después de haber cumplido la sentencia máxima en su totalidad. Y a veces el prisionero recibe un indulto por parte de un gobernador o del presidente de EE.UU.

Comprensión

A Poder verbal **Comparando** Compara.

1. delitos mayores y delitos menores
2. delito mayor en el primer grado, en el segundo grado y en el tercer grado
3. el robo y el escalamiento
4. el hurto y el latrocinio
5. el homicidio y el asalto
6. la presunción de inocencia y la presunción de culpabilidad
7. la libertad bajo fianza y la libertad bajo palabra

B Poder verbal **Definiciones** Explica lo que significa.

1. polifacético
2. la aprehensión
3. ajeno
4. bajo custodia
5. la condena a perpetuidad
6. impremeditado

C Poder verbal **Palabras emparentadas** Busca una palabra relacionada.

1. el municipio
2. resolver
3. sospechar
4. procesar
5. la delincuencia
6. prevenir
7. penal
8. castigar
9. la cárcel
10. grave
11. escalar
12. robar
13. asaltar
14. presumir
15. inocente
16. la culpa
17. arrestar
18. acusar

D Poder verbal **Sinónimos** Parea.

1. la corte
2. el delito
3. el delito mayor
4. el delito menor
5. la penalidad

a. el tribunal
b. la infracción
c. el castigo
d. la violación
e. el crimen

Miraflores, Perú

E Poder verbal Definiciones Parea.

1. la audiencia
2. el procesamiento
3. cachear
4. el fiscal

a. el que trata de probar la culpabilidad de un presunto (sospechoso) por el Estado; en inglés «abogado del distrito»
b. acto por el cual se declara a alguien presunto autor de unos hechos delictivos (criminales) para poder abrir contra él un proceso penal
c. registrar (examinar con cuidado) a alguien para saber si oculta objetos prohibidos como armas, drogas etc.
d. acto de oír el juez o el tribunal a las partes (los individuos) para decidir causas en un acto jurídico

F Buscando información Contesta.

1. ¿Cuál es un servicio muy importante que la municipalidad provee a sus ciudadanos?
2. ¿Cuál es un objetivo, posiblemente el más importante, del sistema de justicia?
3. ¿Qué distinguen los códigos penales?
4. ¿Cuál es uno de los mayores valores del sistema judicial estadounidense?
5. ¿Qué puede hacer el presunto autor de un crimen cuando tiene la libertad bajo fianza?
6. ¿Qué será un indulto?

G Explicando Explica lo que significa «Es durante el juicio que se acepta de pleno la inocencia del acusado y se le encarga al Estado de probar lo contrario».

H Ordenando Pon lo siguiente en orden.

1. **el procesamiento**
   - la aprehensión del sospechoso
   - el castigo
   - la investigación
2. **los policías**
   - interrogan o cachean al delincuente
   - detienen al sospechoso
   - ordenan el arresto

I Significado en contexto La palabra «juicio» aparece varias veces en la lectura. Según los contextos en que se usa, ¿qué significa «juicio»?

J Conectando con una carrera ¿A ti te interesaría el trabajo policíaco o no? Da tus razones.

El jurado anuncia el veredicto.

Gramática y lenguaje

Subjuntivo con expresiones impersonales

1. Se usa el subjuntivo en una cláusula introducida por una expresión personal cuando la información en la cláusula no es necesariamente verdadera ni real.

Es necesario que tú lo hagas.
Es necesario que lo hagas pero no se sabe si lo harás o no.
Es posible que ellos asistan pero no es seguro.
Es importante que todos lo sepamos.

¿Completamente seguro? Completa cada oración con la forma apropiada del verbo indicado.

1. Es posible que él lo ____. saber
2. Es difícil que nosotros lo ____. hacer
3. Es necesario que tú se lo ____. repetir
4. Es probable que yo ____ temprano. salir
5. Es importante que nosotros ____ bien preparados. estar

¿Se realizará o no? Introduce cada oración con la expresión indicada.

1. Tú hablas con el médico. Es aconsejable
2. Vamos de compras. Es necesario
3. Ellos traen los refrescos. Es probable
4. El héroe pierde el juego. Es imposible
5. Nosotros recibimos los resultados. Es importante
6. Ellos no lo saben. Es imposible

Es posible que aquí se pague más por la gasolina.

Subjuntivo con expresiones de duda

1. Se usa el subjuntivo después de cualquier expresión que denota duda.

    Yo dudo que él se case.
    No creo que ellos vayan a la recepción.

2. Si la expresión implica certidumbre, se usa el indicativo.

    No dudo que él se casará (casa).
    Creo que ellos irán (van) a la recepción.

Dudo que él esté hablando con una persona a quien no le gusta.

3. Analiza la diferencia en las siguientes preguntas.

    ¿Crees que él venga?

    Al usar el subjuntivo indicas a tu interlocutor que tú no crees que él venga.

    ¿Crees que él vendrá (viene)?

    Al usar el indicativo indicas a tu interlocutor que tú crees que vendrá.

Oraciones Escribe una oración original con cada una de las siguientes expresiones.

1. dudar
2. creer
3. no dudar
4. estar seguro
5. es cierto
6. no creer

Creo que ellos están enamorados.

Subjuntivo con expresiones de emoción

Se usa el subjuntivo en una cláusula subordinada (dependiente) introducida por una expresión que denota emoción.

Me alegro que tú celebres tu cumpleaños.
Siento que tu buen amigo no pueda asistir.
Es una lástima que él tenga que trabajar.

Más oraciones Escribe una oración original con cada una de las siguientes expresiones.

1. alegrarse de
2. sentir
3. gustar
4. estar contento(a)
5. ser una lástima
6. lastimar
7. ser una pena

Subjuntivo o infinitivo

1. Ya has aprendido que se usa el subjuntivo en una cláusula introducida por una expresión que haga que la acción del verbo en la cláusula no sea cierta.

   Yo quiero que tú vayas.
   Él prefiere que (nosotros) nos quedemos aquí.

2. Muchas veces no hay ningún cambio de sujeto. Cuando el sujeto no cambia la expresión introductoria va seguida del infinitivo.

   Yo quiero ir.
   Él prefiere quedarse aquí.

¿Subjuntivo o infinitivo? Escribe oraciones. Ten cuidado de escribir una cláusula cuando hay cambio de sujeto.

1. ellos / querer / trabajar / aquí
2. ellos / querer / nosotros / trabajar / aquí
3. ella / insistir en / yo / hacerlo
4. ella / insistir en / hacerlo
5. ser necesario / ustedes / estar / aquí / nueve
6. ser necesario / estar / aquí / nueve
7. yo / preferir / tú / ir
8. yo / preferir / ir

Subjuntivo con ojalá y quizá(s)

Se usa el subjuntivo con las expresiones **¡ojála!** y **¡quizá(s)!**

¡Quizás vengan!
¡Ojalá estén ellos!

ACTIVIDAD 6 Sigue el modelo.

Vienen con nosotros. →
¡Ojalá vengan con nosotros!
¡Quizás vengan con nosotros!

1. Salen ellos.
2. Esperan hasta que lleguemos.
3. Vuelves pronto.
4. Llegan pronto.
5. Asistimos.
6. Gano.

Están en Sevilla. ¡Quizás busquen la Torre del Oro!

Subjuntivo en cláusulas relativas

1. Una cláusula relativa modifica a un sustantivo. Cuando el sustantivo al que modifica la cláusula se refiere a una cosa o persona indefinida se usa el subjuntivo en la cláusula relativa. Si el sustantivo se refiere a una persona o cosa específica se usa el indicativo.

   Estamos buscando una secretaria que sea bilingüe.
   Conocemos a una secretaria que es bilingüe.

2. Nota que se omite la «a personal» delante de un sustantivo indefinido de complemento directo.

   Buscamos una secretaria.
   Conocemos a una secretaria.

Él está buscando un trabajo que le pague bien.

Gramática y lenguaje

ACTIVIDAD 7 Completa.

1. Ella busca una secretaria que ____ español. (hablar)
2. Y yo tengo una secretaria que ____ español. (hablar)
3. Queremos una casa que no ____ muy lejos de la ciudad. (estar)
4. Compramos una casa que no ____ muy lejos de la ciudad. (estar)
5. Ellos están buscando una escuela que no ____ clases grandes. (tener)
6. Mis hijos van a una escuela que no ____ clases grandes. (tener)
7. Necesito un empleo que me ____ mucho. (pagar)
8. Y tú tienes un empleo que te ____ mucho. (pagar)

Repaso de ortografía

ACTIVIDAD 8 **¿Cómo se escribe?** Completa con **h** cuando necesario.

1. ___oficio
2. in___óspito
3. ___aula
4. ___incapié
5. ___e aquí
6. ___omogéneo
7. ___eterogéneo
8. ___istoria
9. ___istmo
10. ___astro
11. ___ombre
12. ___abogado
13. ___ogar
14. lo ___a ___echo
15. ___estado
16. ___ambre
17. ___ambiente
18. ___unidad
19. ___umano
20. ___ion
21. ___ielo
22. ___ierro
23. ___ierba
24. ___átomo
25. ___órbita
26. ___ielo
27. ___elicóptero
28. ___enlaza
29. ___ángel

Pronunciación y ortografía

¿Cómo se escribe? Vas a ser editor(a). Escoge la ortografía apropiada.

1. avogar / abogar
2. avogado / abogado
3. avolir / abolir
4. perecer / pereser / perezer
5. ceder / seder / zeder
6. la cede / la sede
7. inocencia / inosencia / inosensia
8. presunsión / presunción
9. prebensión / prevención
10. cársel / cárcel
11. procezamiento / procesamiento
12. el apollo / el apoyo

A ella le gusta usar su portátil.

Perico Paciencia de Manuel A. Alonso

Vocabulario

Estudia las siguientes palabras para ayudarte a entender la lectura.

el cura sacerdote
el desgraciado menos afortunado
los repartos distribuciones
la avería daño, deterioro
el yerno esposo de su hija
descalzo(a) sin zapatos
criar instruir, educar
socorrer ayudar
entregar dar
aguardar esperar
concurrir asistir

Expresa de otra manera.

1. *El esposo de su hija* es un buen mozo.
2. *El sacerdote* quiere *educar* al niño *desafortunado.*
3. No tendrás que *esperar* mucho más.
4. El cura siempre está listo para *ayudar* a todos.

Introducción

Manuel A. Alonso nació en San Juan de Puerto Rico de padres españoles el 6 de octubre de 1822 y murió en su ciudad natal el 4 de noviembre de 1889. Hizo los estudios secundarios en San Juan y continuó sus estudios superiores en Barcelona, España, donde recibió un bachillerato en filosofía. Continuó con estudios superiores en Barcelona con una especialización en medicina y cirugía.

Desde muy joven Manual Alonso concilió su innata vocación literaria con su profundo interés científico. Antes de regresar a San Juan de Barcelona en 1819 había publicado en España la primera versión de su obra *El Gíbaro,* hoy *El Jíbaro.* Alonso tiene fama de ser el primer costumbrista boricua. Como costumbrista presenta cuadros pictóricos de la vida cotidiana—costumbres y tradiciones, pasiones y virtudes y luchas y esperanzas.

El Gíbaro es sin duda uno de los libros más importantes de la literatura puertorriqueña y a pesar de su fama literaria Alonso ejerció su profesión de medicina en Caguas, Puerto Rico. Además tomó parte en actividades políticas. Fue director de *El Agente,* un periódico de carácter liberal. Alonso volvió dos veces más a España donde comparó la complicada situación política con la situación de su isla. Promovió una serie de reformas políticas y siempre veía al jíbaro como sujeto educable para el trabajo de hacer funcionar las exigencias gubernamentales nacionales.

En 1883 publicó una edición revisada y expandida de *El Jíbaro.* Entre los cuadros costumbristas incluidos en esta nueva versión es el cuento *Perico Paciencia.*

Lectura

Perico Paciencia

Tratábase de celebrar la fiesta del santo patrón de un pueblo de esta Isla, y siguiendo la costumbre establecida en casos semejantes, comenzó el Alcalde por abrir una suscripción en la que pronto figuraron los nombres de las principales personas de dicho pueblo. Vivía en el mismo un vecino joven que el señor Cura recogió cuando niño porque tuvo la desgracia de perder a sus padres, y lo había criado, dándole la educación que pudo, pues el buen señor hasta de lo necesario solía privarse para socorrer a los desgraciados y esto quiere decir que su bolsa estaba tan limpia de dinero como su alma de pecados.

Pedro González, que así se llamaba el niño, creció teniendo siempre a la vista el buen ejemplo del sacerdote y como de suyo era bien inclinado, llegó a ser el mozo más honrado, servicial y bonachón; tanto que lo conocían todos por el nombre de Perico Paciencia, y así le llamaban sin que por ello se le diera un comino.

Pensando sin duda en hacer una buena obra iba nuestro hombre por la calle, cuando se encontró con el Alcalde, que, con la lista en una mano y el lápiz en la otra, le interpeló de este modo:

—Vamos, Perico, a ver con cuánto te apuntas para los gastos de la fiesta.

—Señor Alcalde, con mucho gusto; lo que siento es que no tengo más que un peso, que si más tuviera vería usted qué pronto se lo entregaba, como hago con éste.

Y, en efecto, entregó cuatro pesetas, único caudal que poseía en aquel momento y que llevaba consigo.

—Pero algo más puedo hacer: usted tendrá que mandar por los músicos al pueblo vecino porque aquí no los hay; yo tengo mi caballito, iremos los dos y se ahorra el alquiler de un hombre y un caballo. Además iré también a llevarlos después de la fiesta.

—Gracias, Perico, gracias y acepto tus ofrecimientos. Mañana temprano es preciso marchar.

—Lo dicho, señor Alcalde, al amanecer saldré de aquí para estar de vuelta antes del mediodía, porque a las doce debo disparar los truenos y repicar las campanas.

A la mañana siguiente llegaba Perico con una recua de siete caballos a la casa del director de la orquesta; mas el Alcalde parece que en materia de repartos no era muy inteligente y había echado la cuenta sin los violines, el trombón y el contrabajo, de modo que, después de estar a caballo los seis músicos, se encontró Perico con que tenía que acomodar en el séptimo caballo, que era el suyo, dos violines con su caja, el contrabajo con la suya, un trombón y su no pequeña humanidad. No vaciló por esto y dos horas después entraba en su pueblo precedido de los músicos y el caballo cargado con los demás instrumentos, menos el contrabajo que llevó sobre su cabeza para que no sufriera la menor avería.

Media hora después, repicaba las campanas que era un gusto y entre uno y otro repique disparaba una porción de truenos que sin subvención de ningún género había fabricado. Por la noche cantó en la salve, dirigió la alborada, disparó los cohetes y dio muchos vivas al Santo patrón y al Alcalde, que lo había dejado a pie y con carga. Al día siguiente cuidó del arreglo del salón en que por la noche debía darse el baile.

comino cosa de poca importancia

te apuntas tienes

caudal cantidad

disparar los truenos hacer explotar los fuegos artificiales

repicar hacer sonar campanas en señal de fiesta

recua grupo de caballos

Llegó la hora de éste y con ella la de recoger Perico el premio de todos sus trabajos. Ya el Alcalde, el Síndico y demás notables acompañados de sus caras mitades y no menos caras hijas ocupaban la sala, y la juventud masculina tosía, se arreglaba el cuello de la camisa o hacía otras cosas por el estilo, aguardando el momento de poner en juego las piernas al compás de la música. Perico se presenta a la puerta vestido con una levita nueva, que así como el resto de su traje no estaba muy conforme con el último figurín de modas, aunque podía pasar, y unos botines que le apretaban sin piedad, pero no piensa en esto cuando se trata de bailar con la hija del Alcalde, de quien estaba secretamente enamorado. Desde aquel sitio descubre a la niña que lleva un hermoso traje, regalo de su papá y comprado con el producto de la visita de tiendas de aquel año; los ojos de Perico se anublaron y su corazón dejó de latir y empezó a galopar.

Mientras tanto la escogida concurrencia estaba escandalizada.

—¿Cómo —decía uno— atreverse a venir al baile un hombre que lleva recados de todo el mundo?

—Y que ha traído los músicos —añadía otro.

—Y el contrabajo a cuestas.

—Y que dispara truenos.

—Y que toca las campanas.

—Y que da vivas al Patrón y al Alcalde.

—Y que arregló esta sala.

—Pues lo que es yo —decía la chica del Alcalde— no bailo con él. ¡No faltaba más! Un hombre que fue descalzo a llamar la comadre cuando el último parto de mamá.

Éste, lejos de calmar la tormenta la aumentaba sonriendo a uno, guiñando el ojo al otro, y dando la razón a todos. Por último, cuando vio que la opinión era unánime se dirigió a Perico, que repuesto algo de su emoción penetraba resueltamente a donde más le valiera no haber entrado.

—Perico, óyeme una palabra.

—Si, señor —contestó poniéndose colorado, porque pensó que habían sorprendido su secreto amor.

—Mira, Perico: Los concurrentes al baile tienen a mal el que hayas venido, y yo te aconsejo que te vayas para evitar un lance.

—Pero ¿qué he hecho yo para que me echen así? ¿No soy un hombre honrado y trabajador?

—Es cierto: pero ellos tienen una posición que tú no tienes y tus circunstancias y las mías no me permiten admitirte.

—Bien, señor Alcalde, bien; me voy por obedecerle; pero maldito si entiendo el motivo, y le juro que no he de parar hasta dar con la explicación de todo esto.

Aquella noche no durmió Perico; más de dos horas pasó hablando con el Cura, que estaba despierto cuando llegó a su casa y que se admiró de verle volver tan temprano y nada alegre.

A la mañana siguiente se presentó de nuevo al Alcalde.

—Señor Alcalde —le dijo— aquí estoy a cumplir lo ofrecido. Vengo para ir a llevar los músicos.

—Perico: mucho siento lo de anoche, no fue culpa mía; pero qué quieres, las circunstancias...

—Usted, señor Alcalde, hizo lo que creyó bien hecho, yo haré lo que debo y nada más.

levita tipo de abrigo

subvención ayuda

alborada procesión que tiene lugar al levantar el sol

guiñando cerrando y abriendo el ojo con rapidez

* * *

Quince años después de lo que acabo de referir llegó también el día de la fiesta y para convidar a ella se repartían esquelas redactadas así: "Don Pedro González, Síndico de la Junta Municipal de... comisionado por ésta y los demás vecinos contribuyentes, tiene el honor de invitar a usted para la fiesta que en obsequio del Patrón celebrará dicho pueblo; esperando se sirva usted concurrir para mayor lucimiento."

Don Pedro González no era otro que Perico Paciencia. Nada se hacía en el pueblo sin contar con su voto, y el antiguo Alcalde se envanecía de tenerle por yerno.

¿Qué había hecho Perico para que de tal manera variase de opinión?

Perico hizo lo que cualquier hombre honrado y laborioso puede hacer. Al salir del baile donde no lo admitieron, por no creerle bastante digno, fue inmediatamente a contarle todo al sacerdote. Éste le dijo en resumen:

—Hijo mío: tan pobre como tú, no dudé en recogerte cuando murieron tus padres; seis años tenías entonces; yo no era joven y hoy he llegado a ser viejo. Pensé, lo primero, en hacerte honrado y laborioso, y lo he conseguido; pero mi pobreza no me permitía gastar en buenas ropas y calzado para ti, tu corazón era y es hermoso, tu ropa fea y remendada, hasta que hace poco has podido comprar otra mejor con el producto de tu trabajo. Aspiras a alterar con las principales personas del pueblo y nada más justo; por tu bondad lo mereces, si bastara ella sola para lograrlo, y por tu origen ninguno hay que te aventaje; sólo falta el que no lo solicites, sino que aguardes a que tus méritos te allanen el camino y que te busquen los mismos que hoy te rechazan.

Tal es la historia de Perico Paciencia, que nunca he olvidado y que creo representa al vivo la de nuestra Isla. Pobre y desvalida era al comenzar el siglo presente y Dios sabe lo que de ella hubiera sido sin el bien natural de sus habitantes y los socorros que recibió. Como Perico tuvo quien le ayudara, pero también el protector empobreció y no pudo hacer más que conservarle la vida y hacerla honrada; el vestido era viejo y remendado, zapatos no pudo hasta más tarde comprarlos. ¡Pobre sacerdote que no podría dar aquello de que él mismo carecía!

Pasaron años: Perico creció, robusto y bonachón hasta más no poder, y creyó que podía asistir al baile; para ello se necesitaba algo más que ser bueno y no fue admitido. Tal fue la situación de la Isla en el año 1837, cuando se le negó la representación en Cortes. Entonces hicimos como Perico, siguiendo lo que nuestra buena índole, más que nuestra escasa instrucción, nos aconsejó. Parece que un santo repitió a nuestros oídos: "Nada de odios, nada de chismes. Trabaja y cuando tus méritos te hagan acreedor nadie te negará lo que hoy no puedes conseguir el que te otorguen". Siempre que alguno nos daba un mal consejo cerrábamos los oídos y nunca reñimos con quien no debíamos reñir.

Este comportamiento hizo que se empezase por reconocer que éramos buenos chicos; después no faltó quien dijese que era preciso ayudarnos, y hace años que una parte de la prensa aboga en nuestro favor. Hoy el clamor es casi unánime y los que dirigen el baile tratan sobre si se nos envía una esquela de convite; de modo que debe esperarse que al fin... Perico se casará con la hija del Alcalde.

¡Cuidado, señor novio! ¡Cuidado! Tenga usted juicio; si no, aunque pueda usted mantener la mujer, aunque su ropa sea a la última moda, aunque baile usted a las mil maravillas y por más que lo conviden; no hará otra cosa que... llevar a cuestas el contrabajo.

desvalida abandonada

índole carácter

otorguen concedan, den

aboga intercede, defiende

Comprensión

A Identificado

1. Identifica a los habitantes del pueblo que son los personajes principales del cuento.
2. Identifica las costumbres de la época presentadas en el cuento.

B Describiendo

1. Da una descripción completa de Pedro González, Perico Paciencia.
2. Describe lo que Pedro decidió hacer para la fiesta y ¿por qué?
3. Describe todo lo que Pedro tuvo que hacer antes de que empezara la fiesta.
4. Describe a Pedro al llegar a la fiesta.
5. Describe lo que hizo Pedro la mañana después de la fiesta.

C Analizando y criticando

1. Analiza la conversación que tiene lugar entre los invitados a la fiesta cuando ven a Pedro. Critica la conversación dando tus opiniones personales sobre sus reacciones.
2. Analiza y critica la decisión que tomó el Alcalde para resolver la situación con Pedro.
3. Analiza y critica la reacción de Pedro cuando le habló el Alcalde.
4. Analiza y critica los consejos que le dio el cura a Pedro.

D Comparando

1. Trabajando en grupos pequeños, comparen la primera fiesta con la segunda quince años después.
2. Comparen al Pedro de ya hace quince años al Pedro de hoy. ¿Qué opinan ustedes? ¿Es otra persona o no? ¿Ha cambiado o no? Defiendan sus opiniones.

E Interpretando

1. ¿Cuándo y cómo introduce el autor un elemento político en el cuento?
2. ¿Cómo compara la situación de Pedro con la de Puerto Rico?
3. ¿Cuál es el último consejo del autor? ¿Cuál es la gran importancia de «...llevar a cuestas el contrabajo»?

F Personalizando

Trabajando en grupos pequeños discutan si podría ser verosímil «Pedro Paciencia» hoy en día.

El crimen fue en Granada de Antonio Machado

Vocabulario para la lectura

Estudia las definiciones de las siguientes palabras.

las entrañas órganos abdominales

la madrugada muy temprano por la mañana

el pelotón pequeño grupo de oficiales

el verdugo funcionario de justicia que ejecuta las penas de muerte

Poder verbal

¿Qué palabra necesito? Da la palabra.

1. los intestinos y el estómago
2. la parte del día en que se levanta el sol
3. unidad de oficiales o soldados
4. funcionario penal

Nota biográfica

Antonio Machado (1875–1939) fue un gran poeta que pertenecía, igual que Pío Baroja, al grupo de escritores llamado «la Generación del '98». Nació en Sevilla y murió en un pueblo pequeño de Francia al mes de haber cruzado los Pirineos al final de la Guerra Civil española.

Fue profesor de francés de instituto (escuela secundaria) en varias ciudades. Se casó en 1909 con una muchacha joven y en 1912 su esposa murió.

Los temas principales de sus poesías son la muerte, el amor, la fugacidad del tiempo, la busca de Dios y el paisaje castellano. El tono de su poesía es generalmente melancólico y meditativo.

Introducción

Machado escribió la siguiente poesía durante la Guerra Civil española para lamentar el trágico asesinato misterioso del famoso poeta García Lorca.

Parque de María Luisa, Sevilla, España

El crimen fue en Granada

I
EL CRIMEN

Se le vio, caminando entre fusiles,
por una calle larga,
salir al campo frío, de la madrugada.
Mataron a Federico
cuando la luz asomaba.
El pelotón de verdugos
no osó mirarle a la cara.
Todos cerraron los ojos;
rezaron; ¡ni Dios te salva!
Muerto cayó Federico
—sangre en la frente y plomo en las entrañas—
...Que fue en Granada el crimen,
sabed[1]—¡pobre Granada!, en su Granada...

[1]**sabed** sepan ustedes

Monumento a Federico García Lorca, Plaza de Santa Ana, Madrid, España

Comprensión

A Buscando información e interpretando Contesta.

1. ¿Quién será el sujeto de «se le vio»?
2. ¿Cómo y dónde caminaba?
3. ¿De dónde salía y cuándo?
4. ¿Cómo dice el poeta que mataron a Federico en la madrugada?
5. ¿Por qué no osarían los verdugos mirarle a Federico a la cara?
6. ¿Dónde tuvo lugar el crimen?
7. ¿Cómo expresa Machado que Federico fue matado en la ciudad donde nació?

B Narrando Escribe la poesía en forma de narración, en prosa.

La Alhambra, Granada, Andalucía, España

Sección 5

Composición

Escribiendo para un periódico

Los que escriben para un periódico se llaman «periodistas». Los periodistas escriben sobre eventos o acontecimientos noticieros. En sus escritos, que por lo general se llaman «artículos», tratan de responder a todas las preguntas que tengan sus lectores. ¿Qué ocurrió? ¿Cuándo tuvo lugar el evento? ¿Dónde? ¿Quién lo hizo? ¿Cómo? ¿Por qué?

Los periodistas introducen su artículo con un **titular** o **encabezamiento**. Algunos titulares introducen sólo hechos. Otros presentan algo para captarles el interés a los lectores. ¿Cuáles de los siguientes atraen atención?

El titular o la introducción del artículo presenta sólo los hechos más importantes. Luego el periodista sigue presentando todos los detalles necesarios. Es menester que el periodista recoja toda la información sobre el evento o acontecimiento y que dé vida a su artículo con los detalles que ha recogido.

El Diario

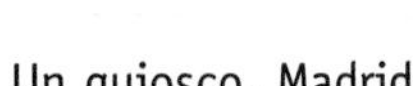
Un quiosco, Madrid

Composición

Ahora, ¡te toca a ti!

En este capítulo leíste el cuento *Perico Paciencia*. Vas a escribir un resumen de *Perico* en forma de un artículo para un periódico. Empieza con un titular. Puedes escribir un titular que le capte el interés a tu lector o que sólo presente un hecho. Explica todo lo que pasó. ¿Qué hizo Perico? ¿Dónde? ¿Por qué? ¿Qué le pasó? Da vida a tu artículo incluyendo todos los detalles posibles.

¡Ojo! Muchos procesadores de palabras te permiten imprimir tu escrito en columnas paralelas tales como en el periódico. Si es posible, averigua como formatear esta opción para imprimir tu escrito en forma periodística.

¿Tienes un laptop?

¡Ojo!

Para escribir un artículo para un periódico de manera efectiva debes:

- emplear un lenguaje vívido con detalles vivos (nítidos)
- presentar todos los aspectos del evento
- presentar hechos, no opiniones
- dejar a tus lectores bien informados

Conexión con el inglés

Subjuntivo con expresiones de duda

No se usa el subjuntivo en inglés después de expresiones de duda.

I believe he is here.
I believe he'll be here.
I don't think he's here.
I don't think he'll be here.
I doubt he'll be here.

I am so happy that we are together again.

Subjuntivo con expresiones de emoción

En inglés tampoco se usa el subjuntivo después de expresiones de emoción.

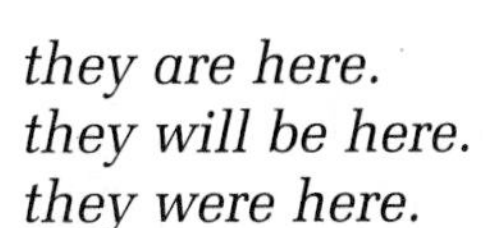

We are happy that { *they are here.* / *they will be here.* / *they were here.* }

Infinitivo

1. Como ya sabes se usa el subjuntivo con muy poca frecuencia en inglés. Aún cuando hay un cambio de sujeto se usa el infinitivo en vez de una cláusula.

   I want to go.
   I want him to go.
   It's important to do it now.
   It's important for you to do it now.

2. Nota que se puede decir *I want that he go* o *It's important that you do it now* pero suena bastante arcáico y demasiado formal.

I hope we both do well on the exam.

Do you think there will be time for us to stop at the bookstore before going to the gate?

Capítulo 13

Familia y fiestas

Objetivos

En este capítulo vas a:

- estudiar características de la familia hispana o latina
- familiarizarte con el vocabulario necesario para leer y hablar de temas biológicos incluyendo la genética y la herencia
- estudiar el presente perfecto del subjuntivo; repasar unos problemas ortográficos
- leer *El hermano ausente en la cena de Pascua* de Abraham Valdelomar, *Temprano y con sol* de Emilia Pardo Bazán y *Dicen que me case yo* de Gil Vicente

Día de la Primera Comunión, Ronda, España

Historia y cultura

Lectura

La familia

Una familia en el parque

El núcleo principal de las sociedades latinoamericanas es la familia. La familia ya está debilitándose en las culturas de muchos países pero en Latinoamérica sigue manteniendo una unidad y un fuerte vínculo. La familia no sólo se compone de padres e hijos. Incluye abuelos y tíos, nueras y cuñadas, nietos y bisnietos. El término «primo hermano» demuestra la relación íntima que existe entre parientes ya distantes.

Cuando hay festividades como nacimientos, bautizos, casamientos, aniversarios, cumpleaños o velorios, hasta parientes muy lejanos se reúnen. No importa cual sea la clase social, la lealtad al círculo familiar es primordial y exige que los miembros se ayuden mutuamente.

De esta lealtad a la familia nace una fuerte simpatía hacia «los suyos». Si el dueño de una fábrica o el gerente de una empresa tiene un puesto vacante en su organización, se sentirá obligado a dárselo a una sobrina o primo hermano que lo quisiera en vez de emplear a un(a) desconocido(a). Muy a menudo se escoge un médico, abogado o comerciante porque es pariente.

Una boda

Un día de luto

El bautismo

A pesar de los fuertes lazos familiares hay algunas cosas que están cambiando debido a las exigencias de la sociedad moderna. La falta de espacio en las viviendas no permite albergar a parientes cercanos y/o lejanos bajo un solo techo como antes. Y el costo de vida y el deseo de tener comodidades exigen más y más dinero. Para cubrir los gastos muchos padres tienen más de un empleo y un número más elevado de madres continúan con su carrera profesional. No hay duda que su ausencia del hogar tiene un impacto sobre el ritmo diario de la vida familiar.

El compadrazgo

Existe también la institución del compadrazgo. El compadrazgo constituye una relación casi parentesca entre el padrino o la madrina y el ahijado o la ahijada. Empieza con la ceremonia del bautizo y debe perdurar durante toda la vida. El padrino y la madrina asumen la obligación de complementar o si es necesario (en el caso de la muerte, por ejemplo) sustituir a los padres naturales. Dada la importancia del rol (papel) de los padrinos, el padre y la madre y el padrino y la madrina se entablan relaciones familiares tratándose como compadre y comadre respectivamente.

Historia y cultura

En las comunidades indígenas latinoamericanas donde el matrimonio era casi exclusivamente entre los habitantes del mismo pueblo (la endogamia), no había la necesidad de adquirir un padre o una madre adicional. La participación social colectiva y el espíritu comunal eliminaban esta necesidad. El niño podía depender de que todos los adultos de la aldea representaran su familia.

(t)Glow Images, (b)Lissa Harrison

Una isla flotante de los uros, Lago Titicaca, Puno, Perú

Comprensión

A Identificando Identifica.

1. el núcleo principal de las sociedades latinoamericanas
2. el primo hermano
3. festividades familiares
4. el compadrazgo
5. el padrino y la madrina
6. la endogamia

De compras en un mercado de Guatemala

B Explicando

1. Explica el concepto de «los suyos» o «los nuestros».
2. Explica los cambios familiares que están teniendo lugar debido a las exigencias de la sociedad moderna.
3. Explica por qué el concepto del compadrazgo no existía entre las poblaciones indígenas latinoamericanas.

Muchas madres latinoamericanas ahora trabajan fuera de casa.

C Dando opiniones

1. ¿Cuál es tu opinión? Si hubiera un puesto vacante en la empresa donde trabajas y tú tuvieras la capacidad de emplear a alguien, ¿preferirías dar el puesto a un(a) pariente sin entrevistar a otros de afuera o entrevistarías a gente desconocida antes de tomar una decisión?

D Personalizando ¿Son las características familiares en esta lectura parecidas a las de tu familia o no? Explica por qué.

¿La familia se divierte juntos?

Conocimientos para superar

Conexión con la biología

La biología es el estudio de todos los seres vivos, plantas y animales, que nos rodean.

Cada ser comprende una o más células. La célula es la parte más pequeña que puede llevar a cabo los procesos de la vida. Los seres vivos se componen de sustancias químicas como el carbono, el hidrógeno y el oxígeno pero es la organización de estos elementos en células lo que distingue la materia viviente de otras materias.

La teoría celular consta de tres partes:

- Todos los organismos están formados de una o más células.
- La célula es la unidad básica de organización de los organismos.
- Todas las células se originan de células preexistentes.

Procariotes y eucariotes

Los biólogos descubrieron que hay dos tipos básicos de células: los procariotes y los eucariotes. Los **procariotes** son organismos cuyas estructuras celulares carecen de membrana que los rodea. La mayoría de los procariotes son unicelulares. Los **eucariotes** son organismos cuyas células tienen estructuras internas membranosas. Estas estructuras tienen el nombre de **organelos**. Cada organelo tiene una membrana que lo rodea aislándolo del resto de la célula. El organelo más grande de la célula es el núcleo que contiene el ADN de la célula y coordina las funciones celulares.

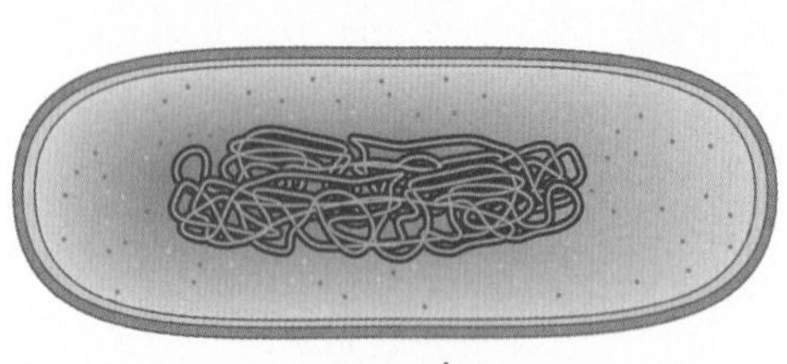

procariote

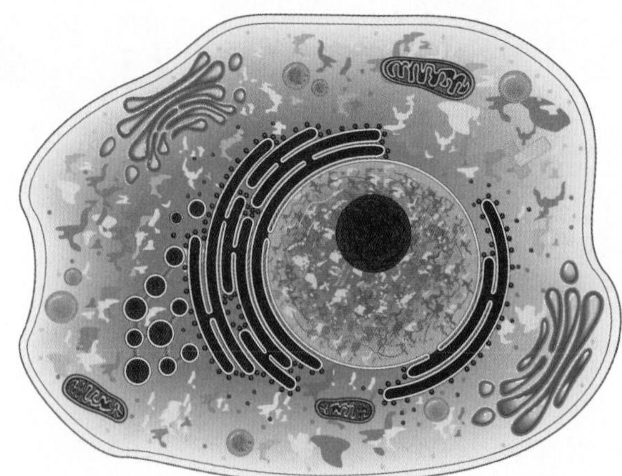

eucariote

Una célula posee una **membrana plasmática** que sirve de límite entre ella y su medio externo. Esta membrana plasmática permite que sustancias útiles, como el oxígeno y los nutrimentos, entren, y que sustancias de desecho, como el exceso de agua, salgan. La membrana plasmática ayuda a mantener el balance químico dentro de la célula.

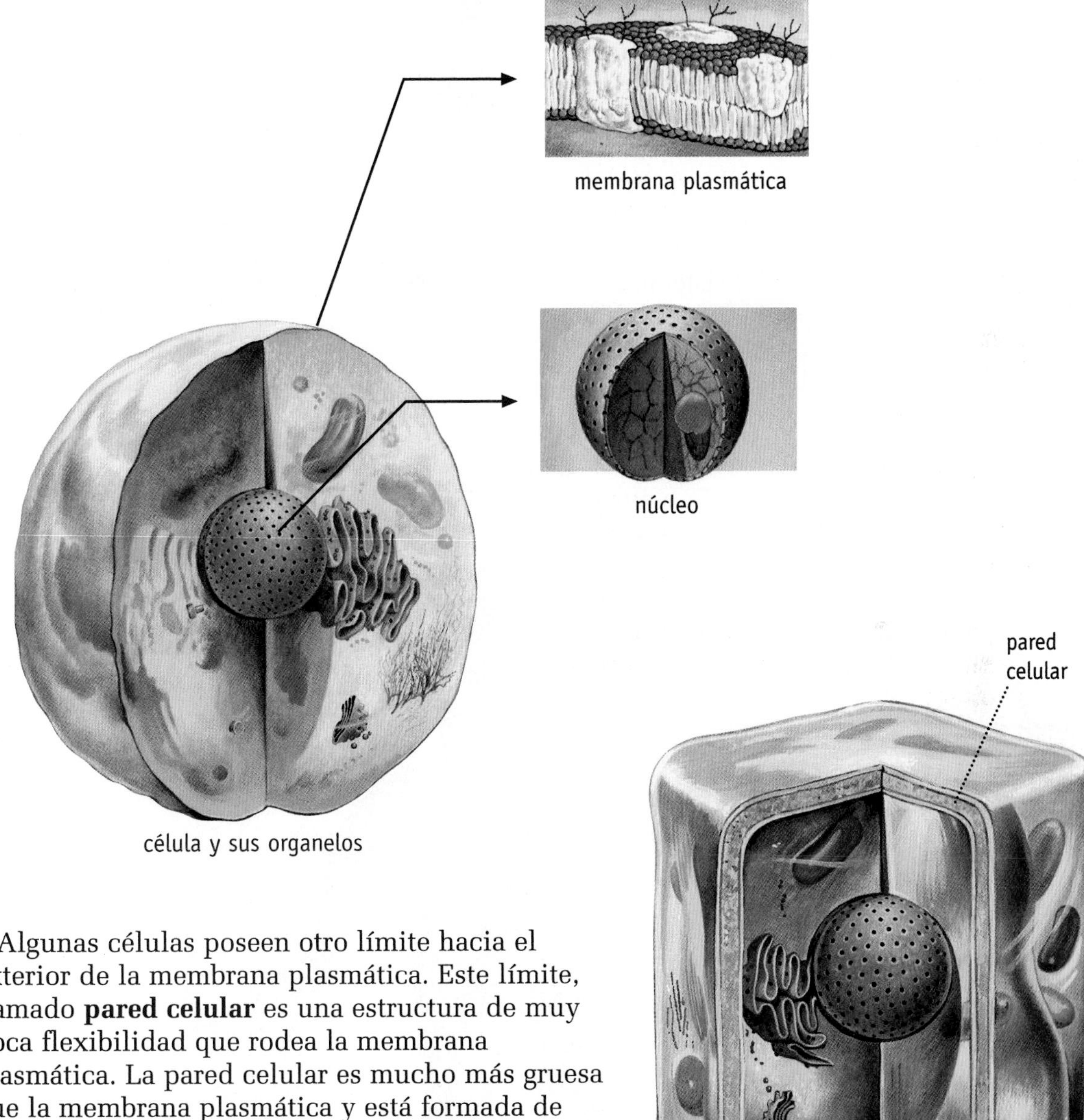

célula y sus organelos

Algunas células poseen otro límite hacia el exterior de la membrana plasmática. Este límite, llamado **pared celular** es una estructura de muy poca flexibilidad que rodea la membrana plasmática. La pared celular es mucho más gruesa que la membrana plasmática y está formada de diferentes sustancias según el organismo.

Funciones celulares

Una de las funciones más importantes de la célula es la de fabricar proteínas y otros materiales. Muchos de los organelos celulares participan en la síntesis de proteínas o en el almacenaje de materiales. Gran parte de estos procesos tienen lugar en el líquido del interior de la célula, el **citoplasma**. El citoplasma se encuentra fuera del núcleo y es un líquido claro parecido al gel.

Conocimientos para superar

Organización celular

Algunas células existen como organismos de una sola célula—organismos **unicelulares**. Otros organismos están formados de muchas células cada una de las cuales está especializada para llevar a cabo una determinada función. Estos organismos se conocen como **multicelulares**.

Cuando un grupo de células trabajan juntas para desarrollar cierta actividad específica, forman un **tejido**. Las células de tu cuerpo están organizadas en tejidos como el muscular y el nervioso. Los grupos de dos o más tejidos forman **órganos**. El estómago del ser humano y las hojas de una planta son órganos. La cooperación entre órganos hace que los procesos vitales funcionen en un organismo de forma eficiente. Un **sistema** es un grupo de órganos que trabajan juntos para llevar a cabo funciones vitales importantes. El sistema nervioso del ser humano y la flor de una planta son ejemplos de sistemas.

Pauline S Mills/Getty Images

Un sírfido y una flor

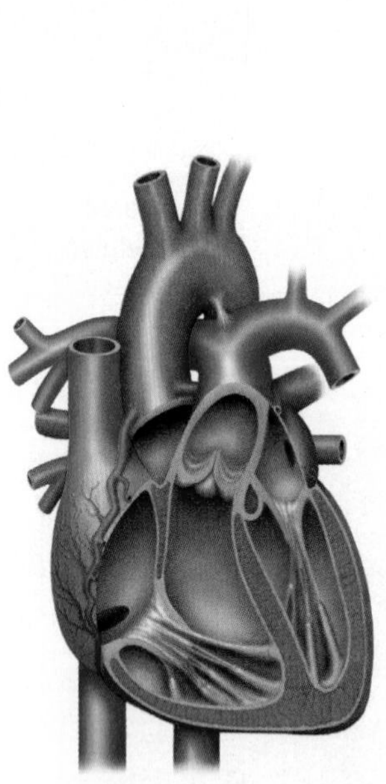

el corazón

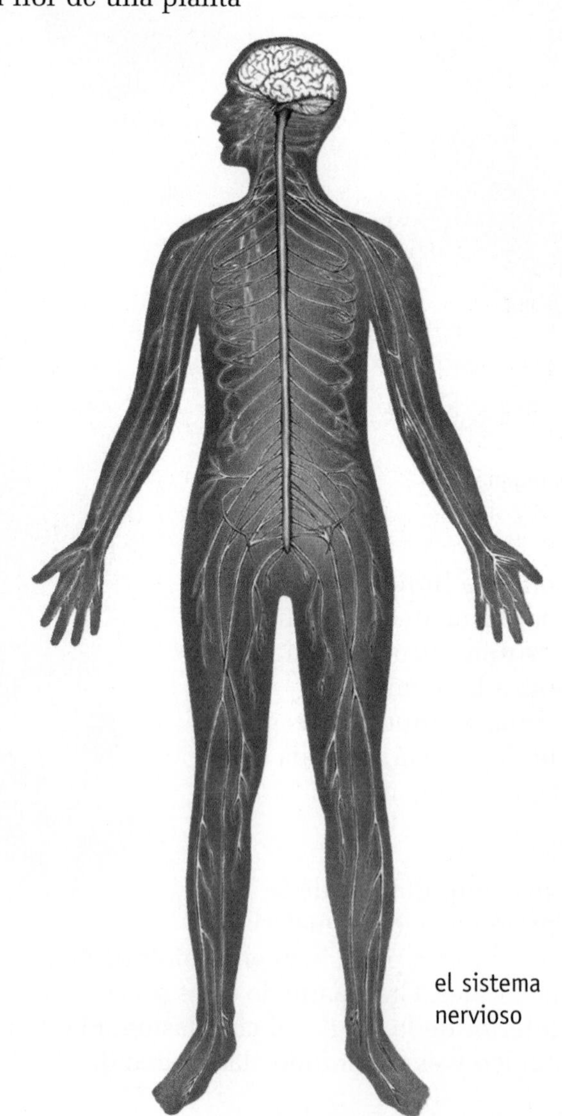

el sistema nervioso

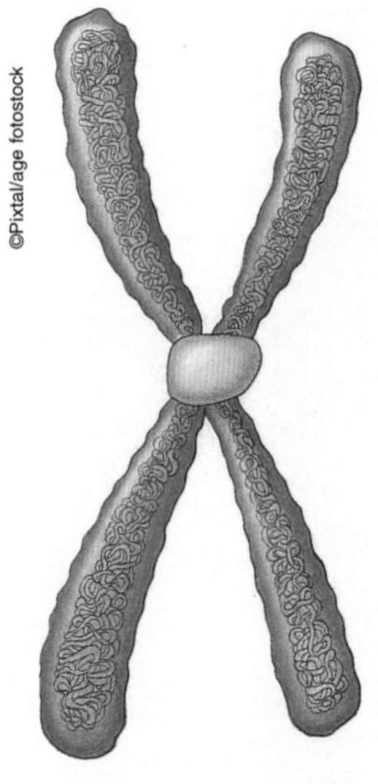

un cromosoma

Crecimiento y reproducción de la célula

En cada momento muchas de las células de tu cuerpo están creciendo, dividiéndose y muriendo. Todos los organismos crecen y cambian; los tejidos desgastados se reparan o se reemplazan por células nuevas.

Los primeros biólogos observaban que las células se dividían. Antes de la división aparecían en el núcleo varias estructuras pequeñas en forma de hilos. Esas estructuras desaparecían, tan misteriosamente como aparecían, inmediatamente después de la división de la célula. Estas estructuras que contienen ADN se llaman **cromosomas.** Usando microscopios muy potentes los científicos aprendieron que los cromosomas son los transportadores del material genético, el cual se copia y se transmite de una generación a la otra; el color de la piel, de los ojos, del pelo, la altura, el tamaño, etc.

Genética y herencia

La genética es la rama de la biología que estudia la herencia. Gregor Mendel llevó a cabo los primeros estudios importantes sobre la herencia; la transmisión de características de padres a hijos. Hoy tenemos más conocimientos sobre los factores que determinan las características heredadas y como se transmiten entre las generaciones de organismos. Sabemos que los organismos tienen cientos de miles de **genes** que determinan características individuales. Los genes no existen libres en el núcleo de la célula. Están ordenados linealmente en los cromosomas. Típicamente se encuentran mil o más genes en un solo cromosoma.

El rol que juegan los cromosomas y los genes en la herencia de características de una generación a otra es complicado y fascinante. La genética es una rama de la biología interesantísima.

Gregor Mendel, un científico de Austria

Conocimientos para superar

SuperStock

¿Crees que tienen los mismos genes?

Comprensión

A Poder verbal **Definiciones** Parea la palabra con su definición.

1. la célula
2. el procariote
3. el eucariote
4. los organelos
5. la membrana
6. la síntesis
7. el citoplasma
8. el tejido
9. un órgano
10. un sistema
11. el cromosoma
12. la genética

- **a.** estructura celular que contiene el material genético
- **b.** estructuras internas de la célula que están rodeadas de membranas
- **c.** grupo de dos o más tejidos que desarrollan una actividad juntos como la hoja de una planta o el corazón de un ser humano
- **d.** grupo de órganos que trabajan juntos para llevar a cabo una función vital
- **e.** grupo de células que trabajan juntas para llevar a cabo una actividad
- **f.** unidad de construcción de la cual están hechos todos los seres vivos (vivientes)
- **g.** la rama de la biología que estudia la herencia
- **h.** fluido transparente en las células eucariotas que rodea el núcleo de la célula y los organelos
- **i.** célula que tiene núcleo verdadero y organelos rodeados de membranas internas
- **j.** célula que carece de (no tiene) núcleo verdadero o de organelos internos rodeados de membranas
- **k.** reunión de elementos en un todo
- **l.** lámina delgada y flexible de tejido animal o vegetal que envuelve ciertas células

Design Pics/Don Hammond

B Buscando información Contesta.

1. ¿De cuántas partes consta la teoría celular?
2. ¿Cuáles son?
3. ¿Cuántos tipos básicos de células hay?
4. ¿Cuáles son?
5. ¿Cuál es la diferencia entre las dos?
6. ¿Para qué sirve la membrana plasmática?
7. ¿Cuál es la diferencia entre la membrana plasmática y la pared celular?
8. ¿Cuáles son dos funciones primordiales de la célula?
9. ¿Cuál es un ejemplo de un órgano?
10. ¿Cuál es un ejemplo de un sistema?
11. ¿Qué están haciendo constantemente las células?
12. ¿Qué aparece en el núcleo de la célula antes de que se divida?
13. ¿Qué hacen después de la división de la célula?
14. ¿Cuáles son algunas características que los hijos heredan de sus padres?
15. ¿Cómo existen los genes?
16. ¿Cuántos genes se encuentran en un cromosoma?

C Comparando

1. Compara los organismos unicelulares con los multicelulares.
2. Compara un órgano con un sistema.

En esta familia, ¿quiénes se parecen?

Gramática y lenguaje

El presente perfecto del subjunctive

1. Se forma el presente perfecto del subjuntivo con el presente del subjuntivo del verbo auxiliar **haber** y el participio pasado.

que yo haya hablado	**que hayamos vuelto**
que hayas decidido	**que hayáis sabido**
que haya salido	**que hayan venido**

2. Se usa el presente perfecto del subjuntivo cuando la acción en la cláusula dependiente precede a la acción de un verbo en el presente o pasado en la cláusula principal.

No creo que ellos hayan llegado.
Él no creerá que tú hayas llegado a tiempo.

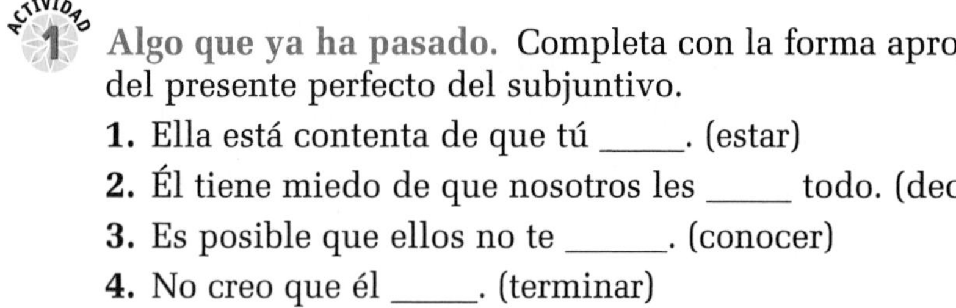

ACTIVIDAD 1

Algo que ya ha pasado. Completa con la forma apropiada del presente perfecto del subjuntivo.

1. Ella está contenta de que tú _____. (estar)
2. Él tiene miedo de que nosotros les _____ todo. (decir)
3. Es posible que ellos no te ______. (conocer)
4. No creo que él _____. (terminar)
5. Es raro que tú _____ tal cosa. (ver)
6. Espero que usted lo _____ bien. (pasar)

Corbis Images/JupiterImages

Repaso de ortografía

¿Cómo se escribe? Completa con **c, s** o **z.**

1. el compadra_go
2. na_e
3. el bauti_o
4. el bi_nieto
5. comer_iante
6. espa_io
7. au_en_ia
8. adi_ional
9. _élula
10. pro_e_o
11. sustan_ias
12. organi_mo
13. membrano_o
14. pla_a
15. pla_mática
16. ex_e_o
17. balan_e
18. alma_én
19. cre_imiento
20. reempla_ar
21. ob_erva
22. transmi_ión
23. ca_a
24. pin_el
25. va_ío
26. ve_es
27. ve_
28. pre_enta_ión

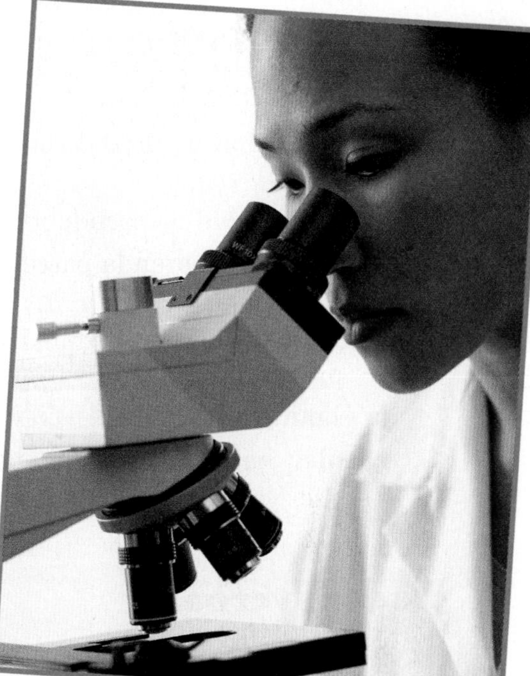

Observando células con el uso de un microscopio

¿Con h o no? Completa con **h** cuando necesario.

1. a_ijado
2. _endogamia
3. _eterogeneidad
4. _ogar
5. _acia
6. _umano
7. _ídolo
8. _alacena
9. _eno
10. _ierba
11. _ilusión
12. _elado
13. an_elo
14. _uérfano

Oraciones Escribe una oración original usando las siguientes palabras.

1. echo
2. hecho
3. hola
4. ola
5. oler
6. huele
7. ojo
8. hoja
9. onda
10. honda
11. oro
12. hora
13. ahora
14. uso
15. huso
16. horario
17. ojeada
18. hojear

El hermano ausente en la cena de Pascua de Abraham Valdelomar

Mamá y su hijo se musitan un secreto al oído.

Vocabulario para la lectura

Estudia las definiciones de las siguientes palabras.

el afán anhelo o deseo fuerte

la alacena lugar en la pared con estantes y puertas

el manjar alimentos exquisitos y bien preparados

la vianda alimento

musitar hablar en voz muy baja, murmurar

Poder verbal

Definiciones Da la palabra cuya definición sigue.

1. el deseo vehemente de hacer algo
2. la carne, los vegetales
3. lugar en la cocina o comedor donde se guardan platos o comida
4. comida exquisita preparada con mucha atención
5. hablar en voz baja con tono triste

Nota biográfica

Abraham Valdelomar (1884–1936) nació en Ayacucho, Perú. Escribió cuentos de sabor regional y poesías. Los temas favoritos de su obra son su propia provincia, paisajes y la vida familiar.

Un bosque cerca de Machu Picchu, Perú

Introducción

No hay nada en la vida como el amor que tiene la madre por un hijo. No hay amor más sincero porque la madre no espera recibir nada por el amor que da ni por los sacrificios que hace. El amor maternal le trae mucha felicidad a la madre pero también le puede traer pena y tristeza. Sobre todo cuando el hijo está ausente. Puede estar ausente por varias razones. Puede salir de casa por un motivo personal o posiblemente porque tiene que ir a la guerra. A la madre no le importa el motivo, pero la profunda tristeza de no ver al hijo querido le importa mucho. Nos lo dice Abraham Valdelomar en la poesía que sigue.

El hermano ausente en la cena de Pascua

La misma mesa antigua y holgada[1], de nogal
y sobre ella la misma blancura del mantel
y los cuadros de caza de anónimo pincel
y la oscura alacena, todo, todo está igual...

Hay un sitio vacío en la mesa hacia el cual
mi madre tiende a veces su mirada de miel
y se musita el nombre del ausente; pero él
hoy no vendrá a sentarse en la mesa pascual.

La misma criada pone, sin dejarse sentir,
la suculenta vianda y el plácido manjar
pero no hay la alegría y el afán de reír

que animaran antaño[2] la cena familiar;
y mi madre que acaso[3] algo quiere decir,
ve el lugar del ausente y se pone a llorar.

[1] **holgada** cómoda
[2] **antaño** tiempos pasados
[3] **acaso** quizás

Jessica Byrne

La misma mesa con el mismo mantel y plácido manjar

Comprensión

A Describiendo Describe el comedor de la familia.

B Buscando información Contesta.

1. ¿Qué hay en la mesa?
2. ¿Quién mira hacia el sitio vacío?
3. ¿Qué se musita?
4. ¿Vendrá él hoy?

C Explicando Contesta.

¿Por qué es tan diferente esta cena familiar de las de antaño?

D Interpretando Contesta.

¿Dónde estará el hermano ausente? ¿Qué le habrá pasado?

E Narrando Relata la información en la poesía como si estuviera hablando la madre.

Temprano y con sol de Emilia Pardo Bazán

Nota biográfica

Emilia Pardo Bazán (1852–1921), la condesa de Pardo Bazán, es considerada una de las novelistas más importantes de la literatura española. Nació en La Coruña, Galicia, de una familia aristócrata. Fue una mujer culta de gran curiosidad intelectual y talento vigoroso.

Su obra incluye varias novelas psicológicas y regionales. En sus dos novelas regionales, *Los Pazos de Ulloa* y *La madre naturaleza,* la autora estudia y describe la decadencia de la aristocracia gallega.

Pardo Bazán cultivó el cuento también. Su obra incluye varias colecciones de cuentos y se le considera una maestra de este género literario.

La condesa de Pardo Bazán alcanzó el honor de ser la primera mujer a quien se le dio una cátedra en la Universidad Central.

Introducción

Nunca se sabe cómo alguien llegará a ser parte de una familia. A ver lo que pasa en este cuento divertido de esta escritora renombrada.

Cabo Vilar, A Coruña, España

Lectura

Temprano y con sol

El empleado que vendía billetes en la oficina de la estación quedó sorprendido al oír una voz infantil que decía:

—¡Dos billetes, de primera clase, para París!...

Miró a una niña de once o doce años, de ojos y pelos negros, con un rico vestido de color y un bonito sombrerillo. De la mano traía a un niño casi de la misma edad que ella, el cual iba muy bien vestido también. El chico parecía confuso; la niña muy alegre. El empleado sonrió y murmuró paternalmente:

—¿Directo, o a la frontera? A la frontera son ciento cincuenta pesetas, y...

—Aquí está el dinero —contestó la niña, abriendo su bolsa. El empleado volvió a sonreír y dijo:

—No es bastante.

—¡Hay quince duros° y tres pesetas! —exclamó la niña.

—Pero no es suficiente. Si no lo creen, pregunten ustedes a sus papás.

El niño se puso rojo, y la niña, dando una patada en el suelo, gritó:

—¡Bien... , pues... , dos billetes más baratos!

—¿A una estación más próxima? ¿Escorial; Ávila?...

—¡Ávila, sí... , Ávila!... —respondió la niña.

La antigua Estación de Atocha, Madrid, España

duros antiguas monedas españolas de cinco pesetas

Palacio Real de Madrid, España

Vaciló el empleado un momento; luego entregó los dos billetes. Subieron los dos chicos al tren y, al verse dentro del coche, comenzaron a bailar de alegría.

¿Cómo empezó aquel amor apasionado? Pues comenzó del modo más simple e inocente. Comenzó por la manía de los dos chicos de formar colecciones de sellos.

El papá de Finita y la mamá de Currín, ya enviudados los dos, apenas se conocían, aunque vivían en el mismo edificio. Currín y Finita, en cambio, se encontraban siempre en la escalera, cuando iban a la escuela.

Una mañana, al bajar la escalera, Currín notó que Finita llevaba un objeto, un libro rojo, ¡el álbum de sellos! Quería verlo. La colección estaba muy completa y contenía muchos sellos de varios países. Al ver un sello muy raro de la república de Liberia, exclamó Currín:

—¿Me lo das?

—Toma —respondió Finita.

—Gracias, hermosa —contestó Currín.

Finita se puso roja y muy alegre.

—¿Sabes que te he de decir una cosa? —murmuró el chico.

—Anda, dímela.

—Hoy no.

Ya era tarde y la criada que acompañaba a Finita la llevó a la escuela. Currín se quedó admirando su sello y pensando en Finita. Currín era un chico de carácter dulce, aficionado a los dramas tristes, a las novelas de aventuras y a la poesía. Soñaba con viajes largos a países desconocidos. Verdad es que, aquella noche, soñó que Finita y él habían hecho una excursión a una tierra lejana.

Al día siguiente, nuevo encuentro en la escalera. Currín tenía unos sellos que iba a dar a Finita. Finita sonrió y se acercó a Currín, con misterio, diciendo:

—Dime lo que me ibas a decir ayer...

—No era nada...

—¡Cómo nada! —exclamó Finita furiosa. —¡Qué idiota! ¿Nada, eh?

Un sello de 1840

Currín se acercó al oído de la niña y murmuró:

—Sí, era algo... . Quería decirte que eres... ¡muy guapita!

Al decir esto, echó a correr escalera abajo.

Currín escribía versos a Finita y no pensaba en otra cosa más que en ella. Al fin de la semana eran novios.

Cierta tarde creyó el portero del edificio que soñaba. ¿No era aquélla la señorita Finita? ¿Y no era aquél el señorito Currín? ¿Y no subían los dos a un coche que pasaba? ¿Adónde van? ¿Deberé avisar a los padres?

—Oye —decía Finita a Currín, cuando el tren se puso en marcha;

—Ávila, ¿cómo es? ¿Muy grande? ¿Bonita, lo mismo que París?

—No —respondió Currín. —Debe de ser un pueblo de pesca.

—Yo quiero ver París; y también quiero ver las Pirámides de Egipto.

—Sí... —murmuró Currín, —pero... ¿y el dinero?

—¿El dinero? —contestó Finita. —Eres tonto. ¡Se puede pedir prestado!

—¿Y a quién?

—¡A cualquier persona!

—¿Y si no nos lo quieren dar?

—Yo tengo mi reloj que empeñar°. Tú también. Y puedo empeñar mi abrigo nuevo. Si escribo a papá, nos enviará dinero.

—Tu papá estará furioso... . ¡No sé qué haremos!

—Pues voy a empeñar mi reloj y tú puedes empeñar el tuyo. ¡Qué bien vamos a divertirnos en Ávila! Me llevarás al café... y al teatro... y al paseo....

Cuando llegaron a Ávila, salieron del tren. La gente salía y los novios no sabían a dónde dirigirse.

—¿Por dónde se va a Ávila? —preguntó Currín a un mozo que no les hizo caso. Por instinto se encaminaron a una puerta, entregaron sus billetes y, cogidos por un solícito agente de hotel, se metieron en el coche, que los llevó al Hotel Inglés.

empeñar dar algo en depósito para obtener un préstamo

Entretanto el gobernador de Ávila recibió un telegrama mandando la captura de los dos enamorados. Los fugitivos fueron llevados a Madrid, sin pérdida de tiempo. Finita fue internada en un convento y Currín quedó en una escuela, de donde no fueron permitidos salir en todo el año, ni aun los domingos.

Como consecuencia de aquella tragedia, el papá de Finita y la mamá de Currín tuvieron de conocerse muy bien, y creció su mutua admiración de día en día. Aunque no tenemos noticias exactas, creemos que Finita y Currín llegaron a ser... hermanastros.

Ávila, Castilla y León, España

Comprensión

A **Poder verbal** **Parafraseando** Parea.

1. dio una sonrisa
2. dijo en voz muy baja
3. como un padre
4. de un niño
5. suficiente
6. tonto

a. murmuró
b. estúpido
c. paternalmente
d. sonrió
e. bastante
f. infantil

B **Buscando información** Contesta.

1. ¿Qué compraba la niña? ¿Dónde?
2. ¿Adónde quería ir?
3. ¿Qué no tenía la niña?
4. ¿Para dónde compró el billete?
5. ¿Cómo se pusieron los dos niños cuando subieron al tren?
6. ¿Qué coleccionaban los niños?
7. ¿Dónde vivían ellos?
8. ¿Se conocían sus padres?
9. ¿Habían enviudado sus padres?

C **Describiendo** Describe.

1. Da una descripción de Finita.
2. Da una descripción de Currín.

D **Interpretando** Al final del cuento dice: «Aunque no tenemos noticias exactas, creemos que Finita y Currín llegaron a ser... hermanastros.» Explica como será posible esto.

Dicen que me case yo de Gil Vicente

Nota biográfica

Gil Vicente era músico, poeta y dramaturgo. Él escribió en español y portugués. Se sabe muy poco sobre su familia. Tampoco se sabe dónde nació. Se cree que nació en 1465 y que se murió en 1536.

Su poesía es muy espontánea. Se dice que su poesía «brota de una inspiración sellada por el don de la alacridad y la gracia». Al leer la poesía que sigue puedes decidir si la encuentras graciosa.

Dicen que me case yo

Dicen que me case yo
Dicen que me case yo:
no quiero marido, no.

Más quiero vivir segura
'nesta[1] sierra a mi soltura,
que no estar en ventura[2]
si casaré bien o no.
Dicen que me case yo:
no quiero marido, no.

Madre, no seré casada
por no ver vida cansada,
o quizás mal empleada
la gracia que Dios me dio.
Dicen que me case yo:
no quiero marido, no.

No será ni es nacido
tal para ser mi marido;
y pues que tengo sabido
que la flor yo me la só[3],
dicen que me case yo:
no quiero marido, no.

[1] **'nesta** en esta
[2] **en ventura** en duda
[3] **só** soy

Comprensión

A Analizando Contesta.

¿Cuáles son todas las razones por las cuales la señorita no va a casarse?

B Interpretando Contesta.

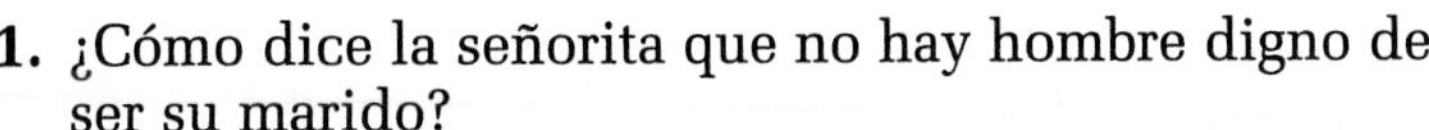

1. ¿Cómo dice la señorita que no hay hombre digno de ser su marido?
2. ¿Te parece que la narradora en esta poesía es muy determinada? ¿Por qué?

Composición

Una escena bucólica

Andrew Payti

Usando detalles sensorios (sensuales)

Los cinco sentidos son: la vista, el oído, el olfato, el tacto y el gusto. Nos servimos de nuestros sentidos para experimentar la vida. Los detalles sensorios nos ayudan a describir la vida.

Imagínate que acabas de encontrarte en este cuadro. ¿Qué ves? Y, ¿qué oyes, hueles, sientes o gustas?

Cuando pinta, el artista usa color, tamaño, perspectiva y forma para hacerte sentir una parte de su cuadro. Cuando escribe, el escritor usa un lenguaje sensual para describir todo lo que se ve, suena, siente, huele o gusta.

En el siguiente trozo de *Platero y yo,* el escritor, Juan Ramón Jiménez, emplea un lenguaje muy sensual. Al leerlo, fíjate en lo que ves, lo que sientes y lo que oyes. ¿Es posible que huelas algo también?

> Platero es pequeño, peludo, suave: tan blando por fuera que se diría todo de algodón, que no lleva huesos. Sólo los espejos de azabache de sus ojos son duros cual dos escarabajos de cristal negro.
>
> Lo dejo suelto, y se va al prado, y acaricia tibiamente con su hocico, rozándoles apenas las florecillas rosas, celestes y gualdas... Yo lo llamo dulcemente: —¡Platero!— y viene a mí con un trotecillo alegre que parece que se ríe, en no sé qué cascabeleo ideal... Come cuanto le doy. Le gustan las naranjas, mandarinas, las uvas moscateles, todas de ámbar, los higos morados, con su cristalina gotita de miel...
>
> Es tierno y mimoso igual que un niño, que una niña...; pero fuerte y seco por dentro, como de piedra. Cuando paso sobre él, los domingos, por las últimas callejas del pueblo, los hombres del campo, vestidos de limpio y despaciosos, se quedan mirándolo: —Tien' asero—...Tiene acero. Acero y plata de luna, al mismo tiempo.

Observando

Para escribir una buena descripción viva es necesario observar con cuidado. No puedes darles meramente una ojeada a las cosas. Tienes que observar y estudiarlas detenida y minuciosamente.

Ahora, ¡te toca a ti!

Una recepción o fiesta En este capítulo y en el capítulo anterior leíste de algunas fiestas y comidas. Imagínate que asististe a una de estas fiestas. Vas a escribir una descripción de ella usando tanto lenguaje sensual posible.

¡Ojo!

Para usar detalles sensuales en una descripción, debes:

- observar o recordar todos los detalles de tu experiencia
- tomar apuntes sobre lo que viste, oíste, oliste, tocaste y gustaste
- servirte de tus apuntes para escribir tu descripción

Conexión con el inglés

El presente perfecto del subjuntivo

El presente perfecto del subjuntivo no existe en inglés. En inglés se usa el presente perfecto del indicativo.

I doubt they have arrived.
They fear that the project has failed.

Hay muchas maneras de expresar ideas en inglés que en español se expresarían con el presente perfecto del subjuntivo. Algunos ejemplos son:

It's not possible for them to have known it.
I wish I could have seen them.
It's possible for her not to have been aware.
It's possible she wasn't aware.

We feel as if we have known one another forever.

It's impossible for the book to put him to sleep. It must be all the hard work he has done.

Capítulo 14

Profesiones y ciencias

Objetivos

En este capítulo vas a:

- estudiar los sistemas educativos en Latinoamérica y explorar algunas profesiones y oficios importantes
- familiarizarte con el vocabulario necesario para leer y explicar textos sobre la química
- aprender el imperfecto del subjuntivo
- leer *Ábel Sánchez* de Miguel de Unamuno *Mis primeros versos* de Rubén Darío y *La muñeca negra* de José Martí

¿Usas tabletas en la clase?

Historia y cultura

Vocabulario para la lectura

Estudia las definiciones de las siguientes palabras.

la escolaridad período de tiempo durante el cual se asiste a la escuela

la matrícula inscripción en la universidad

el oficio profesión mecánica o manual

el recinto espacio cerrado y comprendido dentro de ciertos límites

diurno durante el día

estatal del Estado, del gobierno

nocturno de noche

hacer hincapié enfatizar, mantener firme una opinión

Poder verbal

ACTIVIDAD 1

¿Qué palabra necesito? Completa.

1. Algunas escuelas dan cursos de día y de noche. Hay clases ____ y ____.
2. En EE.UU. la ____ es obligatoria hasta los dieciséis años.
3. Hay universidades privadas y ____.
4. Muchas universidades estadounidenses se llaman «colegios» y están ubicados en ____ bonitos.
5. Hay que ____ en el hecho de que hay diferencias y semejanzas en las tradiciones y valores de las sociedades de distintos países.
6. Ser plomero o carpintero es un ____.

Texas Natural Science Center, Universidad de Texas, Austin, Texas

Lectura

Educación, trabajo y oficios

Los sistemas educativos varían de un país a otro en Latinoamérica. En la mayoría de los países la escolaridad es obligatoria hasta los trece años. En las áreas urbanas un gran porcentaje de los niños terminan la primaria pero no es siempre el caso en las zonas remotas debido a la sobrepoblación de niños y una escasez de aulas y maestros.

Estudiantes atentos

Las escuelas secundarias tienen muchos nombres diferentes tales como «colegio», «liceo», «academia» e «instituto». A veces estos mismos términos pueden denotar una escuela primaria o secundaria. Hay también muchas escuelas técnicas donde los estudiantes se preparan para un oficio. Dado el gran número de estudiantes, estas escuelas técnicas suelen dar clases diurnas y nocturnas.

Instrucción pública y privada

En todos los países latinoamericanos existe la instrucción pública gratis. Pero una vez más hay que hacer hincapié en el problema de la sobrepoblación. En algunos casos 60 por ciento de la población es menor de veintiún años. Por consiguiente las clases en las escuelas públicas tienden a ser muy grandes y muchas familias de la clase media hacen todo lo posible para enviar a sus hijos a escuelas privadas.

Enviar a un(a) niño(a) a una escuela privada puede costar caro. El problema del costo de la educación para el presupuesto familiar es exactamente lo contrario en Latinoamérica que en Estados Unidos. En términos generales es bastante fácil en EE.UU. recibir una buena educación secundaria en una escuela pública y el porcentaje de jóvenes que asisten a escuelas privadas es mucho más bajo que en Latinoamérica. Pero es al revés en cuanto al nivel universitario.

Universidad de Magallanes, Punta Arenas, Chile

Universidad

En EE.UU. la mayoría de las universidades son privadas. La matrícula es muy alta, fuera de las posibilidades de muchas familias aún de la clase media, sobre todo si tienen más de un hijo en la universidad. Hasta las universidades estatales cuestan mucho. En Latinoamérica la gran mayoría de las universidades son del Estado, son muy buenas y son casi gratis. Así, en Latinoamérica puede costar mucho recibir una educación secundaria pero la universitaria cuesta poco.

Historia y cultura

En Latinoamérica el término «colegio» no se refiere nunca a una institución pos-secundaria o sea una universidad. Las universidades en Latinoamérica están ubicadas en su mayoría en la capital y en las ciudades de provincia. Hay muy pocos recintos universitarios, o sea *colleges,* en zonas no muy urbanas como en Estados Unidos.

Al ingresar en la universidad los estudiantes españoles y latinoamericanos suelen empezar a especializarse enseguida. Casi desconocido es el concepto de una educación en «artes liberales» antes de empezar a especializarse al matricularse en una escuela graduada. En algunos países al diploma secundario se le llama el «bachillerato». En la universidad uno recibe la licenciatura que equivale más o menos al *masters* en EE.UU. Claro que hay también el doctorado que en la mayoría de los países requiere estudios posgraduados pero en algunos casos se da el doctorado después de cumplir cuatro años de estudios universitarios.

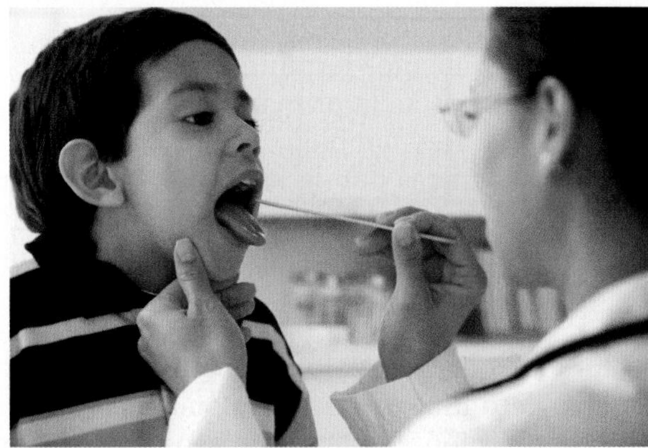

Una doctora examinando a un niño

¡Ojo! Puerto Rico es una excepción a todo lo que encuentras descrito en esta lectura. Como Puerto Rico es un Estado Libre Asociado de EE.UU., el sistema escolar es el mismo que el de EE.UU. con escuelas elementales, intermedias y superiores. La educación es gratis y la escolaridad es obligatoria hasta los dieciséis años.

Oficios y profesiones

Hasta recientemente en Estados Unidos, la cajera en el banco o la operadora de teléfonos era siempre una mujer. Pero en Latinoamérica casi todos los cajeros y telefonistas eran hombres. ¿Por qué? Pues, hace unos treinta años había muy pocas mujeres en la fuerza laboral en Latinoamérica. Las señoras se casaban y se quedaban en casa. Por consiguiente los hombres desempeñaban empleos que en EE.UU. se consideraban femeninos. Pero debido a las exigencias de la sociedad moderna y los cambios sociales, muchas madres latinoamericanas están trabajando y hay cajeras y telefonistas-mujeres. Y, hoy en día en EE.UU. hay muchos hombres que son cajeros u operadores de teléfono. No sigue existiendo ni en EE.UU. ni en Latinoamérica una gran distinción entre oficios y profesiones masculinas y femeninas. ¡Que sea en la ciudad de Nueva York o de México se verán policías, plomeros, trabajadores de construcción femeninos y masculinos!

Hay una diferencia más que se debe señalar relativo a las profesiones. Hasta recientemente había pocas mujeres que eran dentistas, médicos, abogados o profesores universitarios en EE.UU. Pero hace ya mucho tiempo que las mujeres latinoamericanas ejercen esas profesiones en mayor número que sus contrapartes estadounidenses.

Comprensión

Keith Brofsky/Getty Images

A Verificando ¿Sí o no? Corrige la información falsa.

1. Todos los países latinoamericanos tienen el mismo sistema educativo.
2. En las zonas rurales remotas todos los niños terminan la primaria.
3. Los estudiantes se preparan para el doctorado en las escuelas técnicas.
4. La instrucción pública gratis no existe en los países latinoamericanos.
5. Mayor número de alumnos en EE.UU. asisten a escuelas privadas que en Latinoamérica.
6. La educación universitaria cuesta mucho en Latinoamérica.
7. En Latinoamérica un colegio es una institución educacional pos-secundaria.
8. Puerto Rico tiene el mismo sistema escolar que la mayoría de los países latinoamericanos.

B Explicando

1. Explica lo que son colegios, liceos, academias e institutos en Latinoamérica.
2. Explica por qué hay clases diurnas y nocturnas en muchas escuelas técnicas.
3. Explica por qué son muy grandes la mayoría de las clases en las escuelas públicas latinoamericanas.
4. Explica por qué muchas familias de la clase media en Latinoamérica envían a sus hijos a escuelas privadas.

C Comparando

1. Compara la situación de la educación secundaria en EE.UU. y Latinoamérica.
2. Compara el costo de matrícula universitaria en EE.UU. y Latinoamérica.

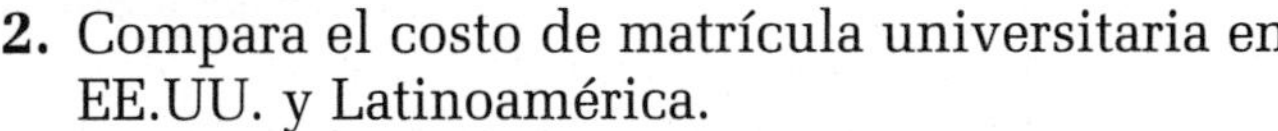

3. Compara las universidades latinoamericanas y estadounidenses.

D Buscando información Contesta.

1. ¿Cuáles eran algunos oficios «femeninos» en EE.UU. hasta recientemente?
2. ¿Quiénes desempeñaban esos empleos en Latinoamérica? ¿Por qué?
3. ¿Ha cambiado la situación? ¿Por qué?
4. ¿Siguen existiendo oficios o profesiones femeninas y masculinas?
5. ¿Qué se ve en Nueva York o México?
6. ¿Qué profesiones ejercían en mayor número las mujeres latinoamericanas que sus contrapartes estadounidenses?

Trabajando en el banco

Sección 2

Conocimientos para superar

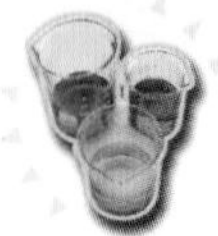

Conexión con la química

La química es la ciencia que estudia la estructura y propiedades de la materia. La materia integra todo lo que te rodea: el metal, el plástico, el papel, el vidrio, el líquido y el aire.

Materia y masa

La definición formal de **materia** es cualquier cosa que tiene masa y ocupa un espacio. La **masa** es la medida de la cantidad de materia que contiene un objeto. La masa es casi siempre el peso de la materia.

La **estructura** de la materia se refiere a su composición o sea de lo que está hecha y como está organizada. El comportamiento de la materia describe sus características o **propiedades** incluyendo los cambios que la materia experimenta.

Toda la materia existe en uno de tres estados físicos: sólido, líquido o gaseoso. Hay un cuarto estado menos conocido de la materia llamado «plasma». El estado físico de una sustancia depende de la temperatura. Si se pone agua líquida en un congelador, se transforma en agua sólida—el hielo, y si se calienta el agua líquida a 100° C se transforma en agua gaseosa—vapor. El estado físico de una sustancia por lo general se refiere al estado en que se encuentra a la temperatura ambiente—20 a 25° C.

agua líquida

agua gaseosa

agua helada

La **densidad** es otra propiedad física de la materia. La densidad es la cantidad de materia (masa) contenida en una unidad de volumen. Lo que pesa poco (una esponja) tiene baja densidad y lo que pesa mucho (una piedra) tiene mayor densidad o mayor masa por unidad de volumen.

El átomo y su estructura

El **elemento** es una sustancia que existe en la naturaleza que no se puede descomponer en sustancias más sencillas. El **átomo** es la partícula más pequeña de un elemento. Cada elemento tiene características diferentes debido a la estructura de los átomos de los que se compone. Por ejemplo, el hierro difiere del aluminio porque la estructura de los átomos del hierro difiere de los del aluminio. Pero todos los átomos tienen la misma conformación general. El centro del átomo se llama el **núcleo.** El núcleo está hecho de partículas de carga positiva llamadas **protones** (p+) y partículas que no tienen carga llamadas **neutrones** (n°). Todos los núcleos tienen una carga positiva determinada por el número de protones que contiene. El núcleo del hidrógeno, por ejemplo, tiene sólo un protón. Por consiguiente se le ha asignado el número atómico 1 y es el primer elemento en la tabla periódica.

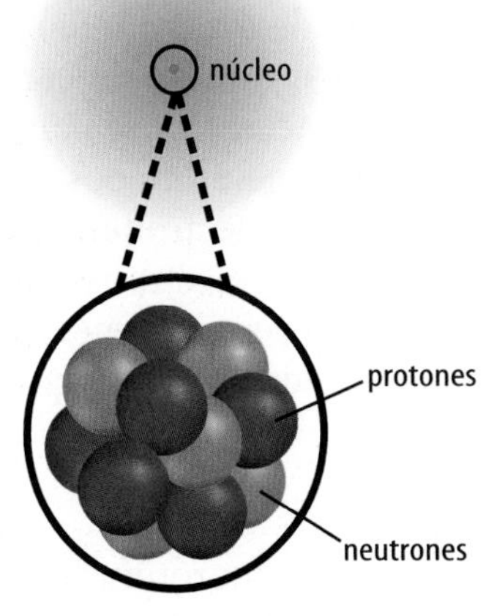

Alrededor del núcleo del átomo hay unas partículas, aún más pequeñas, llamadas **electrones** (e-) que tienen una carga negativa. Los electrones se mueven rápidamente y se encuentran en una(s) órbita(s) o capa(s) que rodea(n) el núcleo.

Los átomos están formados por números iguales de electrones y protones. Por consiguiente, no tienen una carga neta. El átomo de hidrógeno (H), por ejemplo, tiene solamente un electrón y un protón. El oxígeno (O) tiene ocho electrones y ocho protones.

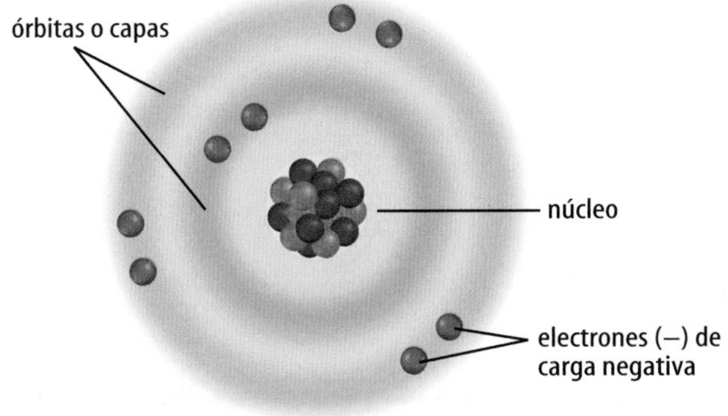

átomo de oxígeno

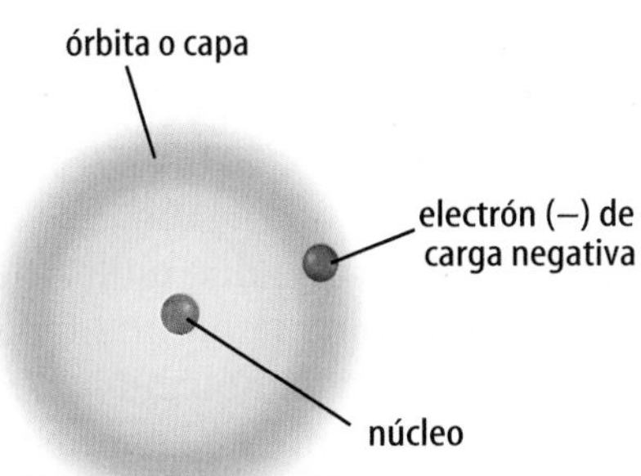

átomo de hidrógeno

Conocimientos para superar

Compuestos y enlaces

El agua es una sustancia familiar. ¿Es un elemento? ¡A ver! Si haces pasar una corriente eléctrica a través de ella, el agua se separa en hidrógeno y oxígeno. Ni el hidrógeno ni el oxígeno se pueden separar más. Por eso son elementos. De esta descripción puedes deducir que el agua no es un elemento. Es un tipo de sustancia llamada **compuesto.** Un compuesto es una sustancia formada por átomos de diferentes elementos que se combinan químicamente. Esta descripción es un ejemplo de una **reacción química de descomposición.** Un compuesto se descompone en sus elementos. Los compuestos como el cloruro de sodio (sal) pueden ser completamente diferentes de los componentes de que están hechos.

Hay también **reacciones químicas de combinación** en las cuales dos elementos o sustancias **(reactantes)** se combinan resultando en un compuesto **(producto).** Por ejemplo, dos átomos de hidrógeno se combinan compartiendo sus electrones. El núcleo cargado positivamente ejerce una atracción sobre los electrones cargados negativamente, de manera que los dos átomos se mantienen unidos. Cuando dos o más átomos comparten electrones, la fuerza que los mantiene unidos se llama **enlace covalente.**

Enlaces covalentes

Los azúcares, las grasas, las proteínas, el agua son todos ejemplos de enlaces covalentes. Una **molécula** es un grupo de átomos que se mantienen unidos por medio de enlaces covalentes y que no tiene una carga global. Una molécula de agua se presenta por la fórmula química H_2O.

Las reacciones químicas se representan en **ecuaciones químicas.** Las ecuaciones químicas usan símbolos para representar los elementos. Quizás la más conocida ecuación química sea la de la formación del agua.

$$2H_2 + O_2 = 2H_2O$$

Vamos a analizar y «leer» esta ecuación. El número de mayor tamaño expresa el número de moléculas presentes. Es un ejemplo de un enlace covalente. Los enlaces covalentes se forman cuando dos átomos comparten un par de electrones. Si hay solamente uno, el número uno no se escribe. El número de menor tamaño llamado el subíndice indica el número de átomos de un elemento presentes en cada molécula.

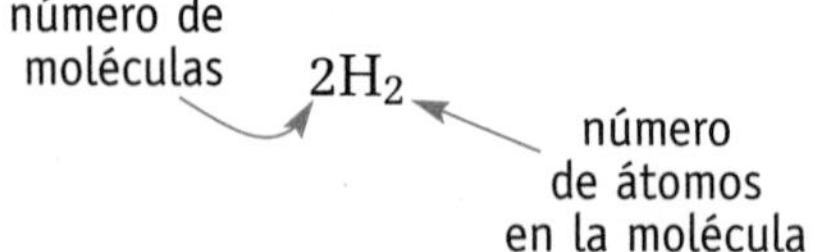

Esta ecuación expresa que dos moléculas de gas hidrógeno (H_2) se combinan con una molécula de oxígeno (O_2) formando dos moléculas de agua (H_2O). Una molécula de hidrógeno (H_2) contiene dos átomos de hidrógeno y una molécula de oxígeno (O_2) contiene dos átomos de oxígeno. Cada molécula del producto de la reacción de combinación, el agua (H_2O), comprende dos átomos de hidrógeno y un átomo de oxígeno.

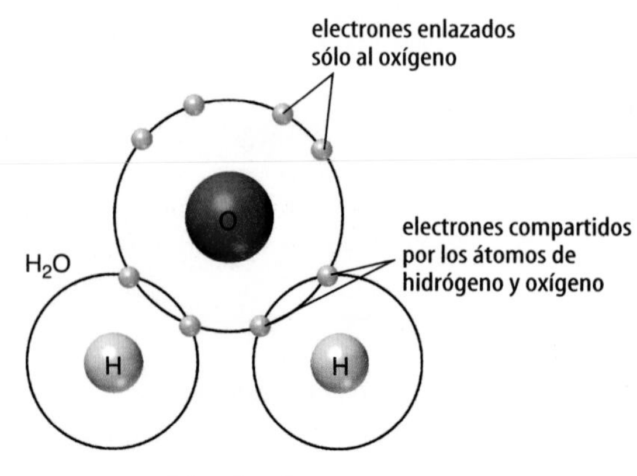

una molécula de agua

Enlaces iónicos

No todos los enlaces entre los átomos se forman compartiendo electrones. A veces los átomos se combinan entre sí ganando o perdiendo los electrones de sus niveles (ondas, órbitas) exteriores. Un átomo o un grupo de ellos que gana o pierde electrones tiene una carga eléctrica y se llama **ion.**

Un tipo diferente de enlace mantiene a los iones unidos. La unión que se forma entre un átomo de sodio (Na) y uno de cloruro (Cl) es un buen ejemplo. El sodio se vuelve estable al perder uno de sus electrones de su nivel de energía (capa, órbita) externo, y el cloruro se vuelve estable al aceptar ese electrón. Dado que el sodio pierde un electrón cargado negativamente, tiene más protones que electrones de manera que se convierte en un ion cargado positivamente (de carga positiva). Por su parte, el cloruro ha ganado un electrón, y ahora tiene más electrones que protones. Así que se convierte en un ion cargado negativamente (de carga negativa). Dado que las cargas opuestas se atraen, existe una fuerza de atracción entre los dos iones de cargas opuestas, fuerza que recibe el nombre de **enlace iónico.** El compuesto (producto) que se forma cuando el sodio y el cloruro (los reactantes) reaccionan para formar un enlace iónico se conoce como cloruro de sodio o sea, la sal común, representado por la fórmula química NaCl.

Cloruro de sodio

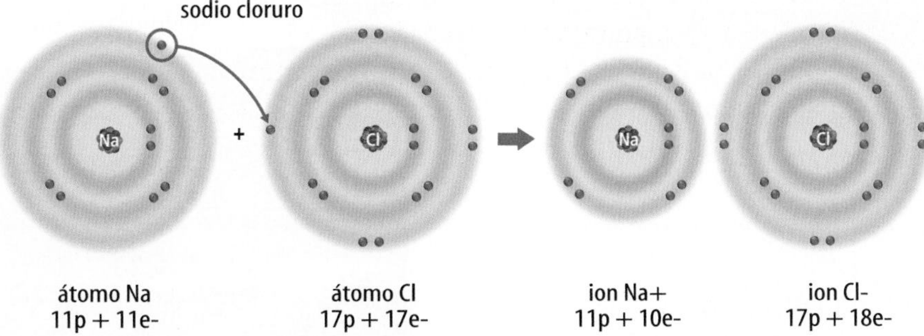

La carga positiva del ion de sodio atrae la carga negativa del ion de cloruro. A esta atracción se le llama un «enlace iónico».

Conocimientos para superar

Mezclas y soluciones

Cuando los elementos se combinan para formar un compuesto, ya no tienen sus propiedades originales. Una mezcla es una combinación de sustancias en la que las sustancias individuales mantienen sus propiedades (o características). Por ejemplo, si revuelves arena y azúcar, no cambiarán ni se combinarán químicamente. Se puede separar una mezcla fácilmente. A este tipo de mezcla se le llama una **mezcla heterogénea** porque las dos sustancias tienen propiedades físicas diferentes.

Hay también **mezclas homogéneas** que se llaman **soluciones;** por ejemplo el azúcar y el agua. Cuando el azúcar se disuelve **(el soluto)** en el agua **(el disolvente)** las dos sustancias puras (azúcar y agua) se asocian físicamente y forman una mezcla que tiene una composición constante. Hay que señalar que no todas las soluciones tienen que tener agua. Otras soluciones son gases como el aire que es una mezcla homogénea de varios gases.

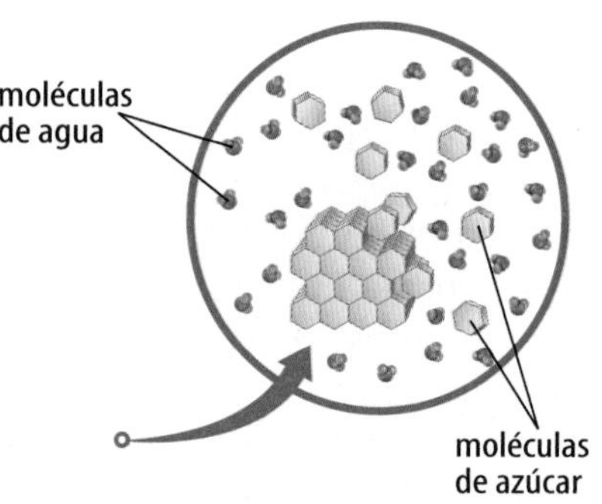

El azúcar es el soluto y el agua es el disolvente.

Y algunas soluciones son sólidas como las aleaciones que contienen diferentes metales y a veces sustancias no metálicas. Un ejemplo: El oro puro es blando y se dobla fácilmente. Las joyas de oro no son de oro puro. Se hacen con una aleación de oro con plata y cobre.

El reciclaje de aluminio

La tabla periódica

Todo estudiante de química conoce muy bien la tabla periódica. Esta tabla relaciona las propiedades de los elementos con sus números atómicos. Los elementos de una misma fila tienen el mismo número de capas (órbitas, niveles) que contienen un número variable de electrones. Los elementos de la misma columna tienen el mismo número de electrones en la capa más externa.

LA TABLA PERIÓDICA MODERNA

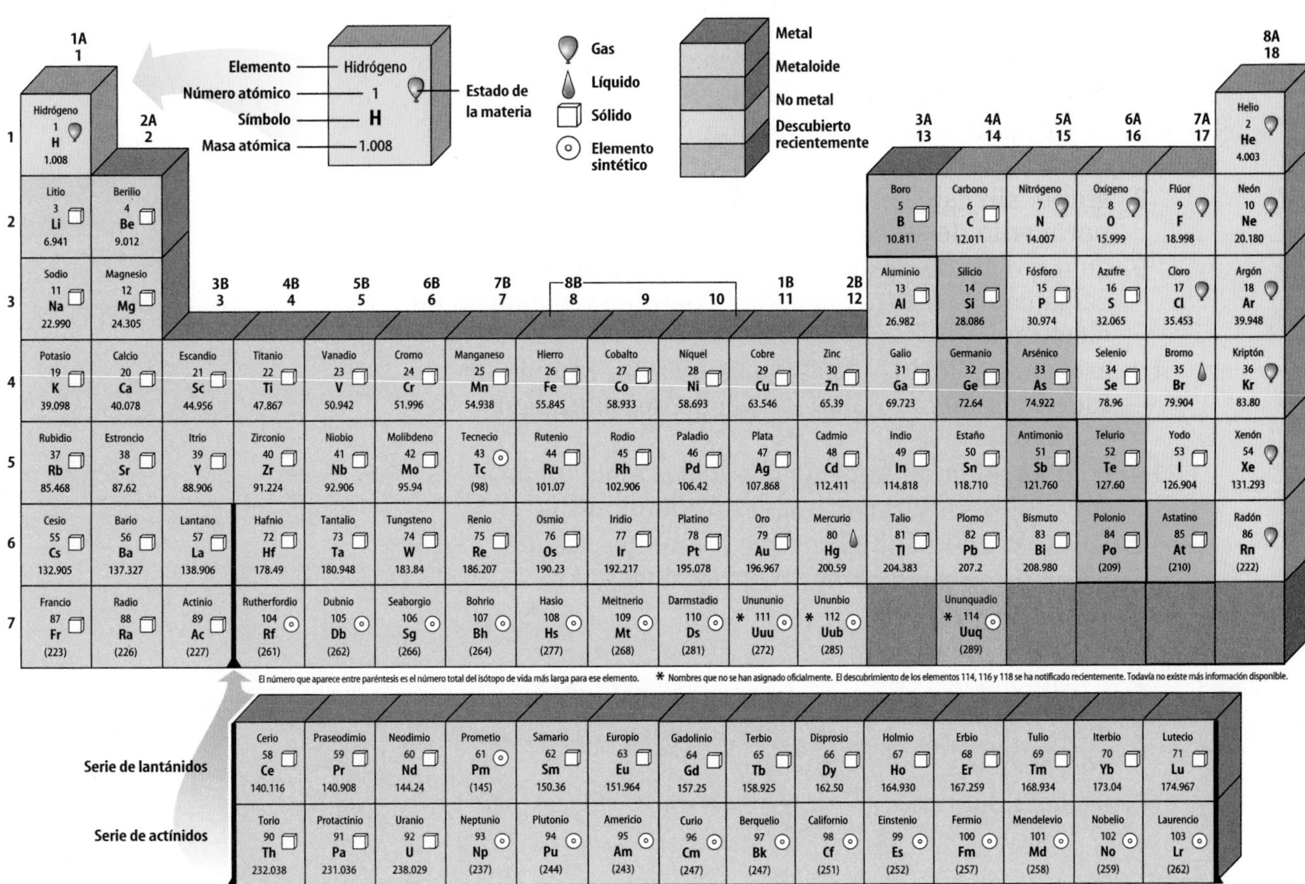

Comprensión

A **Poder verbal** **Definiciones** Da la palabra cuya definición sigue.

1. la cantidad de materia contenida en una unidad de volumen
2. parte central de un átomo, pequeña y densa y con carga positiva
3. sustancia que no se puede descomponer en sustancias más sencillas
4. una partícula de carga positiva
5. una partícula que tiene carga negativa
6. una partícula que no tiene carga
7. la partícula más pequeña de un determinado tipo de materia
8. grupo, sin carga, de dos o más átomos unidos entre sí por medio de enlaces covalentes
9. átomo o grupo de átomos combinados que tiene una carga como consecuencia de la pérdida o ganancia de electrones
10. asociación de dos o más sustancias sin cambio de la identidad de cada una—se puede descomponer fácilmente
11. combinación química de dos o más elementos diferentes unidos entre sí en proporción fija
12. solución sólida que contiene diferentes metales y, en algunas ocasiones, sustancias no metálicas

B **Casi sinónimos** Parea.

1. propiedad	**a.** unidad de volumen
2. masa	**b.** característica
3. composición	**c.** peso
4. espacio definido	**d.** estructura

C Buscando información Contesta.

1. ¿Cuáles son algunos ejemplos de materia?
2. ¿Cuáles son los tres estados físicos en que existe la materia?
3. ¿De qué depende el estado físico de una sustancia?
4. ¿Qué tienen todos los átomos?
5. ¿Cuál es el primer elemento en la tabla periódica? ¿Por qué?
6. ¿Qué tipo de enlace es una molécula?
7. ¿En qué se representan las reacciones químicas?
8. En la ecuación $2H_2 + O_2 = 2H_2O$, ¿qué significa el 2 de mayor tamaño? Y, ¿qué significa el subíndice 2?
9. ¿Qué es el cloruro de sodio?
10. ¿Tienen agua todas las soluciones?

D Explicando

1. Explica lo que le pasa al agua al ponerla en un congelador y lo que le pasa al calentarla a 100°C.
2. Explica por qué el núcleo de un átomo tiene una carga positiva pero el átomo mismo no tiene carga neta.
3. Explica por qué el agua no es un elemento.
4. Explica la diferencia entre un reactante y un producto.
5. Explica la diferencia entre un soluto y un disolvente.

E Describiendo

1. Describe la estructura de un átomo.
2. Describe la(s) órbita(s) de un átomo.
3. Describe un enlace covalente.
4. Describe un enlace iónico.
5. Describe una mezcla.
6. Describe la tabla periódica.

F Comparando

1. Compara una materia de baja densidad con otra de mayor densidad.
2. Compara una reacción química de descomposición con una reacción química de combinación.
3. Compara un enlace covalente con un enlace iónico.
4. Compara una mezcla con un compuesto.
5. Compara una mezcla homogénea con una mezcla heterogénea.

Gramática y lenguaje

Visit *ConnectEd* for additional information and practice for *El imperfecto del subjuntivo* and all the uses of the imperfect subjunctive.

El imperfecto del subjuntivo

1. La forma de ustedes, ellos, ellas menos la terminación –on sirve de raíz o base del imperfecto del subjuntivo de todos los verbos.

Infinitivo	Pretérito	Raíz
mirar	miraron	mirar–
comer	comieron	comier–
escribir	escribieron	escribier–
pedir	pidieron	pidier–
dormir	durmieron	durmier–
estar	estuvieron	estuvier–
andar	anduvieron	anduvier–
tener	tuvieron	tuvier–
poder	pudieron	pudier–
poner	pusieron	pusier–
saber	supieron	supier–
haber	hubieron	hubier–
querer	quisieron	quisier–
venir	vinieron	vinier–
hacer	hicieron	hicier–
traer	trajeron	trajer–
decir	dijeron	dijer–
conducir	condujeron	condujer–
leer	leyeron	leyer–
oír	oyeron	oyer–
ir	fueron	fuer–
ser	fueron	fuer–

2. A la raíz se añaden las siguientes terminaciones para formar el imperfecto del subjuntivo:

-a -as -a -amos -ais -an

infinitivo	hablar	comer	pedir	tener	decir
yo	hablara	comiera	pidiera	tuviera	dijera
tú	hablaras	comieras	pidieras	tuvieras	dijeras
Ud., el, ella	hablara	comiera	pidiera	tuviera	dijera
nosotros(as)	habláramos	comiéramos	pidiéramos	tuviéramos	dijéramos
vosotros(as)	hablarais	comierais	pidierais	tuvierais	dijerais
Uds., ellos, ellas	hablaran	comieran	pidieran	tuvieran	dijeran

Mis primeros versos de Rubén Darío

Vocabulario

Estudia las siguientes palabras para ayudarte a entender la lectura.

la alabanza elogio

la amargura disgusto, algo desagradable

el colmo acto de aceptar o soportar algo hasta no poder más

la manía idea fija, obsesión

borrar hacer desaparecer algo

carecer faltar, necesitar

fastidiar enojar

Poder verbal

Completa con una palabra apropiada.

1. Tiene ____. Es un tipo muy obsesionado.
2. No te quiero ____ pero quisiera que te levantaras.
3. Debes ____ el error antes de que lo vea el profesor.
4. No lo quiere hacer porque ____ de interés. El proyecto no le interesa nada.
5. Ellos han sufrido muchas _____ en la vida. Han sido desafortunados.
6. Todos necesitamos _____ de vez en cuando. Nos gusta saber cuándo hemos hecho algo bueno.
7. Es el _____. No puede soportar más.

Introducción

Ya sabemos que el nicaragüense Rubén Darío fue el príncipe de los poetas hispanoamericanos. Fue también el precursor del cuento moderno hispanoamericano. Uno de los primeros cuentos que escribió fue *Mis primeros versos*. Este cuento es un ejemplo de la manera más sencilla en que puede escribir un cuento. Rubén Darío, narrando en la forma de «yo», describe lo que le puede pasar a un joven que aspira a ser escritor y que escribe su primera «obra» para un periódico local. Este cuento fue publicado por primera vez en el periódico *El Imparcial de Managua* en 1886 cuando el autor tenía solamente diecinueve años.

Lectura

Mis primeros versos

Tenía yo catorce años y estudiaba humanidades.

Un día sentí unos deseos rabiosos de hacer versos, y de enviárselos a una muchacha muy linda, que se había permitido darme calabazas.

Me encerré en mi cuarto, y allí en la soledad, después de inauditos esfuerzos, condensé como pude, en unas cuantas estrofas, todas las amarguras de mi alma.

rabiosos fuertes, locos
darme calabazas rechazarme
inauditos extraordinarios

Cuando vi, en una cuartilla de papel, aquellos renglоncitos cortos tan simpáticos, cuando los leí en alta voz y consideré que mi cacumen los había producido, se apoderó de mí una sensación deliciosa de vanidad y orgullo.

renglоncitos líneas
cacumen talento, inteligencia

Inmediatamente pensé en publicarlos en *La Calavera*, único periódico que entonces había, y se los envié al redactor, bajo una cubierta y sin firma.

redactor editor

Mi objeto era saborear las muchas alabanzas de que sin duda serían objeto, y decir modestamente quién era el autor, cuando mi amor propio se hallara satisfecho.

Eso fue mi salvación.

Pocos días después sale el número 5 de *La Calavera*, y mis versos no aparecen en sus columnas.

Los publicarán inmediatamente en el número 6, dije para mi capote, y me resigné a esperar porque no había otro remedio.

para mi capote para mí mismo

Managua, la capital de Nicaragua

Pero ni en el número 6, ni en el 7, ni en el 8, ni en los que siguieron había nada que tuviera apariencias de versos.

Casi desesperaba ya de que mi primera poesía saliera en letra de molde, cuando caten ustedes que el número 13 de *La Calavera* puso colmo a mis deseos.

Los que no creen en Dios, creen a puño cerrado en cualquier barbaridad, por ejemplo, en que el número 13 es fatídico, precursor de desgracias y mensajero de muerte.

desesperada perdí esperanza

caten ven

a puño cerrado firmemente

fatídico nefasto

Yo creo en Dios, pero también creo en la fatalidad del maldito número 13.

Apenas llegó a mis manos *La Calavera*, me puse de veinticinco alfileres, y me lancé a la calle, con el objeto de recoger elogios, llevando conmigo el famoso número 13.

A los pocos pasos encuentro a un amigo, con quien entablé el diálogo siguiente:

—¿Qué tal, Pepe?

—Bien, ¿y tú?

—Perfectamente. Dime, ¿has visto el número 13 de *La Calavera*?

—No creo nunca en ese periódico.

Un jarro de agua fría en la espalda o un buen pisotón en un callo no me hubieran producido una impresión tan desagradable como la que experimenté al oír esas seis palabras.

Mis ilusiones disminuyeron un cincuenta por ciento, porque a mí se me había figurado que todo el mundo tenía la obligación de leer por lo menos el número 13, como era de estricta justicia.

—Pues, bien, —repliqué algo amostazado—, aquí tengo el último número y quiero que me des tu opinión cerca de estos versos que a mí me han parecido muy buenos.

amostazado enojado

Andrew Payti

Casa de Rubén Darío, León, Nicaragua

Mi amigo Pepe leyó los versos y el infame se atrevió a decirme que no podían ser peores.

Tuve impulsos de pegarle una bofetada al insolente que así desconocía el mérito de mi obra; pero me contuve y me tragué la píldora.

Otro tanto me sucedió con todos aquellos a quienes interrogué sobre el mismo asunto, y no tuve más remedio que confesar de plano... que todos eran unos estúpidos.

Cansado de probar fortuna en la calle, fui a una casa donde encontré a diez o doce personas de visita. Después del saludo, hice por milésima vez esta pregunta:

—¿Han visto ustedes el número 13 de *La Calavera*?

—No lo he visto —contestó uno de tantos—, ¿qué tiene de bueno?

—Tiene, entre otras cosas, unos versos que según dicen no son malos.

—¿Sería usted tan amable que nos hiciera el favor de leerlos?

—Con gusto.

Saqué *La Calavera* del bolsillo, lo desdoblé lentamente, y lleno de emoción, pero con todo el fuego de mi entusiasmo, leí las estrofas.

Enseguida pregunté:

—¿Qué piensan ustedes sobre el mérito de esta pieza literaria?

Las respuestas no se hicieron esperar y llovieron en esta forma:

—No me gustan esos versos.

—Son malos.

—Son pésimos.

—Si continúan publicando tantas necedades en *La Calavera*, pediré que me borren de la lista de suscriptores.

necedades cosas tontas

Teatro Rubén Darío, Managua, Nicaragua

—El público debe exigir que emplumen al autor.

—Y al periodista.

—¡Qué atrocidad!

—¡Qué barbaridad!

—¡Qué necedad!

—¡Qué monstruosidad!

Me despedí de la casa hecho un energúmeno, y poniendo a aquella gente tan incivil en la categoría de los tontos: «Stultorum plena sunt omnia», decía ya para consolarme.

Todos esos que no han sabido apreciar las bellezas de mis versos, pensaba yo, son personas ignorantes que no han estudiado humanidades, y que, por consiguiente, carecen de los conocimientos necesarios para juzgar como es debido en materia de bella literatura.

Lo mejor es que yo vaya a hablar con el redactor de La Calavera, que es hombre de letras y que por algo publicó mis versos.

Efectivamente: llego a la oficina de la redacción del periódico, y digo al jefe, para entrar en materia:

—He visto el número 13 de *La Calavera*.

—¿Está usted suscrito a mi periódico?

—Sí, señor.

—¿Viene usted a darme algo para el número siguiente?

—No es eso lo que me trae: es que he visto unos versos...

—Malditos versos: ya me tiene frito el público a fuerza de reclamaciones. Tiene usted muchísima razón, caballero, porque son, de los malos, lo peor; pero ¿qué quiere usted?, el tiempo era muy escaso, me faltaba media columna y eché mano a esos condenados versos, que me envió algún quídam para fastidiarme.

Estas últimas palabras las oí en la calle, y salí sin despedirme, resuelto a poner fin a mis días.

Me pegaré un tiro, pensaba, me ahorcaré, tomaré un veneno, me arrojaré desde un campanario a la calle, me echaré al río con una piedra al cuello, o me dejaré morir de hambre, porque no hay fuerzas humanas para resistir tanto.

Pero eso de morir tan joven... Y, además, nadie sabía que yo era el autor de los versos.

Por último, lector, te juro que no me maté, pero quedé curado, por mucho tiempo, de la manía de hacer versos. En cuanto al número 13 y a las calaveras, otra vez que esté de buen humor te he de contar algo tan terrible, que se te van a poner pelos de punta.

emplumen castiguen

energúmeno persona encolerizada que grita mucho

Stultorum plena sunt omnia Hay tontos por todas partes

quídam tío (jerga)

Comprensión

A Confirmando información Corrige todas las oraciones que tienen información errónea.

1. El autor no era muy joven.
2. Escribió sus primeros versos para una muchacha linda que lo quería mucho.
3. Él se puso muy triste cuando leyó por primera vez lo que había escrito.
4. Su cuento salió en el primer número del periódico.
5. El joven autor esperaba recibir alabanzas y elogios por su cuento.
6. Su amigo leyó sus versos y le dijo que eran estupendos.
7. El joven creyó que todos los que criticaban su trabajo eran unos estúpidos.
8. Por eso fue a la casa editorial y el redactor le dijo que su cuento era muy bueno y el periódico había recibido muchos elogios por haberlo publicado.

B Describiendo Describe lo que pasó cuando el autor encontró a un amigo en la calle, cuando leyó los versos a unas doce personas de visita y lo que pasó durante la entrevista con el redactor del periódico.

C Interpretando Explica el significado de lo siguiente: «Pero eso de morir tan joven… Y, además, nadie sabía que yo era el autor de los versos».

D Personalizando Casi todos hemos hecho algo en la vida que produjo resultados opuestos a los que habíamos esperado o anticipado. Escribe sobre algo que tú has hecho que dio resultados que no habías esperado. Describe tu reacción y tus emociones sobre los resultados inesperados.

Abel Sánchez de Miguel de Unamuno

Vocabulario

Estudia las definiciones de las siguientes palabras.

los siseos sonidos repetidos para mostrar desagrado
el asombro gran admiración
el elogio testimonio del mérito de alguien
las entrañas órganos dentro del cuerpo
el acicate estímulo, incentivo
el consuelo alivio de pena
el errante el que anda de un lugar a otro
la salva aplausos fuertes de aprobación
la concurrencia los que están presentes
cuajar lograr
asomar subir, aparecer
soñar imaginar algo mientras se duerme
gotear dejar caer poco a poco
compadecer sentir compasión por
ahogar matar por restricción de la respiración

Poder verbal

A **¿Cuál es la palabra?** Completa con una palabra apropiada.

1. Su mejor amigo pronunció un _____ en su honor.
2. Ellos saben dar _____ para aliviar pena.
3. Recibió una _____ de aplausos de aprobación.
4. Estos _____ no muestran agrado.
5. Nunca saben dónde está su hijo _____.
6. Yo sé que él no puede _____ con tu situación.
7. No hay duda que él va a _____ a tiempo. Pero siempre espera hasta el último momento.
8. El _____ puede expresar sorpresa o gran admiración

B **¡Otra palabra!** Da una palabra relacionada.

1. una gota
2. errar
3. consolar
4. el compadecimiento
5. elogiar
6. sisear
7. el sueño
8. asombroso

Nota biográfica

Miguel de Unamuno nació en Bilbao en 1864 y murió en Salamanca en 1936. Estudió el bachillerato en el Instituto Vizcaíno y cursó estudios en la Universidad de Madrid donde recibió el doctorado en Filosofía y Letras. Enseñó el griego en la Universidad de Salamanca y fue nombrado rector de dicha institución. Unamuno fue poeta, dramaturgo, novelista y ensayista. Tenía fama de ser un escritor genial.

Además de ser escritor y filósofo Unamuno participó activamente en la política turbulenta de la época.

Introducción

La historia bíblica de Ábel y Caín le inspira al renombrado autor español Miguel de Unamuno a crear su conocida obra *Abel Sánchez*. Joaquín Monegro y Abel Sánchez, los dos personajes de la obra unamuniana, no eran hermanos pero como si lo hubieran sido, pues se criaron juntos y hasta habían tenido la misma nodriza.

El Caín de la Biblia envidiaba a su hermano. Esta envidia llegó a tal extremo que el envidioso se hizo fratricida. También envidiaba Joaquín a este otro Abel. Le envidiaba porque de todos era querido Abel mientras que a nadie le caía en gracia el pobre Joaquín.

Pasaron los años y Abel llegó a ser un renombrado artista, Joaquín un respetado médico. Pero la envidia no se le quitaba. Esta terrible envidia dominaba la vida de Joaquín Monegro y se la amargaba. Lo más cruel de todo era que Joaquín, como hombre, valía mucho más que Abel.

El mismo autor dijo en una ocasión que *Abel Sánchez* era «acaso la más trágica de mis novelas».

En el trozo que sigue, Joaquín va al banquete que él ha organizado en honor de Abel. Todo el mundo espera ver lo que hará Joaquín.

Lectura

Abel Sánchez

◆·◆·◆

de Miguel de Unamuno

Corría una maliciosa expectación por debajo de las conversaciones mantenidas durante el banquete. Joaquín, sentado a la derecha de Abel, e intensamente pálido, apenas comía ni hablaba. Abel mismo empezó a temer algo

A los postres se oyeron siseos, empezó a cuajar el silencio y alguien dijo: —¡Que hable!— Levantóse Joaquín. Su voz empezó temblona y sorda, pero de pronto se aclaró y vibraba con un acento nuevo. No se oía más que su voz, que llenaba el silencio. El asombro era general. Jamás se había pronunciado un elogio más férvido, más encendido, más lleno de admiración y cariño a la obra y a su autor. Sintieron muchos asomárseles las lágrimas cuando Joaquín evocó aquellos días de su común infancia con Abel, cuando ni uno ni otro soñaban lo que habrían de ser.

—Nadie le ha conocido más adentro que yo,—decía. —Creo conocerte mejor que me conozco a mí mismo, más puramente, porque de nosotros mismos no vemos en nuestras entrañas sino el fango de que hemos sido hechos. Es en otros donde vemos lo mejor de nosotros y lo amamos, y eso es la admiración. Él ha hecho en su arte lo que yo habría querido hacer en el mío, y por eso es uno de mis modelos; su gloria es un acicate para mi trabajo y es un consuelo de la gloria que no he podido adquirir. Él es nuestro, de todos; él es mío sobre todo, y yo, gozando de su obra, la hago tan mía como él la hizo suya creándola. Y me consuelo de verme sujeto a mi medianía . . .

Su voz lloraba a las veces. El público estaba subyugado, vislumbrando oscuramente la lucha gigantesca de aquel alma con su demonio.

—Y ved la figura de Caín,— decia Joaquín dejando gotear las ardientes palabras, —del trágico Caín, del labrador errante, del primero que fundó ciudades, del padre de la industria, de la envidia y de la vida civil, ¡vedla! Ved con qué cariño, con qué compasión, con qué amor al desgraciado está pintada. ¡Pobre Caín! Nuestro Abel Sánchez admira a Caín como Milton admiraba a Satán, está enamorado de su Caín como Milton lo estuvo de su Satán, porque admirar es amar y amar es compadecer. Nuestro Abel ha sentido toda la miseria, toda la desgracia inmerecida del que mató al primer Abel, del que trajo, según la leyenda bíblica, la muerte al mundo. Nuestro Abel nos hace comprender la culpa de Caín, porque hubo culpa, y compadecerle y amarle . . . ¡Este cuadro es acto de amor!

Cuando acabó Joaquín de hablar, medió un silencio espeso, hasta que estalló una salva de aplausos. Levantóse entonces Abel y, pálido, convulso, tartamudeante, con lágrimas en los ojos, le dijo a su amigo:

—Joaquín, lo que acabas de decir vale más, mucho más, que mi cuadro, más que todos los cuadros que he pintado, más que todos los que pintaré . . . Eso, eso es una obra de arte y de corazón. Yo no sabía lo que he hecho hasta que te he oído. ¡Tú y no yo has hecho mi cuadro, tú!

Y abrazáronse llorando los dos amigos de siempre entre los clamorosos aplausos y vivas de la concurrencia puesta en pie. Y al abrazarse le dijo a Joaquín su demonio: «¡Si pudieras ahora ahogarle en tus brazos!»

Comprensión

A Buscando información Contesta.

1. Qué corría por debajo de las conversaciones?
2. ¿Cómo era Joaquín?
3. ¿Quién se levantó?
4. ¿Cómo era la voz de Joaquín?
5. ¿Cómo era el elogio?
6. ¿Qué sintieron muchos cuando Joaquín habló de su infancia?
7. ¿Qué vemos en nuestras entrañas?
8. ¿Qué vemos en las de otros?
9. Según Joaquín, ¿qué ha hecho Abel?
10. ¿De qué le sirve a Joaquín la gloria de Abel?
11. En su vida, ¿ha tenido Joaquín tanto éxito como Abel?
12. Según lo que dice, ¿está celoso?
13. ¿Cuál es su consuelo?
14. ¿Cómo está pintada la figura de Caín?
15. ¿Cómo admira Abel Sánchez a Caín?
16. ¿Qué ha sentido «nuestro» Abel?
17. En su cuadro, ¿qué nos hace comprender?
18. ¿Por qué dice Joaquín que el cuadro es un acto de amor?
19. Al acabar de hablar Joaquín, ¿qué sucedió?
20. ¿Cómo habló Abel?
21. Según Abel, ¿qué valen las palabras de Joaquín?
22. ¿Qué hicieron los dos amigos?
23. Al abrazarse los dos, ¿quién le habló a Joaquín?
24. ¿Qué le dijo?

B Describiendo

1. Describe la emoción que revela Abel cuando acepta el elogio de Joaquín.
2. Describe lo que nos revela Joaquín por medio de las palabras de su «demonio».

C Interpretando ¿Qué es el demonio de Joaquín?

D Analizando Lee la primera oración de este trozo y luego contesta.

1. ¿Por qué era maliciosa la expectación?
2. ¿En qué pensaba la concurrencia?
3. Según esta oración; ¿qué sabemos de la reputación que tenía Joaquín?
4. ¿Qué impresión nos da el autor cuando dice que la expectación estaba por debajo de la conversación?

La muñeca negra de José Martí

Biografía

José Martí (1853–1895) nació en Cuba de padres españoles. Dedicó su vida a la causa de la independencia de su país. Fue deportado dos veces a España por sus actividades políticas. Martí vivió también en México, Guatemala, Honduras y Venezuela. Dice que en cada país se encontró en casa—la que le hizo proclamar «De América soy hijo». Pasa catorce años en Estados Unidos donde organizó un grupo revolucionario. Martí murió en el campo de batalla en Cuba en 1895. Murió sin realizar su sueño de ver a su Cuba libre e independiente.

Además de ser político y revolucionario, la gran pasión de Martí durante toda su vida era la poesía. En otro capítulo leerás sus famosos *Versos sencillos* publicados durante su estadía en Nueva York. A Martí le encantaba también escribir cuentos y escribió muchos de ellos para niños como el que sigue.

Introducción

El cuento *La muñeca negra* fue publicado en 1889 en la revista La Edad de Oro. Los padres de Piedad la tratan bien—como su angelita. Los padres harán todo para su niña. El cuento rebosa de amor y cariño. A veces el padre de Piedad sueña. Los sueños son como esos que se tienen sin dormir. Según esta poesía José Martí también soñaba sin dormir y como el padre de Piedad él también quería mucho a los niños.

Los padres harán todo para su niña.

Monumento a José Martí, Plaza de la Revolución, La Habana, Cuba

El lugar de nacimiento de José Martí, La Habana, Cuba

Sueño despierto

Yo sueño con los ojos
Abiertos, y de día
Y noche siempre sueño.
Y sobre las espumas
Del ancho mar revuelto,
Y por entre las crespas
Arenas del desierto,
Y del león pujante,
Monarca de mi pecho,
Montado alegremente
Sobre el sumiso cuello,
Un niño que me llama
Flotando siempre veo.

Lectura

La muñeca negra

De puntillas, de puntillas, para no despertar a Piedad, entran en el cuarto de dormir el padre y la madre. Vienen riéndose, como dos muchachones. Vienen de la mano, como dos muchachos. El padre viene detrás, como si fuera a tropezar con todo. La madre no tropieza; porque conoce el canino. ¡Trabaja mucho el padre, para comprar todo lo de la casa, y no puede ver a su hija cuando quiere! A veces, allá en el trabajo, se ríe solo, o se pone de repente como triste, o se le ve en la cara como una luz; y es que está pensando en su hija; se le cae la pluma de la mano cuando piensa así, pero en seguida empieza a escribir, y escribe tan de prisa, tan de prisa, que es como si la pluma fuera volando. Y le hace muchos rasgos a la letra, y las oes le salen grandes como un sol y las ges largas como un sable, y las eles están debajo de la línea, como si se fueran a clavar en el papel, y las eses caen al fin de la palabra, como una hoja de palma; ¡tiene que ver lo que escribe el padre cuando ha pensado mucho en la niña! El dice que siempre que le llega por la ventana el olor de las flores del Jardín, piensa en ella. O a veces, cuando está trabajando cosas de números, o poniendo un libro sueco en español, la ve venir, venir despacio, como en una nube, y se le sienta al lado, le quita la pluma, para que repose un poco, le da un beso en la frente, le tira de la barba rubia, le esconde el tintero: es sueño no más, no más que sueño, como esos que se tienen sin dormir, en que ve unos vestidos muy bonitos, o un caballo vivo de cola muy larga, o un cochecito, con cuatro chivos blancos, o una sortija con la piedra azul; sueño es no más, pero dice el padre que es como si lo hubiera visto, y que después tiene más fuerza y escribe mejor. Y la niña se va, se va despacio por el aire, que parece de luz todo; se va como una nube.

Hoy el padre no trabajó mucho, porque tuvo que ir a una tienda; ¿a que iría el padre a una tienda? y dicen que por la puerta de atrás entró una caja grande; ¿que vendrá en la caja? ¡a saber lo que vendrá! mañana hace ocho años que nació Piedad. La criada fue al jardín y se pinchó

de puntillas a las puntas del pie

sable en Cuba un pez brillante, de cuerpo delgado

chivos crías de las cabras

el dedo por cierto, por querer coger, para un ramo que hizo, una flor muy hermosa. La madre a todo dice que sí, y se puso el vestido nuevo, y le abrió la jaula al canario. El cocinero está haciendo un pastel, y recortando en figura de flores los nabos y las zanahorias, y le devolvió a la lavandera el gorro, porque tenía una mancha que no se veía apenas, pero, "¡hoy, hoy, señora lavandera, el gorro ha de estar sin mancha!" Piedad no sabía, no sabía. Ella sí vio que la casa estaba como el primer día de sol, cuando se va ya la nieve, y les salen las hojas a los árboles. Todos sus juguetes se los dieron aquella noche, todos.

Comprensión

Buscando información Contesta.

1. ¿Cómo entran en el cuarto de dormir los padres de la niña? ¿Por qué?
2. ¿Por qué viene detrás el padre?
3. ¿Para qué trabaja mucho el padre?
4. ¿En quién piensa mucho mientras trabaja?
5. ¿Qué pasa cuando está pensando en ella?
6. Cuando escribe muy rápido, ¿qué le hace a la letra?

Describiendo

Describe los sueños que tiene el padre – esos que se tienen sin dormir.

Explicando

Explica por qué el padre no trabajó mucho hoy.

Describiendo

Describe todas las actividades que tuvieron lugar en la casa. ¿Cuál fue la razón por todas estas actividades?

Investigando

El título de este cuento es "La muñeca negra". La muñeca negra juega un papel importante en el cuento. Ve en línea y lee más del cuento para llegar a conocer a la muñeca y su importancia. En línea hay también una grabación del cuento. Escúchala. Luego trabajando en grupos pequeños tengan una discusión sobre el cuento.

Sección 5

Composición

Instrucciones o procesos

El tener que seguir un proceso paso a paso para cumplir alguna tarea es algo que tenemos que hacer casi a diario. En este capítulo vas a aprender cómo explicar una tarea rutina de manera que otros comprendan completarla satisfactoriamente.

Nick Koudis/Getty Images

Hay que recordar que el saber hacer algo no garantiza que tengas la capacidad de explicárselo a otro. Hay muchos que lo encuentran más difícil tener que explicarle un proceso «paso a paso» a otro que hacerlo sí mismo. Las instrucciones en el modelo que sigue usan un lenguaje preciso y sencillo que explica un proceso bastante complejo.

Toma de fotografías. Dejar que la cámara seleccione automáticamente el ajuste. AUTO Modo automático

En este modo, lo único que ha de hacer es pulsar el botón de disparo y dejar que la cámara haga el resto.

1. Coloque el *Dial* de modo en la posición AUTO.
2. Oriente la cámara hacia el objeto.
3. Utilice la palanca del *zoom* para obtener la composición que desee (tamaño relativo del objeto en el visor).
4. Pulse el botón de disparo hasta la mitad.
   - Se oirán dos sonidos cuando la cámara haya terminado la medición y el indicador situado junto al visor se iluminará en verde o en naranja. Si la pantalla LCD está encendida, el marco AF aparecerá en verde.
   - Los valores de abertura y velocidad de obturación se determinarán automáticamente y se mostrarán en la pantalla. También aparecerán en la pantalla LCD, si está encendida.
   - El indicador amarillo parpadeará y se oirá un zumbido si resulta difícil enfocar al sujeto. El marco AF también se iluminará en amarillo.
5. Pulse el botón de disparo hasta el final de su recorrido.
   - Se escuchará un zumbido del obturador al activarse.
   - La imagen aparecerá durante dos segundos en la pantalla LCD, si está abierta.

Ahora, ¡te toca a ti!

Para explicar un proceso, escoge algo que te interese y que puedas hacer. Luego identifica a tu público y toma en cuenta lo que ya saben o no saben. Busca términos o vocablos que tengas que usar en tu explicación. Ten cuidado de usar términos o vocablos que tu público pueda entender.

Vas a escribir una serie de instrucciones. Puedes escoger entre los siguientes procesos.

- conducir un experimento químico
- entrevistarle a alguien
- cocinar algo; una receta
- reparar un instrumento o una máquina
- llegar a un lugar
- como usar algo

Recuerda de explicarte de una manera precisa y sencilla para que tu público siga fácilmente tus instrucciones.

Conexión con el inglés

El subjuntivo en el pasado

1. En inglés, como ya se ha dicho, se usa muy poco el subjuntivo. Estudia los siguientes ejemplos del uso del verbo en inglés en cláusulas adverbiales. Hay muchas opciones.

   He works to have success.

   He works so that his children will have success.

   He worked so that his children would have success.

   They won´t go unless you go.

   They wouldn´t go unless you went.

   He does (will do) something provided that you know.

   He would do something provided you know (knew).

Si clauses

1. Las cláusulas con **si** en inglés, como las cláusulas con **si** en español, siguen una concordancia de tiempo bastante fija.

   I **will** go if I **have** enough money.

   I **would** go if I **had** enough money.

   I **would** have gone if I **had had** enough money.

Nosotros y nuestro mundo

Carreras entre nosotros

El ser bilingüe, sobre todo en español e inglés, nos ofrece muchas oportunidades en una gran variedad de carreras debido al hecho de que los latinos somos el mayor grupo minoritario del país.

Maestros o profesores de español

El español es la lengua que más se estudia en segundo idioma en Estados Unidos. Además, muchos alumnos de origen latino seguimos estudiando nuestra lengua materna en la escuela. Por consiguiente se necesitan muchos profesores de español en todos los estados del país—en escuelas primarias, intermedias, secundarias, al igual que en instituciones universitarias y escuelas nocturnas para adultos. Muchos de estos profesores son latinos. Enseñar el español les ofrece compartir su lengua, culturas y costumbres con un gran número de estadounidenses.

La profesora les ayuda a los estudiantes.

Un dependiente ayuda a los clientes

Empresarios

Hasta recientemente la mayoría de los negocios latinos eran bodegas (colmados, abarrotes) que vendían a las diversas comunidades latinas los víveres que tanto apreciaban. Siguen existiendo empresas alimenticias latinas pero hoy en día los negocios latinos están mucho más diversificados. Un gran sector está involucrado en el comercio internacional—en la compra y venta de todo tipo de mercancías y productos de importación y exportación y en la manufactura misma.

Hay también muchas empresas latinas en el área de la alta tecnología y las comunicaciones. Hay emisiones de radio y televisión que transmiten en español. Hay revistas y periódicos que se publican en español.

Ya se mencionó el número de bodegas (colmados, abarrotes) cuyos propietarios son latinos. Hasta hace poco había sólo restaurantes mexicanos pero ahora están floreciendo restaurantes cubanos, hondureños, peruanos, argentinos, etc.

¿Dónde trabaja ella?

Servicios

La economía de cualquier país se basa en la compra y venta de bienes y servicios. El sector de servicios es un sector económico importantísimo y ofrece una multitud de oportunidades a los que son bilingües.

Al igual que los asistentes que trabajan en sus bufetes, muchos abogados tienen que hablar español para atender a sus clientes. Como consecuencia hay muchos puestos en el sistema judicial que exigen un conocimiento del español. Algunos son agentes de policía, detectives, fiscales, etc. Hay también oportunidades para traductores en los tribunales.

Se necesita mucho personal hispanohablante en todas las ramas de la medicina: médicos, enfermeros, asistentes de enfermeros y los demás oficios del personal de un hospital son sólo algunos ejemplos.

Hay bancos latinos pero, sean latinos o no, muchos bancos necesitan cajeros bilingües. Además de oficios bancarios muchos contables se benefician de poder dominar el español para servir a sus clientes hispanohablantes.

Ya has aprendido que el turismo es una industria que influye mucho en la economía de un país. Muchos latinos que no nacieron en EE.UU. regresan a menudo a hacer visitas a sus parientes en su país de origen. Para servirles, hay muchas agencias de viajes cuyos dueños y empleados son latinos. Las compañías aéreas emplean a agentes aeroportuarios y asistentes de vuelo (sobrecargos) que hablan español.

Funcionarios

El gobierno estadounidense necesita gente bilingüe en muchos departamentos diferentes tales como la Seguridad Social, la aduana y el Servicio de Rentas Internas. Además de funcionarios que trabajan en las varias oficinas, se necesitan muchos traductores. Para citar sólo algunos, es necesario traducir los formularios médicos y tributarios al español. Se traducen también folletos que explican como conducir un automóvil, llenar formularios tributarios, votar en las elecciones, etc.

La lista de oportunidades para los que somos bilingües es larguísima. Todos debemos prepararnos en un campo que nos interese y beneficiarnos de las oportunidades que nos esperan. ◆

Trabajando en una oficina

Entérate Colombia y Venezuela

(t)FabioFilzi/Getty Images, (c)Jessica Byrne

Salto Angel

De la mano de la naturaleza

La UNESCO declaró estos sitios Patrimonio de la Humanidad.

Parque Nacional Los Katíos Existe un paso natural entre Centro y Suramérica. Es la puerta de entrada a América del Sur. Para pasar, los viajeros tienen que tomar un barco de Panamá a Colombia. ¿Sabes por qué es imposible cruzar en automóvil por la región? Este "puente" es uno de los terrenos más inhóspitos[1] y lluviosos del planeta. Llueve tanto que las aguas alimentan uno de los ríos más caudalosos[2] del mundo: el Atrato. El Atrato vierte[3] al Caribe casi 5,000 metros cúbicos de agua por segundo. El parque tiene una gran riqueza de flora y fauna que debe protegerse.

Parque Nacional Canaima El piloto norteamericano Jimmy Ángel va en su avión. De pronto, las nubes lo envuelven y pierde el rumbo. Al despejarse[4] el día, Ángel descubre la séptima maravilla[5] natural del planeta, que hoy lleva su nombre. Imagínate un río que cae, con una caída libre[6] de casi 1,000 metros. ¿Te lo imaginas? ¡Es el salto más alto del mundo: el Salto Ángel! Es el tesoro que guarda celosamente[7] este parque, donde además viven especies animales y vegetales únicas en el planeta. También viven allí en armonía con la naturaleza, los pueblos nativos de la región.

De la mano del ser humano

Cartagena de Indias Visitar esta bellísima ciudad colonial, sus plazas, fuertes y castillos, es pasear por 500 años de historia.

Cartagena, Colombia

Coro Esta ciudad, la más antigua de Venezuela, fue fundada en 1527. Su arquitectura demuestra muchas de las posibilidades de la construcción en barro[8].

[1] inhóspitos: *inhospitable*
[2] caudalosos: *with large volume of water*
[3] vierte: *pours*
[4] despejarse: *clear up*
[5] maravilla: *marvel*
[6] caída libre: *free fall*
[7] guarda celosamente: *keeps zealously*
[8] barro: *mud, adobe*

Los "hermanos mayores" hablan de ecología

En las altas montañas de la Sierra Nevada de Colombia vive un pueblo precolombino muy pacífico: los kogis. Su aislamiento[1] es total y voluntario. ¿Por qué? Quieren vivir en total armonía con la naturaleza. Desde hace tiempo, los kogis observan los cambios climáticos que ocurren en nuestro planeta. Hace unos años, los sabios[2] del pueblo, que se consideran nuestros hermanos mayores, decidieron enviar un mensaje al resto de los habitantes del planeta, sus hermanos menores. Es necesario que oigamos su mensaje, dicen ellos. De eso depende nuestro futuro. En el documental de Alan Ereira *Desde el corazón de la Tierra: Nuestros hermanos mayores,* los kogis piden que cuidemos de nuestro planeta. Dicen que la solución está en nuestras manos.

[1] aislamiento: *isolation* [2] sabios: *wise ones*

Calendario de fiestas

(l)©Iconotec/Alamy, (r)Jessica Byrne

Tocando la guitarra en Las Terrenas, Samaná, República Dominicana

Carnaval de Barranquilla

¡Cumbia…! Al grito de la desbordante[1] música caribeña se celebra el famoso Carnaval de Barranquilla, uno de los más importantes del mundo. La fiesta dura cuatro días, en los que la gente de esta ciudad festeja su herencia[2] africana y europea. Como dicen los colombianos, el Carnaval de Barranquilla se celebra sana y alegremente "hasta que el cuerpo aguante[3]".

Feria del Orinoco

Esta fiesta gira alrededor de un pez. La sapoara es un pez que sólo se encuentra en el río Orinoco. Las aguas del gran río bajan de caudal[4] en el mes de agosto. Entonces los habitantes de Ciudad Bolívar, en Venezuela, pescan sapoaras. La persona que pesque la sapoara más grande gana un premio. Alegres bailes, competencias de otros deportes acuáticos y exposiciones industriales y ganaderas[5] son también parte de la diversión. ¡A pescar se ha dicho!

Tambores de San Juan

Así se llama una fiesta popular de la zona central de Venezuela, donde se mezclan bailes afroantillanos y costumbres españolas. Los tambores resuenan[6] y los pobladores y miles de visitantes no dejan de bailar por las calles.

[1]desbordante: *bursting*
[2]herencia: *heritage*
[3]hasta que el cuerpo aguante: *as long as the body can take it*
[4]caudal: *volume of water*
[5]ganaderas: *cattle*
[6]resuenan: *resound*

Museos

El Museo del Oro Al entrar al museo, las luces están apagadas. Se encienden las luces y se escucha: "¡Ah!". El brillo de una barca en miniatura hecha de oro puro y otras extraordinarias reliquias[1] indígenas asombran[2] al mundo entero en Bogotá.

Museo de Arte Contemporáneo de Caracas

Los maestros de las artes plásticas modernas, tanto extranjeros como venezolanos, han encontrado su casa en este museo de importancia internacional.

Fernando Botero y sus gorditos Botero cuida muy bien su figura pero envía a sus "gorditos" a recorrer el mundo. Hace unos años, sus gatos, figuras humanas y otras esculturas gigantescas impresionaron a los neoyorquinos desde la avenida Park. En 2003, el mismo asombro se apoderó[3] de italianos y turistas que paseaban por Venecia[4].

[1]reliquias: *relics*
[3]apoderó: *took hold*
[2]asombran: *amaze*
[4]Venecia: *Venice*

La arepa es una comida colombiana.

micocina

Una reina pepeada, por favor

La arepa es la "hamburguesa" venezolana. Realmente, la arepa es un pan. Los venezolanos acompañan sus comidas con este pan de maíz. También es un plato principal. Todo depende del relleno. Se acompaña con mantequilla, frijoles, queso, pescado, huevo y todo tipo de carnes. Una de las más famosas es la reina pepeada. Disfruta de una y tú también dirás: "¡Déme una reina pepeada, por favor!"

Ingredientes

- 2 tazas de harina de maíz blanco precocida
- 1 cucharadita de sal
- 1 taza y ½ de agua
- 1 cucharada de aceite

Preparación

En un recipiente hondo, poner el agua, la sal y el aceite. Agregar poco a poco la harina, evitando[1] que se formen grumos[2]. Amasar con las manos hasta obtener una masa suave que no se pegue[3] a las manos. Hacer bolas medianas y aplanarlas[4] formando las arepas. Ponerlas en una plancha[5] caliente y engrasada y cocinarlas por ambos lados. Luego ponerlas al horno precalentado a 350°. Dejarlas hasta que, al golpearlas suavemente, suenen a huecas[6] y estén doradas.

Relleno

Hacer una mezcla de pollo hervido y desmenuzado[7], aguacate en trozos y mayonesa.

Servir las arepas en el momento, acompañadas del relleno, ¡y a disfrutar del banquete!

[1]evitando: *avoiding*
[2]grumos: *lumps*
[3]pegue: *stick*
[4]aplanarlas: *flatten*
[5]plancha: *skillet*
[6]huecas: *hollow*
[7]desmenuzado: *shredded*

Buscando un libro en la biblioteca

Nóbel para una "canción"

Gabriel García Márquez es autor de una novela considerada entre las mejores del siglo XX. Gabo, como le dicen sus amigos, es una persona muy particular. Por ejemplo:

- Recibe el Premio Nóbel vestido de liqui-liqui, traje típico de los llanos[1] venezolanos.
- Siempre escribe con una flor amarilla en su escritorio.
- Es fanático de Shakira. ¡Hasta ha escrito sobre ella!
- Tanto le gusta la música, que dice que *Cien años de soledad* es un vallenato – música de acordeón típica de la región de Valledupar – de 400 páginas, y *El amor en los tiempos del cólera* – otra novela famosa – es un bolero de 380 páginas. Confiesa leer en voz alta todos sus escritos, aún el más pequeño párrafo que escribe: "...un relato literario es un instrumento hipnótico, como lo es la música..." dice, y agrega: "...cualquier tropiezo[2] del ritmo puede malograr[3] el hechizo[4]. De esto me cuido hasta el punto de que no mando un texto a la imprenta mientras no lo lea en voz alta para estar seguro de su fluidez[5]".
- El cine es otra de sus pasiones. Gabo ha escrito guiones[6] de cine. Su novela *El coronel no tiene quien le escriba* es también película; Salma Hayek aparece en esa versión cinematográfica.

[1]llanos: *plains*
[2]tropiezo: *slip, mistake*
[3]malograr: *spoil*
[4]hechizo: *spell*
[5]fluidez: *smooth flow*
[6]guiones: *scripts*

EN EL SET

Hero/Corbis/Glow Images

Patricia Velázquez Actúa en las películas *La momia* y *El regreso de la momia*. Sí, el personaje que interpreta esta artista venezolana ¡es quien hace despertar[1] la venganza de la momia!

María Conchita Alonso Tiene gran trayectoria en Hollywood y en la televisión estadounidense. Figura al lado de grandes estrellas como Arnold Schwarzenegger y Robin Williams.

Sofía Vergara Si buscas a una artista de cine y televisión que sea talentosa y altruista[2], te presentamos a Sofía Vergara. La famosa colombiana es la portavoz[3] de una campaña nacional contra el SIDA. ¡Bravo, Sofía!

John Leguizamo Su nombre brilla tanto en Hollywood como en Broadway. Es el Toulouse Lautrec de *Moulin Rouge*, al lado de Nicole Kidman; actuó como Tibaldo, acompañando a Leonardo di Caprio en la más reciente versión llevada al cine de Romeo y Julieta. Además, Leguizamo anima con su voz a *Sid the Sloth*, en la película de dibujos animados *Ice Age*. Recientemente, debutó como director de cine en una película en la que también actúa. ¿Hay algo más que se pueda decir de este triunfador? Sí, ¡nació en Colombia!

[1]hace despertar: *awakens*
[2]altruista: *altruistic*
[3]portavoz: *spokeswoman*

música

Súbele el volumen

Juanes Aunque su nombre indique que se trata de más de una persona, Juanes es sólo uno, pero vale por[1] cinco... Fíjate bien en este cantante colombiano. En la más reciente entrega de los Grammys latinos, ¡cinco premios fueron para Juanes! Entre estos, ganó el del Mejor álbum y el de la Mejor canción.

Shakira ¿Dudas que alguien no sepa que esta joven colombiana es la diva indiscutible[2] de la actualidad?

Aterciopelados La música de este grupo de rock colombiano no es nada aterciopelada[3], pero los jóvenes la escuchan a todo volumen.

Oscar de León La mejor música de salsa y el venezolano Oscar de León son una sola cosa.

[1]vale por: *he's worth* [2]indiscutible: *undeniably* [3]aterciopelada: *velvety*

¿Dónde escuchas la música?

Atletas que destacan

Coches de carrera

Cecilia Baena "La Chechi Baena", como la llaman cariñosamente los colombianos, es campeona mundial de patinaje sobre ruedas[1] del maratón juvenil.

Juan Carlos Montoya El corredor colombiano de autos de Fórmula Uno, en 2003, ocupó el tercer puesto en el campeonato mundial de automovilismo.

Miguel Cabrera Tenía tan sólo 17 años, cuando sus padres negociaron el contrato para que este venezolano jugara en las Grandes ligas. Recientemente, a los 20 años, se puso en el camino de los poderosos Yankees, y su actuación fue decisiva para que los Marlins de la Florida ganaran la Serie Mundial de 2003.

Daniela Larreal La ciclista venezolana sabe que el cielo es el límite. Después de ganar dos medallas de plata en los pasados Juegos Panamericanos, se prepara para conquistar medallas en las Olimpíadas de Atenas.

[1] patinaje sobre ruedas: *roller blading*

SUCESOS

Carolina Herrera
El traje de novia, sobrio[1] y elegante, que Carolina Kennedy vistió el día de su boda fue creación de la diseñadora venezolana.

Gimnasio de altura Jóvenes y adultos hacen montañismo[2] en un "gimnasio" que mide 2,500 metros de altura: el Monte Ávila. A los pies de esta imponente montaña, se encuentra la ciudad de Caracas.

Rodrigo García El hijo de García Márquez es talentoso como su padre. Es camarógrafo, escritor y director de cine. Trabajó en películas tan exitosas como *Danzón* y *Frida*.

[1] sobrio: *unassuming*
[2] montañismo: *mountain climbing*

¡Viva el mundo hispano!

On Location

Soy Alejandra.
Soy mexicana.
Soy de la Ciudad de México.
Soy Francisco.
Soy español.
Soy de Madrid, España.
Soy Vicky.
Soy argentina.
Soy de Buenos Aires, Argentina.
Soy Claudia.
Soy argentina.
Soy de Buenos Aires, Argentina.

¡Viva el mundo hispano!

Episodio 1

Francisco y Claudia están leyendo un libro.

Aparece «una mujer misteriosa» en la estación de ferrocarril.

Antes de mirar

Contesta las siguientes preguntas.

1. ¿Dónde están Francisco y Claudia?
2. ¿Qué tipo de libro están leyendo?
3. ¿Van a hacer un viaje?
4. ¿Adónde van?
5. ¿Quién será el otro señor con «la mujer misteriosa»?

Después de mirar

Expansión Como puedes ver en el video, viajar en tren es muy popular en algunos países hispanohablantes. ¿Son populares los trenes donde vives tú? ¿Cuál es tu medio de transporte favorito para hacer un viaje largo? ¿Por qué? Pregúntales a tus amigos cómo prefieren viajar. Comparte las respuestas con la clase.

¡Viva el mundo hispano!

Episodio 2

Alberto en el restaurante de su tío

Vicky y Alberto se ven muy sorprendidos.

Antes de mirar

Contesta las siguientes preguntas.

1. ¿Cómo es el restaurante?
2. ¿Qué estará pasando?
3. ¿Dónde estarán Vicky y Alberto?
4. ¿Qué estarán leyendo?

Después de mirar

Expansión ¿Hay muchos restaurantes latinos o hispanos en tu comunidad? ¿Representan una variedad de países hispanohablantes? ¿Cuáles? ¿Tienes un restaurante latino favorito? ¿Qué tipo de comida comes en casa? ¿Cuál es tu plato favorito?

¡Viva el mundo hispano!

Episodio 3

Alejandra y Julián están en el café Internet.

Julián trata de ayudar a Alejandra.

Antes de mirar

¡Adivina!

1. ¿Qué hacen Alejandra y Julián en el café Internet?
2. ¿De qué hablan Alejandra y Julián?
3. ¿Qué hacen los otros que están en el café Internet?

Después de mirar

Expansión Escribe una carta a tu estrella favorita—cantante, actor, actriz, etc. Incluye una foto de ti mismo(a) en la carta. Explica por qué prefieres a esa persona famosa. Después de escribir la carta, explica como enviarla usando la tecnología.

¡Viva el mundo hispano!

Episodio 4

Julián y Francisco van de compras.

Francisco y Julián están muy guapos hoy.

Antes de mirar

Adivina.

1. ¿Qué van a comprar los dos amigos?
2. ¿Para qué evento se preparan?
3. Inventa una historia usando las dos fotos.

Después de mirar

Expansión En el video, ves a una quinceañera. ¿Has ido alguna vez a una fiesta de una quinceañera? Describe la fiesta a la clase. ¿Has ido a un *Sweet Sixteen*? Haz una descripción de un *Sweet Sixteen*. Ahora, en la pizarra (el pizarrón), haz un *Venn Diagram* para ver lo que tienen en común y en lo que se diferencian.

¡Viva el mundo hispano!

Episodio 5

Francisco y Alejandra van en bicicleta.

Una aventura nueva para Francisco

Antes de mirar

¿Sí o no?

1. Alejandra y Francisco están en el parque.
2. Hay un payaso en el parque.
3. Francisco está contento porque va a subir la pared de escala.
4. Alejandra va a subirla también.

Después de mirar

Expansión ¿Qué actividades has visto en el video? ¿Las haces también? ¿Qué haces como pasatiempo? ¿Adónde vas para divertirte y para relajarte? ¿Cuáles son las actividades preferidas de la clase?

¡Viva el mundo hispano!

Episodio 6

Francisco habla con el recepcionista en el hotel.

Francisco está en el cuarto del hotel.

Antes de mirar

¡Usa tu imaginación!

El hotel en que Francisco se hospeda se llama el **hotel Casa Cucaracha**. Imagina qué tipo de noche Francisco va a pasar allí. En grupos, adivinen y hagan un escrito satírico sobre una noche en el **hotel Casa Cucaracha**.

Después de mirar

Expansión En el video, has visitado **La Recoleta**, un cementerio donde están enterradas muchas personas famosas. Escribe una redacción sobre una de esas personas.

¡Viva el mundo hispano!

Episodio 7

Los amigos discuten algo importante.

¿Qué hacen los amigos?

Antes de mirar

¡Usa tu imaginación!

1. ¿Qué hacen los amigos?
2. ¿De qué hablan?
3. ¿Qué hace Julián?
4. ¿Qué lleva Alberto?

Después de mirar

Expansión En los *Major Leagues* de Estados Unidos, hay muchos jugadores hispanohablantes. La mayoría viene del Caribe—la República Dominicana, Puerto Rico y Cuba. Busca información en el Internet sobre un jugador hispanohablante. Comparte la información con la clase.

¡Viva el mundo hispano!

Episodio 8

Alberto y Vicky hablan con un chico.

El doctor Ernesto ayuda a Vicky.

Antes de mirar

¡Usa tu imaginación!

Completen el diálogo.

Vicky: Hola, chico.

Chico: ¿Qué tal?

Después de mirar

Expansión La salud es muy importante. Para mantenernos en forma, necesitamos hacer actividades físicas. Piensa en una actividad o en un deporte que te gusta y escribe como este deporte te ayuda a llevar una vida más saludable. Describe una rutina ideal que te gustaría seguir.

¡Viva el mundo hispano!

Episodio 9

Julián está en la ciudad.

Claudia está en el campo.

Antes de mirar

Contesta.

1. ¿Dónde están Julián y Claudia?
2. Describe el lugar donde está Julián.
3. Describe el lugar donde está Claudia.
4. ¿Son muy distintos los dos lugares?

Después de mirar

Expansión ¿Prefieres la ciudad o el campo? ¿Por qué? ¿Qué te gusta hacer allí?

¡Viva el mundo hispano!

Episodio 10

Vicky y Alejandra preparan una comida.

Julián y Alberto llegan con una sorpresa.

Antes de mirar

Contesta.

1. ¿Dónde están Vicky y Alejandra?
2. Escribe una lista de ingredientes que están en la mesa.
3. ¿Qué preparan ellas?
4. ¿Quiénes llegan a la puerta?
5. ¿Qué lleva Julián?

Después de mirar

Expansión Encuentra en el Internet una receta para una comida hispana que te gusta. Prepara una lista de compras y si es posible prepara la comida para tu familia.

¡Viva el mundo hispano!

Episodio 11

Alejandra y Claudia viajan por el campo.

Las dos amigas hablan con un policía.

Antes de mirar

¡Usa tu imaginación!

1. ¿Adónde van Claudia y Alejandra?
2. ¿Por qué hablan con un policía?

Después de mirar

Expansión En el video has visto transportes interesantes en Perú. ¿Hay llamas donde vives? Busca información sobre la importancia de la llama en los países andinos.

¡Viva el mundo hispano!

Episodio 12

Francisco y Claudia están en una peluquería.

Chiquitín hace su «magia».

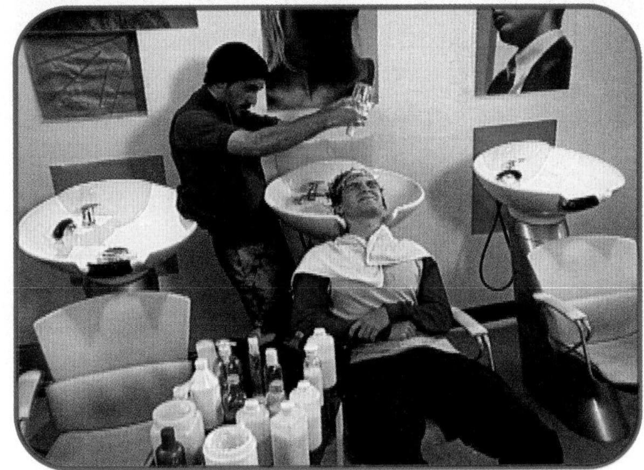

Antes de mirar

Contesta.

1. ¿Qué miran Francisco y Claudia?
2. Describe la peluquería que ves en la foto.
3. ¿Está muy contento Francisco?

Después de mirar

Expansión Busca en una revista un peinado o un corte de pelo que te gustaría. Descríbeselo a tu compañero (el/la peluquero[a]).

¡Viva el mundo hispano!

Episodio 13

Vicky trabaja con dos clientes.

Vicky escucha atentamente a sus clientes.

Antes de mirar

Contesta.

1. Mira bien la foto. ¿Dónde trabaja Vicky?
2. ¿Qué hace Vicky en su trabajo?
3. Describe a las clientes.
4. Describe la oficina.

Después de mirar

Expansión Busca una foto de una fiesta. La fiesta puede ser una boda, un cumpleaños, una quinceañera, etc. Describe la foto y cuenta todo lo que ocurre durante la fiesta.

¡Viva el mundo hispano!

Episodio 14

Los amigos están en el parque.

Alejandra acepta un premio.

Antes de mirar

¡Usa tu imaginación!

1. ¿Qué hacen los amigos en el parque?
2. ¿De qué hablan?
3. ¿Qué premio acepta Alejandra?

Después de mirar

Expansión ¿Piensas con frecuencia en el futuro? ¿Qué quieres hacer? ¿Necesitas seguir más estudios? ¿Quieres ser famoso(a)? Prepara una entrevista con una persona que conoces y que tiene un trabajo que te interesa.

Handbook

Rory T B Moore/Getty Images

Verbos

REGULAR VERBS			
INFINITIVO	hablar *to speak*	comer *to eat*	vivir *to live*
PRESENT PARTICIPLE	hablando	comiendo	viviendo
PAST PARTICIPLE	hablado	comido	vivido

SIMPLE TENSES			
INDICATIVE	hablar *to speak*	comer *to eat*	vivir *to live*
PRESENT	hablo hablas habla hablamos habláis hablan	como comes come comemos coméis comen	vivo vives vive vivimos vivís viven
IMPERFECT	hablaba hablabas hablaba hablábamos hablabais hablaban	comía comías comía comíamos comíais comían	vivía vivías vivía vivíamos vivíais vivían
PRETERITE	hablé hablaste habló hablamos hablasteis hablaron	comí comiste comió comimos comisteis comieron	viví viviste vivió vivimos vivisteis vivieron
FUTURE	hablaré hablarás hablará hablaremos hablaréis hablarán	comeré comerás comerá comeremos comeréis comerán	viviré vivirás vivirá viviremos viviréis vivirán
CONDITIONAL	hablaría hablarías hablaría hablaríamos hablaríais hablarían	comería comerías comería comeríamos comeríais comerían	viviría vivirías viviría viviríamos viviríais vivirían

SUBJUNCTIVE	hablar *to speak*	comer *to eat*	vivir *to live*
PRESENT	hable hables hable hablemos habléis hablen	coma comas coma comamos comáis coman	viva vivas viva vivamos viváis vivan
PAST	hablara hablaras hablara habláramos hablarais hablaran	comiera comieras comiera comiéramos comierais comieran	viviera vivieras viviera viviéramos vivierais vivieran

COMPOUND TENSES				
INDICATIVE				
PRESENT PERFECT	he has ha hemos habéis han	hablado	comido	vivido
PLUPERFECT	había habías había habíamos habíais habían	hablado	comido	vivido
FUTURE PERFECT	habré habrás habrá habremos habréis habrán	hablado	comido	vivido
CONDITIONAL PERFECT	habría habrías habría habríamos habríais habrían	hablado	comido	vivido

SUBJUNCTIVE				
PRESENT PERFECT	haya hayas haya hayamos hayáis hayan	hablado	comido	vivido
PLUPERFECT	hubiera hubieras hubiera hubiéramos hubierais hubieran	hablado	comido	vivido

DIRECT COMMANDS			
INFORMAL *(TÚ AND VOSOTROS FORMS)*			
AFFIRMATIVE	habla (tú) hablad	come (tú) comed	vive (tú) vivid
NEGATIVE	no hables no habléis	no comas no comáis	no vivas no viváis
FORMAL			
	(no) hable Ud. (no) hablen Uds.	(no) coma Ud. (no) coman Uds.	(no) viva Ud. (no) vivan Uds.

STEM-CHANGING VERBS				
FIRST CLASS	-ar verbs		-er verbs	
	e → ie	o → ue	e → ie	o → ue
INFINITIVE	**sentar**[1] *to seat*	**contar**[2] *to sell*	**perder**[3] *to loose*	**poder**[4] *to be able*
PRESENT PARTICIPLE	sentando	contando	perdiendo	pudiendo
PAST PARTICIPLE	sentado	contado	perdido	podido
INDICATIVE				
PRESENT	siento sientas sienta sentamos sentáis sientan	cuento cuentas cuenta contamos contáis cuentan	pierdo pierdes pierde perdemos perdéis pierden	puedo puedes puede podemos podéis pueden
SUBJUNCTIVE				
PRESENT	siente sientes siente sentemos sentéis sienten	cuente cuentes cuente contemos contéis cuenten	pierda pierdas pierda perdamos perdáis pierdan	pueda puedas pueda podamos podáis puedan

[1] *Cerrar, comenzar, despertar, empezar* y *pensar* son similares.

[2] *Acordar, acostar, almorzar, apostar, colgar, costar, encontrar, jugar, mostrar, probar, recordar, rogar* y *volar* son similares.

[3] *Defender* y *entender* son similares.

[4] *Disolver, doler, envolver, llover* y *volver* son similares pero sus participios presentes son regulares—*disolviendo, doliendo, envolviendo, lloviendo, volviendo.*

Verbos

SECOND AND THIRD CLASSES			
FIRST CLASS	second class		third class
	e → ie, i	o → ue, u	e → i, i
INFINITIVE	sentir[5] *to regret*	dormir[6] *to sleep*	pedir[7] *to ask for, request*
PRESENT PARTICIPLE	sintiendo	durmiendo	pidiendo
PAST PARTICIPLE	sentido	dormido	pedido
INDICATIVE			
PRESENT	siento sientes siente sentimos sentís sienten	duermo duermes duerme dormimos dormís duermen	pido pides pide pedimos pedís piden
PRETERITE	sentí sentiste sintió sentimos sentisteis sintieron	dormí dormiste durmió dormimos dormisteis durmieron	pedí pediste pidió pedimos pedisteis pidieron
SUBJUNCTIVE			
PRESENTE	sienta sientas sienta sintamos sintáis sientan	duerma duermas duerma durmamos durmáis duerman	pida pidas pida pidamos pidáis pidan
IMPERFECT	sintiera sintieras sintiera sintiéramos sintierais sintieran	durmiera durmieras durmiera durmiéramos durmierais durmieran	pidiera pidieras pidiera pidiéramos pidierais pidieran

[5] *Mentir, preferir* y *sugerir* son similares.

[6] *Morir* es similar pero el participio pasado es irregular—*muerto.*

[7] *Conseguir, despedir, elegir, freír, perseguir, reír, sonreír, repetir* y *seguir* son similares. El participio pasado de *freír* es *frito.*

IRREGULAR VERBS	
	andar *to walk, to go*
PRETERITE	anduve, anduviste, anduvo, anduvimos, anduvisteis, anduvieron

	caber *to fit*
PRESENT	quepo, cabes, cabe, cabemos, cabéis, caben
PRETERITE	cupe, cupiste, cupo, cupimos, cupisteis, cupieron
FUTURE	cabré, cabrás, cabrá, cabremos, cabréis, cabrán
CONDITIONAL	cabría, cabrías, cabría, cabríamos, cabríais, cabrían

	caer[8] *to fall*
PRESENT	caigo, caes, cae, caemos, caéis, caen

	conocer *to know, to be acquainted with*
PRESENT	conozco, conoces, conoce, conocemos, conocéis, conocen

	dar *to give*
PRESENT	doy, das, da, damos, dais, dan
PRESENT SUBJUNCTIVE	dé, des, dé, demos, deis, den
PRETERITE	di, diste, dio, dimos, disteis, dieron

	decir *to say, to tell*
PRESENT PARTICIPLE	diciendo
PAST PARTICIPLE	dicho
PRESENT	digo, dices, dice, decimos, decís, dicen
PRETERITE	dije, dijiste, dijo, dijimos, dijisteis, dijeron
FUTURE	diré, dirás, dirá, diremos, diréis, dirán
CONDITIONAL	diría, dirías, diría, diríamos, diríais, dirían
DIRECT COMMAND (TÚ)	di

[8] Hay cambios ortográficos en el participio presente (gerundio)—*cayendo;* participio pasado—*caído;* y pretérito—*caí, caíste, cayó, caímos, caísteis, cayeron.*

Verbos

	estar *to be*
PRESENT	estoy, estás, está, estamos, estáis, están
PRESENT SUBJUNCTIVE	esté, estés, esté, estemos, estéis, estén
PRETERITE	estuve, estuviste, estuvo, estuvimos, estuvisteis, estuvieron

	haber *to have*
PRESENT	he, has, ha, hemos, habéis, han
PRESENT SUBJUNCTIVE	haya, hayas, haya, hayamos, hayáis, hayan
PRETERITE	hube, hubiste, hubo, hubimos, hubisteis, hubieron
FUTURE	habré, habrás, habrá, habremos, habréis, habrán
CONDITIONAL	habría, habrías, habría, habríamos, habríais, habrían

	hacer *to do, to make*
PAST PARTICIPLE	hecho
PRESENT	hago, haces, hace, hacemos, hacéis, hacen
PRETERITE	hice, hiciste, hizo, hicimos, hicisteis, hicieron
FUTURE	haré, harás, hará, haremos, haréis, harán
CONDITIONAL	haría, harías, haría, haríamos, haríais, harían
DIRECT COMMAND (TÚ)	haz

	incluir[9] *to include*
PRESENT	incluyo, incluyes, incluye, incluimos, incluís, incluyen

	ir[10] *to go*
PRESENT	voy, vas, va, vamos, vais, van
PRESENT SUBJUNCTIVE	vaya, vayas, vaya, vayamos, vayáis, vayan
IMPERFECT	iba, ibas, iba, íbamos, ibais, iban
PRETERITE	fui, fuiste, fue, fuimos, fuisteis, fueron
DIRECT COMMAND (TÚ)	ve

[9] Hay cambios ortográficos en el participio presente (gerundio)—*incluyendo;* y pretérito—*incluyó, incluyeron.* Los verbos *atribuir, constituir, contribuir, distribuir, fluir, huir, influir* y *sustituir* son similares.
[10] Hay un cambio ortográfico en el participio presente (gerundio)—*yendo.*

	oír[11] *to hear*
PRESENT	oigo, oyes, oye, oímos, oís, oyen

	poder *to be able*
PRESENT PARTICIPLE	pudiendo
PRETERITE	pude, pudiste, pudo, pudimos, pudisteis, pudieron
FUTURE	podré, podrás, podrá, podremos, podréis, podrán
CONDITIONAL	podría, podrías, podría, podríamos, podríais, podrían

	poner *to put, to place*
PAST PARTICIPLE	puesto
PRESENT	pongo, pones, pone, ponemos, ponéis, ponen
PRETERITE	puse, pusiste, puso, pusimos, pusisteis, pusieron
FUTURE	pondré, pondrás, pondrá, pondremos, pondréis, pondrán
CONDITIONAL	pondría, pondrías, pondría, pondríamos, pondríais, pondrían
DIRECT COMMAND (TÚ)	pon

	producir *to produce*
PRESENT	produzco, produces, produce, producimos, producís, producen
PRETERITE	produje, produjiste, produjo, produjimos, produjisteis, produjeron

	querer *to wish, to want*
PRETERITE	quise, quisiste, quiso, quisimos, quisisteis, quisieron
FUTURE	querré, querrás, querrá, querremos, querréis, querrán
CONDITIONAL	querría, querrías, querría, querríamos, querríais, querrían

	saber *to know*
PRESENT	sé, sabes, sabe, sabemos, sabéis, saben
PRESENT SUBJUNCTIVE	sepa, sepas, sepa, sepamos, sepáis, sepan
PRETERITE	supe, supiste, supo, supimos, supisteis, supieron
FUTURE	sabré, sabrás, sabrá, sabremos, sabréis, sabrán
CONDITIONAL	sabría, sabrías, sabría, sabríamos, sabríais, sabrían

[11] Hay cambios ortográficos en el participio presente (gerundio)—*oyendo;* participio pasado—*oído;* y pretérito—*oí, oíste, oyó, oímos, oísteis, oyeron.*

	salir *to leave, to go out*
PRESENT	salgo, sales, sale, salimos, salís, salen
FUTURE	saldré, saldrás, saldrá, saldremos, saldréis, saldrán
CONDITIONAL	saldría, saldrías, saldría, saldríamos, saldríais, saldrían
DIRECT COMMAND (TÚ)	sal

	ser *to be*
PRESENT	soy, eres, es, somos, sois, son
PRETERITE	fui, fuiste, fue, fuimos, fuisteis, fueron
PRESENT SUBJUNCTIVE	sea, seas, sea, seamos, seáis, sean
IMPERFECT	era, eras, era, éramos, erais, eran
DIRECT COMMAND (TÚ)	sé

	tener *to have*
PRESENT	tengo, tienes, tiene, tenemos, tenéis, tienen
PRETERITE	tuve, tuviste, tuvo, tuvimos, tuvisteis, tuvieron
FUTURE	tendré, tendrás, tendrá, tendremos, tendréis, tendrán
CONDITIONAL	tendría, tendrías, tendría, tendríamos, tendríais, tendrían
DIRECT COMMAND (TÚ)	ten

	traer[12] *to bring*
PRESENT	traigo, traes, trae, traemos, traéis, traen
PRETERITE	traje, trajiste, trajo, trajimos, trajisteis, trajeron

	valer *to be worth*
PRESENT	valgo, vales, vale, valemos, valéis, valen
FUTURE	valdré, valdrás, valdrá, valdremos, valdréis, valdrán
CONDITIONAL	valdría, valdrías, valdría, valdríamos, valdríais, valdrían

[12] Hay cambios ortográficos en el participio presente (gerundio)—*trayendo;* y el participio pasado—*traído.*

	venir *to come*
PRESENT PARTICIPLE	viniendo
PRESENT	vengo, vienes, viene, venimos, venís, vienen
PRETERITE	vine, viniste, vino, vinimos, vinisteis, vinieron
FUTURE	vendré, vendrás, vendrá, vendremos, vendréis, vendrán
CONDITIONAL	vendría, vendrías, vendría, vendríamos, vendríais, vendrían
DIRECT COMMAND (TÚ)	ven

	ver *to see*
PAST PARTICIPLE	visto
PRESENT	veo, ves, ve, vemos, veis, ven
IMPERFECT	veía, veías, veía, veíamos, veíais, veían

Palabras clave

Presentamos las palabras clave de la Sección 2 (Conocimientos para superar) de cada capítulo en los siguientes diccionarios español-inglés; inglés-español. Muchos alumnos ya conocerán estas palabras en inglés por haberlas encontrado en otras asignaturas que han estudiado en inglés. Al mismo tiempo existe la posibilidad de que no hayan encontrado estas mismas palabras en español. El número que sigue cada entrada indica la página en la cual se presenta la palabra.

ESPAÑOL—INGLÉS

Capítulo 1

Conexión con los estudios sociales

a favor in favor
alcalde(sa) *m.f.* mayor
anarquía *f.* anarchy
apoyar to support
artículo *m.* article
autocrático(a) autocratic
bicameral bicameral
Cámara de Representantes (Diputados) *f.* House of Representatives
candidato(a) *m.f.* candidate
caos *m.* chaos
ciudadano(a) *m.f.* citizen
coalición *f.* coalition
congresista *m.f.* congressperson, representative
Constitución *f.* Constitution
declarar to declare
democracia *f.* democracy
derecho *m.* right
derecho al voto *m.* right to vote
derrocar to overthrow
desarrollo *m.* development
despótico(a) despotic
dictador(a) *m.f.* dictator
dictadura *f.* dictatorship
elección *f.* election
elegir (i,i) to elect
en contra against
enmendar (ie) to amend
estudios sociales *m.pl.* social studies
gobernador(a) *m.f.* governor
gobierno *m.* government
historiador(a) *m.f.* historian
jefe *m.f.* chief
jefe ejecutivo *m.* chief executive
junta militar *f.* military junta
ley marcial *f.* martial law
libertad de palabra *f.* freedom of speech
manifestación *f.* demonstration
mayor de edad of age, eighteen years and older
mayoría *f.* majority
nivel de desarrollo *m.* level of development
oposición *f.* opposition
otorgar to grant
parlamento *m.* parliament
partido mayoritario *m.* majority party
partido político *m.* political party
plebiscito *m.* plebiscite
poder *m.* power
política *f.* politics, policy
presidente *m.f.* president
primer(a) ministro(a) *m.f.* prime minister
pueblo *m.* people
recurrir to appeal, resort to, have recourse to
recurso *m.* recourse
referéndum *m.* referendum
regir(i,i) to rule
renunciar to renounce
revocar to revoke
sección *f.* section (of Constitution)
Senado *m.* Senate
senador(a) *m.f.* senator
sublevación *f.* uprising
tolerar to tolerate
toque de queda *m.* curfew
unicameral unicameral
voto *m.* vote
voto de confianza *m.* vote of confidence

Capítulo 2

Conexión con la salud

actividad física *f.* physical activity
activo(a) active
adolescente *m.f.* adolescent
alimento *m.f.* food
ancianos(as) *m.f.pl.* elderly
aseo personal *m.* personal hygiene
calcio *m.* calcium
caloría *f.* Calorie
carbohidratos *m.pl.* carbohydrates
carie *f.* cavity
cicatrización *f.* scar formation, healing process
crecimiento *m.* growth
deficiencia alimentaria *f.* malnutrition
diente *m.* tooth
edad *f.* age
ejercicio *m.* exercise
ejercicios aeróbicos *m.pl.* aerobic exercises
enfermedad *f.* disease, illness
estatura *f.* height, build
fósforo *m.* phosphorus
glóbulos rojos *m.* red blood cells
grasa *f.* fat
higiene personal *m.* personal hygiene
hilo dental *m.* dental floss
hueso *m.* bone
limpieza *f.* cleanliness
lípido *m.* lipid
membrana celular *f.* cell membrane
metabolismo *m.* metabolism
mineral *m.* mineral
natación *f.* swimming
piel *f.* skin
proteína *f.* protein
régimen *m.* regimen, diet
salud *f.* health
vista *f.* sight
vitamina *f.* vitamin

Capítulo 3

Conexión con la tecnología

almacenar to store
archivo *m.* file
borrar to delete (erase)
carpeta *f.* folder
código *m.* code
computadora *f.* computer
computadora portátil *f.* laptop computer
conectar a to connect to
conexiones DSL *f.* DSL connections
contraseña *f.* password
correo electrónico *m.* electronic mail (e-mail)
crear una página Web to create a Web page
datos *m.* data
disco *m.* disk (floppy)
entrada *f.* input
entrar datos to enter data
función *f.* function
guardar to save
hardware hardware
icono *m.* icon
impresora *f.* printer
imprimir to print
informática *f.* anything relating to a computer; computer science
iniciar (boot) to boot (turn on)
intercambiar to exchange
Internet *m.* Internet
línea de comunicación *f.* line of communication
módem *m.* modem
navegar por el Internet to surf the Internet
página Web *f.* Web page
palabra de paso *f.* password
pantalla *f.* screen
pin *m.* pin
procesamiento de textos *m.* word processing

procesar to process
recuperar to recover
red *f.* network
salida *f.* output
salir to exit, shut down
satélite *m.* satellite
software *m.* software
tecla *f.* key
teclado *m.* keyboard
terminal *f.* computer terminal
tiempo real *m.* real time
usuario *m.* user
visualizar to view

Capítulo 4

Conexión con el comercio y la contabilidad

acción *f.* stock
accionista *m.f.* shareholder (stockholder)
activos *m.* assets
activos circulantes (corrientes) *m.* current assets
activos fijos *m.* fixed assetsvcc
activos intangibles *m.* intangible assets
activos tangibles *m.* tangible assets
al detal(le) retail
al por mayor wholesale
al por menor retail
anticipado *m.* advance (payment)
auditoría *f.* audit
beneficios *m. pl.* profit
bienes raíces *m.* real estate
bienes y servicios *m.* goods and services
Bolsa de Valores *f.* stock exchange
bono *m.* bond
capital contable *m.* equity
comercio *m.* commerce, business
competencia *f.* competition
comprador(a) *m.f.* buyer
comprar to buy
con fines de lucro for profit
concurrencia *f.* competition
consumidor(a) *m.f.* consumer
contabilidad *f.* accounting
contable *m.* accountant
contable público certificado (titulado) *m.* certified public accountant (CPA)
corporación *f.* corporation
CPA *m.f.* CPA
cuenta *f.* account
cuentas por cobrar *f.* receivables
depreciar to depreciate
detallista *m.f.* retailer
deudas *f.* debts
dueño(a) *m.f.* owner
egresos *m.* expenses
el diario (el jornal) *m.* journal
emisión *f.* issuance
empresa *f.* enterprise, firm, business
empresa de propiedad individual *f.* sole proprietorship
en efectivo (in) cash
equipo *m.* equipment
estado contable *m.* accounting statement
estado de resultados *m.* profit and loss statement
estados financieros *m.* financial statements
fiabilidad *f.* reliability
ganancias *f.* earnings
gastos *m.* expenses
hoja de balance *f.* balance sheet
información financiera *f.* financial information
informes financieros *m.* financial information
ingreso neto *m.* net income
ingresos *m.* revenue, income
interés *m.* interest
inversión *f.* investment
junta directiva (de directores) *f.* Board of Directors
libro mayor *m.* ledger
mayorista *m.f.* wholesaler

mercado *m.* market
monopolio *m.* monopoly
monto *m.* sum, total
pasivos *m.* liabilities
pérdida *f.* loss
pérdida neta *f.* net loss
planta física *f.* physical plant
presidente *m.f.* president
préstamo *m.* loan
propietario(a) *m.f.* owner
quiebra *f.* bankruptcy
recaudar fondos to collect funds
recursos *m.* resources
registrar to record, to register
rentabilidad *f.* profitability
rentable profitable
representante de venta *m.f.* sales representative
secretario(a) *m.f.* secretary
sociedad anónima *f.* corporation
sociedad colectiva *f.* partnership
socio *m.* partner
suma *f.* sum
tenedor *m.* holder (bearer)
tesorero(a) *m.f.* treasurer
título *m.* bond
toma de decisiones *f.* decision making
vencer (el tiempo) to expire
vendedor(a) *m.f.* seller
vender to sell
vicepresidente *m.f.* vice president

Capítulo 5

Conexión con el teatro

acotación (de escena) *f.* stage direction
acto *m.* act
actor *m.* actor
actriz *f.* actress
argumento *m.* plot
autor(a) dramático(a) *m.f.* playwright
decorado *m.* scenery, décor
decorador de escena *m.* set decorator
desempeñar un papel to play a role
diálogo *m.* dialog
director(a) *m.f.* director
diseñador(a) *m.f.* designer
dramaturgo(a) *m.f.* playwright
en vivo live
entrada *f.* ticket
escena *f.* scene, stage
escenario *m.* scenery, stage
espectáculo *m.* show
espectador(a) *m.f.* spectator
expresión facial *f.* facial expression
género *m.* genre
guión *m.* script
lanzar una producción teatral to put on a theatrical production
maquillista *m.f.* make-up artist
obra *f.* work
personaje *m.* character
pieza teatral *f.* play
productor(a) *m.f.* producer
realizador(a) *m.f.* producer
repertorio *m.* repertoire
representación *f.* play
representar en escena to put on a play, to stage
tablado *m.* stage
tablas *f.* stage
taquilla *f.* box-office
teatro *m.* theater
tropa *f.* troupe
vestuario *m.* costume

Palabras clave

Capítulo 6

Conexión con el turismo

albergue juvenil *m.* youth hostel
ama de llaves *f.* head housekeeper
cafetería *f.* coffee shop
camarero(a) *m.f.* maid (housekeeper)
caravana *f.* motor home (recreational vehicle, RV)
categorías de hoteles *f.* hotel categories
cocinero(a) *m.f.* cook
comedor *m.* dining room
cuidado y mantenimiento de las habitaciones (de los cuartos, de las recámaras) *m.* housekeeping
director(a) de alojamiento *m.f.* director of lodging
factura *f.* bill
facturación *f.* billing
garaje *m.* garage
gerente nocturno(a) *m.f.* night manager
hostal *m.* hostel
hostelería, hotelería *f.* hotel industry
industria hotelera *f.* hotel industry
jefe de almacén *m.f.* stock manager
jefe de cocina *m.f.* head chef
jefe de recepción *m.f.* front desk manager
lavandería *f.* laundry
lavaplatos *m.f.* dishwasher
lencería *f.* linens
mesero(a) *m.f.* server
mozo (maletero, portero) *m.* bell hop
parador *m.* state-run hotel
parque para camping *m.* campsite
pensión *f.* pension (bed and breakfast)
punto de venta *m.* point of sale
recepción *f.* reception
recepcionista *m.f.* receptionist
reservaciones *f. pl.* reservations
restaurante *m.* restaurant
salón para banquetes *m.* banquet hall
servicio de cuartos *m.* room service
servicios alimenticios *m.* food services
telefonista *m.f.* operator
turismo *m.* tourism

Capítulo 7

Conexión con la ciencia política

administración pública *f.* public administration
burocracia *f.* bureaucracy
ciencia política *f.* political science
derecho público *m.* public law
elecciones *f.* elections
Estado *m.* State
gobierno *m.* government
nación *f.* nation
partidos políticos *m.* political parties
relaciones internacionales *f.* international relations
teoría política *f.* political theory

Capítulo 8

Conexión con la salud

alcanzar su potencial to achieve one's potential
autoestima *f.* self-esteem
autonomía *f.* autonomy
conducta de riesgo (arriesgada) *f.* risky behavior
conducta responsable *f.* responsible conduct (behavior)
emoción *f.* emotion
exigencias y los retos de la vida *f.* demands and challenges of life
fortalezas y debilidades *f.* strengths and weaknesses
herencia *f.* heredity
medio ambiente *m.* environment
modalidades de aprendizaje *f.* learning styles, learning modalities
modelar to model
necesidades físicas *f.* physical needs
necesidades humanas *f.* human needs
personalidad *f.* personality
rendimiento académico *m.* academic performance
salud mental / emocional *f.* mental / emotional health
seguridad *f.* security
señales externas *f.* outward signs
sentido de pertenencia *m.* feeling of belonging
sentido de propósito *m.* sense of purpose

Capítulo 9

Conexión con la ecología

acidez *f.* acidity
agua potable *f.* drinking water
alambre *m.* wire
ambiente *m.* environment
aprovecharse de to take advantage of
atmósfera *f.* atmosphere
basura *f.* garbage
biodegradable biodegradable
capa superior del suelo *f.* topsoil
carbón *m.* coal
ciclo natural *m.* natural cycle
condensarse to condense
contaminación *f.* pollution
contaminación del agua *f.* water pollution
contaminación del aire *f.* air pollution
contaminante *m.* contaminant
dañino harmful
daño *m.* harm
declinar to decline
descomponerse to decompose
desechos *m.* wastes
desechos sólidos *m.* solid wastes
destrucción *f.* destruction
dióxido de azufre *m.* sulfur dioxide
dióxido de carbono *m.* carbon dioxide
ecología *f.* ecology
en peligro de extinción in danger of extinction
energía eléctrica *f.* electrical energy
equilibrio *m.* balance
especie *f.* species
especie amenazada *f.* endangered species
extinción *f.* extinction
fósforo *m.* phosphorous, fossil fuel
gas *m.* natural gas
gasolina *f.* gasoline
hábitat natural *m.* natural habitat
hollín *m.* soot
humedad *f.* moisture
humo *m.* smoke
liberarse to free itself
lluvia ácida *f.* acid rain

medio ambiente *m.* environment
morir (ue) to die
nacer to be born
naturaleza *f.* nature
organismos extintos *m.* extinct organisms
óxidos de nitrógeno *m.* nitrogen oxides
partícula *f.* particle
petróleo *m.* petroleum
plantas generadoras *f. pl.* generating plants
pozo de agua *m.* water well
proceso natural *m.* natural process
proyecto de vivienda *m.* housing development
quema de combustibles *f.* burning of fuel
químicos *m.* chemicals
reciclaje *m.* recycling
reciclar to recycle
recurso natural no renovable *m.* nonrenewable resource
recurso natural renovable *m.* renewable resource
recursos naturales *m.* natural resources
regar los campos to irrigate the fields
renovable renewable
represar ríos to dam rivers
seres vivientes *m.* living beings
subterráneo underground
superficial surface
superficie *f.* surface
sustancias *f.* substances
talar los bosques to cut down forests
Tierra *f.* Earth
vapor de agua *m.* water vapor, steam
vidrio *m.* glass

Capítulo 10

Conexión con las matemáticas

3 al cuadrado 3 squared
3 elevado a la segunda potencia 3 raised to the second power
adición (suma) *f.* addition
álgebra *m.* algebra
altura *f.* height
añadir (agregar, sumar) to add
ancho *m.* width
ángulo *m.* angle
ángulo agudo *m.* acute angle
ángulo central *m.* central angle
ángulo cóncavo *m.* concave angle
ángulo llano *m.* straight angle (straight line)
ángulo obtuso *m.* obtuse angle
ángulo recto *m.* right angle
arco *m.* arc
área *f.* area
aritmética *f.* arithmetic
base *f.* base
círculo *m.* circle
circunferencia *f.* circumference
cociente *m.* quotient
conectar to connect
constante *m.* constant
cuadrado *m.* square
cuadrilátero *m.* quadrilateral
curva *f.* curve
decágono *m.* decagon
desigualdades *f.* inequalities, unequals
diámetro *m.* diameter
diferencia *f.* difference
dividir to divide
división *f.* division
ecuación *f.* equation
elevado raised
estimar to estimate
exponente *m.* exponent
expresión *f.* expression
factor *m.* factor
figura plana cerrada *f.* closed plane figure
fracción *f.* fraction

función *f.* function
geometría *f.* geometry
grado *m.* degree
grosor *m.* depth (thickness)
heptágono *m.* heptagon
hexágono *m.* hexagon
igual que equal to
igualdades *f.* equalities
infinito infinite
intersecarse to intersect (angles)
lado *m.* side
ladoscongruentes *m.* congruent sides
lados opuestos *m.* opposite sides
localizar to locate
longitud *f.* length
matemáticas *f.* mathematics
mayor que greater than
medida *f.* measurement
medir to measure
menor que lesser than
multiplicación *f.* multiplication
multiplicar to multiply
nonágono *m.* nonagon
número desconocido *m.* unknown number
número negativo *m.* negative number
número positivo *m.* positive number
octágono *m.* octagon
paralelo parallel
paralelogramo *m.* parallelogram
pentágono *m.* pentagon
perímetro *m.* perimeter
pi (π) pi (π)
polígono *m.* polygon
potencia *f.* power
problema *m.* problem
producto *m.* product
punto *m.* point
puntos equidistantes *m.pl.* equidistant points
radio *m.* radius
raíz cuadrada *f.* square root
rayo *m.* vector
razón *f.* ratio
recta *f.* line
redondear to round off
segmento *m.* segment
signo de adición (suma) *m.* plus sign
signo de substracción (resta) *m.* minus sign
signos (de adición, etc.) *m.* signs
substracción (la resta) *f.* subtraction
superficie *f.* flat surface
sustraer (deducir, restar) to subtract
tamaño *m.* size
término *m.* term
transportador *m.* protractor (3520
trapecio *m.* trapezoid
triángulo *m.* triangle
triángulo acutángulo *m.* acute triangle
triángulo equilátero *m.* equilateral triangle
triángulo escaleno *m.* scalene triangle
triángulo isósceles *m.* isosceles triangle
triángulo obtusángulo *m.* obtuse triangle
triángulo rectángulo *m.* right triangle
unidades cuadradas *f.* square units
variable *f.* variable
vértice *m.* vertex

Capítulo 11

Conexión con el conducir

arrancar el motor to start the motor
asiento *m.* seat
cambiar de carril to change lanes
camino *m.* road
camión *m.* truck
carretera *f.* highway
carril *m.* lane
casa rodante *f.* motor home (recreational vehicle or RV)
cerrar con llave to lock
chirriar to squeak (screech)
cinturón de seguridad *m.* seatbelt
conducir to drive
conductor(a) *m.f.* driver

Palabras clave

cristal *m.* window, glass
cruce de ferrocarril *m.* railroad crossing
cuesta *f.* hill
curva *f.* curve
dar la señal to signal a turn
distancia segura *f.* safe distance
doblar to turn
en la dirección opuesta in the opposite direction
en neutro (estacionado en punto muerto) in neutral
espejo retrovisor *m.* rearview mirror
faros *m.pl.* headlights
frenos *m.pl.* brakes
indicadores direccionales *m.* turn signals, directionals
intersección *f.* intersection
línea amarilla continua *f.* solid yellow line
llave *f.* key
loma *f.* hill, incline
luces *f.* lights
luces del freno *f.* break lights
luces delanteras *f.* headlights
parabrisas *m.* windshields
pasar (rebasar, adelantar) to pass
peatón(ona) *m.f.* pedestrian
pedal *m.* pedal
puente *m.* bridge
punto ciego *m.* blind spot
raspar to scrape
señal *f.* signal
tocar la bocina to beep the horn
tráfico *m.* traffic
túnel *m.* tunnel
vehículo *m.* vehicle
ventanillas limpias *f.* clean windows
visión nocturna *f.* night vision
volante *m.* steering wheel

Capítulo 12

Conexión con el trabajo policíaco

acusado(a) *m.f.* accused
amenaza *f.* threat
aprehensión *f.* apprehension
arma *f.* weapon
asalto *m.* assault
asesinato *m.* murder
audiencia *f.* hearing
bajo custodia in custody
cachear to search (frisk)
cargos *m.* charges
castigo *m.* punishment
causarle daño físico to cause physical harm
ciudadano(a) *m.f.* citizen
código penal *m.* penal code
cometer un delito to commit a crime
con arma armed
con intención de robar with intention to steal
condena a perpetuidad *f.* life imprisonment
corte *f.* court
crimen *m.* crime
cuerpo de policía *m.* police force
culpabilidad *f.* guilt
delincuente *m.f.* delinquent (offender)
delito *m.* offense
delito en primer (segundo, tercer) grado *m.* first degree (second, third) offense
delito mayor *m.* felony
delito menor *m.* misdemeanor
detener (ie) to detain
duro severe
en libertad bajo palabra out on parole
encarcelamiento *m.* imprisonment (jail time)
escalamiento *m.* burglary, entry, breaking and entering
fianza *f.* bail
fiscal *m.* prosecutor, district attorney *(425)*
gravedad *f.* severity
homicidio *m.* homicide
hurto *m.* theft (stealing)
indulto *m.* pardon
infracción *f.* infraction

interrogar to interrogate (question)
investigación *f.* investigation
juicio *m.* trial
justicia *f.* justice
latrocinio *m.* aggravated robbery
liberación *f.* freedom
libertad bajo fianza *f.* free (out) on bail
multa *f.* fine
orden de arresto *f.* arrest warrant
penal penal
penalidad *f.* penalty
por buena conducta for good behavior
por la fuerza by force
presunción de inocencia *f.* presumption of innocence
prevención del crimen *f.* crime prevention
procesamiento *m.* processing
proceso *m.* criminal case
propiedad ajena *f.* another's property
protección *f.* protection
proteger to protect
robo *m.* robbery (theft)
sentencia mínima (máxima) *f.* minimum (maximum) sentence
sistema de justicia *m.* judicial system
sistema judicial *m.* judicial system
sospechoso(a) *m.f.* suspect
toma ilegal *f.* theft (stealing)
trabajo policíaco *m.* police work
tránsito *m.* transit (traffic)
violación *f.* violation
vivienda *f.* residence

Capítulo 13

Conexión con la biología

ADN *m.* DNA
balance químico *m.* chemical balance
biología *f.* biology
carbono *m.* carbon
célula *f.* cell
citoplasma *m.* cytoplasm
crecimiento *m.* growth
cromosoma *m.* chromosome
dividirse to divide
división *f.* division
estructura celular *f.* cell structure
eucariote *m.* eukaryote
flexibilidad *f.* flexibility
gen *m.* gene
genética *f.* genetics
heredar to inherit
herencia *f.* heredity
hidrógeno *m.* hydrogen
hilo *m.* thread
material genético *m.* genetic material
membrana *f.* membrane
membrana plasmática *f.* plasmatic membrane
microscopio potente *m.* high-powered microscope
multicelular multi-celled
núcleo *m.* nucleus
nutrimento *m.* nutrient
organelo *m.* organelle
organismo *m.* organism
órgano *m.* organ
oxígeno *m.* oxygen
pared celular *f.* cell wall
preexistente preexisting
procariote *m.* prokaryote
procesos de la vida *m.* life (vital) processes
reemplazarse to be replaced
reproducción *f.* reproduction
seres vivos (vivientes) *m.* living beings
sistema *m.* system
sustancia química *f.* chemical substance
sustancias de desecho *f.* wastes
tejido *m.* tissue
transportador *m.* carrier
unicelular one-celled

Capítulo 14

Conexión con la química

aire *m.* air
aleación *f.* alloy
átomo *m.* atom
atracción *f.* attraction
atraerse to attract one another
carga *f.* charge
cloruro de sodio (la sal) *m.* sodium chloride (table salt)
compartir to share
comportamiento *m.* behavior
composición *f.* composition
compuesto *m.* compound
conformación *f.* conformation
corriente eléctrica *f.* electrical current
de carga negativa negatively charged
de carga neta net (neutral) charge
de carga positiva positively charged
deferir (ie, i) to differ
densidad *f.* density
descomponer to decompose
descomposición *f.* decomposition
disolvente *m.* solvent
disolverse to dissolve
ecuación química *f.* chemical equation
ejercer to exert
electrón *m.* electron
elemento *m.* element
enlace *m.* bond
enlace covalente *m.* covalent bond
enlace iónico *m.* ionic bond
espacio *m.* space
estable stable
estado físico *m.* physical state
estructura *f.* structure
fuerza *f.* force
fuerza de atracción *f.* force of attraction
ganar to gain
gaseoso gas
ion *m.* ionic bond
líquido *m.* liquid
masa *f.* mass
materia *f.* matter
medida *f.* measurement
metal *m.* metal
metálico metallic
mezcla *f.* mixture
mezcla heterogénea *f.* heterogeneous mixture
mezcla homogénea *f.* homogenous mixture
molécula *f.* molecule
neutrón *m.* neutron
nivel (onda *f.*, **órbita** *f.***)** *m.* orbit, energy layer
núcleo *m.* nucleus
número atómico *m.* atomic number
opuesto opposite
órbita (capa *f.***)** *f.* orbit, energy layer
partícula *f.* particle
perder (ie) to lose
peso *m.* weight
plasma *m.* plasma
plástico *m.* plastic
producto *m.* product
propiedad *f.* property
protón *m.* proton
química *f.* chemistry
reacción química de combinación *f.* chemical reaction of combination
reacción química de descomposición *f.* chemical reaction of decomposition
reactante *m.* reactant
rodear to surround
símbolo *m.* symbol
sólido solid
solución *f.* solution
soluto *m.* solute
subíndice *m.* sub index
sustancia *f.* substance
tabla periódica *f.* periodic table
temperatura ambiente *f.* ambient temperature
unidad de volumen *f.* unit of volume
unión *f.* union
vapor *m.* vapor, steam
vidrio *m.* glass

INGLÉS—ESPAÑOL

Capítulo 1

Conexión con los estudios sociales

against en contra
amend enmendar (ie)
anarchy anarquía *f.*
appeal recurrir
article artículo *m.*
autocratic autocrático(a)
bicameral bicameral
candidate candidato(a) *m.f.*
chaos caos *m.*
chief jefe *m.f.*
chief executive jefe ejecutivo *m.*
citizen ciudadano(a) *m.f.* diputado(a) *m.f.*
coalition coalición *f.*
congressperson congresista, representante, diputado(a) *m.f.*
Constitution Constitución *f.*
curfew toque de queda *m.*
declare declarar
democracy democracia *f.*
demonstration manifestación *f.*
despotic despótico(a)
development desarrollo *m.*
dictator dictador(a) *m.f.*
dictatorship dictadura *f.*
eighteen years and older mayor de edad
elect elegir (i,i)
election elección *f.*
freedom of speech libertad de palabra *f.*
government gobierno *m.*
governor gobernador(a) *m.f.*
grant otorgar
have recourse to recurrir
historian historiador(a) *m.f.*
House of Representatives Cámara de Representantes (Diputados) *f.*
in favor a favor
level of development nivel de desarrollo *m.*
majority mayoría *f.*
majority party partido mayoritario *m.*
martial law ley marcial *f.*
mayor alcalde(sa) *m.f.*
military junta junta militar *f.*
of age mayor de edad
opposition oposición *f.*
overthrow derrocar
parliament parlamento *m.*
people pueblo *m.*
plebiscite plebiscito *m.*
policy política *f.*
political party partido político *m.*
politics política *f.*
power poder *m.*
president presidente *m.f.*
prime minister primer(a) ministro(a) *m.f.*
recourse recurso *m.*
referendum referéndum *m.*
renounce renunciar
representative congresista *m.f.*; diputado(a) *m.f.* representante *m.f.*
resort to recurrir
revoke revocar
right derecho *m.*
right to vote derecho al voto *m.*
rule regir
section sección *f.*
Senate Senado *m.*
senator senador(a) *m.f.*
social studies estudios sociales *m.pl.*
support apoyar
tolerate tolerar
unicameral unicameral
uprising sublevación *f.*
vote voto *m.*
vote of confidence voto de confianza *m.*

Capítulo 2

Conexión con la salud

active activo(a)
adolescent adolescente *m.f.*
aerobic exercises ejercicios aeróbicos *m.pl.*
age edad *f.*
bone hueso *m.*
build estatura *f.*
calcium calcio *m.*
Calorie caloría *f.*

Palabras clave

carbohydrates carbohidratos *m.pl.*
cavity carie *f.*
cell membrane membrana celular *f.*
cleanliness limpieza *f.*
dental floss hilo dental *m.*
diet régimen *m.*
disease enfermedad *f.*
elderly ancianos(as) *m.f.pl.*
exercise ejercicio *m.*
fat grasa *f.*
food alimento *m.f.*
growth crecimiento *m.*
healing process (for a wound) cicatrización *f.*
health salud *f.*
height estatura *f.*
illness enfermedad *f.*
lipids lípido *m.*
malnutrition deficiencia alimentaria *f.*
metabolism metabolismo *m.*
mineral mineral *m.*
personal hygiene aseo personal *m.*
personal hygiene higiene personal *m.*
phosphorus fósforo *m.*
physical activity actividad física *f.*
protein proteína *f.*
red blood cells glóbulos rojos *m.*
regimen régimen *m.*
scar formation cicatrización *f.*
sight vista *f.*
skin piel *f.*
swimming natación *f.*
tooth diente *m.*
vitamin vitamina *f.*

Capítulo 3

Conexión con la tecnología

anything relating to a computer informática *f.*
boot iniciar (boot)
code código *m.*
computer computadora *f.*
computer science informática *f.*
computer terminal terminal *f.*
connect to conectar a
create a Web page crear una página Web
data datos *m.*
delete borrar
disk disco *m.*
DSL connections conexiones DSL *f.*
electronic mail correo electrónico *m.*
e-mail correo electrónico *m.*
enter data entrar datos
erase borrar
exchange intercambiar
exit salir
file archivo *m.*
floppy disc disco *m.*
folder carpeta *f.*
function función *f.*
hardware hardware
icon icono *m.*
input entrada *f.*
Internet Internet *m.*
key tecla *f.*
keyboard teclado *m.*
laptop computer computadora portátil *f.*
line of communication línea de comunicación *f.*
modem módem *m.*
network red *f.*
output salida *f.*
password contraseña *f.*, palabra de paso *f.*
pin pin *m.*
print imprimir
printer impresora *f.*
process procesar
real time tiempo real *m.*
recover recuperar
satellite satélite *m.*
save guardar
screen pantalla *f.*
software software *m.*
store almacenar
surf the Internet navegar por el Internet
turn on iniciar (boot)
user usuario *m.*
view visualizar
Web page página Web *f.*
word processing procesamiento de textos *m.*

Capítulo 4

Conexión con el comercio y la contabilidad

account cuenta *f.*
accountant contable *m.*
accounting contabilidad *f.*
accounting statement estado contable *m.*
advance (payment) anticipado *m.*
assets activos *m.*
audit auditoría *f.*
balance sheet hoja de balance *f.*
bankruptcy quiebra *f.*
bearer tenedor *m.*
Board of Directors junta directiva (de directores) *f.*
bond bono *m.*, título *m.*
business comercio; empresa
buy comprar
buyer comprador(a) *m.f.*
certified public accountant (CPA) contable público certificado (titulado) *m.*
collect funds recaudar fondos
commerce comercio *m.*
competition competencia *f.*
competition concurrencia *f.*
consumer consumidor(a) *m.f.*
corporation corporación *f.*; sociedad anónima *f.*
CPA CPA *m.f.*
current assets activos circulantes (corrientes) *m.*
debts deudas *f.*
decision making toma de decisiones *f.*
depreciate depreciar
earnings ganancias *f.*
enterprise empresa *f.*
equipment equipo *m.*
equity capital contable *m.*
expenses egresos *m.*, gastos *m.*
expire vencer (el tiempo)
financial information información financiera *f.*, informes financieros *m.*
financial statements estados financieros *m.*
fixed assets activos fijos *m.*
for profit con fines de lucro
goods and services bienes y servicios *m.*
holder tenedor *m.*
income ingresos *m.*
intangible assets activos intangibles *m.*
interest interés *m.*
in cash en efectivo
investment inversión *f.*
issuance emisión *f.*
journal el diario (el jornal) *m.*
ledger libro mayor *m.*
liabilities pasivos *m.*
loan préstamo *m.*
loss pérdida *f.*
market mercado *m.*
monopoly monopolio *m.*
net income ingreso neto *m.*
net loss pérdida neta *f.*
owner dueño(a) *m.f.*; propietario(a) *m.f.*
partner socio *m.*
partnership sociedad colectiva *f.*
physical plant planta física *f.*
president presidente *m.f.*
profit beneficios *m.pl.*
profit statement estado de resultados *m.*
profitability rentabilidad *f.*
profitable rentable
real estate bienes raíces *m.pl.*
receivables cuentas por cobrar *f.*
record registrar
register registrar
reliability fiabilidad *f.*
resources recursos *m.*
retail al detal(le); al por menor
retailer detallista *m.f.*
revenue ingresos *m.*
sales representative representante de venta *m.f.*
secretary secretario(a)*m.f.*
sell vender
seller vendedor(a) *m.f.*
shareholder accionista *m.f.*
sole proprietorship empresa de propiedad individual *f.*
stock acción *f.*
stock exchange Bolsa de Valores *f.*
stockholder accionista *m.f.*
sum suma *f.*, monto *m.*
tangible assets activos tangibles *m.*
total suma *f.*, monto *m.*
treasurer tesorero(a) *m.f.*
vice president vicepresidente *m.f.*
wholesale al por mayor
wholesaler mayorista *m.f.*

Capítulo 5

Conexión con el teatro

act acto *m.*
actor actor *m.*
actress actriz *f.*
box-office taquilla *f.*
character personaje *m.*
costume vestuario *m.*
décor decorado *m.*
designer diseñador(a) *m.f.*
dialog diálogo *m.*
director director(a) *m.f.*
facial expression expresión facial *f.*
genre género *m.*
live en vivo
make-up artist maquillista *m.f.*
play pieza teatral *f.*; representación *f.*
play a role desempeñar un papel
playwright autor(a) dramático(a) *m.f.*, dramaturgo(a) *m.f.*
plot argumento *m.*
producer productor(a) *m.f.*, realizador(a) *m.f.*
put on a play representar en escena
put on a theatrical production lanzar una producción teatral
repertoire repertorio *m.*
scene escena *f.*
scenery decorado *m.*
scenery escenario *m.*
script guión *m.*
set decorator decorador de escena *m.*
show espectáculo *m.*
spectator espectador(a) *m.f.*
stage escena *f.*; escenario *m.*; tablado *m.*; tablas *f.*
stage representar en escena
stage directions acotaciones (de escena) *f.*
theater teatro *m.*
ticket entrada *f.*
troupe tropa *f.*
work obra *f.*

Capítulo 6

Conexión con el turismo

banquet hall salón para banquetes *m.*
bed and breakfast pensión *f.*
bell hop mozo (maletero, portero) *m.*
bill factura *f.*
billing facturación *f.*
campsite parque para camping *m.*
coffee shop cafetería *f.*
cook cocinero(a) *m.f.*
dining room comedor *m.*
director of lodging director(a) de alojamiento *m.f.*
dishwasher lavaplatos *m.f.*
food services servicios alimenticios *m.pl.*
front desk manager jefe de recepción *m.f.*
garage garaje *m.*
head chef jefe de cocina *m.f.*
head housekeeper ama de llaves *f.*
hostel hostal *m.*
hotel categories categorías de hoteles *f.*
hotel industry hostelería, hotelería *f.*, industria hotelera *f.*
housekeeper camarero(a) *m.f.*
housekeeping cuidado y mantenimiento de las habitaciones (de los cuartos, de las recámaras) *m.*
laundry lavandería *f.*
linens lencería *f.*
maid camarero(a) *m.f.*
motor home caravana *f.*
night manager gerente nocturno(a) *m.f.*
operator telefonista *m.f.*
pension pensión *f.*
point of sale punto de venta *m.*
reception recepción *f.*
receptionist recepcionista *m.f.*
recreational vehicle, RV caravana *f.*
reservations reservaciones *f.pl.*
restaurant restaurante *m.*
room service servicio de cuartos *m.*
server mesero(a) *m.f.*
state-run hotel parador *m.*
stock manager jefe de almacén *m.f.*
tourism turismo *m.*
youth hostel albergue juvenil *m.*

Capítulo 7

Conexión con la ciencia política

bureaucracy burocracia *f.*
elections elecciones *f.*
government gobierno *m.*
international relations relaciones internacionales *f.*
nation nación *f.*
political parties partidos políticos *m.pl.*
political science ciencia política *f.*
political theory teoría política *f.*
public administration administración pública *f.*
public law derecho público *m.*
State Estado *m.*

Capítulo 8

Conexión con la salud

academic performance rendimiento académico *m.*
achieve one's potential alcanzar su potencial
autonomy autonomía *f.*
demands and challenges of life las exigencias y los retos de la vida *f.*
emotion emoción *f.*
environment medio ambiente *m.*
feeling of belonging sentido de pertenencia *m.*
heredity herencia *f.*
human needs necesidades humanas *f.*
learning styles modalidades de aprendizaje *f.*
mental / emotional health salud mental / emocional *f.*
model modelar
outward signs señales externas *f.*
personality personalidad *f.*
physical needs necesidades físicas *f.*
responsible conduct (behavior) conducta responsable *f.*
risky behavior conducta de riesgo (arriesgada) *f.*
security seguridad *f.*
self-esteem autoestima *f.*
sense of purpose sentido de propósito *m.*
strengths and weaknesses fortalezas y debilidades *f.*pl

Capítulo 9

Conexión con la ecología

acid rain lluvia ácida *f.*
acidity acidez *f.*
air pollution contaminación del aire *f.*
atmosphere atmósfera *f.*
balance equilibrio *m.*
be born nacer
biodegradable biodegradable
burning of fuel quema de combustibles *f.*
carbon dioxide dióxido de carbono *m.*
chemicals químicos *m.*
coal carbón *m.*
condense condensarse
contaminant contaminante *m.*
cut down forests talar bosques
dam rivers represar ríos
decline declinar
decompose descomponerse
destruction destrucción *f.*
die morir (ue)
drinking water agua potable *f.*
Earth Tierra *f.*
ecology ecología *f.*
electrical energy energía eléctrica *f.*
endangered species especie amenazada *f.*
environment ambiente *m.*, medio ambiente *m.*
extinct organisms organismos extintos *m.*
extinction extinción *f.*
fossil fuel fósforo *m.*
free itself liberarse

garbage basura *f.*
gasoline gasolina *f.*
generating plants plantas generadoras *f.pl.*
glass vidrio *m.*
harm daño *m.*
harmful dañino
housing development proyecto de vivienda *m.*
in danger of extinction en peligro de extinción
irrigate fields regar (ie) campos
living beings seres vivientes *m.*
moisture humedad *f.*
natural cycle ciclo natural *m.*
natural gas gas *m.*
natural habitat hábitat natural *m.*
natural process proceso natural *m.*
natural resources recursos naturales *m.*
nature naturaleza *f.*
nitrogen oxides óxidos de nitrógeno *m.pl.*
nonrenewable resource recurso natural no renovable *m.*
particle partícula *f.*
petroleum petróleo *m.*
phosphorous fósforo *m.*
pollution contaminación *f.*
recycle reciclar
recycling reciclaje *m.*
renewable renovable
renewable resource recurso natural renovable *m.*
smoke humo *m.*
solid wastes desechos sólidos *m.*
soot hollín *m.*
species especie *f.*
steam vapor de agua *m.*
substance sustancia *f.*
sulfur dioxide dióxido de azufre *m.*
surface superficial
surface superficie *f.*
take advantage of aprovecharse de
topsoil capa superior del suelo *f.*
underground subterráneo
wastes desechos *m.pl.*
water pollution contaminación del agua *f.*
water vapor vapor de agua *m.*
water well pozo de agua *m.*
wire alambre *m.*

Capítulo 10

Conexión con las matemáticas

3 raised to the second power 3 elevado a la segunda potencia
3 squared 3 al cuadrado
acute angle ángulo agudo *m.*
acute triangle triángulo acutángulo *m.*
add añadir (agregar, sumar)
addition adición (suma) *f.*
algebra álgebra *m.*
angle ángulo *m.*
arc arco *m.*
area área *f.*
arithmetic aritmética *f.*
base base *f.*
central angle ángulo central *m.*
circle círculo *m.*
circumference circunferencia *f.*
closed plane figure figura plana cerrada *f.*
concave angle ángulo cóncavo *m.*
congruent sides lados congruentes *m.pl.*
connect conectar
constant constante *m.*
curve curva *f.*
decagon decágono *m.*
degree grado *m.*
depth (thickness) grosor *m.*
diameter diámetro *m.*
difference diferencia *f.*
divide dividir
division división *f.*
equal to igual que
equalities igualdades *f.*
equation ecuación *f.*
equidistant points puntos equidistantes *m.pl.*
equilateral triangle triángulo equilátero *m.*
estimate estimar
exponent exponente *m.*

expression expresión *f.*
factor factor *m.*
flat surface superficie *f.*
fraction fracción *f.*
function función *f.*
geometry geometría *f.*
greater than mayor que
height altura *f.*
heptagon heptágono *m.*
hexagon hexágono *m.*
inequalities desigualdades *f.*
infinite infinito
intersect intersecarse (ángulos)
isosceles triangle triángulo isósceles *m.*
length longitud *f.*
lesser than menor que
line recta *f.*
locate localizar
mathematics matemáticas *f.*
measure medir
measurement medida *f.*
minus sign signo de substracción (resta) *m.*
multiplication multiplicación *f.*
multiply multiplicar
negative number número negativo *m.*
nonagon nonágono *m.*
obtuse angle ángulo obtuso *m.*
obtuse triangle triángulo obtusángulo *m.*
octagon octágono *m.*
opposite sides lados opuestos *m.*
parallel paralelo
parallelogram paralelogramo *m.*
pentagon pentágono *m.*
perimeter perímetro *m.*
pi (π) pi (π)
plus sign signo de adición (suma) *m.*
point punto *m.*
polygon polígono *m.*
positive number número positivo *m.*
power potencia *f.*
problem problema *m.*
product producto *m.*
protractor transportador *m.*
quadrilateral cuadrilátero *m.*
quotient cociente *m.*
radius radio *m.*
raised elevado
ratio razón *f.*
right angle ángulo recto *m.*
right triangle triángulo rectángulo *m.*
round off redondear
scalene triangle triángulo escaleno *m.*
segment segmento *m.*
sides lados *m.*
signs signos (de adición , etc.) *m.*
size tamaño *m.*
square cuadrado *m.*
square root raíz cuadrada *f.*
square units unidades cuadradas *f.*
straight angle (straight line) ángulo llano *m.*
subtract sustraer (deducir, restar)
subtraction substracción (resta) *f.*
term término *m.*
thickness grosor *m.*
trapezoid trapecio *m.*
triangle triángulo *m.*
unequals desigualdades *f.*
unknown number número desconocido *m.*
variable variable *f.*
vector rayo m
vertex vértice *m.*
width ancho *m.*

Capítulo 11

Conexión con el conducir

beep the horn tocar la bocina
blind spot punto ciego *m.*
brakes frenos *m.pl.*
break lights luces del freno *f.pl.*
bridge puente *m.*
change lanes cambiar de carril
clean windows ventanillas limpias *f.pl.*
curve curva *f.*
directionals indicadores direccionales *m.*
drive conducir

Palabras clave

driver conductor(a) *m.f.*
glass covers cristales *m.pl.*
headlights luces delanteras *f.*, faros *m.pl.*
highway carretera *f.*
hill cuesta, loma *f.*
in neutral en neutro (estacionado en punto muerto)
in the opposite direction en la dirección opuesta
intersection intersección *f.*
key llave *f.*
lane carril *m.*
lights luces *f.pl.*
lock cerrar con llave
motor home casa rodante *f.*
night vision visión nocturna *f.*
pass pasar (rebasar, adelantar)
pedal pedal *m.*
pedestrian peatón(ona) *m.f.*
railroad crossing cruce de ferrocarril *m.*
rearview mirror espejo retrovisor *m.*
recreational vehicle or RV casa rodante *f.*
road camino *m.*
safe distance distancia segura *f.*
scrape raspar
seat asiento *m.*
seatbelt cinturón de seguridad *m.*
signal señal *f.*
signal a turn dar la señal
solid yellow line línea amarilla continua *f.*
squeak (screech) chirriar
start the motor arrancar el motor
steering wheel volante *m.*
traffic tráfico *m.*
truck camión *m.*
tunnel túnel *m.*
turn doblar
turn signals indicadores direccionales *m.pl.*
vehicle vehículo *m.*
windows ventanillas *f.pl.*; cristales *m.pl.*
windshields parabrisas *m.pl.*

Capítulo 12

Conexión con el trabajo policíaco

accused acusado(a) *m.f.*
aggravated robbery latrocinio *m.*
another's property propiedad ajena *f.*
apprehension aprehensión *f.*
armed con arma
arrest warrant orden de arresto *f.*
assault asalto *m.*
bail fianza *f.*
breaking and entering escalamiento *m.*
burglary escalamiento *m.*
by force por la fuerza
cause physical harm causarle daño físico
charges cargos *m.*
citizen ciudadano(a) *m.f.*
commit a crime cometer un delito
court corte *f.*
crime crimen *m.*
crime prevention prevención del crimen *f.*
criminal delincuente *m.f.*
criminal case proceso *m.*
delinquent delincuente *m.f.*
detain detener (ie)
district attorney fiscal *m.*
entry escalamiento *m.*
felony delito mayor *m.*
fine multa *f.*
first degree (second, third) offense delito en primer (segundo, tercer) grado *m.*
for good behavior por buena conducta
free on bail (out) libertad bajo fianza *f.*
freedom liberación *f.*
frisk cachear
guilt culpabilidad *f.*
hearing audiencia *f.*
homicide homicidio *m.*
imprisonment encarcelamiento *m.*
in custody bajo custodia
infraction infracción *f.*
interrogate interrogar
investigation investigación *f.*
jail time encarcelamiento *m.*
judicial system sistema judicial *m.*

judicial system sistema de justicia *m.*
justice justicia *f.*
life imprisonment condena a perpetuidad *f.*
maximum sentence sentencia máxima *f.*
minimum sentence sentencia mínima *f.*
misdemeanor delito menor *m.*
murder asesinato *m.*
offender delincuente *m.f.*
offense delito *m.*
out on parole en libertad bajo palabra
pardon indulto *m.*
penal penal
penal code código penal *m.*
penalty penalidad *f.*
police force cuerpo de policía *m.*
police work trabajo policíaco *m.*
presumption of innocence presunción de inocencia *f.*
processing procesamiento *m.*
prosecutor fiscal *m.*
protect proteger
protection protección *f.*
punishment castigo *m.*
question interrogar
residence vivienda *f.*
robbery robo *m.*
search cachear
severe duro
severity gravedad *f.*
suspect sospechoso(a) *m.f.*
theft robo *m.*
theft (stealing) hurto *m.*
theft (stealing) toma ilegal *f.*
threat amenaza *f.*
traffic tránsito *m.*
trial juicio *m.*
violation violación *f.*
weapon arma *f.*
with intention to steal con intención de robar

Capítulo 13

Conexión con la biología

DNA ADN *m.*
be replaced reemplazarse
biology biología *f.*
carbon carbono *m.*
carrier transportador *m.*
cell célula *f.*
cell structure estructura celular *f.*
cell wall pared celular *f.*
chemical balance balance químico *m.*
chemical substance sustancia química *f.*
chromosome cromosoma *m.*
cytoplasm citoplasma *m.*
divide dividirse
division división *f.*
eukaryote eucariote *m.*
flexibility flexibilidad *f.*
gene gen *m.*
genetic material material genético *m.*
genetics genética *f.*
growth crecimiento *m.*
heredity herencia *f.*
high-powered microscope microscopio potente *m.*
hydrogen hidrógeno *m.*
inherit heredar
life (vital) processes procesos de la vida *m.*
living beings seres vivos (vivientes) *m.*
membrane membrana *f.*
multi-celled multicelular
nucleus núcleo *m.*
nutrient nutrimento *m.*
one-celled unicelular
organ órgano *m.*
organelle organelo *m.*
organism organismo *m.*
oxygen oxígeno *m.*
plasmatic membrane membrana plasmática *f.*
preexisting preexistente
prokaryote procariote *m.*
reproduction reproducción *f.*
system sistema *m.*
thread hilo *m.*
tissue tejido *m.*
wastes sustancias de desecho *f.pl.*

Capítulo 14

Conexión con la química

air aire *m.*
alloy aleación *f.*
ambient temperature temperatura ambiente *f.*
atom átomo *m.*
atomic number número atómico *m.*
attract one another atraerse
attraction atracción *f.*
behavior comportamiento *m.*
bond enlace *m.*
charge carga *f.*
chemical equation ecuación química *f.*
chemical reaction of combination reacción química de combinación *f.*
chemical reaction of decomposition reacción química de descomposición *f.*
chemistry química *f.*
composition composición *f.*
compound compuesto *m.*
conformation conformación *f.*
covalent bond enlace covalente *m.*
decompose descomponer
decomposition descomposición *f.*
density densidad *f.*
differ deferir (ie, i)
dissolve disolverse
electrical current corriente eléctrica *f.*
electron electrón *m.*
element elemento *m.*
exert ejercer
force fuerza *f.*
force of attraction fuerza de atracción *f.*
gain ganar
gas gaseoso
glass vidrio *m.*
heterogeneous mixture mezcla heterogénea *f.*
homogenous mixture mezcla homogénea *f.*
ionic bond enlace iónico *m.*; ion *m.*
liquid líquido *m.*
lose perder (ie)
mass masa *f.*
matter materia *f.*
measurement medida *f.*
metal metal *m.*
metallic metálico
mixture mezcla *f.*
molecule molécula *f.*
negatively charged de carga negativa
net charge de carga neta
neutron neutrón *m.*
nucleus núcleo *m.*
opposite opuesto
orbit nivel (la onda, la órbita) *m.*
orbital(energy layer) órbita (la capa) *f.*
particle partícula *f.*
periodic table tabla periódica *f.*
physical state estado físico *m.*
plasma plasma *m.*
plastic plástico *m.*
positively charged de carga positiva
product producto *m.*
property propiedad *f.*
proton protón *m.*
reactant reactante *m.*
share compartir
sodium chloride (table salt) cloruro de sodio (la sal) *m.*
solid sólido
solute soluto *m.*
solution solución *f.*
solvent disolvente *m.*
space espacio *m.*
stable estable
structure estructura *f.*
subindex subíndice *m.*
substance sustancia *f.*
surround rodear
symbol símbolo *m.*
union unión *f.*
unit of volume unidad de volumen *f.*
vapor, steam vapor *m.*
weight peso *m.*

A

a despecho de a pesar de
abadía *f.* monasterio
abdicar renunciar el trono
abogar defender en juicio; hablar en favor de alguien
abolir cancelar, anular, suprimir; derogar, suprimir, declarar que ya no existe una ley
abonos *m.pl.* fertilizantes
abstracto(a) se dice de una obra de arte que enfatiza la importancia de los elementos y principios de diseños a favor del asunto o de la materia
acalambrar contraerse los músculos
acampanados en peligro
acantilados *m.* fondo del mar
acariciar tocar suavemente, rozar, tratar a alguien con ternura
acaso quizás
acción *f.* una unidad de propiedad en una empresa
accionista *m.f.* tenedor de una acción
acelerado rápido
acertar (ie) conseguir el fin
acicalarse adornar
acongojado(a) afligido, desconsolado
acotaciones *f.pl.* direcciones de escena
acrecentar aumentar
activos *m.pl.* recursos
activos circulantes *m.pl.* activos que en poco tiempo se convertirán en efectivo
activos corrientes *m.pl.* activos que en poco tiempo se convertirán en efectivo
activos fijos *m.pl.* activos que tienen una vida larga
activos intangibles *m.pl.* inversiones en bonos o acciones, patentes de invención y marcas registradas
activos tangibles *m.pl.* la tierra, los edificios, la maquinaria, los vehículos, los que se pueden «tocar».
actuario(a) *m.f.* el que determina el monto de la prima de una póliza de seguros
acuarela *f.* pintura que se hace con colores diluidos en agua
acudir ir a; llegar
adarga *f.* escudo, lanza
ademán *m.* gesto
adición *f.* suma
adinerado(a) que tiene mucho dinero, rico, acomodado
adlátere *m.* el de a mi lado
adquirir obtener, conseguir
adulador(a) *m.f.* el que le admira a alguien al extremo
afán *m.* anhelo o deseo fuerte
aferrarse agarrar fuertemente
agasajo *m.* muestra de afecto y consideración
ágil ligero, suelto, diestro
agradecer dar las gracias, expresar gratitud
agregar unir unas cosas con otras, añadir
agrupar reunir, formar en grupos
agua subterránea *f.* el agua que se encuentra bajo la superficie
agua superficial *f.* el agua de los lagos y ríos
aguileño(a) (nariz aguileña) se dice de una nariz encorvada
agujero *m.* abertura más o menos redonda en una cosa
ajedrezado(a) en forma de cuadros
al cuadrado un número elevado a la segunda potencia
al cuerpo a la zona central
al detal en pequeñas cantidades

al por mayor la venta en grandes cantidades
al por menor la venta en pequeñas cantidades
alabanza *f.* elogio, complemento laudatorio
alacena *f.* lugar en la pared con estantes y puertas
alborotar inquietar, perturbar, desordenar
alboroto *m.* griterío, desorden, motín, inquietud
alborozado sintiendo extraordinario regocijo o placer
alborozo *m.* extraordinario placer; júbilo, regocijo
alcaide *m.* alcalde
aleación *f.* solución sólida que contiene diferentes metales y, en algunas ocasiones, sustancias no metálicas
alegre feliz, contento
alentado(a) animado, vigoroso
alergista *m.f.* especialista en la alergología
alergología *f.* el estudio de los mecanismos de la alergia y las enfermedades alérgicas
alergólogo(a) *m.f.* especialista en la alergología
alero *m.* parte interior del tejado
alevosos *m.pl.* traidores
alfarería *f.* el arte de crear vasijas de barro
alforja *f.* una bolsa que se cuelga del lado de la silla de un caballo
algazara *f.* ruido; gritos de una o muchas personas, por lo común alegres
Alhambra *m.* magnífico edificio moro
aliarse unirse con otro, juntarse
alimento *m.* comida
Alixares *m.pl.* magnífico edificio moro
allegado(a) al llegar
almenas *f.pl.* partes de una antigua fortaleza
alojar hospedar, aposentar; dar para donde vivir
alrededores *m.pl.* las regiones cercanas
alta costura *f.* arte de coser para hacer (confeccionar) trajes elegantes
altiplanicie *f.* una meseta extensa y elevada
altiplano *m.* una meseta extensa y elevada
altorrelieve *m.* figura tallada que resalta de una superficie plana y que tiene más de la mitad del bulto natural
alzar levantar
ama de llaves *f.* persona que se responsabiliza por la apariencia de un hotel
amainar perder fuerza
amargo(a) lo contrario de «dulce»
ambulante que va de un lugar a otro sin tener asiento fijo
amenazar dar a entender con actos o palabras el deseo de hacer algún mal a otro
amortiguar moderar, disminuir, hacer menos violento
anarquía *f.* caos; falta de todo gobierno, confusión, desorden
anatomía *f.* el estudio de la estructura del cuerpo humano
andariego(a) que anda mucho sin parar, vagabundo
andas *f.pl.* tablero con barras para llevar personas o cosas, especialmente en procesiones
anfitrión *m.* el que da la función
anglosajón(ona) de habla inglesa
ángulo agudo *m.* ángulo que mide menos de 90°
ángulo anterior *m.* el extremo común de dos rayos
ángulo central *m.* un ángulo cuyo vértice se localiza en el centro de un círculo
ángulo llano *m.* una recta; un ángulo que mide 180°
ángulo obtuso *m.* ángulo que mide más de 90° pero menos de 180°
ángulo recto *m.* ángulo que mide 90°
ángulo *m.* lo que forman dos rayos unidos en un punto
anjeo *m.* lona
anonadar humillar, abatir; maravillar, dejar estupefactos

anónimo(a) se dice del autor de nombre desconocido
antaño *m.* tiempos pasados
antropología *f.* el estudio de las costumbres sociales
aparentar parecerse a; tener aspecto de determinada cosa
apiñado apretado; lleno fuera de la capacidad
apoderarse de hacerse dueño de una cosa por la fuerza
aposentos *m.pl.* palcos
apresurado de prisa
apretar (ie) oprimir, estrechar con fuerza
aprobar (ue) dar por buena una acción; asentir a una opinión o proposición
aquesa aquella
árabe moro
archivo *m.* una colección de datos tratados en una sola entidad
arco *m.* la parte de un círculo que interseca un ángulo central
ardiente muy caliente
área *f.* la medida del tamaño de una superficie
areytos *m.* canciones y bailes rítmicos de los indígenas de Puerto Rico
argumento *m.* los hechos de un cuento o una novela que relatan lo que pasa o sea la acción
aria *f.* una canción en una ópera interpretada por una sola voz con el acompañamiento de la orquesta
arma blanca *f.* arma ofensiva de hoja de acero, como un cuchillo
arrancar sacar de raíz, sacar con fuerza
arras *f.pl.* monedas que le da el esposo a su esposa
arrastrar mover algo o a alguien tirándolo
arremeter acometer con ímpetu, con mucha fuerza
arreos *m.pl.* arneses (para caballos)
arrieros *m.pl.* los que guardan animales
arrimar el hombro ayudar a levantar algo
arrojar lanzar, echar o tirar algo con violencia
arroyo *m.* un riachuelo pequeño o un río poco caudaloso
asco *m.* repugnancia
asegurado(a) *m.f.* el dueño (tenedor) de una póliza de seguros
asegurador(a) *m.f.* la organización que vende y mantiene la póliza de seguros
asimilarse incorporarse; hacerse semejante; parecerse a
asomo *m.* indicio, señal, indicación
asumir responsabilizarse de algo
atañar tocar, pertenecer
Atlante rey mitológico muy fuerte
atolondrado que actúa sin reflexión
átomo *m.* la partícula más pequeña de un determinado tipo de materia
atravesar (ie) cruzar, pasar de una parte a la opuesta
aturdimiento *m.* perturbación; torpeza
audiencia *f.* acto de oír el juez o el tribunal a las partes (los individuos) para decidir causas en un acto jurídico
auditoría *f.* investigación para determinar la fiabilidad de un estado financiero
aurífero(a) que lleva o contiene oro
autocrático(a) despótico
autóctono(a) *m.f.* originario del país, aborigen
autonomía *f.* independencia
autor dramático *m.* autor de una obra teatral
autosuperación *f.* tu esfuerzo por lograr lo mejor de ti
ayllu *m.* unidad de familias que formaba la base de la estructura social de los incas
azabache *m.* variedad de lignito de color negro brillante
azorado(a) confundido; asustado
azotado(a) golpeado con azotes, látigos
azotea *f.* techo llano
azotes *m.pl.* golpes fuertes

Diccionario

B

bahía *f.* una extensión de agua más pequeña que un golfo
bajel *m.* barco, buque
bajorrelieve *m.* significa que la figura tallada que resalta de una superficie plana es menos de la mitad del bulto natural de la figura
barato contrario de «caro»
bardo *m.* cantor
barruntos *m.pl.* indicios
base *f.* el número que se multiplica en una expresión de potencia
bejucos *m.* diversas plantas tropicales de tallos largos y delgados
beneficiario(a) *m.f.* el que recibe el dinero de una póliza de seguros de vida después de la muerte del asegurado
beneficio *m.* con fines de lucro
benévolo caritativo
bereber asociado con una tribu nómada del norte de África
bergantín *m.* velero de dos palos
berrendo(a) manchado de dos colores
bienes *m.pl.* productos
biodegradable que puede descomponerse por medio de procesos naturales
biología *f.* el estudio de todos los seres vivos, plantas y animales, que nos rodean
bodega del barco *f.* espacio interior de los buques en cubiertas inferiores
boliche *m.* bodega, tienda de abarrotes, colmado, pulpería
bolsón *m.* bolsa grande en la cual se llevan objetos de uso personal
bongó *m.* un tambor pequeño
bono *m.* un préstamo que se le hace a una empresa
boot encender la computadora
bordona *f.* cuerda de sonido más grave de la guitarra
boricuas *m.f.pl.* puertorriqueños
Borinquén *f.* nombre indígena para Puerto Rico
borrar remover un ítem de datos
borronear escribir rápido sin cuidado; se dice también borrajear
boya *f.* sujeto al fondo de un cuerpo de agua que indica un sitio peligroso
brasero *m.* recipiente en el que se quema carbón para caldear habitaciones
brújula *f.* aparato en un barco que señala la dirección
brusco repentino
bulla *f.* ruido de personas; concurrencia de mucha gente
burlesco(a) festivo, jocoso, que implica burla
burocracia *f.* influencia excesiva de los funcionarios en la administración pública

C

ca porque
caballeriza *f.* sitio destinado a caballos
caballete *m.* el soporte en que descansa el lienzo mientras pinta el artista
cachear registrar (examinar con cuidado) a alguien para saber si oculta objetos prohibidos como armas, drogas etc.
callejera de la calle
calzada *f.* camino empedrado (de piedras) y ancho
candeal *m.* pan hecho de cierto trigo malicia
canoro que canta bien
capataz *m.* el jefe, el patrón
capilla abierta *f.* tipo de claustro en una iglesia
capital contable *m.* la diferencia entre los activos y los pasivos
carabela *f.* embarcación o barco de vela usado en los siglos XV y XVI
caracol *m.* molusco; concha de este molusco
carácter *m.* lo que sienten y como piensan los personajes de un cuento o una novela
cardiología *f.* el tratado o estudio del corazón y la circulación, sus

funciones, sus padecimientos y tratamiento
cardiólogo(a) *m.f.* especialista en la cardiología
caridad *f.* acción de ayudar a los necesitados
carpeta *f.* lo que sirve para guardar archivos
cascada *f.* catarata, chorrera, salto de agua
cascol *m.* resina de un árbol de África que sirve para fabricar lacre negro
casquillo *m.* cartucho vacío
castellano *m.* moneda antigua
castigar penar, sancionar
catequización *f.* instrucción en la religión católica romana
caudaloso(a) de mucha agua
cautivo capturado, aprisionado
ceder dar, transferir
cedro *m.* árbol alto de tronco grueso
ceguedad *f.* estado de ser ciego, no tener vista
celada *f.* pieza de armadura que cubría la cabeza
célula *f.* unidad de construcción de la cual están hechos todos los seres vivos (vivientes)
centinela *m.* soldado o persona que guarda, vigila y observa
centinelas *m.pl.* guardias
cercado *m.* terreno o lugar rodeado de una cerca
cerciorarse adquirir la certeza de algo; estar seguro
cerro *m.* una elevación de tierra escarpada o rocosa
chance *m.* oportunidad
chanclos *m.pl.* tipo de zapatos
chasqui *m.* mensajero inca que corría grandes distancias llevando órdenes y noticias
chismoso relativo a información o noticia no confirmada; que se murmura, puede ser verdadera o falsa
chusma *f.* tripulación
cielo derrepente *m.* canción improvisada
cielos *m.pl.* canciones folklóricas
ciencia política *f.* disciplina que incluye la teoría política, el derecho público, la comparación de gobiernos, los gobiernos de naciones específicas, la administración pública, las relaciones internacionales, los partidos políticos, las elecciones y la opinión pública.
círculo *m.* un conjunto de puntos equidistantes de un punto dado llamado centro del círculo
circunferencia *f.* la distancia alrededor de un círculo
cirugía *f.* parte de la medicina que tiene por objeto curar las enfermedades por medio de operaciones o intervenciones quirúrgicas
cirujano(a) *m.f.* especialista en la cirugía
citoplasma *m.* fluido transparente en las células eucariotes que rodea el núcleo de la célula y los organelos
claustro *m.* parte de un templo formada de galerías abiertas; un tipo de patio
clérigo *m.* el que ha recibido las órdenes sagradas
clima *m.* el tiempo que prevalece en una zona por un período de larga duración
clímax *m.* el momento culminante, el resultado del punto decisivo
codicia *f.* un deseo exagerado de riquezas y otras cosas; avaricia, egoísmo
código *m.* contraseña, palabra de paso, pin
cohesión *f.* adherencia; unión de una cosa con otra
cojera *f.* el andar inclinando el cuerpo más a un lado que a otro por no poder sentar con regularidad ambos pies
colina *f.* una elevación de terreno menor que la montaña, muchas veces con una cumbre redonda
colonia *f.* barrio de una ciudad

comarca *f.* territorio con una unidad geográfica y unos límites precisos; comprende un buen número de pueblos o aldeas

comerciar comprar y vender con fin lucrativo (con fines de lucro); en el pasado significaba «trocar»—cambiar una cosa por otra

comercio *m.* lo que tiene el propósito de producir y vender con beneficio productos o servicios

compartir distribuir en partes; poseer en común

compás *m.* ritmo o cadencia de una pieza musical

competencia *f.* concurrencia, lo que existe cuando más de una empresa comercia en el mismo mercado

comportamiento *m.* la manera en que se comporta o actúa una persona

comprador(a) *m.f.* el que compra

compuesto *m.* combinación química de dos o más elementos diferentes unidos entre sí en proporción fija

compuesto(a) hecho, producido

conceder dar, otorgar

concurrencia *f.* competencia, lo que existe cuando más de una empresa comercia en el mismo mercado

condimentos *m.pl.* sal y pimienta, etc.

confeccionado(a) hecho, producido

conseguir (i,i) lograr, obtener

constante *f.* un término que está formado sólo por un número

constitución *f.* ley escrita fundamental de un Estado

consumidor(a) *m.f.* comprador

contabilidad *f.* el arte de medir, describir e interpretar la actividad económica

contable público certificado (titulado) (CPA) *m.f.* contador(a) público certificado (titulado)

contraseña *f.* palabra de paso, código, pin

contribuyente *m.f.* el que paga impuestos

convencerse reconocer la verdad de una cosa

convidado *m.* el invitado a una función

convites *m.pl.* funciones, banquetes

cordillera *f.* una cadena (un sistema) de montañas, o sea, una elevación extensa de montañas con múltiples cumbres

correo electrónico (e-mail) *m.* modo electrónico e instantáneo de comunicación

corretear ir corriendo de un lado para otro

corte *f.* el tribunal

costumbre *f.* una práctica habitual, o sea, un hábito

crecido lleno

criado(a) *m.f.* persona que se emplea en el servicio doméstico

criterio *m.* norma para conocer la verdad

cromosoma *m.* estructura celular que contiene el material genético

crónica *f.* recopilación de hechos históricos

crucecita *f.* insignia de honor

crujir hacer dos cosas un ruido cuando se frotan unas contra otras

cuadrado *m.* un rectángulo del cual los cuatro lados son iguales

cuadriláteros *m.pl.* figuras que tienen cuatro lados y cuatro ángulos

cual como

cuarzo *m.* cristal de roca

cuenta *f.* el registro individual para cada ítem de un estado financiero

cuento *m.* un género de literatura narrativa más corto que una novela

culto *m.* el homenaje, el honor dado a los dioses

cultura *f.* la totalidad de los comportamientos, incluso los valores, las ideas y las costumbres que se aprenden y que se transmiten por la sociedad

cumplimiento *m.* acción de efectuar, llevar a cabo
cuota *f.* la contribución, el pago

D

danza *f.* baile
dar testimonio de probar, averiguar, indicar veracidad
decaer perder fuerza gradualmente
decágono *m.* polígono de 10 lados
decorado *m.* en una representación el conjunto de lienzos, etc., en la escena
deducible *m.* la parte de la indemnización que no paga la compañía de seguros; una extensión o ajuste que se puede deducir de los impuestos
delito *m.* el crimen
delito mayor *m.* la violación
delito menor *m.* la infracción
democracia *f.* sistema de gobierno en el cual el pueblo tiene el derecho de participar
densidad *f.* la cantidad de materia contenida en una unidad de volumen
denuedo *m.* brío, esfuerzo, intrepidez
depreciarse tener a menos, valer menos
derecho *m.* conjunto de leyes y reglas
dermatología *f.* el tratado de las enfermedades de la piel
dermatólogo(a) *m.f.* especialista en la dermatología
derrotar vencer, conquistar
desafíos *m.pl.* contiendas, confrontaciones
desaforado(a) excesivamente grande
desaguisado *m.* agravio, insulto
desalentado(a) sin aliento, que no puede respirar; sin ánimo
desamparado(a) que no tiene para donde vivir; sin casa
desarrollo *m.* la introducción de las acciones de los personajes y sus motivos en una narración
descabellado(a) absurdo, insensato, ilógico
descalzo sin zapatos; contrario de «calzado»
desembarazada libre de obstáculos
desembocar salir el agua de un río en el mar
desempeñar llevar a cabo, cumplir, llenar o representar
desenlace *m.* la parte que presenta las consecuencias finales de una narrativa
desenvoltura *f.* agilidad, gracia
desenvuelto(a) que puede obrar con soltura o habilidad
desigualdad *f.* una comparación en la cual un número es menor que o mayor que otro número
deslumbrante que ofusca (disminuye) la vista con demasiada luz
despacho *m.* la oficina
despedir (figurativo) tirar
desperdiciar malgastar, perder
despojo *m.* lo que toma del vencido el vencedor
déspota *m.* soberano que gobierna sin ser sujeto a leyes; persona que abusa de su poder y autoridad
despreciación *f.* ruego, súplica
desprendido(a) desatado
desque desde que
destacarse sobresalir
destrozos *m.pl.* trozos; desperdicios
detallista *m.f.* el que vende al por menor
deuda *f.* dinero que se debe
diálogo *m.* una conversación que sostienen los personajes de una narración; *m.* conversación o plática entre dos o más individuos
diámetro *m.* el segmento de recta que atraviesa el centro de un círculo y cuyos extremos están sobre el círculo
diario *m.* el jornal, un registro cronológico de los eventos financieros
dichoso(a) feliz

dictadura *f.* gobierno que se ejerce fuera de las leyes constitutivas de un país
dictar pronunciar leyes o decretos
difundido extendido
diligencia del fresco *f.* pescadería
dimitir renunciar
dinastía *f.* familia en cuyos miembros se perpetúa el poder político
diputar señalar
director de alojamiento *m.f.* persona que se responsabiliza por la recepción, reservaciones y mantenimiento de las habitaciones de un hotel
director *m.* el que dirige una obra teatral, incluyendo a los actores
discurso *m.* la manera en que el autor narra—su estilo
disensión *f.* contienda, riña, disputa
disimular ocultar, encubrir
dispuesto(a) apto, capaz, preparado
distinguir hacer una distinción
diurno durante el día
diversión pasatiempo
dobla *f.* moneda antigua
don *m.* regalo, dádiva
donoso(a) gracioso, gallardo
dotar darle a una persona algo para mejorarla o perfeccionarla
dramaturgo(a) *m.f.* el que escribe obras teatrales, dramas
DSL *m.* Digital Subscriber Line, permite la conexión más rápida con el Internet
duelos y quebrantos *m.pl.* dolores y daños

E

ecología *f.* la ciencia que estudia el equilibrio entre los seres vivientes y la naturaleza
ecología *f.* el equilibrio entre los seres vivientes y la naturaleza
ecuación *f.* un enunciado; indica que dos expresiones son equivalentes o iguales
eficazmente de una manera eficiente; competentemente
egresos *m.pl.* gastos, el dinero que sale de la empresa
ejemplar que sirve de ejemplo; excelente
electrón *m.* una partícula que tiene carga negativa
elemento *m.* sustancia que no se puede descomponer en sustancias más sencillas
embuchados *m.pl.* fiambres o embutidos
emigración *f.* migración considerada desde el punto de vista del lugar de salida
empañar dar algo en depósito para obtener un préstamo
empeñarse en insistir con firmeza en algo
empeorar ponerse peor, deteriorar
emprendedor(a) *m.f.* el que tiene iniciativas, especialmente en los negocios
emprender dar principio a una obra o empresa
empresa *f.* negocio, compañía, sociedad; *f.* una compañía
empresa de propiedad individual *f.* una empresa que pertenece a una sola persona
en ventura en duda
enano(a) *m.f.* persona muy pequeña
encadenado(a) en cadenas
encalado pintado de blanco
encaramado elevado, colocado en un puesto honorífico
encargar poner una cosa al cuidado de otro; darle la responsabilidad a alguien de hacer algo
encomendar (ie) entregar, confiar al amparo de alguien
endebles de poco valor; insuficientes
endocrinología *f.* el estudio de las glándulas de secreción interna
endocrinólogo(a) *m.f.* especialista en la endocrinología
enemistad *f.* aversión u odio entre dos personas
engaño *m.* el hacer creer algo que no es verdad; el fraude; *m.*

el hacer creer a alguien algo que no es verdad
engorrosísimo muy fastidiado o molesto
enigmático(a) misterioso, incomprensible, inexplicable
enjuto delgado, flaco
enlazarse casar, contraer matrimonio
enredadera *f.* planta
ensillar poner la silla a un caballo
entonación *f.* el movimiento melódico o musical de la frase hablada (oral)
entrambos ambos
entrañas *f.pl.* órganos abdominales
entrar datos ingresar datos
entremés *m.* una pieza muy corta, jocosa y popular
enviudar perder a su esposo(a) por la muerte
envolverse involucrarse
errar andar como un vagabundo
escama *f.* lámina del cutis
escampavía *f.* guardacostas
escarabajo *m.* tipo de insecto
escenario *m.* en una representación el conjunto de lienzos, etc., en la escena
escolaridad *f.* período de tiempo durante el cual se asiste a la escuela
escombro *m.* desecho, lo que queda
escombros *m.pl.* los restos, los desechos
escudero *m.* paje que acompañaba a un caballero para llevarle el escudo
escultura de relieve *f.* una escultura hecha sobre una superficie de modo que las figuras están talladas solamente en parte
especie amenazada *f.* una especie cuya población está declinando rápidamente
espectador(a) *m.f.* miembro del público
espectar mirar
espesar hacer algo más espeso (que tenga más densidad)
espetar escupir
espiración *f.* la salida de aire de los pulmones hacia el exterior
espolear picar al caballo con las espuelas
espontáneo voluntario, del momento, que procede de un impulso
estado financiero *m.* cualquier tipo de informe financiero
Estado *m.* una unidad política que goza de soberanía total, que tiene la responsabilidad total por la conducta de sus asuntos
estados *m.pl.* medida antigua
estallar ocurrir violentamente
estatal del Estado, del gobierno
estilo *m.* el modo de expresión de un artista
estrado *m.* sitio elevado de honor
estremecerse temblar
estrofa *f.* un grupo de versos
estructura *f.* la composición de la materia o sea de lo que está hecha y como está organizada
etnocentrismo *m.* la creencia de que la cultura de uno es superior a cualquier otra
eucariote *m.* célula que tiene núcleo verdadero y organelos rodeados de membranas internas
exánime sin aliento
excrecencia *f.* giba, corcova; una adherencia superflua
exponente *m.* lo que indica el número de veces que se multiplica la base de una expresión de potencia
exposición *f.* los datos necesarios para entender la acción de una narración
expresión *f.* un término o una serie de términos separados por signos de adición (suma) o substracción (resta)
extinción *f.* la desaparición de una especie

extinguir hacer que cese el fuego, apagar el fuego

F

fábula *f.* relato, cuento o apólogo generalmente en verso que oculta una enseñanza moral bajo el velo de la ficción
factor *m.* un número que se multiplica
fallido frustrado, no logrado
farol *m.* un tipo de linterna para alumbrar la calle
fastidiado(a) enojado
fatiga *f.* cansancio, agotamiento
fatigar cansar, molestar
faz *f.* la cara
fenecer terminar
fénix *m.* lo que es único en su especie
feriado(a) se dice del día en que están suspendidos o cerrados los negocios; festivo
feudalismo *m.* orden político a fines de la Edad Media que implicaba la dependencia del campesino a un señor
figurativo(a) se dice de una obra de arte que presenta una rendición más literal, o sea, más realista de la materia
fila *f.* cola
fingir hacer creer con palabras o acciones algo que no es verdad; dar existencia real a lo que no existe
fiscal *m.* el que trata de probar la culpabilidad de un presunto (sospechoso) por el Estado; en inglés «abogado del distrito»
fisiología *f.* el estudio de las funciones del organismo humano
flequillo de randa *m.* borla
florido con flores
fluidez *f.* la facilidad
fluvial relativo a los ríos
foco *m.* la bombilla eléctrica
follón perezoso, vano, arrogante
fonda *f.* restaurante
fonética *f.* pronunciación
forastero *m.* extranjero
forastero(a) *m.f.* extraño, persona de otro pueblo o región
forcejear hacer fuerzas en contra de algo o alguien
fornido(a) robusto y de mucho hueso
frac *m.* smoking
fracción *f.* la expresión de una razón
frenesí *m.* locura, delirio
frenético muy exaltado, furioso
frotar pasar repetidamente una cosa sobre otra
fugaz que desaparece rápido
fulgor *m.* brillo, brillantez, resplandor
funcionario *m.* persona que desempeña una función pública, que trabaja para el gobierno
funesto desgracioso
furtivo a escondidas, tratando de ocultar algo
fusión *f.* unión, mezcla

G

gachupín *m.* sobrenombre regional despectivo dado a los españoles que se establecieron en las Américas
gajos *m.pl.* porciones interiores de una fruta
galera *f.* barco, buque
galgo *m.* perro esbelto que corre rápido
ganancia *f.* beneficio de una empresa
garúa *f.* un tipo de neblina que cubre Lima de mayo a septiembre
gastroenterología *f.* rama de la medicina que se ocupa del estómago, los intestinos y todo el aparato digestivo y sus enfermedades
gastroenterólogo(a) *m.f.* especialista en la gastroenterología
genética *f.* la rama de la biología que estudia la herencia
geografía *f.* el estudio de la Tierra
ginecología *f.* el estudio de las enfermedades de la mujer

ginecólogo(a) *m.f.* especialista en la ginecología
glorieta *f.* plazoleta, generalmente en un jardín; encrucijada de calles y alamedas
gobierno *m.* una institución política con autoridad para hacer y hacer respetar las leyes *; m.* los individuos que controlan el aparato del Estado y dirigen el poder del Estado; un grupo de personas dentro del Estado que tienen la autoridad para obrar en nombre del Estado
gola *m.* armadura que protege la garganta
golfo *m.* una extensión de agua más pequeña que un mar y más grande que una bahía
gorjeo *m.* son que se hace al cantar
grado *m.* unidad de medida de un ángulo
granada *f.* fruta de sabor agridulce
grosor *m.* dimensión, grueso « ***(351)***
gualdo(a) amarillo
guardar conservar los datos
guarnecer adornar
guasa *f.* tipo de música
guión *m.* texto que tiene lo que dicen los actores en una película u obra teatral

H

hacer hincapié enfatizar, mantener firme una opinión s
hacer negocio comerciar; vender y comprar
hado *m.* el destino
halagar dar motivo de satisfacción; gozar
halagüeño(a) que da muestras de admiración
hardware *m.* la computadora y todo el equipo conectado con ella
hazaña *f.* acción ilustre o heroica
hechizado embrujado
hediondo(a) sucio, maloliente
heptágono *m.* polígono de 7 lados
heredero(a) *m.f.* persona que hereda (recibe) los bienes de un difunto
hexágono *m.* polígono de 6 lados
hinchado(a) vanidoso
hipocresía *f.* fingimiento (imaginación) de poseer cualidades de virtud (buenas)
historia *f.* el argumento de una narración—la acción, lo que pasa en la obra
historiada *f.* decoración llamativa
hocico *m.* boca y narices de un animal
hogar *m.* domicilio; donde vive la familia
holgado cómodo
hondonada *f.* parte del terreno que está más honda que la que la rodea
horadar agujerear
hostelería *f.* la industria hotelera
huelga *f.* suspensión colectiva del trabajo para obtener beneficios o derechos
huir escapar

I

icono *m.* una representación pictórica de un objeto
ignorar no saber, desconocer
igualdad *f.* una ecuación en la cual las expresiones separadas por un signo de igualdad tienen el mismo valor
ijares *m.pl.* cavidades entre huesos del cuerpo
imperante que domina, que tiene el poder
ímpetu *m.* gran intensidad o fuerza
implorar rogar, suplicar, pedir
impresora *f.* máquina que imprime
imprudencia *f.* falta de buen juicio; sin moderación; indiscreción
inadvertido(a) no tener en cuenta; no haber sido informado
incipiente que empieza
indemnización *f.* el dinero que uno recibe para recuperar su pérdida
indígena *m.f.* originario del país de que se trata
infectología *f.* la rama de la medicina que trata las enfermedades contagiosas

infectólogo(a) *m.f.* especialista en la infectología
ingreso neto *m.* el ingreso de una empresa o individuo después de deducir los gastos
ingresos *m.pl.* el dinero que recibe una empresa
iniciar encender la computadora
inmerecido injusto
inmigración *f.* migración considerada desde el punto de vista del lugar de destino
insinuante dando a entender una cosa sin hechos
insolencia *f.* el tratar a otro de forma descortés o sin respeto
insoluble que no se puede resolver
integrarse introducirse totalmente en un grupo adoptando sus costumbres
Internet *m.* una red pública de computadoras interconectadas
internista *m.f.* especialista en la medicina interna
intransigente obstinado, intolerable
intrepidez *f.* calidad de una persona que no teme el peligro
intrínsecamente interiormente, esencialmente
intuir percibir algo por intuición o sea sin tener que razonarlo
ion *m.* átomo o grupo de átomos combinados que tiene una carga como consecuencia de la pérdida o ganancia de electrones
irreconciliable incapaz de reconciliar algo, de encontrar una solución
istmo *m.* un pedacito de tierra que une un continente con otro
izadas *f.pl.* elevadas, levantadas
izar levantar, alzar con una cuerda

J

jarrón *m.* ornamento en forma de un jarro
jeme *m.* medida antigua
jerarquía de necesidades *f.* una lista clasificada de las necesidades esenciales para el crecimiento y desarrollo humanos
jocoso divertido, cómico
jorobas *f.pl.* deformidad
joyero *m.* el que vende joyas; pulseras, anillos, brazaletes, etc.
juntar reunir, agrupar

L

labrar cultivar, trabajar
ladear ir de un lado a otro
ladino(a) *m.f.* persona de origen indígena o mestizo que habla español y que ha adoptado costumbres europeas o urbanas
lados congruentes *m.pl.* los lados de un polígono que tienen la misma longitud
lados *m.pl.* las partes de un ángulo formado por los rayos
lago *m.* una extensión de agua rodeada de tierra
laico el que es independiente de la autoridad de un organismo religioso
lanchón *m.* lancha (buque) grande
lanza *f.* espada
lapa *f.* roedor grande cuya carne es apreciada
látigo *m.* azote de cuero con que se castiga a los caballos o mulas
lazo *m.* el enlace
lecho *m.* cama
legua *f.* antigua medida de distancia; *f.* medida antigua
lencería *f.* ropa blanca en general y, especialmente, ropa interior
lengua romance *f.* una lengua derivada del latín
lengua vulgar *f.* la lengua del pueblo
levadizo que se puede levantar
levantamiento *m.* sublevación, rebelión, motín
libro mayor *m.* un libro o un formato para la computadora donde aparecen juntas una

serie de cuentas relacionadas
lides *f.pl.* combates, peleas
limosna *f.* dinero, ropa, comida que se le da a un necesitado para ayudarlo
limpión *m.* paño para limpiar y secar los platos
lindeza *f.* la belleza
lírica *f.* el género literario en el cual el autor expresa sus sentimientos
lisonjas *f.pl.* lo que se dice a otro para satisfacer su amor propio
litúrgico relativo a los ritos y ceremonias religiosas
liviandad *f.* frivolidad
llama *f.* lo que surge de un fuego o incendio
llevar la contraria no conceder, no acceder
lluvia ácida *f.* precipitación contaminada que daña edificios de piedra y lava valiosos nutrimentos del suelo
lona *f.* tela con que se confecciona (hace) una vela
luengo largo
lumbre *f.* luz, fuego

M

madreselva *f.* planta de flores olorosas
madrugada *f.* muy temprano por la mañana
madrugador *m.* el que se levanta temprano por la mañana
magras *f.pl.* lonjas (tajadas, rebanadas) delgadas de jamón
majagua *f.* árbol de madera fuerte
mala pata *f.* mala suerte
malo enfermo
manco(a) que le falta una mano o un brazo
mano de obra *f.* conjunto de obreros, trabajadores
mano *f.* pistadero, majadero de mortero
mansamente apaciblemente, suavemente
manzanilla *f.* vino blanco de Andalucía; no muy bueno
maquinalmente involuntariamente, como una máquina
mar *m.* una extensión de agua más pequeña que un océano y más grande que un golfo
mareado(a) estado de estar enfermo por el movimiento
marino del mar
mariposa *f.* insecto con cuatro alas de colores bonitos
mas pero
masa *f.* la medida de la cantidad de materia que contiene un objeto
mástil *m.* palo de un barco
materia *f.* cualquier cosa que tiene masa y ocupa un espacio
matrícula *f.* inscripción en la universidad
mayorista *m.f.* el que vende al por mayor
mazorca *f.* elote; panoja del maíz
mecedor *m.* silla que tiene movimiento de balanceo
medicina interna *f.* el estudio y tratamiento de las enfermedades que afectan los órganos internos
medios de comunicación no verbales *m.pl.* gestos, ademanes y expresiones faciales
meditar pensar atenta y profundamente
medroso temeroso
membrana *f.* lámina delgada y flexible de tejido animal o vegetal que envuelve ciertas células
mendigo *m.* persona que habitualmente les pide dinero a otros
menear mover de una parte a otra
menester *m.* necesidad
menguar disminuir, bajar
menú *m.* lista de opciones disponibles para el usuario de la computadora
mercadeo *m.* la creación de un mercado para un producto antes de comenzar a producirlo
mercado *m.* el terreno en el cual se efectúan la venta y la compra
mercantil comercial

meridional del sur
meseta *f.* una parte llana y bastante extensa de terreno situada en una altura o montaña
meta *f.* el objetivo, el gol
metate *m.* mortero
meteorología *f.* la ciencia que se dedica al estudio de los fenómenos atmosféricos incluyendo el clima y el tiempo.
mezcla heterogénea *f.* asociación de dos o más sustancias sin cambio de la identidad de cada una—se puede descomponer fácilmente
Mezquita *f.* magnífico edificio moro
migración *f.* desplazamiento de personas o grupos de una región a otra para establecerse en ella, bajo influencia de factores económicos o políticos
mito *m.* la leyenda, una narración fabulosa de algo que ocurrió en un tiempo pasado remoto
mitotes *m.pl.* fiestas florales de los mayas
modelar observar y aprender de las conductas de quienes te rodean
módem *m.* dispositivo o modulador que adapta una terminal a una línea telefónica
modisto(a) *m.f.* diseñador de ropa
molécula *f.* grupo, sin carga, de dos o más átomos unidos entre sí por medio de enlaces covalentes
moler (ue) reducir el grano a polvo o pequeños fragmentos por presión
monadas *f.pl.* gestos o acciones afectadas
monarquía absoluta *f.* forma de gobierno en la cual el rey tiene el poder supremo
monopolio *m.* una empresa que es la única que vende el producto
montaña *f.* una elevación considerable y natural de terreno
montaraz de las montañas
morería *f.* barrio donde vivían los moros
morrión *m.* casco de soldado
mosquetero *m.pl.* espectador a pie
mudanza *f.* cambio
muelle *m.* lugar en el puerto que facilita el embarque y desembarque de cosas y personas de un barco
mugre *f.* suciedad grasienta
musitar hablar en voz muy baja; hablar en voz muy baja, murmurar

N

nación *f.* un grupo importante de personas vinculadas que reconocen una semejanza entre sí porque comparten una cultura común, especialmente una misma lengua
narración fantástica *f.* un cuento o una novela en la cual los personajes, ambientes y hechos ni existen ni podrían existir en la realidad
narrativa *f.* el género literario en el cual el autor relata unos hechos
natal relativo al nacimiento, nativo
naufragar hundirse o perderse una embarcación (barco) en el agua; sufrir tal accidente
navío *m.* nave, barco
necio tonto, no inteligente, estúpido, ignorante
nefrología *f.* rama de la medicina que estudia el riñón y sus enfermedades
nefrólogo(a) *m.f.* especialista en la nefrología
netamente claramente, definidamente
neumología *f.* rama de la medicina que estudia y trata las enfermedades de los pulmones y del aparato respiratorio
neumólogo(a) *m.f.* especialista en la neumología
neurología *f.* el estudio del sistema nervioso

neurólogo(a) *m.f.* especialista en la neurología
neutrón *m.* una partícula que no tiene carga
nocturno de noche
nonágono *m.* polígono de 9 lados
norma *f.* una regla o forma convencional y acostumbrada de actuar, pensar y sentir en una sociedad
novela *f.* un género de literatura narrativa más largo que un cuento
núcleo *m.* parte central de un átomo, pequeña y densa y con carga positiva
número negativo *m.* un número menor que cero
número positivo *m.* un número mayor que cero

O

obra *f.* pieza literaria
obsequio *m.* regalo, agasajo; amabilidad, cortesía
obstetra *m.f.* especialista en la obstetricia
obstetricia *f.* parte de la medicina que trata de la gestación, el parto y el puerperio
océano *m.* una gran extensión de agua salada
ocioso desocupado, inactivo
octágono *m.* polígono de 8 lados
oftalmología *f.* la parte de la medicina que trata de las enfermedades del ojo
oftalmólogo(a) *m.f.* especialista en la oftalmología
óleo *m.* pintura a base de aceites
ombú *m.* árbol nacional de Argentina
omoplatos *m.pl.* huesos en la espalda
oncología *f.* rama de la medicina que se ocupa de los crecimientos neoplásicos, del cáncer y su tratamiento incluyendo la quimioterapia
oncólogo(a) *m.f.* especialista en la oncología
ópera *f.* un drama cantado con acompañamiento de orquesta
oportunamente que sucede en el lugar o tiempo conveniente; convenientemente
oprimir someter por la violencia, poniendo uno bajo la autoridad o dominio de otro
orador *m.* persona que pronuncia un discurso en público
organelo *m.* estructura interna de la célula que está rodeada de membrana
órgano *m.* grupo de dos o más tejidos que desarrollan una actividad juntos como la hoja de una planta o el corazón de un ser humano
oriental del este
orquesta de cámara *f.* orquesta pequeña
ortopedia *f.* rama de la cirugía relacionada con el tratamiento correctivo de deformidades y enfermedades del aparato locomotor, en especial las que afectan los huesos, músculos y articulaciones
ostentación *f.* exhibición afectada y vanidosa
otorgar dar, ofrecer
otorrinolaringología *f.* la parte de la medicina que trata las enfermedades del oído, de la nariz y de la laringe (garganta)
otorrinolaringólogo(a) *m.f.* especialista en la otorrinolaringología

P

pacífico calmo, tranquilo
pago *m.* gente de muchos distritos
palabra de paso *f.* contraseña, código, pin
palmadas *f.pl.* golpes con las palmas de las manos
palpar tocar con las manos o con los dedos para examinar o reconocer algo
panadizo *m.* inflamación aguda de uno o más dedos
pandemonio *m.* mucha confusión

parada *f.* desfile
paralelogramo *m.* un cuadrilátero cuyos lados opuestos son paralelos
pared celular *f.* una estructura de muy poca flexibilidad que rodea la membrana plasmática
parlamento *m.* tipo de asamblea legislativa
partido político *m.* agrupación política de los que siguen la misma opinión o interés
partirse salir
pasivos *m.pl.* deudas
patrocinar favorecer o proteger una causa o candidatura; ayudar una causa frecuentemente pagando los gastos; favorecer
pecoso(a) que tiene pequeñas manchas en la piel
pediatría *f.* la rama de la medicina que estudia las enfermedades de los niños y su tratamiento
pedrada *f.* acción de arrojar una piedra; golpe dado con una piedra lanzada
pellizcos *m.pl.* cantidades pequeñas
pelotón *m.* pequeño grupo de oficiales
penalidad *f.* el castigo
pendón *m.* bandera, estandarte
pentágono *m.* polígono de 5 lados
penumbra *f.* sombra débil y poco oscura
peón *m.* obrero no especializado (inexperto); en Latinoamérica «bracero agrícola»
perder el juicio volverse loco
pérdida neta *f.* lo que tiene una empresa cuando los gastos son mayores que los ingresos
perecer morir
perímetro *m.* la suma de la longitud de todos los lados del polígono
personaje *m.* figura en una obra literaria
personalidad *f.* un conjunto complejo de características que te hacen único
perspectiva *f.* la representación de objetos en tres dimensiones sobre una superficie plana
perspectiva positiva *f.* capacidad de ver el lado bueno y tener esperanza en la vida
perspicaz que se percata (se da cuenta) de cosas aunque no estén muy claras
pertrechos *m.pl.* armas necesarias para la defensa
pescozada *f.* golpe con la mano en el pescuezo o en la cabeza
peto *m.* armadura defensiva que cubre el pecho
picado ofendido, enojado
pin *m.* contraseña, palabra de paso, código
plantarle una fresca al lucero del alba ser capaz de decir algo a alguien, sin preocuparse de la persona a quien se dirige
plebiscito *m.* referéndum
podadera *f.* herramienta para cortar árboles y arbustos
poder *m.* dominio que uno tiene para mandar
poesía *f.* la expresión de la belleza por medio del lenguaje artístico
poesía *f.* un género de literatura en verso
poesía *f.* una composición escrita en verso
polaco de Polonia
polígono *m.* cualquier figura cerrada con tres o más lados
polígono regular *m.* polígono del cual todos los lados tienen la misma longitud
poltrona *f.* silla grande y cómoda
popa *f.* parte posterior de una nave
por su cuenta por el beneficio de uno y sin ayuda alguna
porfía *f.* disputa desagradable
potencia *f.* capacidad de mandar, imponer o influir; Estado soberano; *f.* lo que expresa el exponente
precario inestable, inseguro, peligroso
pregonar alabar en público

prender agarrar; arrestar, detener o poner preso

pretil almenado *m.* barrera a los lados de un puente

priesa *f.* prisa

prima *f.* el monto que el asegurado paga a la compañía de seguros

primordial sumamente importante, de lo más básico

principio final *m.* plato de carne que se sirve después del cocido y antes del postre

procariote *m.* organismo cuya estructura celular no tiene membrana

procesamiento *m.* acto por el cual se declara a alguien presunto autor de unos hechos delictivos (criminales) para poder abrir contra él un proceso penal

procesamiento de textos *m.* acción que reemplaza las operaciones de una máquina de escribir

procurar hacer esfuerzos, tratar de, intentar

prodigioso(a) excepcional

proezas *f.pl.* hazañas, acciones valerosas

prófugo fugitivo

programa de *software* *m.* conjunto de instrucciones para la computadora

promulgar publicar ceremoniosa y / u oficialmente

propaganda *f.* publicidad

propiedad *f.* característica

propietario(a) *m.f.* dueño(a)

protagonista *m.f.* el personaje más importante o principal de una obra

protón *m.* una partícula de carga positiva

provisional no definitivo

psiquiatría *f.* la ciencia que trata las enfermedades mentales

punto *m.* un lugar específico en el espacio sin dimensión

punto decisivo *m.* algo que cambia la dirección de una obra narrativa

puñado *m.* una cantidad pequeña; literalmente la porción que cabe en la mano cerrada, el puño; *m.* cantidad que cabe en el puño, en la mano

Q

quiebra *f.* fracaso, fallo financiero; bancarrota

química *f.* la ciencia que estudia la estructura y propiedades de la materia

quipu *m.* un sistema que tenían los incas de cordones y nudos de varios colores que transmitían datos e ideas

R

radio *m.* un segmento de recta con un extremo en el centro de un círculo y otro en un punto sobre el círculo

radiología *f.* parte de la medicina que estudia las radiaciones, especialmente los rayos X, en sus aplicaciones al diagnóstico y tratamiento de enfermedades

radiólogo(a) *m.f.* especialista en la radiología

raíz cuadrada *f.* la operación opuesta a elevar un número al cuadrado

ramazón de vides *f.* ramas grandes de la planta que da uvas

raquítico(a) débil, enfermizo

rasgado(a) de ojos de forma de almendra

rasgo *m.* propiedad o nota distintiva

raudo(a) rápido, veloz

rayo *m.* parte de una recta que se extiende infinitamente en una sola dirección desde un punto fijo

razón *f.* una comparación entre dos entidades

real *m.* moneda antigua

realizador(a) *m.f.* el productor de una obra teatral

recado *m.* el mensaje

recelo *m.* miedo, desconfianza

reciclaje *m.* consiste en recoger los desechos de papel, vidrio e hierro para transformarlos y poder utilizarlos de nuevo
reciedumbre *f.* vigor
recinto *m.* espacio cerrado y comprendido dentro de ciertos límites;
recio fuerte, robusto, vigoroso; duro, violento
recta *f.* una línea sin curva que continúa indefinidamente en direcciones opuestas
rectángulo *m.* un cuadrilátero con cuatro ángulos rectos
recua *f.* grupo de caballos
recuperar extraer datos almacenados anteriormente
recurso natural *m.* cualquier parte del ambiente que los humanos utilizamos para nuestro beneficio
recurso no renovable *m.* un recurso natural que existe sólo en cantidades limitadas; que no se reemplaza y no forma parte de un ciclo natural
recurso renovable *m.* un recurso natural que es reemplazado o reciclado por medio de procesos naturales
red pública *f.* serie de computadoras interconectadas con fines de intercambiar información
reflexionar concentrar el pensamiento en algo; considerar con intención
regalía *f.* dinero que se recibe por algunos privilegios, como derechos de autor
rehén *m.* persona que queda en poder del enemigo como garantía o fuerza mientras se tramita la paz o un acuerdo
relatar contar
relatividad cultural *f.* la perspectiva de que los efectos de los rasgos culturales dependen de su medio cultural
relevo *m.* sustitución, reemplazo, uno que toma el lugar o responsabilidad de otro
relieve *m.* cualquier cosa que resalta sobre una superficie plana
relincho *m.* voz del caballo
relucir resplandecer mucho, brillar
rematado sin remedio, por completo
remendón que arregla prendas usadas
remojado sumergido en agua
remolino de gente *m.* muchedumbre
renombrado muy conocido, famoso
rentabilidad *f.* calidad de producir beneficio
reñir disputar, pelear, batallar
reo *m.* el condenado después de una sentencia
repentino súbito, pronto, inesperado
repleto(a) muy lleno, sobre todo una persona llena de comida
representación *f.* obra, espectáculo
requiebros *m.pl.* alabanzas
rescatar liberar a alguien del peligro u opresión en que se halla
resguardar proteger
resorte *m.* pieza elástica que al haber sido doblada o estirada puede recobrar su posición natural
reticencia *f.* acción de decir una cosa en parte o indirectamente, a veces con malicia
retroceder volver hacia atrás
rezongar gruñir, refunfuñar
río *m.* una corriente de agua
roce *m.* acción de pasar una cosa tocando ligeramente la superficie de otra
rocín *m.* caballo
rocino *m.* caballo
rocío *m.* vapor que, con la frialdad de la noche, se condensa en la atmósfera en gotas muy menudas (pequeñas)
roer raspar algo con los dientes

rondeña *f.* aire popular de Ronda
rostro *m.* la cara, la figura
rozar tocar la superficie ligeramente
rudo duro, tosco, riguroso

S

sacerdote *m.* en la Iglesia católica romana, un cura o un padre religioso
sacudir agitar violentamente; golpear una cosa en el aire para quitarle polvo
salida *f.* cualquier información generada en la computadora y presentada en la pantalla y transferida a un disco o a una línea de comunicación
salir abandonar un programa, apagar la computadora
salud mental / emocional *f.* la habilidad de aceptarte a ti mismo y a los demás, de adaptar y controlar las emociones y afrontar las exigencias y retos que encuentres en la vida
salvilla *f.* bandeja (de plata) con encajes
sandaez y demasía tonto (majadero) y atrevimiento (insolencia)
sanguinario feroz, inhumano
sarcástico que implica un deseo o inclinación a insultar, humillar u ofender
sayo *m.* casco de guerra
sellar llevar a una conclusión
sembrar (ie) esparcir semillas en la tierra para cultivar algo
semilla *f.* grano de maíz
sensatez *f.* calidad de una persona que piensa y actúa con buen juicio y moderación
séquito *m.* grupo de personas que acompaña a una persona célebre; (figurativa) efecto o consecuencia de algo
sexteto *m.* grupo de seis
siervo(a) *m.f.* sirviente
simiente *f.* semilla
sindicato *m.* organización para defender intereses profesionales comunes, generalmente de obreros
sinfonía *f.* una composición musical ambiciosa ejecutada por una orquesta que dura de veinte a cuarenta y cinco minutos
síntesis *f.* reunión de elementos en un todo
sistema *m.* grupo de órganos que trabajan juntos para llevar a cabo una función vital
soberanía *f.* tener un estado el poder político supremo sin estar sometido bajo el control de otro estado o entidad
socarrón burlón, pero con más malicia
sociedad *f.* el grupo de personas que participan en una cultura común
sociedad anónima *f.* corporación grande
sociedad colectiva *f.* una asociación
socios *m.pl.* los dueños o propietarios de una sociedad colectiva o asociación
socorrer ayudar
software *m.* las instrucciones que le indican a la computadora lo que tiene que hacer
soler (ue) acostumbrar, hacer ordinariamente
solícito(a) diligente, deseoso de servir
solozar descansar
solución *f.* mezcla homogénea
sonoro de sonido armonioso
sordomudo(a) *m.f.* persona que no puede oír ni hablar
súbdito *m.* sujeto a una autoridad superior a la cual tiene que obedecer
sublevación *f.* rebelión, motín
sublime eminente; de gran valor moral, intelectual
substracción *f.* resta
sucumbir rendirse, someterse
sujetar dominar o someter a alguien
sujetar dominar o someter a alguien
suma *f.* el monto
suplicar rogar

suplicio *m.* padecimiento corporal muy doloroso ejecutado como castigo
suprimir omitir, pasar por alto; hacer que desaparezca
surtidor *m.* chorro
suspenso *m.* un elemento de tensión dramática, una especie de anticipación de lo que va a pasar

T

tabla periódica *f.* una representación gráfica que relaciona las propiedades de los elementos con sus números atómicos
tablado *m.* tipo de escenario
tabú *m.* prohibición de tocar, comer, decir alguna cosa
taburete *m.* banqueta, mueble sin brazos ni respaldo
taciturno(a) silencioso, callado, triste
talle *m.* apariencia
tartamudo(a) *m.f.* que habla con pronunciación entrecortada repitiendo los sonidos
teatro *m.* el género literario en el cual el medio de expresión es el diálogo entre los personajes; *m.* el género literario escrito con la intención de ser representado en escena
teclado *m.* el conjunto de teclas
teja *f.* azulejo o baldosa del techo (tejado)
tejido *m.* grupo de células que trabajan juntas para llevar a cabo una actividad
telaraña *f.* tela que forma la araña para cazar insectos
tema *m.* la significación de lo que pasa en una narración; la materia que pinta el artista
tenderete *m.* puesto de venta callejero en un mercado
tenedor *m.* poseedor
tener en mucho estimar
terminal *f.* dispositivo entrada y salida
término *m.* un número, una variable o un número y una variable combinados en una multiplicación o división
terrateniente *m.f.* propietario de una gran extensión de tierra
testigo(a) *m.f.* persona que presencia (ve) algo; persona que da testimonio
tiempo *m.* la condición de la atmósfera en un lugar durante un período breve
timbre *m.* cualidad que distingue un sonido de otro
timorato(a) tímido, indeciso
tinieblas *f.pl.* oscuridad; *(figurativo)* ignorancia
tintero *m.* antiguo receptáculo para la tinta
título *m.* un bono
topacio *m.* piedra preciosa
toparse chocarse, encontrarse casualmente
toque de queda *m.* un acto del gobierno que dice que los ciudadanos no pueden salir a la calle después de una hora determinada
torcer (ue) cambiar, desviar
tordillo *m.* caballo de pelo blanco y negro
torniscón *m.* golpe de revés
torpeza *f.* tontería, estupidez
totalitario relativo a un régimen político no democrático; autoritario
trapecio *m.* un cuadrilátero que tiene dos lados paralelos y dos lados que no lo son
travesura *f.* acción sobre todo de los niños para divertirse o burlarse de alguien sin malicia pero puede ocasionar algún trastorno (disgusto)
traza *f.* apariencia
trecho *m.* distancia;
triángulo *m.* polígono que tiene tres lados, tres vértices y tres ángulos
triángulo acutángulo *m.* triángulo que tiene tres ángulos agudos
triángulo equilátero *m.* triángulo que tiene tres lados congruentes y tres ángulos congruentes

triángulo escaleno *m.* triángulo que no tiene ningún lado congruente
triángulo isósceles *m.* triángulo que tiene por lo menos dos lados congruentes y por lo menos dos ángulos congruentes
triángulo obtusángulo *m.* triángulo que tiene un ángulo obtuso
triángulo rectángulo *m.* triángulo que tiene un ángulo recto
tributario *m.* afluente, corriente de agua que desemboca en otra
trigueño(a) que tiene el color del trigo
trinchador *m.* lo que corta en trozos la comida, sobre todo la carne
tripulante *m.f.* el/la que trabaja abordo de un barco, avión; miembro de la tripulación
trocado cambiado
trompo *m.* juguete de forma cónica
tropezón *m.* acción de tropezar con un obstáculo al caminar, perdiendo el equilibrio
tuertos *m.pl.* agravios, injusticias
turba *f.* muchedumbre de gente
turgente hinchado

U

unir juntar, enlazar
urbanizarse acondicionarse a una vida urbana (de la ciudad)
urología *f.* parte de la medicina que estudia y trata el aparato urinario
urólogo(a) *m.f.* especialista en la urología

V

vagar andar sin tener un destino fijo
valentía *f.* calidad de valiente; hecho heroico
valor *m.* idea abstracta que uno considera deseable, buena y correcta
vándalo(a) (de los vándalos) asociado con el pueblo germánico que invadió España
vapor *m.* barco, nave; *m.* agua gaseosa
variable *f.* un símbolo que se usa para representar un número desconocido
vellorí *m.* paño muy fino
velludo de mucho pelo
vendedor(a) *m.f.* el/la que vende
verdugo *m.* funcionario de justicia que ejecuta las penas de muerte
verosímil describe a hechos en un cuento o una novela que podrían haber ocurrido
verter derramar, vaciar un líquido de un recipiente
vértice *m.* el punto de un ángulo que los rayos tienen en común
vestuario *m.* conjunto de los trajes que llevan los actores y actrices
vianda *f.* alimento
viento en popa *m.* viento que sopla en la misma dirección que se dirige el buque
vigas *f.pl.* piezas de construcción
villanía *f.* cosa ni honrada ni honesta
visualizar examinar datos en la pantalla
vivir de exclusivas adherirse a un principio sin considerar la validez de otro
Vizcaya provincia vasca
voladizo *m.* proyección estructural
voto *m.* derecho que tiene el pueblo de elegir a sus líderes
vuestra alteza *m.f.* el rey (la reina)

Y

yacimiento *m.* acumulación natural y local de una sustancia mineral susceptible de ser explotada
yantar comer
yugo *m.* ley que somete u obliga a obedecer

Z

zurdo(a) *m.f.* el/la que escribe con la mano izquierda

Índice temático y cultural

El número que sigue a cada entrada indica la página en la cual se presenta el tema. Los números en letra negrita se presentaron en el Nivel 2. Todos los demás se presentaron en el Nivel 1.

A

Índice temático y cultural

D

E

Índice temático y cultural

F

P

Q

Índice temático y cultural

Índice temático y cultural

Índice gramatical